XML & Datenbanken

Meike Klettke studierte Informatik an der Universität Rostock und promovierte dort 1997 im Bereich Datenbanken. Sie ist wissenschaftliche Mitarbeiterin an der Universität Rostock und arbeitet auf den Gebieten Datenbankentwurf, Datenbankentwicklung für Suchmaschinen und föderierte Informationssysteme. Aktueller Forschungsgegenstand sind Technologien im Bereich XML und Datenbanken.

Holger Meyer studierte Automatisierungstechnik und Technische Kybernetik an der Universität Rostock. 1990 promovierte er auf dem Gebiet der Computertechnik mit einer Arbeit zu Echzeit-Datenbanksystemen. Holger Meyer lehrt und forscht in den Gebieten Datenbanken, Anfrageoptimierung, Verteilte Datenbanken und WWW. Sein aktueller Forschungsgegenstand ist die Verwaltung und Verarbeitung von semistrukturierten Dokumenten, speziell XML-Dokumenten, für Digitale Bibliotheken.

xml.bibliothek

Die Titel der xml.bibliothek befassen sich mit der Extensible Markup Language XML und bieten aktuelles Wissen zu den neuen Sprachen des Web und ihren Anwendungen. Reihenherausgeber ist Prof. Dr. Robert Tolksdorf, FU Berlin.

Meike Klettke · Holger Meyer

XML & Datenbanken

Konzepte, Sprachen und Systeme

dpunkt.verlag

Meike Klettke
meike@informatik.uni-rostock.de

Holger Meyer
hme@informatik.uni-rostock.de

Lektorat: René Schönfeldt
Copy-Editing: Maria Dehmer, Berlin
Herstellung: Birgit Bäuerlein
Umschlaggestaltung: Helmut Kraus, Düsseldorf
Druck und Bindung: Koninklijke Wöhrmann B.V., Zutphen, Niederlande

Bibliografische Information Der Deutschen Bibliothek
Die Deutsche Bibliothek verzeichnet diese Publikation in der Deutschen Nationalbibliografie; detaillierte bibliografische Daten sind im Internet über `http://dnb.ddb.de` abrufbar.

ISBN 3-89864-148-1

1. Auflage 2003

Ringstraße 19 b
69115 Heidelberg

5 4 3 2 1 0

Vorwort

Als wir 1999 begannen, an einem Buch zum Thema »XML und Datenbanken« zu arbeiten, war der Begriff XML bereits sehr populär. Das Interesse an XML als Austauschformat und Format zur Darstellung von Informationen ist nach wie vor sehr groß.

Aus der Notwendigkeit, Informationen dauerhaft und sicher zu speichern, ergibt sich die Verbindung zum Bereich Datenbanken. In den letzten Jahren ist die Bedeutung der Thematik »XML und Datenbanken« (zu unserer großen Begeisterung) ständig gestiegen. Viele Workshops, Diskussionsrunden, Veröffentlichungen und Sonderhefte von Zeitschriften standen und stehen unter dem Titel. Gleichzeitig ist das Gebiet sehr dynamisch, und es gibt ständig zahlreiche Neu- und Weiterentwicklungen.

Mit dem vorliegenden Buch wollen wir uns dem Thema stellen und versuchen, einen Überblick über die Thematik zu geben, die verschiedenen Ansätze, Veröffentlichungen und Implementierungen vorzustellen, zu klassifizieren und einzuordnen. Das ist oft nicht so einfach, wie es sich im ersten Augenblick darstellt — das Thema ist einerseits sehr umfangreich, andererseits auch noch sehr dynamisch. So war es auch unsere Erfahrung, die wahrscheinlich alle Autoren machen, dass man beim Darstellen eines umfangreicheren Gebietes zunächst einmal selbst sehr viel lernt.

Ein solcher Prozess findet natürlich nicht in kurzer Zeit und auch nicht im luftleeren Raum statt. Unsere Arbeiten auf dem Gebiet »XML und Datenbanken« erstrecken sich über den Zeitraum von drei Jahren. Viele Diskussionen mit Studenten und Kollegen haben dazu beigetragen, das Thema schrittweise immer weiter zu erschließen.

Danksagung

Besonders möchten wir uns bei Andreas Heuer bedanken: Ohne ihn würde es das Buch nicht geben. Er musste uns nicht nur überzeugen, mit dem Versuch, ein Buch zu schreiben, überhaupt zu beginnen, sondern hat auch die Rahmenbedingungen am Lehrstuhl geschaffen, die ein solches Projekt ermöglichten.

Wenn man zu zweit an einem Buch arbeitet, heißt das nicht nur, dass man alle auftretenden Fragen sofort besprechen kann. Das bedeutet auch, dass unser Umfeld, besonders aber die Kollegen, die im gleichen Zimmer arbeiten, das manchmal zweifelhafte Vergnügen hatten, die zahlreichen Diskussionen (fachlicher Art und die Umsetzung als Buch betreffend) direkt verfolgen zu können. In der Endphase erstreckte sich das über mehrere Stunden am Tag. Wir möchten uns deshalb besonders bei Petra Kegler, Denny Priebe und Gunnar Weber für die Geduld bedanken.

Unser besonderer Dank gilt zahlreichen Studenten der Vertiefungsrichtung »Datenbank- und Informationssysteme« an der Universität Rostock. Kaum einem Studenten in der Vertiefungsrichtung Datenbanken gelang es, seine Studien- oder Diplomarbeit zu schreiben, ohne dabei gleichzeitig einzelne Kapitel des Manuskripts zum Lesen zu bekommen. Für uns bedeutete das sehr hilfreiches Feedback. Darüber hinaus gab es viele studentische Arbeiten auf Gebieten, die in irgendeiner Weise in das Manuskript eingeflossen sind. Besonders möchten wir uns bei den Studenten bedanken, die durch das Schreiben einer Studien- und Diplomarbeit Anteil am Erschließen des Gebietes haben. Das sind: Birger Hänsel, Cornelia Laudien, Mathias Meier, Raiko Nitzsche, Beate Porst, Franka Reuter, Tim Rieger, Christian Romberg, Guido Rost, Lars Schneider, Jens Timm, Mathias Zarick, André Zeitz, und Gregor Zimmermann.

Zahlreiche Kontrollleser haben einzelne Kapitel gelesen und viele wichtige Hinweise gegeben. Dafür möchten wir uns bei Mathias Bietz, Thomas Courvoisier (ZGDV Rostock), Rüdiger Eichin (eXcelon), Birger Hänsel, Dirk Köser (ITZ Rostock), Lars Milewski, Mathias Neumüller (University of Strathclyde), Denny Priebe, Mathias Rust, Anja Schaar (ISA GmbH), Lars Schneider, Gunnar Weber und Mathias Zarick bedanken.

Bei Volker Turau möchten wir uns für ein längeres Gespräch über »Generieren von XML-Dokumenten aus Datenbanken« und das Kontrollesen des Kapitels 5 bedanken. Beides trug sehr zur Abrundung des Kapitels bei. Ebenso möchten wir uns für sehr interessante Gespräche und Diskussionen mit Ronald Bourret und Ingo Macherius bedanken.

Besonderer Dank gilt den Gutachtern (Rainer Eckstein, Harald Schöning, Berthold Daum, Stefan Mintert und Guido Moerkotte) sowie den anonymen Gutachtern, die mit viel Energie das gesamte Manuskript in verschiedenen Stadien der Fertigstellung gelesen haben. Die ausführlichen, konstruktiven und hilfreichen Gutachten beeinflussten unsere Arbeit sehr.

Bei unserem Lektor René Schönfeldt möchten wir uns für die sehr angenehme Zusammenarbeit über einen sehr langen Zeitraum bedanken. Für die Rechtschreibkontrolle möchten wir uns bei Maria Dehmer bedanken.

Dieses Buch wurde von uns mit LaTeX2e gesetzt. Die Bilder wurden mit `xfig` erstellt. Fast alle Beispiele wurden auch an realen Systemen getestet. Bei XML-Quelltexten war XML Spy eine gute Hilfe. Robert Tolksdorf und Denny Priebe halfen uns, die Layoutvorgaben des Verlages mit LaTeX umzusetzen, auch dafür herzlichen Dank.

Ganz besonders möchten wir uns bei unseren Familien bedanken, insbesondere Meike bei Ronny, Laura und Helena sowie Holger bei Anja, Antonia, Johannes, Katharina und Konstantin.

Aktuelle Informationen zu diesem Buch

»Wir operieren natürlich immer auf der auswechselbaren Grundlage der Tatsachen.«

Dieser Verzweiflungsruf von Holger drückt die Probleme aus, die sich beim Schreiben über ein Thema wie XML ergeben. XML und die zahlreichen Entwicklungen im Umfeld sind in der Tat noch sehr dynamisch. Ursache dafür ist der fortschreitende Prozess beim W3C, der dazu führen wird, dass bestimmte Anteile, über die gegenwärtig noch diskutiert wird, erst nach dem Erscheinen des Buchs als offizielle Empfehlung verabschiedet werden. In der Zwischenzeit können sich natürlich noch Änderungen ergeben. Auch kommerzielle Systeme und frei verfügbare Tools unterliegen ständigen Änderungen, wahrscheinlich werden auch zahlreiche neue Werkzeuge und frei verfügbare Implementierungen hinzukommen.

Das führte dazu, dass wir während des Schreibens einzelne Abschnitte wiederholt überarbeiten mussten, weil sich die »Tatsachen« mal wieder geändert hatten. Veränderungen, neue Empfehlungen des W3C und neue Versionen der verfügbaren Tools werden aber auch nach Abgabe des Manuskripts an der Tagesordnung sein. Aktuelle Informationen, die dieses Buch ergänzen, werden wir deshalb im WWW bereitstellen.

Ein weiteres Problem ist, dass viele Informationen zum Thema XML nicht in Form von Büchern, Konferenzbeiträgen etc. vorliegen, die auch nach Jahren noch verfügbar sind. Man findet gerade in diesem Bereich vieles nur im Internet. Die Autoren der jeweiligen Webseiten sind hier berechtigt, Informationen zu verschieben, zu verändern oder auch ganz zu entfernen. Trotzdem wollen wir oft auf diese Hinweise nicht verzichten, da es sich um sehr aktuelle und frei verfügbare Informationen handelt. Deshalb finden sich in den Literaturhinweisen dieses Buchs viele URLs. Unmittelbar vor dem Druck des Buches wurden alle URLs noch einmal überprüft.

Den Veränderungen im Web kann man mit einem (statischen) Buch jedoch nicht folgen, deshalb stellen wir zusätzlich eine Webseite bereit, auf der wir uns bekannte Änderungen fortschreiben. Sie hat die einprägsame Adresse:

`www.xml-und-datenbanken.de`

Darüber hinaus würden wir uns über Hinweise und Kommentare sehr freuen. Wir sind unter den folgenden Mail-Adressen zu erreichen:

`meike@informatik.uni-rostock.de` bzw.
`hme@informatik.uni-rostock.de`

Inhaltsverzeichnis

1 Einleitung

XML und Datenbanken. Der Titel des Buchs lautet »XML und Datenbanken«.

XML steht für Extensible Markup Language und bezeichnet ein Dokumentenformat zur Darstellung semistrukturierter Daten. XML genießt zweifellos gegenwärtig eine große Popularität. Die Anwendungen sind vielfältig und reichen vom Zwischenformat zur Datenrepräsentation oder zum Datenaustausch bis hin zur Markup-Sprache für Volltextdokumente. Datenbanken hingegen sind eine seit Jahrzehnten bewährte Technologie zur Speicherung und Anfrage von großen strukturierten Datenbeständen.

Auf den ersten Blick lassen sich die Unterschiede beider Gebiete erkennen. XML und Datenbanken sind zwei sehr verschiedene Konzepte, die in unterschiedlichen Bereichen der Informatik entwickelt und angewendet werden.

Datenbanken werden eingesetzt, um große Datenmengen sicher zu speichern und effizient anfragen zu können. Sie dienen in erster Linie der Speicherung von strukturierten Daten. XML ermöglicht neben der Darstellung strukturierter Daten auch die Repräsentation von semistrukturierten Daten, also Daten, deren Struktur unregelmäßig ist, wechseln kann oder gar nicht explizit vorhanden ist. Auch Dokumente, die Volltextinformationen beinhalten, können mit XML-Syntax dargestellt werden.

Wie sieht nun der Zusammenhang zwischen beiden Gebieten aus? Die Forderung nach konsistenter und zuverlässiger Speicherung von XML-Dokumenten suggeriert den Einsatz von Datenbanken oder die Verwendung und Anpassung von Datenbanktechnologien. Wir werden im Verlauf der weiteren Kapitel betrachten, welche Technologien aus dem Gebiet Datenbanken für XML adaptiert wurden und inwiefern sie angepasst und erweitert wurden, um für XML geeignet zu sein. XML ist ein relativ neues Format zur Darstellung und Speicherung von Daten, während Datenbanken eine schon seit sehr langer Zeit bestehende und vielfältig eingesetzte Technologie sind. Es bietet sich bei der Entwicklung von Technologien für XML an, auch die verfügbaren Technologien im Bereich Datenbanken anzusehen und teilweise in angepasster Form zum Einsatz zu bringen. Dafür können bei der Speicherung und Indizierung von XML-Dokumenten Datenbanktechniken eingesetzt oder zugrunde gelegt werden. Im Bereich Anforderungen an XML-Anfragesprachen und XML-Anfragesprachen selbst sind ebenfalls viele Parallelen zu Datenbank-Anfragesprachen sichtbar. Auch bei der Entwicklung von Updatesprachen sind die Updatefunktionen der Datenbank-Anfragesprachen eine nützliche Basis. Wir werden im weiteren Verlauf daher Fragen untersuchen, wie

- Welche Speicherungtechniken existieren für XML-Dokumente?
- Wie erfolgt eine geeignete Indizierung der gespeicherten XML-Dokumente?
- Welche Anfragesprachen und Updatemöglichkeiten für XML-Dokumente gibt es?
- Wie kann die Abbildung von XML-Dokumenten auf Datenbankinformationen erfolgen?

Datenbanken und XML. Drehen wir den Buchtitel doch einmal um, dann erhalten wir: »Datenbanken und XML« — und damit die zweite Sichtweise auf diese Problematik. Hierbei werden wir beleuchten, wie XML die klassische Datenbankwelt ergänzt.

Die Anforderungen an Datenbanksysteme steigen und es wird bedingt durch verschiedene Anwendungen notwendig, neue Arten von Informationen zu speichern. Über strukturierte Daten hinaus, die zum Beispiel für technische und ökonomische Anwendungen gespeichert werden, besteht der Wunsch, weitere Informationsarten, z.B. Multimediadaten (Bild, Audio, Video und Volltextdaten), innerhalb von Datenbanksystemen zu speichern. Mit der ExtenderTechnologie wird in verschiedenen Datenbanksystemen versucht, die Speicherung neuer Datentypen zu realisieren und Anfragen an die neuen Datentypen umzusetzen. Die Anfragen an Multimediadatentypen sind in den SQL99-Standard eingegangen. XML-Dokumente stellen ebenfalls einen neuen Datentyp dar, der innerhalb von Datenbanken gespeichert, verwaltet und angefragt werden soll.

XML ermöglicht die Speicherung von semistrukturierten Informationen. Durch das eingesetzte Markup enthalten XML-Dokumente Informationen über die Struktur, die in Anfragen einbezogen werden sollen. Man erreicht durch die Speicherung von XML-Dokumenten innerhalb von Datenbanksystemen, dass Datenbanken um neue, irreguläre Anteile erweitert werden. Daraus ergeben sich jetzt Fragen wie

- Welche neuen Anforderungen stellt XML an Datenbanksysteme?
- Welche Erweiterungen haben Datenbanksysteme, um XML-Dokumente zu speichern und zu verarbeiten?

Ein weiterer Aspekt ist, dass die Daten aus Datenbanken für andere Anwendungen verfügbar gemacht werden sollen. XML bietet sich dazu als Zwischen- und Austauschformat an. Die Transformation von Daten aus Datenbanken in XML-Syntax ist also eine weitere relevante Aufgabe, die sich durch die folgende Frage ausdrücken lässt:

- Wie können XML-Dokumente aus den Inhalten von Datenbanken generiert werden?

Im Verlauf des Buchs werden wir uns diesen und weiteren Fragen widmen.

1.1 Aufbau des Buchs

Im Folgenden sollen die einzelnen Kapitel des Buchs kurz vorgestellt werden.

Kapitel 2: Anwendungsszenarien Kapitel 2 stellt einige typische Anwendungen vor, zeigt dabei bestehende Teilaufgaben und gibt an, in welchen nachfolgenden Kapiteln des Buchs eine genaue Darstellung von Lösungen dafür erfolgt.

Kapitel 3: Grundlagen — XML In Kapitel 3 wird eine kurze XML-Einführung gegeben. Dabei werden Begriffe wie Element, Attribut, Entity, usw. erklärt und anhand vieler Beispiele erläutert. DTDs (Document Type Definitions) werden hier ebenfalls eingeführt.

Kapitel 4: XML-Prozessoren Der Zugriff auf XML-Dokumente wird durch so genannte XML-Prozessoren unterstützt. Generell sind zwei verschiedene Varianten von Parsern verfügbar. Sie werden in diesem Kapitel vorgestellt.

Kapitel 5: Datenrepräsentation von XML In Kapitel 5 wird dargestellt, wie sich aus Datenbankinhalten XML-Dokumente generieren lassen. Dabei können aus vollständigen Datenbanken XML-Dokumente mit feststehender Syntax generiert werden. Aus Datenbankausschnitten, die durch Anfragen oder Sichten spezifiziert werden, lassen sich XML-Dokumente mit fester Syntax erzeugen, und es können variable Methoden eingesetzt werden, die aus Ausschnitten von Datenbanken spezielle XML-Dokumente mit einer vom Anwender festgelegten Syntax generieren. Alle diese Verfahren werden ausführlich dargestellt. Verfügbare Implementierungen in kommerziellen Datenbanksystemen und frei verfügbare Tools werden am Ende des Kapitels beschrieben.

Kapitel 6: XML-Datenbanken — Architekturmodelle In diesem Kapitel wird zunächst dargestellt, wie XML-Dokumente klassifiziert werden können. Auf der Klassifikation aufbauend werden verschiedene Verfahren für die konzeptuelle, die logische und die physische Ebene der Speicherung von XML-Dokumenten beschrieben. Die dabei eingesetzten Verfahren sind teilweise an Verfahren aus den Bereichen Datenbanken und Dokumentverarbeitung angelehnt, teilweise mit diesen auch identisch. Zusätzlich haben sich neue Verfahren etabliert, die speziell auf XML-Anwendungen zugeschnitten sind. Das Kapitel dient als Systematisierung der Ansätze, XML-Dokumente zu speichern. Die hier eingeführten Verfahren werden in den folgenden drei Kapiteln (7–11) ausführlicher dargestellt.

Kapitel 7: Schemabeschreibung und konzeptueller Entwurf von Schemata Dieses Kapitel ist zweigeteilt: Zum einen werden hier zwei Methoden vorgestellt, mit denen das Schema von XML-Dokumenten dargestellt werden kann — Document Type Definition und XML Schema. Im zweiten Teil des Kapitels wird gezeigt, wie eine konzeptuelle Modellierung der Schemabeschreibungen erfolgen kann. Es besteht die Möglichkeit, das Entity-Relationship-Modell, das Object Role Model oder die Unified Modeling Language (UML) zu adaptieren. Weiterhin kann die Struktur von XML-Dokumenten und Schemabeschreibung graphisch visualisiert werden.

Kapitel 8: XML-Datenbanken — Speicherungstechniken Die logische und physische Speicherung von XML-Dokumenten ist Inhalt dieses Kapitels. Dabei werden drei grundsätzliche Verfahren dargestellt, die die Abbildung auf interne Strukturen beschreiben. Die XML-Dokumente können unverändert gespeichert und indiziert werden. Es ist möglich, die Graphenstruktur der XML-Dokumente als Basis für die Speicherung zu verwenden. Die dritte Variante ist die strukturierte Speicherung von XML-Dokumenten in Datenbanken. Es wird ebenfalls vorgestellt, welche Verfahren für welche Arten von Dokumenten geeignet sind. Existierende Implementierungen in kommerziellen Systemen und frei verfügbare Tools werden zum Abschluss des Kapitels beschrieben.

Kapitel 9: Speicherorganisation und Indexstrukturen Nachdem im vorherigen Kapitel mögliche Speicherungs- und Indizierungsvarianten für XML-Dokumente dargestellt wurden, erfolgt in Kapitel 9 die Darstellung, wie die Speicherungsmethoden genau aussehen. Dazu werden allgemeine Indexstrukturen vorgestellt und Möglichkeiten zur Speicherung eines XML-Indexes angegeben.

Kapitel 10: XML-Anfragesprachen Ausgehend von generellen Anforderungen an Anfragesprachen werden diese für spezielle XML-Anfragesprachen dargelegt. Viele Vorschläge und Realisierungen stützen sich auf XPath 1.0, das als eine Anfragemöglichkeit an XML-Dokumente betrachtet wird. Mit XQuery wird ausführlich der absehbare Standard im Bereich Anfragesprachen beschrieben. Eine Übersicht zu weiteren Sprachen sowie verfügbaren Implementierungen beschließt das Kapitel.

Kapitel 11: Systeme In vielen Kapiteln des Buchs werden bestimmte Verfahren und Techniken vorgestellt und am Ende findet sich eine Aufzählung, in welchen frei verfügbaren Tools und kommerziellen Systemen diese Techniken umgesetzt sind. In diesem Kapitel jedoch wird die Betrachtung von der anderen Seite vorgenommen. Es werden verschiedene kommerzielle Systeme zum Entwurf, zur Verwaltung und zur Speicherung von XML-Dokumenten vorgestellt.

1.2 Beispiel, Konventionen

Im weiteren Verlauf des Buchs werden wir vieles anhand von Beispielen erläutern. Dabei werden wir überwiegend mit Anwendungen aus dem Tourismusbereich arbeiten. Diese erscheinen uns für das Thema geeignet, da Tourismusinformationen einerseits typische XML-Anwendungen für die Darstellung im World Wide Web sind, die auch vielfach multimediale Elemente enthalten. Andererseits existieren im Tourismusbereich Hoteldatenbanken für Buchungssysteme, in denen ähnliche Informationen stehen. Der Einsatz von XML- und Datenbank-Anwendungen ist also typisch für diese Branche. Transformationen zwischen XML-Dokumenten und Datenbankinhalten lassen sich anhand der Beispielanwendung ebenfalls gut beschreiben.

Ein weiterer Grund für die Auswahl des Anwendungsbeispieles ist, dass wir in Projekte involviert waren, die sich mit diesem Thema beschäftigten. Das ist in unserem Bundesland naheliegend, in dem der Tourismus der größte Wirtschaftszweig ist.

Alle beschriebenen Beispiele (Hotels/Museen/Veranstaltungen) kennen wir persönlich, die Auswahl wurde jedoch aus »XML-Sicht« getroffen und stellt somit keine Wertung dar. Wir profitieren auch nicht von der Verwendung der Beispiele. :-)

2 Anwendungsszenarien

In diesem Kapitel werden einige typische Anwendungen dargestellt und es wird gleichzeitig angegeben, in welchen Kapiteln des Buchs sich dazu relevante Informationen finden. Das kann als Unterstützung für die Leser dienen, die sich schnell über die Realisierung konkreter Aufgaben informieren wollen. Auch können Entwickler und Anwender, die bestimmte Aufgaben im Blick haben, das Buch so gezielter lesen. Die einzelnen Teilaufgaben der Anwendungen werden jeweils in Abbildungen veranschaulicht. Dabei wird dargestellt, aus welchen Teilaufgaben sich die Anwendungsszenarien zusammensetzen und in welchem Kapitel des Buchs sich Lösungen für diese Teilaufgaben befinden.

Das Interesse an XML in der Industrie und der Forschung ist sehr groß, die Anzahl der Anwendungen, die XML einsetzen, steigt sprunghaft an, die Anwendungsgebiete sind vielfältig. Wir wollen im Folgenden einige typische Anwendungsgebiete von XML angeben. Die Beispiele sind recht allgemein gehalten, damit die Anzahl der Anwendungsszenarien übersichtlich bleibt.

2.1 Generierung von XML-Dokumenten aus Datenbanken

Kapitel 3,5,7,11

Viele Informationen sind in Datenbanken gespeichert. Sollen diese Informationen für andere Anwendungen bereitgestellt werden, so kann das über das Generieren von XML-Dokumenten aus den Inhalten von Datenbanken erfolgen.

Abbildung 2.1 veranschaulicht die dabei erforderlichen Teilaufgaben.

Voraussetzung für die Aufgabe ist, dass man mit dem Dokumentenformat XML vertraut ist. *Kapitel 3* gibt dazu eine Einführung und beschreibt einige generelle Entwurfsprinzipien für XML-Dokumente.

Kapitel 5 beschreibt das eigentliche Problem der Abbildung von Datenbankinhalten in XML-Dokumente im Detail und erläutert mehrere Möglichkeiten dazu. Einige Methoden bilden die Daten der Datenbank oder Ausschnitte einer Datenbank als XML-Dokumente mit fester und nicht veränderbarer Struktur ab. Es gibt auch Methoden, die die gespeicherten Informationen auf XML-Dokumente mit einem

Abbildung 2.1
Generierung von XML-Dokumenten aus Datenbanken

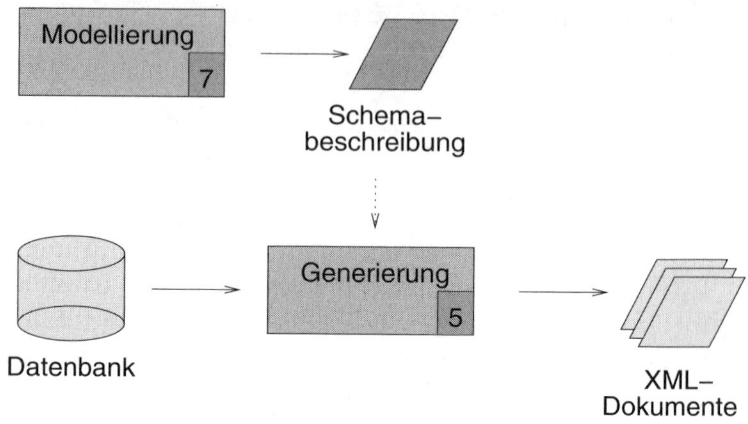

gegebenen Schema abbilden. Alle dazu verfügbaren Methoden werden in Kapitel 5 beschrieben, einschließlich der dafür existierenden Tools (siehe Abschnitt 5.5).

Wählt man von den existierenden Möglichkeiten eine aus, bei der der Anwender die Syntax der resultierenden XML-Dokumente individuell festlegen kann, so muss man im Vorfeld definieren, wie die XML =Dokumente aussehen sollen. Man benötigt also vorher ein explizit dargestelltes Schema für die XML-Dokumente. Möglichkeiten zur Darstellung der Schemainformationen sind in *Kapitel 7* dargestellt; Varianten, die zum konzeptuellen Entwurf des Schemas existieren, werden ebenfalls in Kapitel 7 vorgestellt.

Eine Übersicht über Datenbanksysteme, die auch beinhaltet, welche Varianten zur Ausgabe der Informationen im XML-Format bestehen, wird in *Kapitel 11* gegeben.

2.2 Generierung von XML-Dokumenten für ein festgelegtes Schema

Kapitel 3,5,11

Dieses Szenario ist vielfach anzutreffen. Informationen sind bereits in Datenbanken gespeichert und sollen für andere Anwendungen im XML-Format verfügbar gemacht werden. Dabei ist vorgegeben, wie das Format der entstehenden Daten aussehen soll. Das prinzipielle Vorgehen wird in Abbildung 2.2 dargestellt.

Die Anwendung ähnelt der vorherigen, ist jedoch dadurch eingeschränkt, dass aus Datenbanken nicht XML-Dokumente mit beliebiger Syntax erzeugt werden sollen, sondern die Syntax der XML-Dokumente durch eine Schemabeschreibung gegeben ist (DTD oder XML Schema).

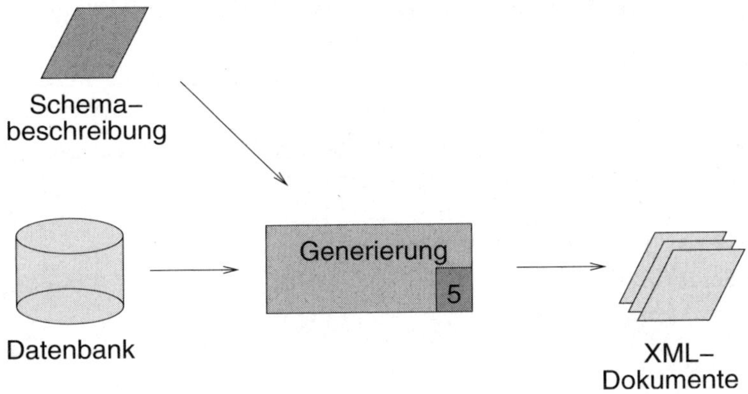

Abbildung 2.2
Generierung von XML-Dokumenten mit vorgegebenem Schema

Kapitel 5 beschreibt die Abbildung von Datenbankinhalten in XML-Dokumente und erläutert in Abschnitt 5.1.6 Möglichkeiten für eine anwenderdefinierte Abbildung.

Eine Übersicht über Datenbanksysteme, die Daten im XML-Format mit vorgegebenem Schema ausgeben können, wird in *Kapitel 11* gegeben.

Es ist alternativ dazu möglich, XML-Dokumente aus Datenbanken zu erzeugen und durch XSLT in das gewünschte Format zu transformieren. Die Vorgehensweise ist in Abbildung 2.3 angegeben und gleicht der vorher dargestellten Methode.

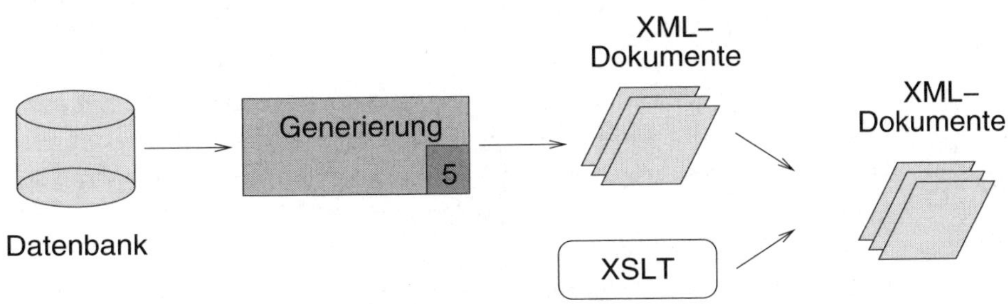

Abbildung 2.3
Zweistufige Generierung von XML-Dokumenten

Das Verfahren unterscheidet sich dadurch, dass aus der Datenbank zunächst die XML-Dokumente mit einer feststehenden Syntax erzeugt werden, (siehe Kapitel 5, Abschnitt 5.1.3). Im zweiten Schritt erfolgt durch XSLT eine Anpassung der XML-Dokumente an die gewünschte Syntax. Zum Thema XSLT, das nicht in diesem Buch behandelt wird, ist in Abschnitt 3.5 eine Empfehlung für weiterführende Literatur gegeben.

2.3 Visualisieren von Datenbankinhalten

Kapitel 3,5,7

Datenbankinhalte müssen durch Applikationen aufbereitet werden, bevor sie einem Anwender präsentiert werden können. Da XML-Dokumente sich in Verbindung mit Style Sheets gut zur Präsentation eignen, bietet sich hier ein Anwendungsgebiet mit XML als Zwischenformat, um die Inhalte aus Datenbanken zu visualisieren und zum Beispiel auf Webseiten darzustellen. Für diese Anwendung muss man eine geeignete Repräsentation der Daten aus der Datenbank als XML-Dokumente finden. Abbildung 2.4 veranschaulicht die Anwendung.

Abbildung 2.4
Visualisieren von Datenbankinhalten

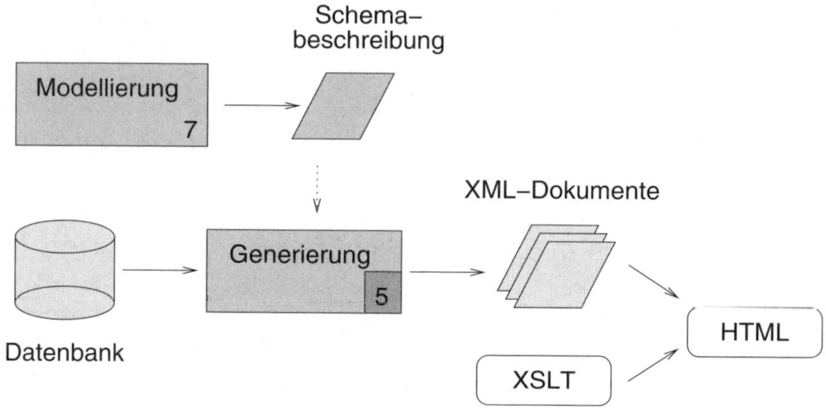

In *Kapitel 3* kann man sich mit den Grundlagen von XML vertraut machen.

Im ersten Schritt zur Visualisierung von Datenbankinhalten kann eine konzeptuelle Modellierung des Schemas erfolgen. Möglichkeiten einer Schemabeschreibung und Verfahren zur konzeptuellen Modellierung von XML-Dokumenten werden in *Kapitel 7* vorgestellt.

Kapitel 5 beschreibt verschiedene Methoden für die Umwandlung der Daten aus den Datenbanken ins XML-Format. Diese Teilaufgabe ähnelt damit dem oben dargestellten *Generieren von XML-Dokumenten aus Datenbanken.*

Der zweite für diese Aufgabe benötigte Schritt ist nicht Inhalt dieses Buchs. Die als Zwischenformat erzeugten XML-Dokumente können mit Hilfe von XSLT transformiert und aus ihnen andere Formate wie zum Beispiel HTML generiert werden. Die HTML-Präsentation von Datenbankinhalten kann zur Visualisierung eingesetzt werden. XSLT selbst ist in diesem Buch nicht beschrieben. Hierzu empfehlen wir in *Abschnitt 3.5* weiterführende Literatur.

2.4 Speicherung von datenzentrierten XML-Dokumenten

Kapitel 6,8,10,11

Bei diesem Szenario gehen wir davon aus, dass XML-Dokumente vorliegen, die gespeichert und verwaltet werden sollen. Datenzentrierte XML-Dokumente bedeuten dabei, dass die Dokumente sehr regelmäßig strukturiert sind und in diesen überwiegend Daten (also keine umfangreichen Texte) enthalten sind. Abbildung 2.5 veranschaulicht die Teilschritte der Anwendung.

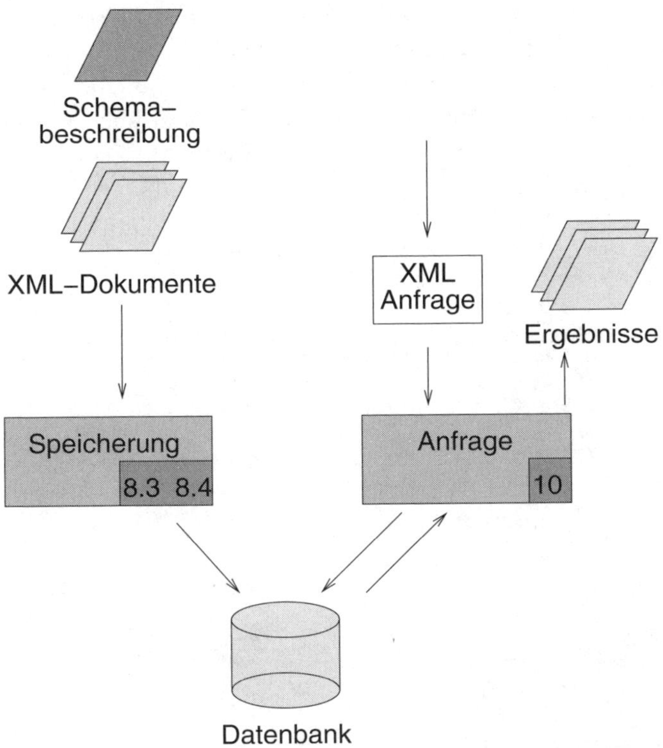

Abbildung 2.5
Speicherung von datenzentrierten XML-Dokumenten

Die Unterscheidung von XML-Dokumenten nach der Eigenschaft daten- oder dokumentzentriert findet man in *Kapitel 6, Abschnitt 6.1.*

Für die Speicherung datenzentrierter XML-Dokumente gibt es mehrere geeignete Möglichkeiten. Einen ersten Überblick darüber gibt *Kapitel 6.*

Eine genauere Beschreibung der Speicherung von XML-Dokumenten erfolgt in *Kapitel 8*. Dabei kann die Graphenstruktur des Dokuments gespeichert werden (*Abschnitt 8.3*). Eine andere Möglichkeit ist die strukturierte Speicherung in einem Datenbanksystem (*Abschnitt 8.4*).

Um Informationen der gespeicherten XML-Dokumente nutzbar zu machen, müssen diese angefragt werden können. *Kapitel 10* gibt einen umfassenden Überblick über XML-Anfragesprachen und stellt deren Funktionsumfang und Besonderheiten dar.

In *Kapitel 11* werden kommerzielle Produkte vorgestellt, die zur Speicherung von XML-Dokumenten eingesetzt werden.

2.5 Speicherung von dokumentzentrierten XML-Dokumenten

Kapitel 6,8,9,10,11

Das Szenario ähnelt dem vorherigen, es sollen ebenfalls XML-Dokumente gespeichertwerden. Die Dokumente sehen hier jedoch anders aus, weshalb es erforderlich ist, andere Methoden zur Speicherung heranzuziehen. Dokumentzentrierte XML-Dokumente sind Dokumente, die unregelmäßig strukturiert sind. In diesen sind überwiegend Texte mit Markup enthalten. Es werden also keine reinen Daten dargestellt. Abbildung 2.6 zeigt die Teilschritte dieser Anwendung.

Abbildung 2.6 *Speicherung von dokumentzentrierten XML-Dokumenten*

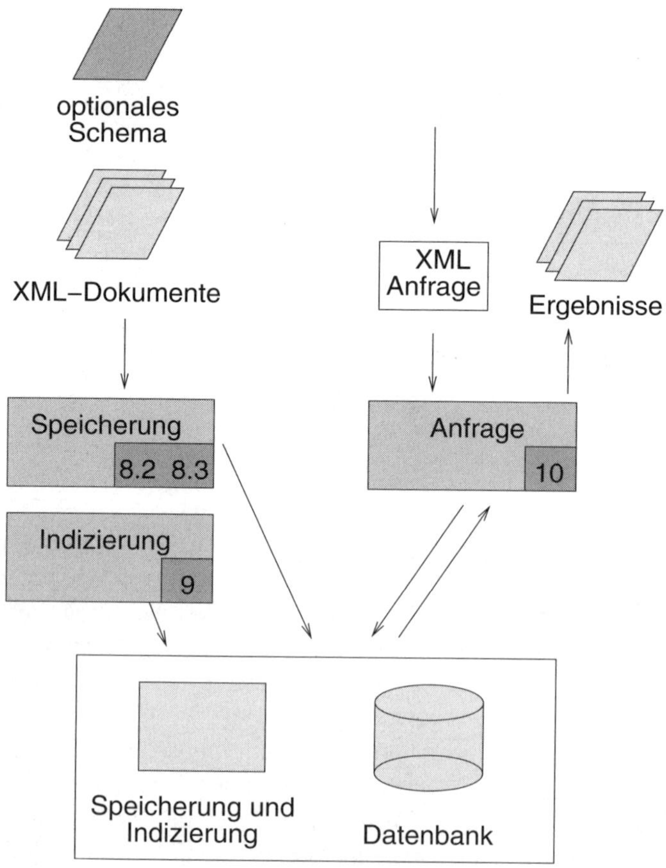

Die Unterscheidung der XML-Dokumente nach der Eigenschaft daten- oder dokumentzentriert findet man in *Kapitel 6*, Abschnitt

6.1. Für die Speicherung dokumentzentrierter XML-Dokumente gibt es mehrere Verfahren. Eine erste Einordnung stellt Kapitel 6 dar.

Eine genauere Beschreibung der Speicherungsmethoden für XML-Dokumenten erfolgt in *Kapitel 8*. Dokumente können vollständig innerhalb oder außerhalb von Datenbanksystemen gespeichert und indiziert werden (siehe Abschnitt 8.2). Eine andere Variante ist die Speicherung der Graphenstruktur des XML-Dokuments (*Abschnitt 8.3*). Beide Varianten werden anhand verschiedener konkreter Methoden dargestellt.

Mögliche interne Realisierungen der Indizes, um auf Texte, Werte und XML-Informationen zuzugreifen, werden in Kapitel 9 dargestellt.

Um die Informationen in den auf diese Weise gespeicherten XML-Dokumenten zu nutzen, müssen sie angefragt werden können. *Kapitel 10* gibt einen umfassenden Überblick über existierende XML-Anfragesprachen.

In *Kapitel 11* werden kommerzielle Produkte vorgestellt, die zur Speicherung von dokumentzentrierten XML-Dokumenten geeignet sind.

2.6 Speicherung von XML-Dokumenten in bestehende Datenbanken

Kapitel 6,7,8,10,11

Ein häufiges Szenario ist das folgende: Für eine bestimmte Anwendung werden Datenbanken eingesetzt, in denen zahlreiche Informationen gespeichert werden. Zusätzlich sollen auch Informationen aus XML-Dokumenten in diese Datenbanken integriert werden. Abbildung 2.7 fasst die einzelnen Teilaufgaben dabei zusammen.

Man hat also mit der Speicherung von XML-Dokumenten den gleichen Fall wie im obigen Szenario. Allerdings ist die Methode zur Speicherung der XML-Dokumente dadurch festgelegt, dass ein konkretes Datenbanksystem vorgegeben ist und das Datenbankschema bereits existiert.

Auch in diesem Szenario ist es wichtig festzustellen, welche Daten sich in den XML-Dokumenten befinden und welche Arten von Anfragen sich auf den Dokumenten realisieren lassen sollen. Eine Klassifikation von XML-Dokumenten wird in *Kapitel 6* vorgestellt. Darauf aufbauend kann man dann feststellen, welche Art von Speicherungsmethoden sich für die gegebene Dokumentkollektion eignet.

Die Speicherung von XML-Dokumenten kann entweder als CLOB innerhalb eines Datenbanksystems oder als strukturierte Speicherung in einem Datenbanksystem erfolgen. Im zweiten Fall benötigt man eine Schemabeschreibung der XML-Dokumente. Diese muss entweder gegeben sein oder aber sie kann mit Methoden, die in *Kapitel 7*, Abschnitt 7.3 vorgestellt werden, aus den Dokumenten abgeleitet werden. Beide

Abbildung 2.7
Speicherung von XML-Dokumenten in vorgegebene Datenbanken

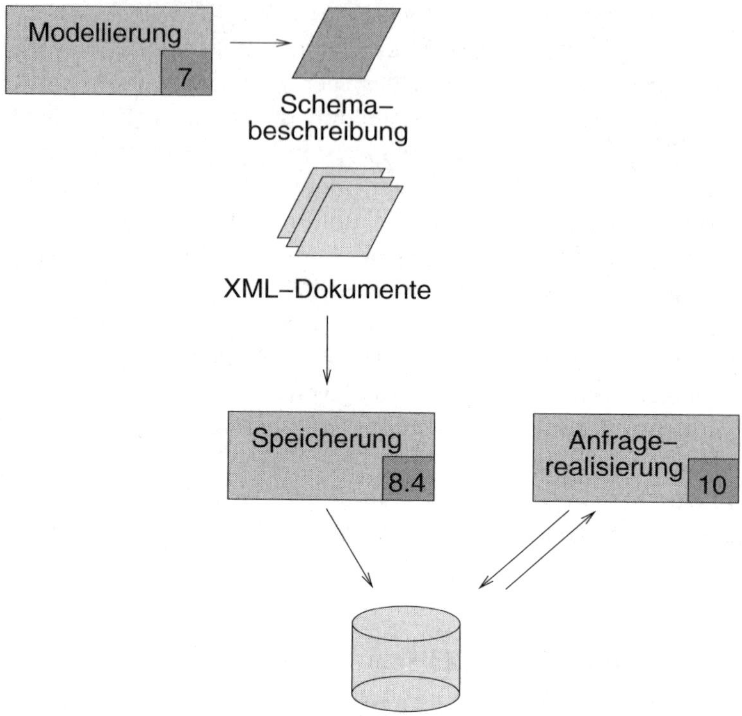

Varianten zur Speicherung von XML-Dokumenten werden in *Kapitel 8* anhand vieler verschiedener konkreter Methoden erläutert.

Die Informationen der gespeicherten Dokumente müssen angefragt werden können. Das kann über Datenbank-Anfragesprachen oder XML-Anfragesprachen erfolgen. *Kapitel 10* gibt einen umfassenden Überblick über XML-Anfragesprachen und stellt deren Funktionsumfang und Besonderheiten dar.

In *Kapitel 11* werden Datenbanksysteme vorgestellt, die die Speicherung von daten- und dokumentzentrierten XML-Dokumenten realisieren.

2.7 Austausch von Datenbankinhalten

Kapitel 3,5,7,8,11

Der Austausch von Informationen zwischen verschiedenen Datenbanksystemen stellt in föderierten heterogenen Umgebungen ein großes Problem dar. XML kann als Zwischenformat für den Austausch von Informationen zwischen verschiedenen Datenbanksystemen dienen. Dabei werden XML-Dokumente eingesetzt, um Daten und gleichzeitig die Strukturinformationen in leicht analysierbarer Form zu speichern.

Bei einem solchen Szenario ergeben sich die in Abbildung 2.8 dargestellten Teilaufgaben.

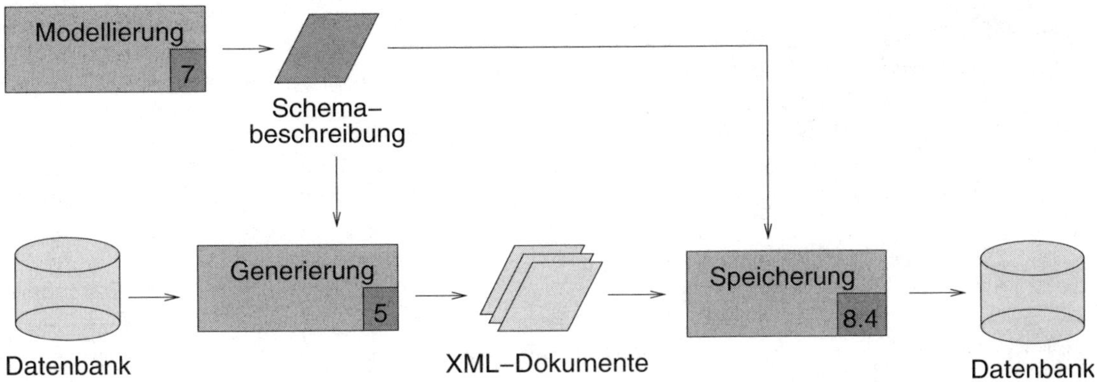

Abbildung 2.8
Austausch von Datenbankinhalten

Für die Anwendung benötigt man die Prozesse der Generierung von XML-Dokumenten aus Datenbanken (*Kapitel 5*) und die Speicherung von XML-Dokumenten in Datenbanken mit Hilfe von Verfahren, die eine variable Abbildung erlauben (*Abschnitt 8.4*). Damit ist also diese Aufgabe eine Kombination der oben vorgestellten Anwendungen.

2.8 Electronic Data Interchange (EDI)

Kapitel 3,4,5,6,7,8,11

Der elektronische Datenaustausch ist gegenwärtig eines der Hauptanwendungsgebiete von XML.

Dort wird XML eingesetzt, um Daten auszutauschen, die meist strukturiert sind. Oft existiert ein festes Schema für diese Daten. Die Vorteile von XML, das hier frei definierte proprietäre Formate ablöst, liegen darin, dass die Daten selbstbeschreibend und dadurch für Applikationen leichter auswertbar sind. Durch ein definiertes Schema für XML-Dokumente existiert gleichzeitig eine Beschreibung für die Schnittstelle zwischen den einzelnen Anwendungen. XML-Dokumente sind Unicode-Files, die sich problemlos im Internet übertragen lassen.

Für die Anwendung benötigt man wie im vorherigen Anwendungsfall Prozesse, die XML-Dokumente erzeugen und speichern. Damit ist auch hier die Anzahl der notwendigen Teilprozesse sehr groß. Dazu kommt, dass keine Einschränkungen existieren, die besagen, aus welchen Informationen die XML-Dokumente generiert und wie sie gespeichert werden sollen. Das Szenario EDI veranschaulicht Abbildung 2.9.

Für eine solche Anwendung kann *Kapitel 3* als Einführung in XML empfohlen werden, sofern diese Informationen dem Leser nicht bereits bekannt sind.

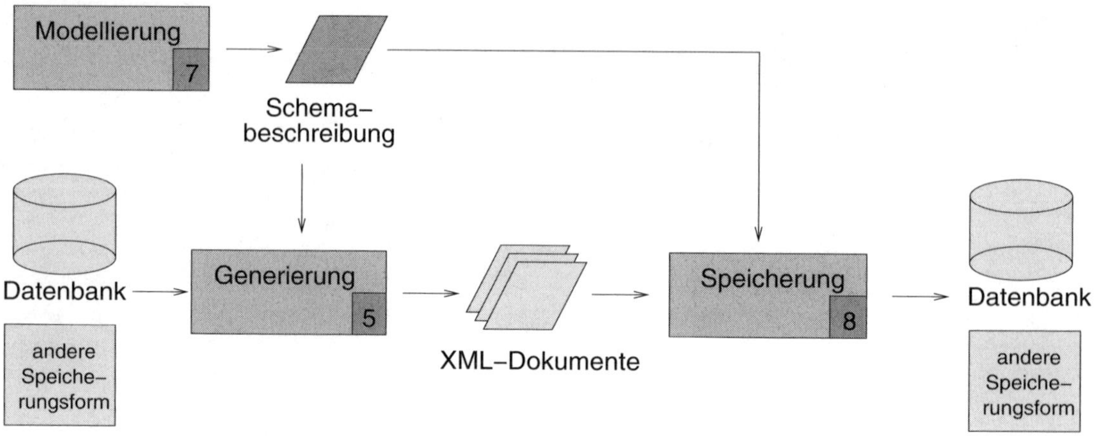

Abbildung 2.9
Electronic Data Interchange (EDI)

Der elektronische Datenaustausch kann als Kombination der Generierung von XML-Dokumenten aus Datenbanken oder anderen Formaten sowie der Speicherung von XML-Dokumenten gesehen werden.

Deshalb muss man bei der Realisierung dieser Anwendung beide Prozesse (die Dokumentgenerierung und die Dokumentspeicherung) kennen.

Abschnitt 5.3 beinhaltet dazu allgemeine Prinzipien zum Generieren von XML-Dokumenten. Verschiedene Methoden, um XML-Dokumente aus Datenbankinhalten zu erstellen, werden im gesamten *Kapitel 5* angegeben. Dort sind auch allgemeine Prinzipien dargestellt, die bei der Erzeugung von XML-Dokumenten aus anderen Quellen zu beachten sind.

Dabei kann es sinnvoll sein, das Schema der XML-Dokumente vorzugeben. Methoden zur Schemadarstellung und zur konzeptuellen Modellierung von Schemata beschreibt *Kapitel 7*.

Kapitel 8 gibt einen Überblick über Speicherungsmöglichkeiten für XML-Dokumente und beschreibt in detaillierterer Form mehrere Varianten, um XML-Dokumente innerhalb von Datenbanken zu speichern.

Soll die Speicherung der Inhalte nicht durch eine XML-Datenbank oder durch Abbildung auf ein Datenbanksystem, sondern durch die Applikation selbst erfolgen, so stehen ereignisorientierte und baumorientierte XML-Prozessoren bereit, die eine Unterstützung beim Analysieren und Auslesen der Dokumentinformationen liefern. *Kapitel 4* beschreibt beide Möglichkeiten des Einsatzes von XML-Prozessoren.

2.9 Verbindung verschiedener Softwarekomponenten

Kapitel 3,4,5,7

Bei der Verbindung verschiedener Softwarekomponenten und dem Austausch von Daten zwischen ihnen wurden oder werden häufig propreritäre Formate eingesetzt. Der Einsatz von XML bietet hier den Vorteil, dass diese Formate lesbarer werden und besser beschrieben werden, sodass die Wartung und der Austausch von Software-Komponenten erleichtert wird. Abbildung 2.10 zeigt die Vorgehensweise und die dabei bestehenden Teilaufgaben.

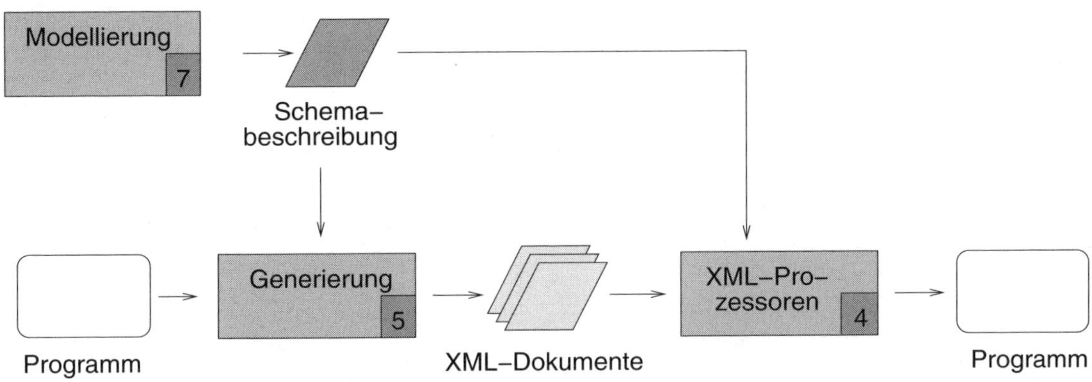

Abbildung 2.10
Kommunikation von Software durch Austausch von XML-Dokumenten

Existiert ein explizites Schema für die eingesetzten XML-Dokumente, so hat es den Charakter einer Dokumentation des Austauschformates. Damit entstehen Vorteile bei der Wartung von Software, besonders im Vergleich zu propreritären Formaten, für die oft keine Dokumentation der Schnittstellen vorliegt.

Diese Anwendung benötigt keine dauerhafte Speicherung der Formate, hat also keinen Datenbankbezug und ist damit nicht im Fokus des Buchs.

Dennoch finden sich hier einige Teilaufgaben, die in den verschiedenen Kapiteln dargestellt werden. Die Erstellung von expliziten Schemata ist Inhalt des *Kapitels 7*. Die XML-Dokumente werden durch Programme erzeugt, allgemeine Kriterien dazu sind in *Abschnitt 5.3* angegeben. XML-Prozessoren können eingesetzt werden, um XML-Dokumente zu analysieren, in *Kapitel 4* findet sich eine Darstellung dazu.

2.10 Weitere Anwendungen

Natürlich können die hier dargestellten Anwendungsszenarien nur exemplarisch einige typische Aufgaben darstellen und nicht vollständig sein. Auch werden konkrete Anwendungen oft komplizierter sein als hier angegeben.

Die hier aufgezählten Fälle sind als ein erster Einstieg in die Thematik gedacht. In den folgenden Kapiteln werden einzelne Aufgaben und Teilaspekte wesentlich ausführlicher behandelt als hier angerissen.

3 XML-Grundlagen

Das Akronym XML steht für e*X*tensible *M*arkup *L*anguage. Dahinter verbirgt sich ein durch das World Wide Web Consortium (W3C) entwickeltes Dokumentenformat. *W3C*

Neben der Empfehlung zur XML-Version 1.0 aus dem Jahre 1997 gibt es mittlerweile eine Vielzahl von weiteren Empfehlungen des W3C im XML-Umfeld sowie zahlreiche aktuelle Entwicklungen, durch die das Gesamtthema XML inzwischen sehr umfangreich geworden ist.

In diesem Kapitel wird eine kurze Einführung in XML gegeben, die Thematik wird überwiegend anhand von Beispielen erläutert. Im Abschnitt 3.1 beginnen wir mit allgemeinen Informationen über die Entstehung von XML, Entwurfsziele und Einsatzgebiete. Die Darstellung der Syntax von XML-Dokumenten wird in Abschnitt 3.2 angegeben. Empfehlungen für weiterführende Literatur sowie verfügbare Tools und kommerzielle Systeme zum Thema XML befinden sich am Ende des Kapitels.

3.1 Was ist XML?

XML ist eine Markup-Sprache, bei der die Inhalte der Dokumente durch so genannte *Tags* markiert werden. Beispiel 3.1 zeigt einen auf diese Weise gebildeten Ausschnitt aus einem XML-Dokument. *XML*

Beispiel 3.1
Ausschnitt aus einem XML-Dokument

```
<Adresse>
    <Ort>Rostock</Ort>
    <PLZ>18051</PLZ>
    <Strasse>Albert-Einstein-Strasse</Strasse>
    <Nummer>21</Nummer>
    <EMail>{meike|hme}@informatik.uni-rostock.de</EMail>
</Adresse>
```

In einem XML-Dokument treten sowohl Daten als auch Informationen über diese Daten auf. Diese Eigenschaft nennt man selbstbeschreibend, d.h., das XML-Dokument beschreibt seine Struktur selbst.

3.1.1 Das W3C

World Wide Web Consortium

Das W3C wurde im Oktober 1994 mit dem Ziel gegründet, allgemeine Protokolle für das World Wide Web zu entwickeln, um die Interoperabilität von Anwendungen im Web zu sichern. Die Gründung ging von Tim Berners-Lee aus und fand am Massachusetts Institute of Technology in Zusammenarbeit mit dem CERN (European Laboratory for Particle Physics) statt. Das W3C gewann — ebenso wie das World Wide Web — schnell an Bedeutung. Gegenwärtig hat es mehr als 400 Mitgliedsorganisationen.

Empfehlungen

Das W3C entwickelt keine Standards, sondern es entstehen dort nur Empfehlungen (*Recommendations*). Sie haben aber den Charakter von Standards, sodass Tools, kommerzielle Systeme und Anwendungen daran angepasst werden.

Alle als Empfehlung verabschiedeten Dokumente und fast alle in der Entwicklung befindlichen Arbeiten sind frei verfügbar und können über die Webseiten des W3C [W3Ca] abgerufen werden. Das W3C hat bisher eine große Anzahl solcher Empfehlungen erarbeitet, zu denen auch HTML, XHTML und XML gehören.

Notes

Working Drafts

Der technische Prozess innerhalb des W3C läuft so ab, dass zunächst Vorschläge (*Notes*) eingereicht werden können, die noch außerhalb der Verantwortung des W3C liegen. Gegenwärtig stehen auf den Webseiten des W3C über 100 solcher Notes. *Working Drafts* repräsentieren aktuelle Arbeiten auf einem Gebiet, die aber noch nicht vom gesamten W3C getragen werden. Im weiteren Prozess werden über *Candidate Recommendations* and *Proposed Recommendations* die *Empfehlungen (Recommendations)* selbst erarbeitet und verabschiedet.

Im weiteren Verlauf des Buchs werden wir sehen, dass auf dem Gebiet XML einige Teilaspekte zum Zeitpunkt der Fertigstellung noch im Status *Working Draft* waren, also durchaus noch Änderungen durchlaufen können. Das Gebiet ist dadurch sehr dynamisch. Wir werden an den entsprechenden Stellen deshalb darauf hinweisen, welchen Status ein Dokument beim W3C zum Zeitpunkt der Fertigstellung des Buchs hatte.

Dennoch ist das Thema »XML und Datenbanken« bereits jetzt sehr relevant, obwohl das Gebiet noch starken Veränderungen unterliegt. Aufbauend auf Working Drafts entstehen bereits Tools. Auf diesen Tools basieren wiederum zahlreiche Anwendungen. Wir befinden uns gegenwärtig in der Situation, dass die Hersteller von Software — und vor allem auch von Datenbanksystemen — und damit auch die Anwender mit ihren Applikationen teilweise dem Standardisierungsprozess vorauseilen und ihn auch aktiv beeinflussen.

3.1.2 Entstehung von XML

SGML

Vorläufer von XML ist SGML (Standard Generalized Markup Language), ein Dokumentenformat, das 1986 normiert wurde, um die Speicherung von Dokumenten zu realisieren. SGML wurde und wird fast ausschließlich auf dem Gebiet der Dokumentverarbeitung eingesetzt.

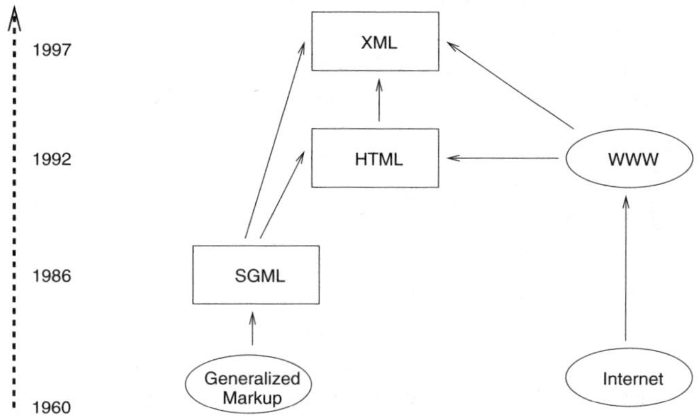

Abbildung 3.1
Entstehung von XML (Abbildung nach [Bra98])

Abbildung 3.1 zeigt die »Wurzeln« von XML und ordnet diese zeitlich ein.

Während SGML nur auf einem kleinen Gebiet Anwendung findet, genießt XML gegenwärtig eine große Popularität. Ein Grund dafür ist, dass XML eine Vereinfachung gegenüber SGML darstellt. Ein weiterer Grund ist sicher, dass durch die immer größere Vernetzung von Rechnersystemen und die stärkere Nutzung des WWW der Bedarf, Informationen auszutauschen, riesengroß geworden ist. Dafür sind Austauschformate erforderlich, die leicht anwendbar, verständlich und auch durch Applikationen problemlos lesbar sind. Ein solches Format ist XML. Die Ähnlichkeit der Syntax zu HTML bietet für viele Anwender eine gewisse Vertrautheit, die sicher einen weiteren Vorteil darstellt. Andererseits hat XML nicht die Nachteile von HTML, sondern erlaubt die Definition von anwendungsspezifischen Grammatiken.

3.1.3 Entwurfsziele von XML

Beim Entwurf von XML wurden zehn Ziele verfolgt, die das Ergebnis wesentlich beeinflussten. Einige davon sind:

- XML soll über das Internet direkt und auf einfache Weise nutzbar sein.
- XML soll eine große Bandbreite von Anwendungen unterstützen.
- XML soll zu SGML kompatibel sein.
- Es soll einfach sein, Programme zu schreiben, die XML-Dokumente auswerten.

- XML-Dokumente sollen für Menschen lesbar und nachvollziehbar sein.
- XML-Dokumente sollen einfach zu erstellen sein.

Einige dieser Entwurfsziele und generellen Eigenschaften von XML werden im Folgenden näher erläutert.

Markup-Sprache

XML ist eine Markup-Sprache – das heißt, Daten und Informationen über die Bedeutung der Daten (also Strukturinformationen) treten gemeinsam in einem Dokument auf. Man nennt diese Eigenschaft auch selbstbeschreibend, weshalb XML für viele Anwendungen gewählt wird.

selbstbeschreibend

XML-Dokumente sind lesbar, das gilt sowohl für die Verarbeitung durch Anwendungen als auch dafür, dass diese von Menschen gelesen und in der Regel gut verstanden werden.

Textinformationen

semistrukturierte Daten

XML kann ebenso wie SGML verwendet werden, um Textinformationen mit Markup darzustellen. Durch die variablen Darstellungsmöglichkeiten eignet sich XML auch zur Darstellung semistrukturierter Daten, also solcher Daten, die keine explizite oder eine wechselnde Struktur haben. Da XML nur eine Teilmenge des Umfanges von SGML umfasst, wird das Format auch sehr häufig zur Darstellung strukturierter Daten eingesetzt.

strukturierte Daten

Austauschformat

Aufgrund dieser Merkmale ist XML hervorragend als Austauschformat für verschiedenste Arten von Daten geeignet. Durch die Verwendung von Style Sheets, die angeben, wie die einzelnen Teile der Dokumente dargestellt werden, ist XML auch als Zwischenformat zur Präsentation von Daten geeignet.

3.1.4 Weitere Empfehlungen

In Abbildung 3.1 wurden die »Wurzeln« von XML dargestellt und zeitlich eingeordnet. Mit der Verabschiedung von XML 1.0 ist die Arbeit des W3C keineswegs beendet, es gab seither viele weitere Empfehlungen des W3C. Einige davon haben einen Bezug zu den nachfolgenden Kapiteln und werden in Abbildung 3.2 ebenfalls graphisch dargestellt. Neben der zeitlichen Einordnung der einzelnen Empfehlungen ist in dieser Abbildung auch zu sehen, wie die Empfehlungen aufeinander aufbauen. Weiterhin ist dargestellt, welche Themenkomplexe sich zum Zeitpunkt des Erscheinens des Buches noch in der Entwicklung befinden.

Das Document Object Model, das im Kapitel 4 detailliert dargestellt wird, wurde im Jahr 1998 als Emfehlung verabschiedet. Auf diesem Modell basiert eine Speicherungsmethode für XML-Dokumente (Kapitel 8).

XML Schema ist eine Möglichkeit zur expliziten Darstellung von Schemainformationen für XML-Dokumente. XML Schema wird ein-

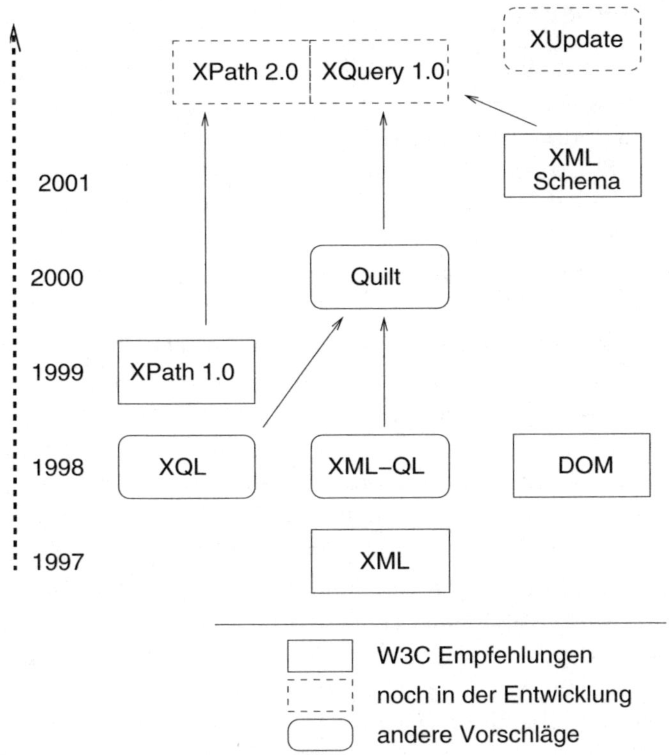

Abbildung 3.2
Entstehung von XML (Abbildung nach [Bra98])

gesetzt, wenn Informationen aus Datenbanken als XML-Dokumente ausgegeben (Kapitel 5) oder wenn XML-Dokumente in Datenbanken gespeichert werden sollen (Kapitel 8). Die Empfehlung XML Schema ist im Mai 2001 verabschiedet worden.

Im Jahr 1998 gab es zwei Vorschläge für XML-Anfragesprachen (XQL und XML-QL). Ein dritter Vorschlag (Quilt) stammt aus dem Jahr 2000. Alle diese Vorschläge wurden außerhalb des W3C gemacht bzw. werden vom W3C nicht mehr weiterentwickelt. Die absehbare XML-Anfragesprache des W3C ist XQuery 1.0. Sie wird auf XPath 2.0 basieren. Beide sind im September 2002 noch im Status Working Draft. Ebenso gibt es noch keine Updatesprache für XML-Dokumente. Die gegenwärtig existierenden XML-Anfragesprachen werden in Kapitel 10 detailliert vorgestellt.

3.2 XML-Syntax

Nachdem wir bisher verschiedene Verwendungsmöglichkeiten von XML beschrieben haben, soll jetzt die Syntax von XML-Dokumenten konkret vorgestellt und überwiegend anhand von Beispielen erläutert werden. Als Beispiele werden XML-Dokumente aus dem Bereich Tourismus verwendet, die in Anhang A vollständig beschrieben werden.

3.2.1 Elemente

Element

Die »Grundbausteine« von XML-Dokumenten sind Elemente. Sie bestehen jeweils aus einem Start-Tag und einem Ende-Tag, zwischen denen der Inhalt des Elements steht.

Tags sind Bezeichner, die den Inhalt des Elements beschreiben. Das Start-Tag wird in spitzen Klammern geschrieben (`<tag>`), beim Ende-Tag erscheint nach der öffnenden spitzen Klammer zusätzlich ein Schrägstrich (`</tag>`). Die Bezeichner des Start- und des Ende-Tags müssen übereinstimmen.

leere Elemente

Alternativ können auch leere Elemente deklariert sein. Hier erscheint nur ein Tag, das von einer spitzen öffnenden Klammer und Schrägstrich mit spitzer schließender Klammer (`<emptytag/>`) eingeschlossen ist.

Die Tags liefern Informationen über die Bedeutung der konkreten Werte, stellen also in der Datenbankterminologie Strukturinformationen dar. Im Inhalt eines Elements dürfen weitere Elemente, Zeichenketten, Processing Instructions und Kommentare auftreten. Diese werden im Verlauf dieses Abschnitts beschrieben. Durch das Auftreten weiterer Elemente wird eine hierarchische Schachtelung der Dokumente möglich.

In Beispiel 3.2 stellen wir zunächst ein Element mit dem Elementtyp (`ort`) dar, gefolgt von einem leeren Element vom Typ (`fax`) und einer einfachen Schachtelung von Elementen (`adresse`).

Beispiel 3.2
Beispiele für Elemente

```
<ort>Berlin</ort>

<fax/>

<adresse>
    <ort>Berlin</ort>
    <plz>10178</plz>
    <strasse>Hackescher Markt</strasse>
    <nummer>12</nummer>
</adresse>
```

Elemente können in XML-Dokumenten beliebig geschachtelt werden. Für viele Anwendungen ist es jedoch bereits im Vorfeld wünschenswert, über eine Dokumentkollektion zu erfahren, welche Elemente auftreten können und wie diese gruppiert sind. Aus diesem Grund gibt es Mittel zur Modellierung von XML-Dokumenten. Eine Variante sind so genannte Document Type Definitions (DTDs). Eine andere Möglichkeit zur Modellierung ist XML Schema.

DTD

Ziele eines expliziten Schemas

Die Verwendung einer DTD oder eines XML-Schemas verfolgt zwei Ziele:

- Explizitmachen der Struktur für die Anwendungen
- Erkennung und (dadurch) Vermeidung von Fehlern in den XML-Dokumenten

Eine Modellierung von XML-Dokumenten bietet also für viele Anwendungen Vorteile. In einigen Bereichen ist diese sogar unbedingt erforderlich. In diesem Kapitel werden wir die Syntax von XML mit Hilfe von DTDs einführen. Die Möglichkeiten, die XML Schema darüber hinaus bietet, werden in Abschnitt 7.2.2 dargestellt.

Die Elementdeklarationen in einer DTD können spezifizieren, wie die einzelnen Elemente geschachtelt und gruppiert werden. Für Beispiel 3.2 kann eine DTD wie in Beispiel 3.3 dargestellt aussehen.

```
<!ELEMENT adresse (ort, plz, strasse, nummer)>
<!ELEMENT ort (#PCDATA)>
<!ELEMENT plz (#PCDATA)>
<!ELEMENT strasse (#PCDATA)>
<!ELEMENT nummer (#PCDATA)>
```

Beispiel 3.3
DTD-Ausschnitt für Adressen

Gruppierung

Mit Beispiel 3.3 haben wir bereits eine Gruppierung von Elementen dargestellt, wobei ein Element als Sequenz von anderen Elementen deklariert sein kann. Im Beispiel ist eine `adresse` als Sequenz von `ort`, `plz`, `strasse` und `nummer` dargestellt.

Es sind folgende Gruppierungen möglich:

- *Sequenz*
  (A , B) — A und B müssen in der angegebenen Reihenfolge im Dokument auftreten
- *Alternative*
  (A | B) — Entweder A oder B muss im Dokument auftreten
- *Wiederholung*
  Bei der Wiederholung wird durch einen Quantifizierer angegeben, wie oft ein Element auftreten kann.

  Quantifizierer

  - A? — A kann 0...1 Mal im Dokument auftreten
  - A+ — A kann 1...n Mal auftreten
  - A* — A kann 0...n Mal auftreten

  Ist kein Quantifizierer angegeben, so bedeutet das

  - A — A tritt genau einmal auf.

Die Gruppierungmöglichkeiten können beliebig geschachtelt werden. Für Beispiel 3.2 kann die erste Zeile der DTD auch wie in Beispiel 3.4 dargestellt aussehen.

```
<!ELEMENT adresse (ort, plz, ((strasse, nummer) | postfach))>
```

Beispiel 3.4
Adresse (Alternative)

Die Adresse ist hier als Sequenz von `ort` und `plz` deklariert, gefolgt von `strasse` und `nummer` oder einer Angabe `postfach`.

Mixed Content Type

Ein Spezialfall der Alternative ist der Mixed Content Type, der entweder wie schon in Beispiel 3.3 zu sehen war als `#PCDATA` (Parsed Character Data) deklariert ist oder als Alternative von `#PCDATA` und anderen Elementen auftreten kann. Das bedeutet, dass in diesem Element sowohl Volltextinformationen als auch weitere (deklarierte) Elemente in beliebiger Anordnung auftreten können. Beispiel 3.5 zeigt einen Ausschnitt aus einer DTD und einen zugehörigen Dokumentenausschnitt eines XML-Dokuments.

Beispiel 3.5
Mixed Content Type

```
<!ELEMENT anreisebeschreibung
          (#PCDATA | auto | bahn | flugzeug)*>

<anreisebeschreibung>
    Sie können unser Haus auf verschiedenen Wegen erreichen:
    <bahn>per Bahn: 1 km ab Bahnhof Warnemünde </bahn>
    <auto>per Auto: 19 km ab Autobahn A19
          Rostock--Berlin</auto>
    <flugzeug>per Flugzeug: 55 km ab Rostock-Laage,
              235 km ab Berlin-Tegel</flugzeug>
    Sie finden uns direkt an der Uferpromenade.
</anreisebeschreibung>
```

Es besteht auch die Möglichkeit, leere Elemente zu deklarieren. Die Syntax dazu zeigt Beispiel 3.6.

Beispiel 3.6
Deklaration von leeren Elementen

```
<!ELEMENT hotel_ansicht EMPTY>

<!ELEMENT preis EMPTY>
```

Leeren Elementen können ebenso wie allen anderen Elementen Attribute zugeordnet sein. Wie die Deklaration des Beispiels 3.6 dann aussieht, zeigt Beispiel 3.11 nach Einführung der Syntax der XML-Attribute.

ANY

Eine weitere Möglichkeit der Elementdeklaration ist die Verwendung von `ANY`. Diese erlaubt Mixed Content mit beliebigen Elementen, die jedoch in der DTD deklariert sein müssen. Beispiel 3.7 zeigt die Deklaration von Elementen mit dem Inhaltsmodell `ANY` sowie einen Ausschnitt aus einem zugehörigen XML-Dokument.

Beispiel 3.7
Elementdeklaration mit ANY

```
<!ELEMENT zusatzinformationen ANY>

<zusatzinformationen>
  Am 31.12. stehen in <ort>Warnemünde</ort> keine Parkplätze
  zur Verfügung. <bahn>Die S-Bahn verkehrt an diesem Tag nach
  einem Sonderfahrplan im 7,5-Minuten-Takt.</bahn>
</zusatzinformationen>
```

Mit diesen grundlegenden Kombinationsmöglichkeiten können DTDs aufgebaut werden. Eine etwas umfangreichere DTD und zwei Dokumentausprägungen sind in Beispiel 3.8 und 3.9 dargestellt.

Beispiel 3.8
Beispiel-DTD für Hotelinformationen

```
<!-- DTD Übernachtungsmöglichkeiten -->

<!ELEMENT unterkunft (hotel | pension | jugendherberge)*>

<!ELEMENT hotel (hotelname, kategorie?, adresse, preise?,
            gastronomie*, service*)>

<!ELEMENT hotelname (#PCDATA)>
<!ELEMENT kategorie (#PCDATA)>

<!ELEMENT adresse (plz, ort, strasse, nummer,
               telefon, fax?)>

<!ELEMENT plz (#PCDATA)>
<!ELEMENT ort (#PCDATA)>
<!ELEMENT strasse (#PCDATA)>
<!ELEMENT nummer (#PCDATA)>
<!ELEMENT telefon (#PCDATA)>
<!ELEMENT fax (#PCDATA)>

<!ELEMENT gastronomie (#PCDATA | restaurant | hotelrestaurant
                      | bar| cafe | frühstück)*>
...
```

Die DTD aus Beispiel 3.8 wird durch die XML-Dokumente in Beispiel 3.9 erfüllt.

Beispiel 3.9
Ausschnitt eines XML-Dokuments zur DTD aus Beispiel 3.8

```
<unterkunft>
    <hotel>
        <hotelname>Strand Hotel Hübner
        </hotelname>
        <kategorie>4</kategorie>
        <adresse>
            <plz>18119</plz>
            <ort>Rostock-Warnemünde</ort>
            <strasse>Seestraße</strasse>
            <nummer>12</nummer>
            <telefon>0381/ 54 34-0</telefon>
            <fax>0381/ 54 34-444</fax>
        </adresse>
        <gastronomie>
            <restaurant>ab 11 Uhr geöffnet
            </restaurant>
        </gastronomie>
    </hotel>
</unterkunft>
```

Das XML-Dokument in Beispiel 3.10 entspricht ebenfalls der DTD aus Beispiel 3.8.

Beispiel 3.10
XML-Dokument zur DTD aus Beispiel 3.8

```
<unterkunft>
    <hotel>
        <hotelname>Hotel Am alten Strom</hotelname>
        <adresse>
            <plz>18119 </plz>
            <ort>Warnemünde</ort>
            <strasse>Am Strom</strasse>
            <nummer>60/61</nummer>
            <telefon>0381/548230</telefon>
            <fax>0381/54823444</fax>
        </adresse>
        <gastronomie>
            <fruehstueck>Unser reichhaltiges
            Frühstücksbuffet steht von 7--11 Uhr
            für Sie bereit.</fruehstueck>
        </gastronomie>
    </hotel>
</unterkunft>
```

3.2.2 Attribute

Attribut

Den Elementen eines XML-Dokuments können so genannte Attribute zugeordnet sein, in denen weitere Eigenschaften der Elemente angegeben werden. Wie die Attribute den Elementen eines XML-Dokuments syntaktisch zugeordnet sind, zeigt Beispiel 3.11.

Beispiel 3.11
XML-Attribute

```
<ort bundesland='MV' land='Deutschland'>Rostock</ort>

<preis waehrung='Euro' betrag='25'/>
```

Im ersten Fall wird zu dem Element `ort` mit dem Wert `Rostock` die Zusatzinformation über `bundesland` und `land` ergänzt. Im zweiten Fall erhält das leere Element `preis` Angaben zu `waehrung` und `betrag`, die als XML-Attribute deklariert sind.

In einer DTD legt die Attributlistendeklaration fest, welche Attribute für ein Element existieren können oder müssen. Die dabei möglichen Angaben werden in der folgenden Übersicht zusammengetragen. Attribute haben:

1. einen Namen
2. einen Typ, der deklariert sein kann als

Attributtyp

- ❑ `CDATA` — CHARACTER DATA

  Dieser Datentyp wird beim Analysieren der Dokumente nicht weiter ausgewertet und kann deshalb beliebige Inhalte enthalten.

PCDATA: Parsable Character Data

- `ID`

  Als `ID` werden Werte deklariert, die innerhalb eines Dokuments eindeutig sein müssen. Eine `ID` dient zur Identifikation eines Dokumentteils.
- `IDREF/IDREFS`

  Mit den `IDREF/IDREFS`-Attributen wird auf eine oder mehrere `ID` des gleichen Dokuments verwiesen. Sie können eingesetzt werden, um auf einen oder mehrere Dokumentteile zu verweisen.
- `ENTITY/ENTITIES`

  Der Attributwert ist eine Referenz auf ein oder mehrere Entities. Entities werden in Abschnitt 3.2.4 näher erläutert.
- `NMTOKEN/NMTOKENS`

  Ein oder mehrere Strings, die die gleichen Bedingungen wie Element- oder Attributnamen erfüllen müssen. Sie sind Zeichenketten, die mit einem Buchstaben, Doppelpunkt oder Unterstrich beginnen und denen dann neben diesen auch Ziffern folgen können, oder
- `(` *`wert1`* `|` *`wert2`* `| ...)`

  einer Aufzählung der erlaubten Werte. Für *`wert1`*, ... gelten die selben Konventionen wie für Elementbezeichner.

Verwendung

3. eine Angabe, ob das Attribut auftreten muss
   - `#REQUIRED` — das Attribut muss angegeben sein
   - `#IMPLIED` — das Attribut ist optional
   - `#FIXED` — der Wert wird immer auf den Defaultwert festgelegt, dieser muss in der DTD spezifiziert werden

Defaultwert

4. einen optionalen Defaultwert — bei Attributen, die als #FIXED deklariert sind, muss dieser jedoch angegeben sein.

In einer DTD werden die Attribute aus Beispiel 3.11 so deklariert:

Beispiel 3.12
Attributdeklaration in einer DTD

```
<!ATTLIST ort bundesland CDATA #REQUIRED
        land CDATA #REQUIRED 'Deutschland'>
```

Die Deklaration der Attribute soll an dem bereits eingeführten Tourismusbeispiel erläutert werden. Beispiel 3.13 zeigt die DTD aus Beispiel 3.8, die jetzt um die Attribute `id`, `url`, `erstellt-am` und `autor` erweitert wurde.

Beispiel 3.13
DTD Hotelinformation mit Attributen

```
<!-- DTD Uebernachtungsmoeglichkeiten -->
<!ELEMENT unterkunft (hotel | pension | jugendherberge)*>
<!ATTLIST unterkunft id ID #REQUIRED
                     url CDATA #REQUIRED
                     erstellt-am CDATA #IMPLIED
                     autor CDATA #IMPLIED>
```

In Beispiel 3.14 wird ein gültiges XML-Dokument zu der erweiterten DTD aus Beispiel 3.13 angegeben.

Beispiel 3.14
XML-Dokument mit Attributen

```
<unterkunft id="h0001"
    url="www.hotel-Hübner.de"
    erstellt-am="25/09/2002"
    autor="Hans Mayer">
...
</unterkunft>
```

3.2.3 Entwurfsentscheidung: Verwendung von Elementen oder Attributen

Element- und Attributdeklarationen in DTDs

Die Unterscheidung zwischen Elementen und Attributen beim Entwurf von DTDs ist nicht immer einfach und eindeutig zu treffen, da in vielen Fällen die gleichen Informationen in Subelementen eines Elements oder durch zugehörigen Attribute ausgedrückt werden können.

Beispiel 3.15 zeigt zwei inhaltlich identische, aber syntaktisch unterschiedliche Darstellungen von Informationen in XML-Dokumenten. Im ersten Fall wird die ISBN eines Buchs als Kind-Element dargestellt, im zweiten Fall tritt diese als Attribut auf.

Beispiel 3.15
Identische Informationen in zwei XML-Dokumenten

```
<buch>
   <isbn>0-201-342853</isbn>
   <autor>Neil Bradley</autor>
   <titel>XML companion</titel>
</buch>

<buch isbn='0-201-342853'>
   <autor>Neil Bradley</autor>
   <titel>XML companion</titel>
</buch>
```

Die Informationen zu Autoren und Titel sind in Beispiel 3.15 in beiden Fällen als Elemente dargestellt, da hier eine weitere Unterteilung, zum Beispiel Vorname, Nachname oder Untertitel, denkbar ist. Diese kann nur in Elementen erfolgen, jedoch nicht in Attributen.

Nachdem in den vorherigen Abschnitten die Syntax von Elementen und Attributen beschrieben wurde, soll in diesem Abschnitt durch einen kurzen Vergleich deren Verwendung deutlich gemacht werden. Die folgende Tabelle gibt eine Übersicht, die die Unterschiede von Elementen und Attributen in DTDs darstellt.

XML Schema

Bei XML Schema, das ausführlich in Abschnitt 7.2.2 vorgestellt wird, sind die Möglichkeiten zur Deklaration von Elementen und Attributen etwas anders. Hier ist es möglich, dass Elemente ebenfalls im Dokument eindeutig deklariert sein können (`unique,key`) und auch Referenzen auf eindeutige Elementinhalte enthalten (`keyref`). Elemente

	Element	Attribut
Identifikation	–	ID/IDREF/IDREFS
Quantoren	1/?/*/+	REQUIRED/IMPLIED
Alternativen	+	–
Defaultwerte	–	+
Aufzählungstypen	–	+
Inhalte	komplex	nur atomar
Ordnungserhaltung	ja	nein

Tabelle 3.1
Unterschiede zwischen Elementen und Attributen in DTDs

können weiterhin einen Defaultwert annehmen und auch als `fixed` deklariert werden. Bei der Verwendung von XML Schema haben die Attribute also keine Eigenschaft, die bei Elementen nicht modellierbar ist.

Als Fazit für den Einsatz von Elementen oder Attributen lässt sich dennoch festhalten, dass strukturierte und wenig detaillierte Informationen, die oft als Aufzählungstypen deklariert werden und für die ein Defaultwert angegeben werden soll, sich für die Darstellung als Attribute eignen. Handelt es sich um eine Zusatzinformation (z.B. ein Buch erhält einen Identifikator), ohne die das eigentliche Dokument trotzdem vollständig bleibt, so ist ebenfalls die Verwendung eines Attributs empfehlenswert. Einen typischen Fall (Beispiel 3.16), der in vielen DTDs als Attribut deklariert ist, stellt die Währung einer Preisangabe dar. Für diese kann man einen Aufzählungstypen deklarieren und einen Defaultwert angeben.

Verwendung von Attributen

Beispiel 3.16
Darstellung von Preisen und Währungen

```
<!ELEMENT preis (#PCDATA)>
<!ATTLIST preis waehrung  (usd|euro|sek) "euro">

<preis waehrung="euro">20</preis>
<preis waehrung="usd">18</preis>
<preis waehrung="sek">188</preis>
```

Die Verwendung von Attributen ist restriktiver als die Verwendung eines Subelementes, erlaubt aber dafür eine etwas kompaktere Schreibweise. Durch XML-Prozessoren, die im folgenden Kapitel 4 ausführlich dargestellt werden, ist der Zugriff auf Attribute einfacher realisierbar als der Zugriff auf Elemente.

Enthält die in der Komponente eingebettete Information selbst wieder strukturierte Informationen, die durch weiteres Markup genauer dargestellt werden, so ist die Verwendung eines Elements notwendig, da die Attributwerte nicht weiter ausgewertet werden können. Sollen Texte, die weiteres Markup enthalten, gespeichert werden, so lassen sich auch hier nur Elemente verwenden. Komplexere Informationen lassen sich also nur als Elemente spezifizieren.

Verwendung eines Elements

Ein Beispiel dafür ist der Titel eines Buchs. Da dieser noch weiter untergliedert werden kann, zum Beispiel mit einem Untertitel, ist hier die Verwendung eines Elements angebracht. Weiterhin kann der Autor eines Buchs nicht durch ein Attribut modelliert werden, da häufig mehrere Autoren auftreten. Deshalb sind diese beiden Informationen (`titel, autor`) in Beispiel 3.15 in beiden angegebenen Fällen als Elemente dargestellt.

Aufgrund der Syntax der XML-Dokumente wird die Lesbarkeit des Dokuments verbessert, wenn alle Attribute, die an die Elemente gekoppelt sind, auch inhaltlich eng zu diesen gehören. Das muss bei der Modellierung beachtet werden, wenn zur Darstellung der Informaitonen Attribute gewählt wird. Generell kann man sagen, dass Daten als Elemente und Metadaten als Attribute dargestellt werden sollen, um gut lesbare XML-Dokumente zu erhalten.

Weiterhin sollte — wie bei jedem Entwurf — eine durchgängige Modellierung gewählt werden. Wird für eine Art von Informationen ein Attribut eingesetzt, so sollte an anderer Stelle für ähnliche Informationen auch ein Attribut eingesetzt werden.

3.2.4 Entities

Entity

Mehrfach wiederkehrende Teile eines Dokuments können als so genannte Entities deklariert werden, auf die nach ihrer Definition ein- oder mehrmals zugegriffen werden kann. Die Entities spezifizieren, welcher Aufruf im Dokument durch welche Inhalte ersetzt wird. Diese Ersetzung nehmen XML-Prozessoren vor, die in Kapitel 4 vorgestellt werden.

allgemeines Entity

Parameter-Entity

Man unterscheidet allgemeine Entity-Deklarationen und Parameter-Entity-Deklarationen. Während allgemeine Entity-Deklarationen in den gesamten XML-Dokumenten verwendet werden können, erfolgt der Einsatz von Parameter-Entities ausschließlich in DTDs.

interne und externe Entities

Eine weitere Unterscheidung erfolgt zwischen internen und externen Entities. Interne Entities werden in der gleichen Datei, externe in einer anderen Datei deklariert.

Vorteile

Allgemeine Entity-Deklaration Sollen in einem XML-Dokument mehrmals die gleichen Texte auftreten, so erreicht man eine kompaktere und besser zu wartende Schreibweise indem man allgemeine Entities verwendet. Entities enthalten einen Namen und den Text, der beim Aufruf des Entities eingesetzt werden soll.

Eine Entity-Deklaration kann wie in Beispiel 3.17 dargestellt erfolgen.

Beispiel 3.17
Definition eines Entities

```
<!ENTITY Entityname 'Ersetzungstext'>
```

Der Aufruf eines allgemeinen Entities im Dokument hat die in Beispiel 3.18 dargestellte Syntax.

```
&Entityname;
```

Beispiel 3.18
Aufruf eines Entities

Der Inhalt des Entities kann nicht nur durch Hochkommas ' ' eingeschlossen werden, es ist auch möglich, Anführungsstriche " " zu verwenden.

Ein Beispiel, das zeigt, dass XML-Dokumente durch Verwendung von Entities wartbarer werden, ist der Termin der jährlich stattfindenden touristischen Großveranstaltung Hanse Sail. Werden dieser Termin und weitere spezifische Angaben zur Sail als Entity deklariert, ist das Dokument bei nachträglichen Anmeldungen von Schiffen oder bei der Verwendung im Folgejahr leichter anpassbar. (Das ist im Verlaufe der Arbeiten an dem Buch auch gleich mehrfach erfolgt.)

Beispiel 3.19 zeigt die Deklaration und den Aufruf der Entities in diesem Zusammenhang.

```
<!ENTITY hansesailtermin "7.-10. August 2003">
<!ENTITY hansesailteilnehmer
 "200 Traditionssegler und Museumsschiffe">

<veranstaltung>
    Die Hanse Sail findet vom &hansesailtermin; statt.
    In diesem Jahr sind &hansesailteilnehmer; gemeldet.
</veranstaltung>

<ausfluege>
    Ein lohnendes Ausflugsziel ist die vom  &hansesailtermin;
    stattfindende Hanse Sail, zu der in diesem Jahr
    &hansesailteilnehmer; geladen sind.
</ausfluege>
```

Beispiel 3.19
Darstellung veränderlicher Informationen durch Entities

Diese Beispiele sind als interne Entities, also im gleichen Dokument, deklariert. Man kann mit dem gleichen Mechanismus auch *externe Entities* benutzen. Dabei muss bei der Entity-Deklaration angegeben werden, wo das Entity zu finden ist. Nach dem Schlüsselwort SYSTEM wird eine gültige URI spezifiziert, die auf eine erreichbare externe Datei verweist. Beispiel 3.20 zeigt diesen Fall. Mit PUBLIC wird ein öffentlicher Identifikator oder eine logische Referenz angegeben, die meist unter Zuhilfenahme eines Namensdienstes auf eine physische Referenz, etwa eine URI, abgebildet wird.

```
<!ENTITY museumsbeschreibung SYSTEM
        "file:///users/db01/meike/dbxml/traditionsschiff.dtd">
<!ENTITY iga SYSTEM "http://www.iga2003.de/iga.dtd">
```

Beispiel 3.20
Definition eines externen Entities

Der Aufruf im Dokument erfolgt genauso wie bei intern deklarierten Entities. Beispiel 3.21 zeigt den Aufruf eines externen Entities.

Beispiel 3.21
Aufruf externer Entities

```
<ausfluege>
    In der Nähe des IGA-Geländes befindet sich das
    Traditionsschiff, das als Museum zu besichtigen ist.
    Beschreibung: &museumsbeschreibung;
</ausfluege>
```

Vordefinierte Entities Es gibt einige vordefinierte Entities, die jeder XML-Prozessor auswerten kann. Diese Entities definieren die Sonderzeichen, die in XML-Dokumenten eine besondere Bedeutung haben. Die vordefinierten Entities sind im Einzelnen:

- `<` für <
- `>` für >
- `&` für &
- `'` für ’
- `"` für ”

Diese Zeichen können nicht direkt im Text angegeben werden, weil sie in XML-Dokumenten eine besondere Bedeutung haben. »`<`« und »`>`« grenzen die Tags der Elemente ein, »`'`« und »`"`« werden bei Attributwerten eingesetzt und »`&`« kennzeichnet den Aufruf eines Entities. Damit die XML-Dokumente eindeutig analysierbar sind, werden vordefinierte Entities eingesetzt, sofern diese Sonderzeichen als Textbestandteile auftreten sollen.

Ein Beispiel, das deren Verwendung verdeutlicht, ist Folgendes. Der Name der im Beispiel 3.22 dargestellten Jugendherberge ist MS ”Georg Büchner” und sieht in XML mit vordefinierten Entities wie folgt aus:

Beispiel 3.22
Verwendung von vordefinierten Entities

```
<jugendherberge>
    <name>
        MS &quot;Georg Büchner&quot;
    </name>
</jugendherberge>
```

Character-Entities Character-Entities können verwendet werden, um Sonderzeichen einzufügen. Mit Dezimalzahlen im Bereich 0 ... 255 kann auf die Zeichen der erweiterten ASCII-Menge (ISO 8859/1) — auch Latin-1 genannt — zugegriffen werden. Dezimalzahlen im Bereich 256 ... 65535 ermöglichen den Zugriff auf die Zeichen des Unicode-Zeichensatzes (ISO 10646). Anstelle von Dezimalzahlen können auch Hexadezimalzahlen verwendet werden, diesen wird dann ein `x` vorangestellt.

Der Aufruf erfolgt beispielsweise mit »`<`«, dadurch wird das Zeichen »`<`« spezifiziert.

Nichtgeparste Entities In vielen XML-Dokumenten sollen neben den Textinformationen weitere Arten von Daten dargestellt werden, z.B. Bilddaten. Für deren Einbindung in XML-Dokumente eignen sich *nichtgeparste oder binäre Entities*, diese können nur in Attributen vom Typ `ENTITY` oder `ENTITIES` verwendet werden. In nichtgeparsten Entities können beliebige Daten auftreten, die Inhalte müssen keine XML-Syntax haben. Nichtgeparste Entities kann man zum Beispiel einsetzen, um Bilddaten im Binärformat zu speichern. Binäre Entities müssen immer extern deklariert sein.

Notation

Nicht geparste Entities erfordern eine zusätzliche Komponente, die Notations. Eine Notation wird durch von Anwendungen eingesetzt, um den Typ der Daten im nicht geparsten Entity zu identifizieren oder um zu spezifizieren, welche Applikationen verwendet werden sollen, um die Daten zu interpretieren und auszuführen.

Die Identifikation der Notationen erfolgt über den zugewiesenen Namen. Notationen folgen der in Beispiel 3.23 angegebenen Syntax.

Beispiel 3.23
Notation

```
<!NOTATION GIF SYSTEM 'gifviewer.exe'>
```

Ist keine Information über das externe Format und keine Applikation zur Verarbeitung verfügbar, so muss die Angabe der Notation in der folgenden Form erfolgen.

Beispiel 3.24
Minimalform einer Notationsdeklaration

```
<!NOTATION TEX SYSTEM ''>
```

Sollen zum Beispiel zu den Informationen über ein Hotel auch Bilddateien wie die Ansicht des Hotels gehören, so könnten sie auch wie in Beispiel 3.25 deklariert bzw. aufgerufen werden.

Beispiel 3.25
Definition und Verwendung binärer Entities

```
<!ELEMENT Hotel (#PCDATA)>
<!ATTLIST Hotel ansicht ENTITY #IMPLIED>
<!ENTITY ansicht_Hübner
        SYSTEM "ansicht_Hübner.gif" NDATA GIF>
<!NOTATION GIF SYSTEM 'gifviewer.exe'

<Hotel ansicht="ansicht_Hübner">
    Strand Hotel Hübner
</Hotel>
```

Parameter-Entities Die bisher definierten allgemeinen Entities können nur aus dem XML-Dokument aufgerufen werden, aber nicht aus der DTD heraus. In vielen Fällen ist es jedoch wünschenswert, häufig auftretende Teile einer DTD über Entities zu spezifizieren und immer wieder zu verwenden.

Design Pattern

Im Softwaredesign und im Datenbankentwurf gibt es den Ansatz, so genannte Entwurfsmuster (engl. Design Patterns) zu definieren und beim Entwurf zu verwenden. Auch beim DTD-Design ist es vorstellbar, dass es Teile gibt, die in ähnlicher Form in verschiedenen Anwendungsgebieten vorkommen. Beispiele dafür sind Kundeninformationen oder allgemein Personendaten und Preisinformationen. Der Vorteil bei der Wiederverwendung solcher vordefinierten Teile ist, dass geprüfte und bewährte Lösungen mehrfach verwendet werden können.

Vorteil

Die technische Voraussetzung für die Wiederverwendung von Teilen eines Schemas ist durch den Einsatz von Parameter-Entity gegeben. Hierbei ist es möglich, aus einer DTD-Definition heraus, bereits deklarierte Parameter-Entities zu verwenden. Das erhöht die Lesbarkeit, vermeidet Redundanz in der Darstellung und macht damit die DTD weniger fehleranfällig und leichter wartbar. Die Syntax der Parameter-Entities und ihres Aufrufes ist in Beispiel 3.26 angegeben.

Parameter-Entity

Beispiel 3.26 *Definition eines Parameter-Entities*

```
<!ENTITY % adressdef "(ort,plz,strasse,nummer)">

<!ELEMENT adresse %adressdef;>
```

Es ist auch möglich, solche Parameter-Entities extern zu definieren, die Syntax zur Deklaration und Verwendung steht im Beispiel 3.27, das Entity-Deklarationen aus einer Datei dazufügt.

Beispiel 3.27 *Definition eines externen Parameter-Entities*

```
<!ENTITY % iso-lat1-ent
        SYSTEM "http://www.w3.org/TR/xhtml1/DTD/xhtml-lat1.ent">

%iso-lat1-ent;
```

Parameter-Entities müssen deklariert sein, bevor sie verwendet werden können. Durch diese Forderung werden Zyklen bei der Entity-Auflösung verhindert.

3.2.5 Processing Instructions

Will man neben dem Dokument selbst noch Anweisungen für die Verarbeitung des Dokuments ergänzen, so kann man dazu die Processing Instructions verwenden. Mit diesen ist es möglich, Anweisungen zur Verarbeitung zu spezifizieren. Dabei ist die einzige auftretende Einschränkung, dass im Namen der Processing Instruction der Teilstring `xml` in keiner Form der Groß- und Kleinschreibung auftreten darf, da diese Bezeichnungen reserviert sind.

Processing Instructions

Der gebräuchlichste Einsatz von Processing Instructions ist die Zuweisung von Stylesheets zu XML-Dokumenten. Die Syntax von Processing Instructions im allgemeinen Fall und die Verwendung zur Zuweisung von Stylesheets ist in Beispiel 3.28 dargestellt.

Zuweisung von Stylesheets

Beispiel 3.28 *Definition von Processing Instructions*

```
<? PI-Name PI-Anweisung ?>

<?xml-stylesheet type="text/xsl"
href="C:\Eigene Dateien\meike\xml\my-style.xsl"?>
```

Man sollte Processing Instructions jedoch sparsam verwenden, weil diese völlig frei dargestellt werden können. Ihre Form muss den Anwendungen in irgendeiner Form bekannt sein, damit diese darauf reagieren können. Neue Anwendungen oder Fremdanwendungen können Processing Instructions zunächst nicht auswerten. Damit ist die Verwendbarkeit von Dokumenten, die wesentliche Informationen durch Processing Instructions definieren, stark eingeschränkt.

3.2.6 Kommentare

Kommentare können sowohl in einer DTD auftreten als auch in XML-Dokumenten selbst. Sie können verwendet werden, um die Dokumente zu strukturieren, zu gliedern oder für Menschen lesbarer zu machen. Die Syntax dafür ist in Beispiel 3.29 angegeben.

```
<!-- Dies ist ein Beispielkommentar -->
```

Beispiel 3.29
Kommentar

Es ist möglich, Kommentare durch Applikationen auswerten zu lassen. Eine Abfrage und Darstellung der Kommentare ist auch mittels XSL möglich, und mit DOM-Parsern lassen sich Kommentare ebenfalls erfragen, manipulieren und an Applikationen weiterleiten. Dennoch sollten Kommentare nicht verwendet werden, um Informationen darzustellen, die zum Dokument oder in die Processing Instructions gehören. Einsetzen sollte man die Kommentare, um die Lesbarkeit der XML-Dokumente und der Schemabeschreibungen für den Menschen zu erhöhen. Nicht oder nur sehr eingeschränkt sollten sie für die Auswertung der XML-Dokumente durch Applikationen verwendet werden.

3.2.7 Aufbau eines Dokuments

Vorspann

Nachdem wir bisher die einzelnen Bestandteile von XML-Dokumenten vorgestellt haben, wollen wir jetzt den Vorspann eines XML-Dokumentes betrachten. Er enthält die folgenden Bestandteile:

- `version`
  Hier kann gegenwärtig nur Version 1.0 angegeben werden. Falls in Zukunft weitere Versionen als Empfehlung vom W3C verabschiedet werden, dann ermöglicht der Parameter die Verarbeitung verschiedener Versionen.
- `encoding` (optional)
  An dieser Stelle wird die Kodierung des Dokuments angegeben, zwei Beispiele dafür sind:
  - `UTF-8` Dieses ist gleichzeitig der Defaultwert, wenn keine Angabe erfolgt.
  - `UTF-16` Diese Kodierung muss ebenfalls von allen XML-Prozessoren unterstützt werden.

- `standalone` (optional)
  Der Parameter spezifiziert, ob dem Dokument eine externe Markup-Deklaration (DTD oder XML-Schema) zugeordnet wird oder nicht.
  Es existieren hier zwei mögliche Fälle: Entweder das Dokument besitzt kein externes Schema, dann wird `standalone='yes'` gesetzt, oder ein externes Schema existiert und soll ausgewertet werden, in diesem Fall wird `standalone='no'` gesetzt und die DTD oder das XML-Schema wie in Beispiel 3.30 gezeigt zugeordnet.
  Falls eine externe Deklaration definiert ist und der Wert nicht angegeben ist, wird als Defaultwert `'no'` angenommen.

Beispiel 3.30 zeigt zwei Varianten zur Angabe des Vorspannes von XML-Dokumenten.

Beispiel 3.30
Beispiele für Dokumentdeklarationen

```
<?XML version="1.0" encoding="UTF-8" standalone="yes">

<?XML version="1.0" encoding="UTF-16" standalone="no">
<!DOCTYPE tourismus-infos SYSTEM "tourismus.dtd">
```

Damit wird die kurze Darstellung der Syntax von XML-Dokumenten abgeschlossen.

Ein umfangreicheres Beispiel einer DTD und eines XML-Schemas sowie mehrere XML-Dokumente befinden sich im Anhang A.

3.3 Eigenschaften von XML

Wohlgeformtheit

XML-Dokumente müssen bestimmten Eigenschaften genügen. Die erste ist die Wohlgeformtheit. Ein XML-Dokument ist wohlgeformt (engl. well-formed), wenn es syntaktisch korrekt ist. Eine ganze Reihe von Eigenschaften wird in der Empfehlung XML 1.0 definiert und muss überprüft werden, um die Wohlgeformtheit eines Dokuments zu testen. Einige davon sind:

- Alle Elemente müssen ein Start- und Ende-Tag enthalten oder als leere Elemente (`<emptytag/>`) deklariert sein.
- Die Start- und Ende-Tags der Elemente sind korrekt ineinander verschachtelt. Alle spitzen Klammern gehören zu den Tags, andere spitze Klammern sind durch die vordefinierten Entities `<` und `>` gesetzt.
- Alle Attributwerte sind in Anführungszeichen oder Hochkommata dargestellt.
- Die Attribute wohlgeformter XML-Dokumente ohne zugeordnete DTD haben alle den Wert CDATA.
- Kein Attributname tritt mehr als einmal bei einem Element auf.
- Kein Attributwert enthält einen Verweis auf ein externes Entity.

- Kein Attributwert enthält eine öffnende spitze Klammer <.
- Das Dokument enthält genau ein Wurzelelement (das nicht im Inhalt eines anderen Elements enthalten ist).
- Jedes geparste Entity, das im XML-Dokument direkt oder indirekt referenziert wird, ist selbst wohlgeformt.

Wohlgeformte Dokumente können durch einen XML-Prozessor ausgewertet werden, anderenfalls stellt das Dokument kein XML-Dokument dar, und eine Auswertung ist demzufolge nicht möglich.

Gültigkeit

Eine weitere Eigenschaft ist die Gültigkeit. Ein XML-Dokument ist gültig (engl. valid), wenn das Dokument den Definitionen in einer zugehörigen DTD entspricht. Dabei werden unter anderem die folgenden Eigenschaften getestet:

- Alle Elemente im XML-Dokument sind in der DTD in der entsprechenden Gruppierung deklariert.
- Alle auftretenden Attribute, die einem Element des XML-Dokuments zugeordnet sind, müssen in der DTD entsprechend deklariert sein.

Die Eigenschaften Wohlgeformtheit und Gültigkeit werden durch XML-Prozessoren überprüft. XML-Prozessoren werden in Kapitel 4 detailliert vorgestellt.

3.4 Zusammenfassung

In diesem Kapitel erfolgte eine kurze Vorstellung der Markup-Sprache XML (eXtensible Markup Language). Weiterführende Literatur ist im nächsten Abschnitt angegeben.

Viele Anwendungen setzten XML zur Darstellung von strukturierten, semistrukturierten und unstrukturierten Informationen ein. Es lassen sich durch den Einsatz von XML als Austauschformat nicht alle Interoperabilitätsprobleme lösen. Prinzipiell ist aber erst einmal eine gemeinsame syntaktische Basis geschaffen, um zwischen verschiedenen Applikationen Informationen auszutauschen.

3.5 Literatur

XML

Es gibt zahlreiche Bücher zum Thema XML. Für ausführlichere Informationen ist der »XML companion« von Neil Bradley [Bra98] zu empfehlen, der eine sehr vollständige XML-Einführung darstellt.

Henning Behme und Stefan Mintert [BM98] behandeln in ihrem Buch »XML in der Praxis« XML, XLink, XPointer, Stil-Komponenten und DTDs in sehr verständlich dargestellter Weise. Das Buch enthält viele Beispiele aus der Dokumentverarbeitung.

Gut zum Nachschlagen geeignet ist die »XML Pocket Referenz« ([Eck99]) von Robert Eckstein. Sie enthält eine XML-Einführung, Definition von DTDs, Style Sheets und XLink/XPointer in sehr kompakter Form.

XSLT

XSLT ist nicht Inhalt dieses Buchs. Man benötigt XSLT, um Dokumente zu transformieren, zu visualisieren und auszugeben.

XSLT ist in dem Buch »XSLT–Programmers Reference« von Michael Kay [Kay01] sehr gut und ausführlich dargestellt.

Das Buch »Web-Design mit XML« von Manfred Knobloch/Matthias Kopp [KK01] enthält ebenfalls eine Übersicht zu XSLT.

Webseiten

Aufgrund der dynamischen Entwicklung auf diesem Gebiet können Lehrbücher immer nur als Einstieg empfohlen werden. Aktuelle Informationen findet man auf den Webseiten des W3C[1]. Von dort erreicht man die Empfehlung für XML selbst sowie alle verabschiedeten Empfehlungen, Working Drafts, FAQ-Listen, aber auch Links zu frei verfügbarer Software und kommerziellen Produkten.

Eine weitere gut sortierte XML-Webseite von Robin Cover[2] enthält sehr viele Informationen zu den Bereichen XML, XSL und zu verfügbarer Software.

Eine empfehlenswerte Quelle sind auch die Webseiten vom Heise-Verlag[3], auf denen sich Sammlungen von Tools, iX-Artikeln zu XML-Themen, XML-EDI Informationen und einige weitere Links zu interessanten Themen befinden.

3.6 Verfügbare Software

Tools zur Eingabeunterstützung Es gibt mehrere Tools, die die Eingabe von XML-Dokumenten unterstützen, indem eine graphische Unterstützung angeboten wird, die die hierarchischen Dokumentstrukturen visualisiert. Ebenso werden Schemadeklarationen wie DTDs oder XML-Schemata graphisch veranschaulicht. Bei der Eingabe wird die Wohlgeformtheit von XML-Dokumenten überprüft. Die Konformität von Dokumenten gegenüber DTDs oder einem XML-Schema wird ebenfalls innerhalb der Tools getestet. Beispiele für solche XML-Editoren sind XML Spy[4] und der XML document instance editor (XDE)[5].

XML-Prozessoren XML-Prozessoren parsen die XML-Dokumente und liefern die darin definierten Informationen an das aufrufende Programm. Dabei werden validierende und nichtvalidierende Parser unterschieden. Validierende Parser testen, ob Dokumente konform zu der

[1] www.w3.org/XML
[2] www.oasis-open.org/cover
[3] www.heise.de/ix/raven/Web/xml/
[4] www.xmlspy.com
[5] www.cogsci.ed.ac.uk/~ht/xed.html

zugehörigen DTD sind. XML-Prozessoren ist ein eigenes Kapitel gewidmet (Kapitel 4). Am Ende dieses Kapitels werden verfügbare XML-Prozessoren aufgezählt (Abschnitt 4.5).

DTD-Parser DTD-Parser parsen die DTDs und liefern die darin definierten Informationen an das aufrufende Programm. DTD-Parser sind in weit geringerem Maße als XML-Parser verfügbar. Für einige Anwendungsszenarien benötigt man diese jedoch, um Informationen aus der DTD verfügbar zu machen. Ein Beispiel für einen DTD-Parser ist das in Python geschriebene Tool `xmlproc`[6].

Ein in Java geschriebenes Tool von Ronald Bourret ist ebenfalls verfügbar [7].

Einen ähnlichen DTD-Parser entwickelte Mark Wutka[8]. Auch dieser Parser ist kostenlos erhältlich.

Übersichten zu Software Da die Menge der zur Verfügung stehenden Tools ständig zunimmt, sollen hier noch einige Sammlungen von Links auf verfügbare Software aufgezählt werden. Diese stellen aktuelle Informationen bereit. Auf den Webseiten des W3C werden Links auf frei verfügbare Tools[9] bereitgestellt. Die empfehlenswerte XML-Webseite von Robin Cover[10] stellt eine umfangreiche Sammlung von Links auf verfügbare Tools bereit. Eine sehr umfangreiche Sammlung von kurzen Beschreibungen und Links zu verfügbarer Software stellt Ronald Bourret[11] zur Verfügung. Eine weitere Übersicht zu XML-Software[12] bietet zahlreiche nach Rubriken sortierte Links auf Tools und kommerzielle Systeme.

Nicht zuletzt soll auch hier der Hinweis auf die Webseiten zum Buch[13] erfolgen, wo wir selbst aktuelle Informationen bereitstellen.

[6] `www.garshol.priv.no/download/xmltools/prod/xmlproc.html`
[7] `www.rpbourret.com/schemas/index.htm`
[8] `www.wutka.com/dtdparser.html`
[9] `www.w3.org/XML/\#software`
[10] `www.oasis-open.org/cover/publicSW.html`
[11] `www.rpbourret.com/xml/XMLDBLinks.htm`
[12] `www.xmlsoftware.com`
[13] `www.xml-und-datenbanken.de`

4 XML-Prozessoren

Für die Verarbeitung und Weiterverwendung von XML-Dokumenten benötigt man Tools, die das Auslesen der Informationen aus den Dokumenten unterstützen. Das Erstellen von XML-Dokumenten kann relativ einfach sein, besonders wenn nur eine Teilmenge des Sprachumfanges, z.B. eine Sequenz von Elementen genutzt wird. Der Zugriff auf Informationen in XML-Dokumenten kann sich hingegen wegen der vielfältigen Möglichkeiten der Sprache sehr schwierig gestalten. So müssen z.B. Referenzen auf Entities aufgelöst und die Wohlgeformtheit und Gültigkeit von Dokumenten in Bezug auf die DTD oder das XML-Schema getestet werden. Entwickler, die XML-Dokumente auswerten, sollen vom Parsen und Analysieren der Dokumente befreit werden. Diese Aufgaben übernehmen *XML-Prozessoren*, die den Inhalt eines XML-Dokumentes für die Anwendung verfügbar machen.

validierende und nichtvalidierende Prozessoren

Die XML-Prozessoren können validierende und nichtvalidierende Prozessoren enthalten. Nichtvalidierende Prozessoren überprüfen, ob ein XML-Dokument *wohlgeformt* ist, validierende Parser testen darüber hinaus, ob ein Dokument *konform* mit der angegebenen DTD ist. Viele XML-Prozessoren können auch feststellen, ob XML-Dokumente einem XML-Schema entsprechen. Die Eigenschaften Wohlgeformtheit und Konformität wurden in Kapitel 3, Abschnitt 3.3 definiert.

Es gibt zwei standardisierte Schnittstellen für den Zugriff auf XML-Dokumente.

ereignisorientierte XML-Prozessoren

1. SAX — Simple API for XML
   XML-Prozessoren auf der Basis von SAX realisieren ein ereignisgesteuertes Vorgehen zum Parsen von XML-Dokumenten. Bei diesen Prozessoren wird ein XML-Dokument sequenziell abgearbeitet. Bereits während der Abarbeitung wird die Applikation über das Auftreten der einzelnen Bestandteile (z.B. Start- und Ende-Tags von Elementen) durch das Aufrufen spezieller Methoden informiert. Auf diese Weise wird eine einfache Variante des Zugriffs auf die einzelnen Bestandteile des Dokuments realisiert. In Abschnitt 4.1 wird vorgestellt, wie die Verarbeitung von XML-Dokumenten durch Verwendung von SAX-Parsern erfolgt.

baummanipulierende XML-Prozessoren

2. DOM — Document Object Model
   Ein Vorschlag zum Zugriff über Baumstrukturen wurde als Empfehlung des W3C unter dem Namen DOM (Document Object Model) festgeschrieben [W3C00a]. Bei dieser Vorgehensweise wird eine Schnittstelle zum Zugriff auf das Gesamtdokument bereitgestellt. Die Navigation durch das XML-Dokument wird unterstützt, dadurch ist es für die Applikation möglich, die einzelnen Dokumentbestandteile in beliebiger Reihenfolge auszulesen. Die Applikation kann darüber hinaus das Dokument manipulieren oder umstrukturieren. Es ist auch möglich, neue Dokumente oder Dokumentanteile zu generieren. In Abschnitt 4.2 wird eine Übersicht über das Document Object Model gegeben.

In den folgenden Abschnitten werden also zwei verschiedene Methoden vorgestellt, die den Zugriff auf XML-Dokumente unterstützen. Ein Vergleich beider Methoden und eine Empfehlung, welche Methoden für welche Anwendungsfälle geeignet ist, folgt in Abschnitt 4.3. Zum Abschluss des Kapitels wird eine Übersicht über weiterführende Literatur sowie verfügbare Tools gegeben.

4.1 SAX — Simple API for XML

Ein Vorschlag zur ereignisorientierten Abarbeitung (SAX — Simple API for XML) wurde durch Mitglieder einer Mailingliste mit dem Namen XML_Dev unter Leitung von David Megginson entwickelt. Dieser ist unter [SAX] verfügbar. SAX wurde nicht beim W3C als Vorschlag eingereicht. Die Herangehensweise hat dennoch weite Verbreitung gefunden und ist die Grundlage für zahlreiche frei verfügbare Parser.

Die ereignisorientierte Abarbeitung, bei der durch jeden Bestandteil eines XML-Dokumentes eine Aktion ausgelöst werden kann, ist die einfachste Möglichkeit, auf XML-Dokumente zuzugreifen. Hierbei erfolgt eine sequentielle Vorgehensweise. Das Dokument wird eingelesen, es werden dabei die logischen Bestandteile des Dokuments ermittelt und zugehörige Methoden aufgerufen.

sequenzielle Abarbeitung

Für das Parsen der Dokumente steht eine Klasse `Parser` bereit, die Methoden enthält, um ein XML-Dokument zu öffnen und zu lesen. In einer Klasse `DocumentHandler` müssen vom Anwendungsprogramm die Methoden definiert werden, die aufgerufen werden sollen, wenn ein entsprechendes Ereignis auftritt. Die verfügbaren Methoden sind im Folgenden vollständig aufgezählt.

- `startDocument()`
  Beginn des Einlesens eines XML-Dokumentes
- `endDocument()`
  Ende des Einlesens des Dokuments

- `startElement(String, AttributeList)`
  Einlesen des Start-Tags eines XML-Elements
  Parameter: Elementname, Attribute
- `endElement(String)`
  Einlesen des Ende-Tags eines Elements
  Parameter: Elementname
- `characters(char[], int, int)`
  Einlesen von Zeichenketten eines Elements
  Parameter: String, Startposition im Char-Feld, Länge der Zeichenkette.
- `processingInstruction(String, String)`
  Einlesen einer Processing Instruction
  Parameter: Ziel (Target), Anweisung (Instruction)
- `ignorableWhitespace(char[], int, int)`
  Einlesen von Zeichen, die für die Datenstruktur des XML-Dokumentes nicht von Bedeutung sind
  Parameter: die zu überlesenden Zeichen, Startposition im Char-Feld, Länge der Zeichenkette.
- `setDocumentLocator(Locator)`
  Diese Methode wird immer zuerst aufgerufen, wenn der Parser im XML-Dokument eine Struktur erkennt. Der Parameter gibt an, an welcher Stelle im zu parsenden Dokument die Struktur erkannt wurde.

Das Beispiel in Abbildung 4.1 zeigt, welche Methodenaufrufe beim Analysieren eines XML-Dokumentes erfolgen.

Dabei ist `startDocument()` immer die erste aufgerufene Methode und kann deshalb zur Initialisierung eingesetzt werden, `endDocument()` wird immer als letzte Methode aufgerufen und kann zum Beenden von Aktionen verwendet werden.

Elemente, die im XML-Dokument vorkommen, lösen die Methoden `startElement(`*`Name`*`, `*`AttributeList`*`)` bzw. `endElement(`*`Name`*`)` aus. Dabei kann auf die einzelnen Attribute der *`AttributeList`* mit den Methoden `getLength()`, `getName(`*`position`*`)`, `getType(`*`position`*`)` und `getValue(`*`position`*`)` zugegriffen werden. Bestimmte Bestandteile im Text aktivieren die Methode `characters()`.

Die Methode `setDocumentLocator(`*`locator`*`)` wird immer vor den anderen Methoden aufgerufen. Damit kann eine Applikation informiert werden, an welcher Stelle des Dokuments der jeweilige Dokumentbestandteil aufgetreten ist. Diese Information kann zum Beispiel für eine Nachbearbeitung der XML-Dokumente verwendet werden, da man dadurch nicht nur die Möglichkeit hat, aufgrund des Auftretens bestimmter Dokumentbestandteile entsprechende Methoden aufzurufen, sondern auch über die Position des Auftretens verfügt.

Abbildung 4.1
SAX: XML-Dokument und resultierende Methodenaufrufe

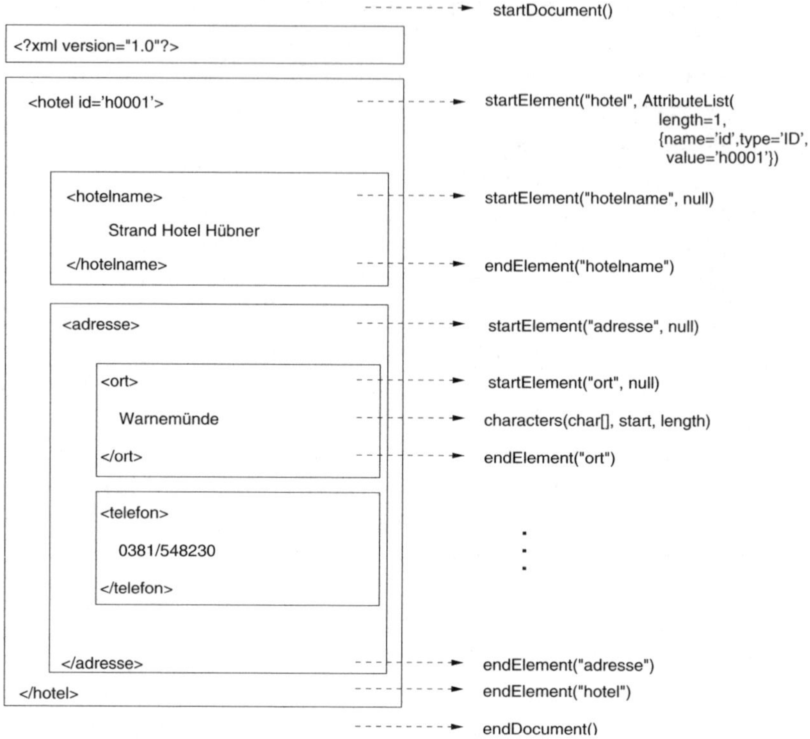

In Abschnitt 4.3 wird beschrieben, für welche Anwendungsfälle ein SAX-Parser geeignet ist. Hinweise auf verfügbare Implementierungen befinden sich in Abschnitt 4.5.

4.2 DOM (Document Object Model)

Das Document Object Model beschreibt eine Graphstruktur, die ein XML-Dokumente repräsentiert. Applikation können durch diese Struktur navigieren und sie verändern.

Application Programmers Interface

Als Empfehlung des W3C wurde das Document Object Model (DOM), Level 1.0 verabschiedet ([W3C00a]). Es handelt sich dabei um ein Application Programmers Interface (API), das für den Zugriff auf XML-Dokumente eingesetzt werden kann.

DOM Level 2.0 ist ebenfalls als Empfehlung vom W3C verabschiedet worden ([W3C00b]), Level 3.0 befindet sich noch in der Entwicklung und liegt zum Zeitpunkt des Erscheinens dieses Buchs als Working Draft vor ([W3C02]). In Level 2.0 werden unter anderem die Auswertung und Veränderung von Namensräumen und die Style Sheets ergänzt. Namensräume in XML wurden erst ein Jahr nach XML, Version 1.0 festgeschrieben und werden dadurch in vielen anderen Empfehlungen nachträglich ergänzt. Style Sheets repräsentieren ebenfalls Informationen über die XML-Dokumente, die für die Anwendungen zugänglich gemacht werden sollen. Deshalb ist die Auswertung von Informationen aus den Style Sheets in DOM, Level 2.0 ebenfalls integriert.

Java-Sprachanbindung

In diesem Abschnitt wird DOM anhand der Java-Sprachanbindung dargestellt. Das Document Object Model beschreibt ausschließlich die Schnittstellen für den Zugriff auf XML-Dokumente. Auf die Speicherstrukturen kann durch die Applikationen nicht direkt zugegriffen werden. Die Art der Speicherung ist durch die Implementierungen der einzelnen Prozessoren frei wählbar.

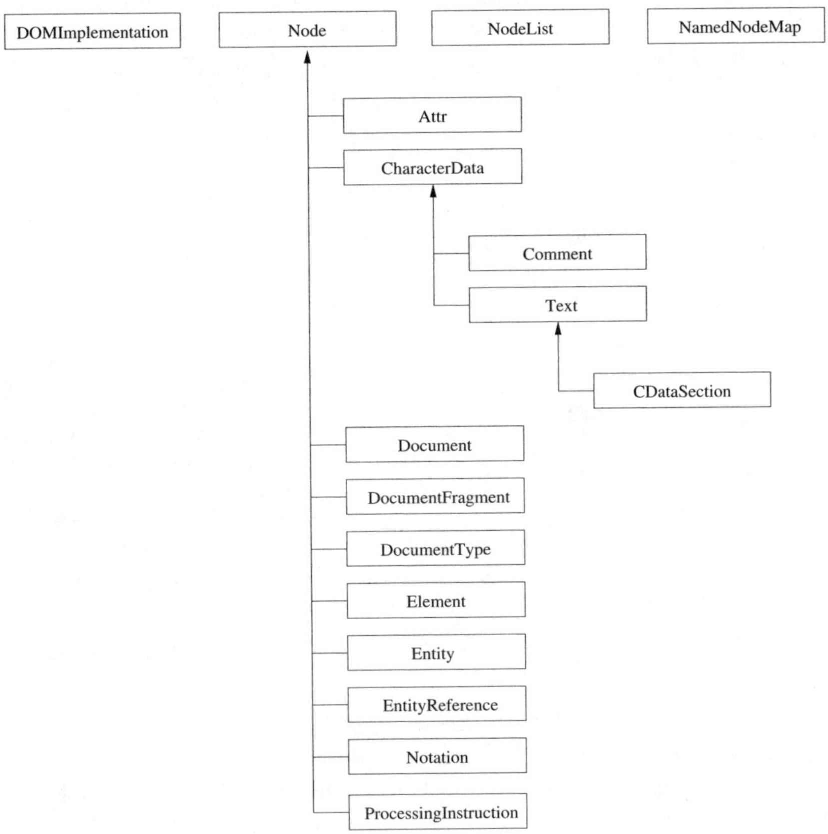

Abbildung 4.2
Klassenhierarchie des Document Object Model

DOM definiert eine Graphenstruktur, die in Abbildung 4.2 dargestellt wird. Die Klasse `Node` enthält Methoden, um durch die Dokumentstruktur zu navigieren. Die unter der Klasse `Node` definierten Klassen stellen einen Baum dar, der die Struktur des zu analysierenden Dokuments repräsentiert. Spezialisierte Unterklassen sind für jeden Knotentypen vorhanden. In diesen Klassen existieren spezialisierte Methoden für den Zugriff auf die Dokumentbestandteile.

Methoden der Klasse Node Fast alle Dokumentbestandteile basieren auf der Klasse `Node`. Die Klasse enthält ein Attribut zur *Identifikati-*

on des Knotentyps, das z.B. Werte für `Document`, `Element`, `Attribute` oder `Processing Instruction` annehmen kann.

Navigation

Weitere Methoden der Klasse `Node` ermöglichen die Navigation durch die Dokumentstruktur. Die Methode `hasChildNodes()` liefert als Ergebnis die Information, ob der Knoten Kindknoten besitzt oder nicht. Mit der Methode `getChildNodes()` ist es möglich, zu einem Knoten die Menge aller direkten Kindknoten zu ermitteln. Der Zugriff auf das erste und das letzte Kindelement wird durch `getFirstChild()` bzw. `getLastChild()` realisiert. Auf den Vaterknoten kann man mit `getParentNode()` zugreifen. Knoten, die auf der gleichen Ebene liegen, werden mit den Methoden `getPreviousSibling()` und `getNextSibling()` ermittelt. Abbildung 4.3 veranschaulicht die Ergebnisse dieser Methoden. Mit diesen Möglichkeiten zur Navigation sind von jedem beliebigen Knoten eines Dokuments alle anderen Knoten erreichbar.

Abbildung 4.3
Navigation durch die XML-Dokumentstruktur

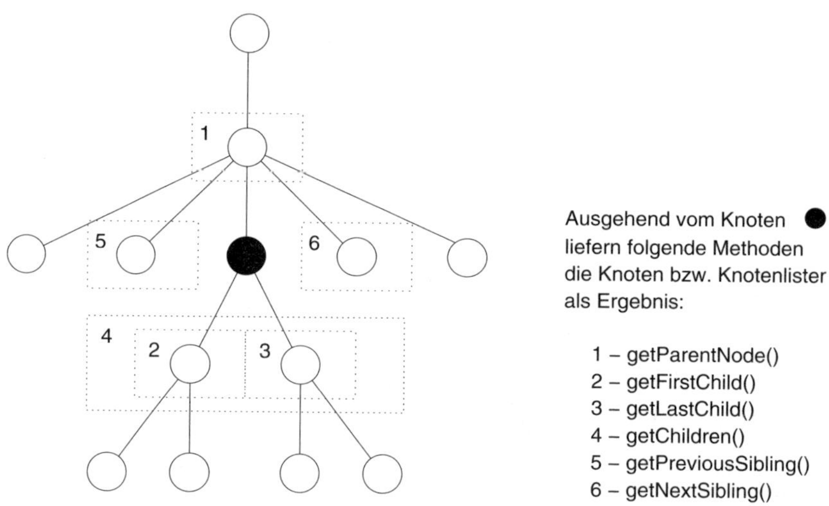

Manipulation

Man kann die Struktur eines eingelesenen XML-Dokumentes jedoch nicht nur anfragen, sondern über definierte Methoden auch *manipulieren*. Insbesondere lassen sich Knoten *ersetzen, löschen* und *einfügen*. Dazu stehen die Methoden `insertBefore()`, `appendChild()`, `replaceChild()` und `removeChild()` zur Verfügung. Abbildung 4.4 zeigt die Auswirkungen dieser Methoden. Ist bei der Methoden `insertBefore()` das referenzierte Element `null`, so wird das Element als erstes Child-Element ergänzt.

Durch die Möglichkeit zur Manipulation von Dokumenten lassen sich DOM-Prozessoren sehr komfortabel einsetzen. Außerdem können die Dokumente erst manipuliert und anschließend über die Navigation durch die DOM-Struktur schrittweise ausgelesen werden. Damit sind auch kontextabhängige Zugriffe auf die Bestandteile der XML-Dokumente realisierbar.

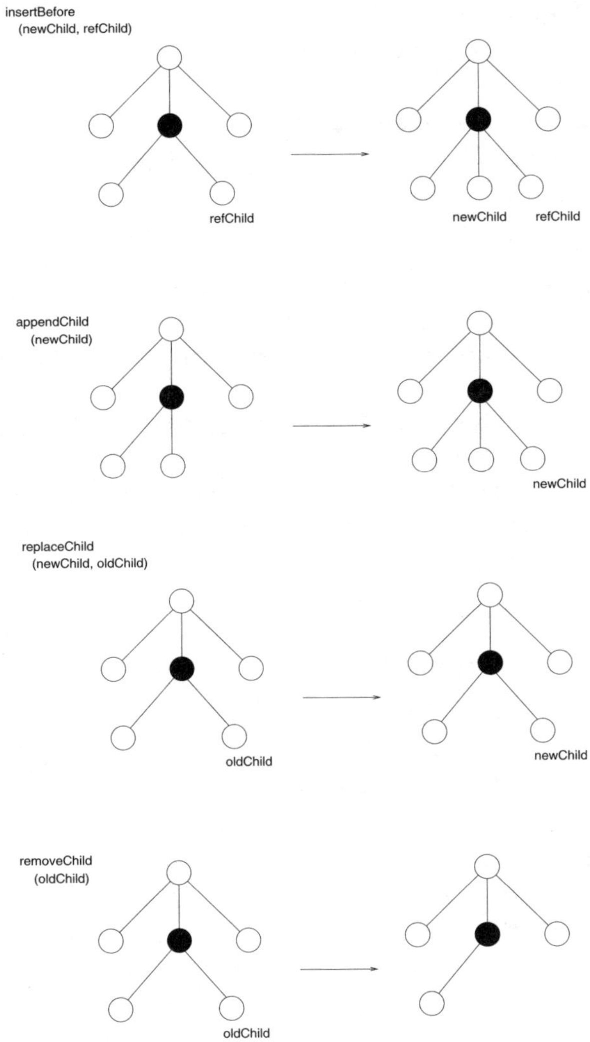

Abbildung 4.4
Manipulationen der Baumstruktur

Interface NodeList In Abbildung 4.3 ist mit (`getChildNodes()`) eine Methode zur Navigation durch die XML-Struktur angegeben, deren Ergebnis eine Knotenliste ist. Zur Verarbeitung der Knotenlisten steht die Klasse `NodeList` bereit. `NodeList` speichert eine Liste von Knoten, deren Ordnungskriterium die *Dokumentordnung* ist. Auf die Knoten in der `NodeList` kann über die Methode `item(`*`index`*`)` zugegriffen werden, dabei beginnt der Index mit `0`. Die Methode `getLength()` liefert die Anzahl der Knoten in der Liste.

Interface NamedNodeMap Neben der `NodeList` steht auch das Interface `NamedNodeMap` zur Verfügung. In der Klasse können neben den Methoden `getLength()` und `item(`*`index`*`)` auch die Methoden `getNamed-`

`Item(name)` und `removeNamedItem(name)` verwendet werden, um gezielt ein Element `Node` auszulesen bzw. es zu löschen.

Methoden der Klasse Element Die Informationen von Elementen können über folgende spezialisierte Methoden erfragt und manipuliert werden.

- `getTagName()` liefert den Tagnamen eines Elements
- durch `getAttribute(name)` wird das angegebene Attribut zurückgeliefert, dessen Name als Aufrufparameter übergeben wird
- `setAttribute(name, value)` ermöglicht das Verändern und Ergänzen von Attributen
- `removeAttribute(name)` löscht das spezifizierte Attribut
- `getElementsByTagName(tagname)` liefert alle Elemente des Dokuments, die den angegebenen Elementnamen haben. Bei Angabe von `getElementsByTagName(*)` werden alle Elemente zurückgegeben.

Methoden der Klasse Attribute Attributinformationen können über die folgenden Methoden erfragt werden:

- `getName()` gibt den Attributnamen zurück
- `getValue()` liefert den Attributwert und
- `setValue(value)` setzt den Attributwert.

Methoden der Klasse Character Data Die Klasse `Character Data` unterstützt das Auslesen, Verändern und Setzen von Textanteilen eines XML-Dokumentes. In dieser Klasse stehen die folgenden Methoden bereit:

- `getLength()` liefert die Länge des Textanteils
- `getData()` liefert den vollständigen Text
- `substringData(start, count)` liefert einen Teilstring des Texts, der bei *start* beginnt und so viele Zeichen enthält, wie bei *count* spezifiziert wird
- `appendData(text)` hängt den angegebenen Text an den Originaltext an
- `replaceData(offset, count, text)` ersetzt den durch *offset* und *count* definierten Textanteil durch den angegebenen Text
- `insertData(offset, text)` fügt an der durch *offset* angegebenen Stelle den Text ein
- `deleteData(offset, count)` löscht den durch *offset* und *count* spezifizierten Textanteil

In ähnlicher Form wie für Elemente, Attribute und Character Data stehen für die anderen Knotenarten (z.B. Processing Instructions, Kommentare und Entities) Schnittstellen und Methoden, um sämtliche Informationen des XML-Dokumentes abzufragen.

Beispiel 4.1 zeigt die Verwendung eines DOM-Prozessors, um einen Teil der beschriebenen Methoden zu erläutern. Das Beispiel soll auf XML-Dokumente angewendet werden, die Hotelinformationen beinhalten. Die XML-Dokumente sind im Anhang in Beispiel A.3 und A.4 zu finden. Sie sollen so verändert werden, dass die Informationen zur `kategorie`, die als Elemente dargestellt sind, aus den Dokumenten gelöscht und als Attribute zum Element `hotel` ergänzt werden.

Beispiel 4.1
Beispiel für den Einsatz eines DOM-Prozessors

```
// Auswahl aller Elemente kategorie
NodeEnumerator kategorie_aufz=
    doc.getElementsByTagName("kategorie");
// die Umwandlung erfolgt für jedes einzelne Element
while (kategorie_aufz.atEnd()==false)
{
    TXElement kategorie_el=
              (TXElement)kategorie_aufz.getNext();
    String kategorie_wert = kategorie_el.getText();
    // Navigation durch die Dokumentstruktur,
    // zum Element hotel
    TXElement hotel_el=
              (TXElement)kategorie_el.getParentNode();
    // Ergänzen eines Attributs Kategorie
    hotel_el.setAttribute("kategorie",kategorie_wert);
    try
    {
        // Löschen des Elements kategorie
        hotel_el.removeChild(kategorie_el);
    }
    catch (NotMyChildException exc)
    {
        System.out.println(exc);
    }
    // Verändern des Datums der letzten Änderung
    hotel_el.setAttribute("geaendert_am","09-10-2002");
}
```

Leser, die mit XSLT vertraut sind, werden an dieser Stelle bemerken, dass sich XSLT für diese Anwendung gut eignen würde. Dabei würden die zu suchenden Muster und die gewünschten Umformungen durch XSLT beschrieben werden. Die meisten XSLT-Prozessoren verwenden intern jedoch ebenfalls einen DOM-Prozessor.

4.3 Einsatz von SAX und DOM

Mit dem ereignisgesteuerten Verfahren (SAX) und der Baummanipulation (DOM) wurden zwei unterschiedliche Herangehensweisen vorgestellt, um XML-Dokumente zu parsen und für die Übernahme in Applikationen vorzubereiten. Abbildung 4.5 veranschaulicht die unterschiedliche Vorgehensweise der Parser.

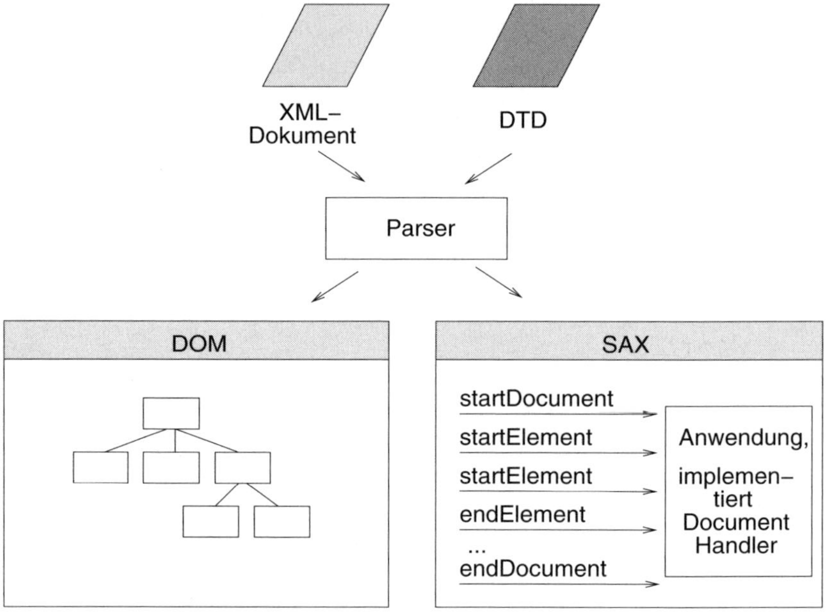

Abbildung 4.5
Vergleich von DOM und SAX nach [Bö00]

Einsatz von SAX-Prozessoren

Der Einsatz von ereignisgesteuerten Prozessoren (aufbauend auf SAX) ermöglicht in einfacher Weise, durch bestimmte Ereignisse Aktionen auszulösen. Damit eignen sich die Parser besonders, wenn *relativ einfach strukturierte* oder *gleichartig strukturierte Dokumente* vorliegen. Anwendungen, deren Informationen überwiegend sequenziell gespeichert sind, z.B. durch eine Sequenz von Elementen, sind prädestiniert für diese Art von Prozessoren. Solche XML-Daten entstehen, wenn die Kommunikation über XML realisiert wird. Das ist beim elektronischen Datenaustausch (EDI) und bei der Kommunikation von Softwarekomponenten über den Austausch von XML-Daten der Fall.

Auch bei *sehr großen Dokumenten* bietet dieses Vorgehen Vorteile, weil der Zugriff nicht auf vollständige Dokumente erfolgt, sondern die Abarbeitung sequenziell verläuft. Wenn nur auf *einzelne Bestandteile* eines Dokuments zugegriffen und andere Anteile ignoriert werden sollen, empfiehlt sich ebenso der Einsatz von SAX-Prozessoren.

Kontextabhängige Zugriffe im XML-Dokument sind nicht realisierbar, da SAX zustandslos ist. Sind kontextabhängige Zugriffe erforderlich, so muss das über die Applikation nachgebildet werden. Auch

Manipulationen der XML-Dokumente lassen sich nicht mit Hilfe von SAX-Prozessoren ausführen.

Ein Beispiel soll eine typische Einsatzmöglichkeit verdeutlichen: Stellt ein Online-Buchhändler seine Bestandsdaten in XML zur Weiterverarbeitung oder Speicherung in anderer Form zur Verfügung, so können diese (vereinfacht) wie in Beispiel 4.2 aussehen:

```
<bestandsmeldung>
 <book>
     <isbn>1234-567-89</isbn>
     <bestand>40</bestand>
     <lieferzeit>2</lieferzeit>
 </book>
 <book>
     <isbn>1243-555-66</isbn>
     <bestand>0</bestand>
     <lieferzeit>60</lieferzeit>
 </book>
 <book>
     <isbn>3283-838-49</isbn>
     <bestand>5000</bestand>
     <lieferzeit>1</lieferzeit>
 </book>
 ...
</bestandsmeldung>
```

Beispiel 4.2
Beispieldokument für den Einsatz eines SAX-Prozessors

Von diesen Elementen book werden typischerweise viele tausend auftreten, die alle in der gleichen Form gespeichert werden. Hier ist der Einsatz eines SAX-Prozessors sinnvoll, da die Struktur sehr einfach ist und immer die gleichen Elemente auftreten, die jeweils in der gleichen Weise weiterverarbeitet werden sollen. Ein DOM-Prozessor, bei dem man auf das vollständige Dokument zugreifen kann, bietet in dieser Anwendung keine Vorteile. Bei fast allen gegenwärtig verfügbaren DOM-Prozessoren befinden sich die vollständigen Informationen über die XML-Dokumente im Hauptspeicher. Hierbei können jedoch Effizienzprobleme auftreten, wenn das Gesamtdokument sehr groß ist.

Einsatz von DOM-Prozessoren

Prozessoren, die auf dem DOM-Modell basieren, ermöglichen die Navigation in der Dokumentstruktur und deren Manipulation. Dadurch sind die Zugriffe sehr komfortabel. Komplexe Umformoperationen und kontextabhängige Auswahloperationen von Dokumentteilen werden unterstützt. Die Vorteile von DOM-Prozessoren und daraus abgeleitete typische Einsatzfelder sollen an einem kurzen Beispiel erläutert werden. Aus verschiedenen, im XML-Format vorliegenden Büchern sollen Definitionen herausgezogen und als Lexikon organisiert werden, wobei jeweils die Quelle angegeben werden soll. Dabei gibt es eine Originalstruktur, die in Beispiel 4.3 dargestellt ist.

Beispiel 4.3
Beispiel für die Verwendung eines DOM-Prozessors — Originalstruktur

```
<book>
    <autor>Neil Bradley</autor>
    <titel>XML companion</titel>
    <content>
        <section ueberschrift=''>
             <definition term='W3C'>...</definition>
             <definition term='XML'>...</definition>
        </section>
    </content>
</book>
```

Aus solchen Inhalten soll ein einfaches Lexikon aufgebaut werden, das der DTD in Beispiel 4.4 genügt. Ein Abschnitt aus dem zu erstellenden XML-Dokument ist ebenfalls in Beispiel 4.4 angegeben.

Beispiel 4.4
Beispiel für die Verwendung eines DOM-Prozessors — Zielstruktur

```
<!ELEMENT lexikon (definition+)>
<!ELEMENT definition (begriff, erklaerung, quelle)>
<!ELEMENT begriff (#PCDATA)>
<!ELEMENT erklaerung (#PCDATA | begriff)*>
<!ELEMENT quelle (autor, titel, jahr?, chapter?)>
<!ELEMENT autor (#PCDATA)>
<!ELEMENT titel (#PCDATA)>
<!ELEMENT jahr (#PCDATA)>
<!ELEMENT chapter (#PCDATA)>

<lexikon>
  <definition>
    <begriff>XML</begriff>
    <erklaerung>
        Vom <begriff>W3C</begriff> entwickeltes Format,
        das als Vorläufer <begriff>SGML</begriff>
        besitzt ...
    </erklaerung>
    <quelle>
      <autor>Neil Bradley</autor>
      <titel>XML companion</titel>
      <jahr>1999</jahr>
    </quelle>
  </definition>
  <definition>
    <begriff>W3C</begriff>
    <erklaerung>...</erklaerung>
    <quelle>
      <autor>Neil Bradley</autor>
      <titel>XML companion</titel>
    </quelle>
  </definition>
</lexikon>
```

Diese Transformation verlangt aufwändige Umformoperationen. Wird ein Begriff in einem Dokument gefunden, soll er als Lexikoneintrag gespeichert werden. Dazu sind auch Informationen über die Quelle erforderlich, die über einen DOM-Prozessor leicht ermittelt werden können. Tauchen im Erklärungstext Terme auf, die ihrerseits im Lexikon als Begriff auftreten, sollen sie durch entsprechende Tags ausgezeichnet werden. Die dazu benötigten Umformoperationen werden alle durch einen DOM-Parser unterstützt. Man würde zuerst mit der Methode `getElementsByTagName(`*`definition`*`)` nach allen Elementen mit dem Tagnamen *`definition`* suchen, für diese jeweils ein neues Element anlegen und die Informationen aus dem Element *`definition`*, dem Attribut `term` und dem Wert des Elements übernehmen sowie die Referenzen auslesen. Diese werden dann ebenfalls als Element `quelle` eingetragen. Anschließend kann man den Erklärungstext selbst mit der Methode (`getData()`) auslesen und für jedes Wort untersuchen, ob es ebenfalls als Begriff definiert ist. Wenn dies der Fall ist, so wird das entsprechende Tag `begriff` in den Erklärungstext eingefügt.

Hier sind also *kontextabhängige Zugriffe* zum Auslesen der Informationen notwendig. Gleichzeitig soll das Lexikon selbst erstellt werden, weshalb auch Teile von XML-Dokumenten neu erzeugt und schrittweise vervollständigt werden müssen. Man benötigt daher sowohl kontextabhängige Zugriffe als auch Änderungsoperationen. Alle diese Voraussetzungen erfüllen Prozessoren, die auf dem Document Object Model basieren.

4.4 Literatur

Informationen zu SAX 1.0 und 2.0[1] sind im Web verfügbar.

Die DOM-Empfehlung[2] definiert in Level 1.0 den aktuellen *Core-Level* zum Zugriff auf XML und HTML-Dokumente . Level 2.0[3] ist ebenfalls als Empfehlung verabschiedet. Hier werden zusätzlich zu Level 1 Namensräume berücksichtigt.

Im Buch »XML companion« von Neil Bradley [Bra98] werden in einem Kapitel SAX und DOM kurz vorgestellt. Im Buch Professional XML Databases von Williams et.al. [WBD+00] sind sowohl DOM als auch SAX sehr ausführlich dargestellt.

4.5 Verfügbare Implementierungen

Informationen über verfügbare Tools Es gibt zahlreiche Prozessoren, die auf SAX und DOM aufbauen. Eine Übersicht findet man auf

[1] `www.saxproject.org/`
[2] `www.w3.org/TR/DOM-Level-1/`
[3] `www.w3.org/TR/DOM-Level-2/`

der Webseite von Robin Cover[4] unter dem Stichwort XML-Software. Ebenso befinden sich auf den Seiten des W3C unter dem Link Software Übersichten über verfügbare Software ([W3Cb]). Eine weitere Auflistung von XML-Prozessoren[5] stellt kurze Beschreibungen zu verschiedenen XML-Prozessoren sowie entsprechende Links auf die Produkte bereit.

Viele der XML-Prozessoren sind in Java geschrieben, aber auch Prozessoren zur Einbindung in C, C++, Python und Perl finden sich dort. Im Folgenden wollen wir einige dieser Tools aufzählen.

XML4J Ein validierender DOM-Prozessor für Java-Anwendungsprogramme ist XML4J von alphaworks[6].

Xerces Im Rahmen des Apache-Projekts wurden DOM- und SAX-Prozessoren entwickelt[7]. Es handelt sich hierbei um validierende Parser für Java und C++. Implementiert sind dabei DOM, Level 1 und 2 sowie SAX 2.0. Der Prozessor unterstützt ab der Version 1.4.1 XML Schema und kann beim Parsen von Dokumenten die Gültigkeit gegenüber einem XML-Schema testen.

4Suite Bei 4Suite[8] handelt es sich um eine Sammlung von Python-Tools zur Verarbeitung von XML-Dokumenten. Darin ist unter anderem ein DOM-Prozessor enthalten, der DOM Core Level 2 implementiert.

Aelfred Ein frei verfügbarer SAX-Prozessor ist Aelfred,[9] der für Java-Anwendungen von David Megginson und David Brownell entwickelt wurde und SAX 2.0 unterstützt.

MSXML Parser Ein weiteres, frei verfügbares Produkt ist der Microsoft XML Parser (MSXML).[10] Er enthält einen DOM- und einen SAX-Prozessor. Diese Prozessoren können die Konformität von XML-Dokumenten bezüglich eines zugehörigen XML-Schema überprüfen.

XML-Schema-Prozessoren XML-Prozessoren können die Gültigkeit von XML-Dokumenten in Bezug auf ein XML-Schema testen. XML Schema wird in Kapitel 7, Abschnitt 7.2.2 vorgestellt. Verfügbare Parser dazu werden in Abschnitt 7.8 angegeben.

[4] `www.oasis-open.org/cover/`
[5] `www.xmlsoftware.com/parsers.html`
[6] `www.alphaworks.ibm.com/tech/xml4j`
[7] `xml.apache.org/`
[8] `www.4suite.org/`
[9] `www.opentext.com/microstar/`
[10] `msdn.microsoft.com/downloads/`

5 Datenrepräsentation in XML

Die meisten XML-Dokumente werden nicht manuell erstellt, sondern aus anderen Informationen erzeugt. Das ist sinnvoll, weil die meisten relevanten Informationen bereits in irgendeiner Weise elektronisch gespeichert sind. Das Erzeugen von XML-Dokumenten aus verschiedenen anderen Quellen bringt meist sehr reguläre und gleichmäßig strukturierte XML-Dokumente hervor. Dadurch lassen sich die bereits vorhandenen gespeicherten Informationen für neue Anwendungen nutzen oder zum Austausch mit anderen Anwendungen bereitstellen.

Datenbanken werden in vielen Bereichen zur Speicherung von großen Datenmengen eingesetzt. Sie haben sich aufgrund der sicheren Speicherung der Daten sowie der komfortablen und effizienten Anfragemöglichkeiten etabliert. Ein großer Teil der elektronisch gespeicherten Informationen befindet sich deshalb in Datenbanken. Das spiegelt sich auch in diesem Kapitel wider. Schwerpunkt wird die Generierung von XML-Dokumenten aus *relationalen Datenbanken* in Abschnitt 5.1 sein. Die Darstellung von Daten aus *objektrelationalen Datenbanksystemen* ist Thema des Abschnitts 5.2. Anschließend werden in Abschnitt 5.3 allgemeine Prinzipien dargestellt, um XML-Dokumente aus *beliebigen Datenformaten* zu erzeugen. Abschnitt 5.4 verweist auf weiterführende Literatur. Im letzten Abschnitt des Kapitels wird betrachtet, welche der in diesem Kapitel vorgestellten Methoden in frei zugänglichen und kommerziellen Systemen verfügbar sind.

5.1 Repräsentation von relationalen Datenbanken in XML-Dokumenten

Trotz zahlreicher Entwicklungen im Bereich objektorientierter und objektrelationaler Datenbanksysteme sind relationale Datenbanksysteme gegenwärtig am weitesten verbreitet. Die hohe Akzeptanz liegt zum einen in der leichten Verständlichkeit und Anschaulichkeit des Modells. Zum anderen ist diese Entwicklung historisch gewachsen und es werden oft bereits seit langem relationale Datenbanken eingesetzt. Diese beeinflussen häufig alle Kernbereiche eines Unternehmens. Die Migration von großen Datenmengen ist deshalb kostenintensiv und risikoreich. Daher wird ein Wechsel des Datenbanksystems selten durchgeführt und erfolgt in der Regel nur, wenn eine konkrete Notwendigkeit dafür vorhanden ist.

Die Tatsache, dass viele Informationen in Datenbanken vorliegen, bedingt, dass Verfahren benötigt werden, die aus in Datenbanken gespeicherten Daten XML-Dokumente erzeugen.

Relationale Datenbankinhalte als XML-Dokumente darzustellen, erscheint zunächst relativ einfach, da hierbei lediglich die Aufgabe besteht, strukturierte Informationen in einer semistrukturierten Form auszugeben, die in einigen Aspekten mehr Darstellungsmöglichkeiten bietet. Es gibt mehrere Varianten zur Abbildung von Daten aus relationalen Datenbanken auf XML-Dokumente. Einige davon werden im folgenden Abschnitt vorgestellt.

5.1.1 Ziele der Datenrepräsentation in XML

drei Hauptanwendungsszenarien

Es gibt drei Hauptanwendungsszenarien für die Umwandlung von Datenbank-Informationen in XML-Dokumente, wobei jedes Szenario andere Ziele verfolgt.

Vollständige Abbildung der Datenbankinhalte Hierbei wird der Inhalt einer Datenbank vollständig für andere Anwendungen bereitgestellt. Die Umwandlung der Datenbankinhalte muss dabei *informationserhaltend* erfolgen, das heißt, alle in der Datenbank vorhandenen Informationen müssen sich im XML-Dokument wiederfinden.

Abbildung von Anfrageergebnissen oder Views Ein zweites, oft auftretendes Szenario ist das folgende. Es sollen aus bestehenden Datenbank-Informationen XML-Dokumente über einen bestimmten Sachverhalt erzeugt werden. In diesem Fall ist es nicht das Ziel, alle Informationen aus der Datenbank vollständig abzubilden. Die Abbildung erfolgt stattdessen nur für einen Ausschnitt der vorhandenen Informationen, der durch eine Anfrage an die Datenbank oder eine Sicht auf die Datenbank spezifiziert wird.

Einsatz individueller Transformationsregeln Eine weitere Methode hat das Ziel, sowohl den Ausschnitt der abzubildenden Daten als auch deren Struktur festzulegen. Durch eine bestimmte Erweiterung der Anfragesprache oder eine Mapping-Vorschrift wird spezifiziert, wie die Abbildung der Informationen erfolgen soll, das heißt, die Struktur des entstehenden XML-Dokuments wird definiert.

Auf diesen Szenarien aufbauend zeigt Abbildung 5.1 eine Klassifikation der drei Hauptmethoden, um XML-Dokumente aus Datenbanken zu erzeugen.

Aus diesen drei Anwendungsfeldern ergeben sich unterschiedliche Vorgehensweisen, die in diesem Kapitel beschrieben werden. Einige

Abbildung 5.1
Generierung von Datenbanken aus XML-Dokumenten

Problemstellungen treten bei allen drei Verfahren auf, sie werden in Abschnitt 5.1.2 kurz dargestellt.

Die erste Klasse von Verfahren verwendet feste Transformationsregeln und gibt den gesamten Inhalt einer Datenbank als XML-Dokument mit feststehender, nicht veränderbarer Struktur aus. Diese Verfahren werden in Abschnitt 5.1.3 erläutert. In Abschnitt 5.1.4 wird dargestellt, wie sich durch die Auswertung von Schlüsseln und Fremdschlüsseln in Datenbanken hierarchische Strukturen generieren lassen. In Abschnitt 5.1.5 werden Verfahren vorgestellt, die aus Teilen einer Datenbank XML-Dokumente mit fester Struktur ableiten. Abbildungen mit individuellen Transformationsregeln können einen Ausschnitt der Datenbank bestimmen, der dann als XML-Dokument mit variabler, vom Anwender spezifizierter Struktur ausgegeben wird. Diese Verfahren beschreibt Abschnitt 5.1.6.

Einige Problemstellungen treten bei allen drei Verfahren auf. Vor der Betrachtung der einzelnen Verfahren sollen diese vorangestellt werden.

5.1.2 Generelle Probleme

Bei der Transformation von Daten aus Datenbanken in XML-Dokumente müssen sowohl die Informationen des Datenbankschemas als auch die Daten selbst transformiert werden. Dabei müssen Bezeichner aus Datenbanken auf Element- und Attributnamen von XML-Dokumenten abgebildet werden. Datentypen aus Datenbanken müssen auf einfache Datentypen von XML-Schemata abgebildet werden. Weiterhin ist es notwendig, die Daten aus den Datenbanken typgerecht zu konvertieren und in XML-Dokumenten als Elementinhalte oder Attributwerte abzubilden. Die Speicherung der einzelnen Datentypen ist dabei abhängig vom Datenbanksystem und muss für jedes Datenbanksystem separat vorgenommen werden.

Element- und Attributnamen

Datentypen

SQL/XML, eine Standardisierungsinitiative verschiedener Hersteller von Datenbanksystemen [Mel01], widmet sich diesen Aufgaben. Dabei sollen schrittweise Standards geschaffen werden, um die Transformation von Datenbankschemata und -inhalten in XML-Dokumente zu vereinheitlichen.

5.1.3 Vollständige Abbildung der Datenbankinhalte

In diesem Abschnitt wird die Ausgabe vollständiger Datenbanken als XML-Dokumente dargestellt. Zunächst werden dabei das *Grundprinzip* einer solchen Abbildung und mehrere mögliche Varianten dazu erläutert. Es gibt einige Datenbank-Informationen (*Schlüssel*, *Fremdschlüssel* und *Datentypen*), für die eine Transformation nicht trivial ist. Auch diese werden hier vorgestellt und notwendige Erweiterungen der resultierenden XML-Dokumente diskutiert.

Die Abbildung von Datenbankinhalten in XML-Dokumente basiert auf der folgenden Überlegung: Relationale *Datenbanken* kann man als Mengen von *Relationen* betrachten, die ihrerseits aus Mengen von *Attributen* bestehen. Auf dieser Hierarchie basierend lassen sich verschiedene Methoden zur Darstellung von Inhalten relationaler Datenbanken im XML-Format angeben.

dreistufige Schachtelung von Elementen

Darstellung durch Elemente Relationale Datenbanken können durch eine *dreistufige Verschachtelung von Elementen* dargestellt werden. Dabei werden folgende Informationen auf den einzelnen Verschachtelungsebenen abgebildet:

1. Bezeichnung der Datenbank
2. Relationennamen
3. Attributnamen

Als einführendes Beispiel soll die Datenbank `Hotelinformationen` verwendet werden, die in Abbildung 5.2 eingeführt wurde. Sie besteht aus zwei Relationen: `Hotel` und `Adresse`.

Abbildung 5.2
Beispieldatenbank: Hotelinformationen

`Hotel`

HotelID	Name	Kategorie	Hoteladr
H0001	Hotel Hübner	4	A0001
H0002	Warnemünder Hof	3	A0002

`Adresse`

AdresseID	Ort	PLZ	Strasse	Nr
A0001	Warnemünde	18119	Seestraße	12
A0002	Warnemünde	18119	Stolteraaer Weg	8

Diese Datenbank-Informationen können nach dem oben geschilderten Prinzip als das in Beispiel 5.1 gezeigte XML-Dokument dargestellt werden.

Beispiel 5.1
abgeleitetes XML-Dokument, Darstellung durch Elemente

```
<Hotelinformationen>
    <Hotel>
        <HotelID>H0001</HotelID>
        <Name>Hotel Hübner</Name>
        <Kategorie>4</Kategorie>
        <Hoteladr>A0001</Hoteladr>
    </Hotel>
    <Hotel>
        <HotelID>H0002</HotelID>
        <Name>Warnemünder Hof</Name>
        <Kategorie>3</Kategorie>
        <Hoteladr>A0002</Hoteladr>
    </Hotel>
    <Adresse>
        <AdresseID>A0001</AdresseID>
        <Ort>Warnemünde</Ort>
        <PLZ>18119</PLZ>
        <Strasse>Seestraße</Strasse>
        <Nr>12</Nr>
    </Adresse>
    <Adresse>
        <AdresseID>A0002</AdresseID>
        <Ort>Warnemünde</Ort>
        <PLZ>18119</PLZ>
        <Strasse>Stolteraaer Weg</Strasse>
        <Nr>8</Nr>
    </Adresse>
</Hotelinformationen>
```

Auf diese Weise können der Datenbankname, die Relationennamen und die Attributnamen als Tags von Elementen dargestellt werden. Die Werte aus den Relationen werden als Werte der Blattelemente abgebildet. Die zugehörigen XML-Dokumente werden, wie folgt, erzeugt:

- Das Wurzelelement erhält den Datenbanknamen.
- Die darin eingeschachtelten Elemente erhalten die Namen der Relationen und fassen jeweils die Informationen eines Datenbanktupels zusammen.
- Die dritte Verschachtelungsebene stellt Elemente dar, die als Tags die Attributnamen der jeweiligen Relationen und als Inhalte die Daten der Datenbankattribute erhalten.

Die DTD für XML-Dokumente, die nach dieser Beschreibung gebildet wurde, zeigt Beispiel 5.2.

Beispiel 5.2
abgeleitete DTD, Darstellung durch Elemente

```
<!ELEMENT Hotelinformationen (Hotel*, Adresse*)>
<!ELEMENT Hotel (HotelID, Name, Kategorie?, Hoteladr)>
<!ELEMENT Adresse (AdresseID, Ort, PLZ, Strasse, Nr)>

<!ELEMENT HotelID (#PCDATA)>
<!ELEMENT Name (#PCDATA)>
<!ELEMENT Kategorie (#PCDATA)>
<!ELEMENT Hoteladr (#PCDATA)>
<!ELEMENT AdresseID (#PCDATA)>
<!ELEMENT Ort (#PCDATA)>
<!ELEMENT PLZ (#PCDATA)>
<!ELEMENT Strasse (#PCDATA)>
<!ELEMENT Nr (#PCDATA)>
```

Die zugehörige DTD für die XML-Dokumente kann nach folgender Vorschrift generiert werden:

- Das Wurzelelement erhält den Namen der Datenbank und wird als Sequenz der Relationen deklariert. Jedes Element, das einer Relation entspricht, kann dabei 0 bis n-mal auftreten und erhält deshalb den Quantifizierer »*«.
- Anschließend werden die Elemente, die den Relationennamen entsprechen, als Sequenz der zugehörigen Attribute deklariert. Sind bei Datenbankattributen *Nullwerte* erlaubt, so resultieren daraus fehlende Elemente im XML-Dokument. Diese Datenbankattribute werden deshalb in der DTD als Elemente mit dem Quantifizierer »?« definiert.
- Die Elemente, die den Attributen der Datenbank entsprechen, werden mit dem Inhaltsmodell `#PCDATA` definiert.

Neben den Verfahren, die eine dreistufige Hierarchie bestehend aus

- Datenbanknamen
- Relationennamen
- Attributnamen

vierstufige Hierarchie

erzeugen, gibt es auch die Möglichkeit, eine vierstufige Hierarchieebene aus

- Datenbanknamen
- Relationennamen
- Tupel
- Attributnamen

zu generieren. Diese Syntax wird ebenfalls in verschiedenen Publikationen vorgeschlagen und in mehreren Implementierungen eingesetzt. In dem Fall verändern sich die Quantifizierer so, wie in der DTD in Beispiel 5.3 gezeigt.

Beispiel 5.3
DTD bei der Verwendung einer vierten Hierarchieebene

```
<!ELEMENT Hotelinformationen (Hotel, Adresse)>

<!ELEMENT Hotel (Hotel_Tupel)*>
<!ELEMENT Adresse (Adresse_Tupel)*>

<!ELEMENT Hotel_Tupel (HotelID, Name, Kategorie?, Hoteladr)>
<!ELEMENT Adresse_Tupel (AdresseID, Ort, PLZ, Strasse, Nr)>

<!ELEMENT HotelID (#PCDATA)>
<!ELEMENT Name (#PCDATA)>
<!ELEMENT Kategorie (#PCDATA)>
<!ELEMENT Hoteladr (#PCDATA)>
<!ELEMENT AdresseID (#PCDATA)>
<!ELEMENT Ort (#PCDATA)>
<!ELEMENT PLZ (#PCDATA)>
<!ELEMENT Strasse (#PCDATA)>
<!ELEMENT Nr (#PCDATA)>
```

Es ist zu sehen, dass bei dieser Darstellung nur eine einfache Teilmenge von XML verwendet wird, um die Struktur relationaler Datenbanken und die Daten abzubilden. Es treten nur Sequenzen von Elementen auf.

Eine Besonderheit ist jedoch zu beachten: Bei dieser Art der Abbildung müssen die *Elementnamen* der resultierenden XML-Dokumente *eindeutig* sein, da der Datenbankname, die Relationennamen und alle Attributnamen als Elemente abgebildet werden. Deshalb dürfen keine Elemente mit identischen Namen zwei- oder mehrmals definiert werden. Anderenfalls würden in der DTD doppelt definierte Elemente auftreten. Es ist jedoch in Datenbanken möglich, dass eine Relation die gleiche Bezeichnung hat wie ein Attribut einer anderen Relation. Dieser Fall wird in Abbildung 5.3 dargestellt.

Abbildung 5.3
Konflikte durch identische Bezeichnungen

`Hotel`

HotelID	Name	Kategorie	Ort
H0001	Hotel Hübner	4	Warnemünde
H0002	Warnemünder Hof	3	Warnemünde

`Konferenzteilnahme`

Name	Termin	Zielort	Konferenz	Verkehrsm.	Hotel
Meier	21.9.02	Berlin	XML	DB	Maritim
Meier	25.9.02	Bonn	XML	DB	ibis

Das Beispiel ist so konstruiert, dass gleich zwei Werte doppelt verwendet werden:

- Name tritt als Attribut in den Relationen Hotel und Konferenzteilnahme auf
- Hotel tritt als Relationenname und als Attribut der Relation Konferenzteilnahme auf

hierarchische Namensgebung

Falls erforderlich, können die Elementnamen in XML-Dokumenten eindeutig gemacht werden, indem eine *hierarchische Namensgebung* eingesetzt wird, das heißt, die Blattelemente des XML-Dokuments werden mit <dbname_relation_attribut> benannt.

Anstelle von Name würde dann Hotelinformationen_Hotel_Name bzw. Hotelinformationen_Konferenzteilnahme_Name verwendet und damit die Eindeutigkeit innerhalb einer Datenbank gegeben sein. Der Elementname kann auch nur aus relation_attribut gebildet werden, in dem Fall muss der Datenbankname eindeutig gemacht werden, sodass er nicht mit den anderen Bezeichnungen verwechselt werden kann. Dieser lässt sich z.B. durch einen künstlichen Namen wie Hotelinformationen_DB ersetzen.

Will man Elementnamen der Dokumente in jedem Fall eindeutig modellieren, so ergibt sich die in Beispiel 5.4 dargestellte DTD für die Relation aus Abbildung 5.3.

Beispiel 5.4
DTD mit eindeutigen Bezeichnern

```
<!ELEMENT Hotelinformationen_DB (Hotel*, Konferenzteilnahme*)>

<!ELEMENT Hotel
          (Hotel_HotelID, Hotel_Name,
           Hotel_Kategorie?, Hotel_Ort)>
<!ELEMENT Konferenzteilnahme
          (Konferenzteilnahme_Name,
           Konferenzteilnahme_Termin,
           Konferenzteilnahme_Zielort,
           Konferenzteilnahme_Konferenz,
           Konferenzteilnahme_Verkehrsm,
           Konferenzteilnahme_Hotel )>

<!ELEMENT Hotel_HotelID (#PCDATA)>
<!ELEMENT Hotel_Name (#PCDATA)>
<!ELEMENT Hotel_Kategorie (#PCDATA)>
<!ELEMENT Hotel_Ort (#PCDATA)>
<!ELEMENT Konferenzteilnahme_Name (#PCDATA)>
<!ELEMENT Konferenzteilnahme_Termin (#PCDATA)>
<!ELEMENT Konferenzteilnahme_Zielort (#PCDATA)>
<!ELEMENT Konferenzteilnahme_Konferenz (#PCDATA)>
<!ELEMENT Konferenzteilnahme_Verkehrsm (#PCDATA)>
<!ELEMENT Konferenzteilnahme_Hotel (#PCDATA)>
```

Man sieht hier, dass die Variante zwar korrekt, aufgrund der zusammengesetzten Tagnamen jedoch schlecht lesbar ist. Man kann deshalb eine andere Form wählen, um Bezeichnungen eindeutig zu machen.

Dabei erfolgt eine *explizite Umbenennung*, die nur für die *synonym verwendeten Begriffe* angewandt wird. Die Umbenennung kann entweder durch ein Programm, das eindeutige Bezeichnungen generiert, oder durch einen Anwender erfolgen. Es könnte für das laufende Beispiel `name` durch `name_2` und `hotel` durch `hotel_2` ersetzt werden. Alle anderen Bezeichnungen blieben in diesem Fall unverändert.

explizite Umbenennung

Man sieht an der umständlichen Bildung einer DTD, dass es gerade bei existierenden homonymen Bezeichnungen sinnvoll ist, die Schemabeschreibung nicht als DTD zu generieren, sondern XML Schema einzusetzen. Beispiel 5.5 zeigt die XML-Schema-Darstellung für das laufende Beispiel.

XML Schema

Beispiel 5.5
XML Schema mit eindeutigen Bezeichnern

```
<?xml version="1.0" encoding="UTF-8"?>
<xs:schema xmlns:xs="http://www.w3.org/2001/XMLSchema"
           elementFormDefault="qualified">
    <xs:element name="Hotelinformationen">
        <xs:complexType>
            <xs:sequence>
                <xs:element ref="Hotel" minOccurs="0"
                            maxOccurs="unbounded"/>
                <xs:element ref="Konferenzteilnahme"
                            minOccurs="0" maxOccurs="unbounded"/>
            </xs:sequence>
        </xs:complexType>
    </xs:element>
    <xs:element name="Hotel">
        <xs:complexType>
            <xs:sequence>
                <xs:element name="HotelID" />
                <xs:element name="Name" />
                <xs:element name="Kategorie" minOccurs="0"/>
                <xs:element name="Ort"/>
            </xs:sequence>
        </xs:complexType>
    </xs:element>
    <xs:element name="Konferenzteilnahme">
        <xs:complexType>
            <xs:sequence>
                <xs:element name="Name" />
                <xs:element name="Termin" />
                <xs:element name="Zielort" />
                <xs:element name="Konferenz" />
                <xs:element name="Verkehrsm" />
                <xs:element name="Hotel" />
            </xs:sequence>
        </xs:complexType>
    </xs:element>
</xs:schema>
```

Die mehrfache Verwendung identischer Bezeichner in den Elementdeklarationen stellt beim Einsatz von XML Schema kein Problem dar, wenn diese lokal definiert werden.

Darstellung über Attribute Die eigentlichen Daten der Datenbank lassen sich nicht nur durch Blattelemente des resultierenden XML-Dokuments darstellen. Da die Datenbankattribute in einer Relation nur einmal auftreten können und atomar sind, lassen sich die Informationen auch als *XML-Attribute* abbilden. Beispiel 5.6 zeigt das XML-Dokument für diesen Fall.

Beispiel 5.6 *abgeleitetes XML-Dokument, Darstellung über Attribute*

```
<Hotelinformationen>
    <Hotel HotelID='H0001'
        Name='Hotel Hübner'
        Kategorie='4'
        Hoteladr='A0001' />
    <Hotel HotelID='H0002'
        Name='Warnemünder Hof'
        Kategorie='3'
        Hoteladr='A0002' />
    <Adresse AdresseID='A0001'
        Ort='Warnemünde'
        PLZ='18119'
        Strasse='Seestraße'
        Nr='12' />
    <Adresse AdresseID='A0002'
        Ort='Warnemünde'
        PLZ='18119'
        Strasse='Stolteraaer Weg'
        Nr='8' />
</Hotelinformationen>
```

Die zugehörige DTD ist in Beispiel 5.7 angegeben.

Beispiel 5.7 *abgeleitete DTD, Darstellung über Attribute*

```
<!ELEMENT Hotelinformationen (Hotel*, Adresse*)>

<!ELEMENT Hotel EMPTY>
<!ATTLIST Hotel HotelID CDATA #REQUIRED
                Name CDATA #REQUIRED
                Kategorie CDATA #IMPLIED
                Hoteladr CDATA #REQUIRED>
<!ELEMENT Adresse EMPTY>
<!ATTLIST Adresse AdresseID CDATA #REQUIRED
                  Ort CDATA #REQUIRED
                  PLZ CDATA #REQUIRED
                  Strasse CDATA #REQUIRED
                  Nr CDATA #REQUIRED>
```

Man sieht an der DTD, dass Datenbankattribute, bei denen *Nullwerte* zugelassen sind, in der Attributdeklaration als `#IMPLIED` definiert sind.

Datenbankattribute, bei denen keine Nullwerte auftreten dürfen, sind auch im Dokument immer vorhanden. Die Attributdeklaration erfolgt deshalb mit `#REQUIRED`.

Auch hier ist es möglich, eine weitere Hierarchieebene `Tupel` einzuführen, die bewirken würde, dass die Quantifizierer der Relationen sich ändern (vgl. Beispiel 5.3).

Bei der Darstellung können keine Probleme mit synonym verwendeten Datenbank-Attributnamen auftreten, da sie auf XML-Attribute abgebildet werden. Die XML-Attribute müssen nur pro Element eindeutig sein und die Restriktion (Eindeutigkeit der Atttributnamen pro Relation) muss auch bei der zugrunde liegenden Datenbank erfüllt sein.

Mit beiden vorgestellten Varianten wurde das Grundprinzip der Abbildung relationaler Datenbanken in XML-Dokumente anhand von zwei Möglichkeiten gezeigt. Es resultieren dabei in beiden Fällen einfache XML-Dokumente, die nur eine Teilmenge der erlaubten XML-Konstrukte verwenden.

Tabelle 5.1 fasst die Eigenschaften beider Varianten zur Ausgabe des Inhalts relationaler Datenbanken zusammen.

Tabelle 5.1 *Eigenschaften der vollständigen Ausgabe der Datenbank-Informationen*

Ausgabe des Datenbankinhalts	vollständig
erforderliche Informationen	keine
variables Ausgabeformat	nein
Erhaltung von Datentypen	nein
Speicherung von Schlüsseln und Fremdschlüsseln	nur als Attribut- oder Elementwerte
weitere Besonderheiten	–

Nicht alle in der Datenbank zur Verfügung stehenden Informationen sind bei Verwendung der einfachen Variante abbildbar. Schlüsselinformationen und Typinformationen sind bisher noch nicht dargestellt worden. In den folgenden Abschnitten werden die dafür notwendigen Erweiterungen vorgestellt.

Abbildung von Schlüsseln und Fremdschlüsseln

Die Relationen aus Abbildung 5.2 enthalten jeweils einen Schlüssel (`HotelID`, `AdresseID`), die Relation `Hotel` enthält weiterhin einen Fremdschlüssel (`Hoteladr`). Diese wurden bisher bei der Abbildung im XML-Dokument nicht als Schlüssel bzw. Fremdschlüssel dargestellt, sondern nur als Werte von Elementen oder als Attribute gespeichert.

Verwendung von XML Schema Bei der Verwendung von *XML Schema* ist es möglich, die Schlüssel aus Datenbankrelationen mit der Definition von key sowohl über XML-Attribute, als auch über Elemente zu definieren. Dabei kann mit einem XPath-Ausdruck spezifiziert werden, für welches Element oder Attribut die Eindeutigkeit innerhalb des XML-Dokuments gewährleistet sein soll. Durch Verwendung von keyref können Verweise auf definierte Keys des XML-Dokuments spezifiziert werden. Auf diese Weise lassen sich Fremdschlüssel der Datenbank abbilden. Beispiel 5.8 zeigt das erweiterte XML-Schema, das Schlüssel und Fremdschlüssel enthält.

keyref

Beispiel 5.8
Darstellung der Schlüsselinformationen mit XML Schema

```
<?xml version="1.0" encoding="UTF-8"?>
<xs:schema xmlns:xs="http://www.w3.org/2001/XMLSchema"
          elementFormDefault="qualified">
   <xs:element name="Hotelinformationen">
      <xs:complexType>
         <xs:sequence>
            <xs:element ref="Hotel" minOccurs="0"
                        maxOccurs="unbounded"/>
            <xs:element ref="Adresse" minOccurs="0"
                        maxOccurs="unbounded"/>
         </xs:sequence>
      </xs:complexType>
   </xs:element>
   <xs:element name="Hotel">
      <xs:complexType>
         <xs:sequence>
            <xs:element name="HotelID" />
            <xs:element name="Name" />
            <xs:element name="Kategorie" minOccurs="0"/>
            <xs:element name="Hoteladr"/>
         </xs:sequence>
      </xs:complexType>
      <xs:key name="Hotel_key">
         <xs:selector xpath="/Hotelinformationen/Hotel"/>
         <xs:field xpath="HotelID/"/>
      </xs:key>
      <xs:keyref name="Adresse_keyref" refer="Adresse_key">
         <xs:selector xpath="/Hotelinformationen/Hotel"/>
         <xs:field xpath="Hoteladr"/>
      </xs:keyref>
   </xs:element>
   <xs:element name="Hotel_HotelID" />
   <xs:element name="Hotel_Hoteladr" />
   <xs:element name="Adresse">
      <xs:complexType>
         <xs:sequence>
            <xs:element name="AdresseID" />
            <xs:element name="Ort" />
            <xs:element name="PLZ" />
            <xs:element name="Strasse" />
```

```
                <xs:element name="Nr" />
            </xs:sequence>
        </xs:complexType>
        <xs:key name="Adresse_key">
            <xs:selector xpath="/Hotelinformationen/Adresse"/>
            <xs:field xpath="AdresseID"/>
        </xs:key>
    </xs:element>
</xs:schema>
```

Verwendung von DTDs Man könnte versuchen, Schlüssel als XML-Attribute vom Typ ID und Fremdschlüssel als IDREF-Attribute darzustellen.

Die identische Abbildung auf diese XML-Konstrukte ist jedoch nicht umsetzbar, weil sich die Konzepte von Datenbankkonzepten unterscheiden. So wäre es in den Beispielrelationen möglich, dass bei dem Attribut HotelID und AdresseID die gleichen IDs, also die gleichen Attributwerte auftreten. Das ist in XML-Dokumenten nicht erlaubt, hier müssen die IDs im gesamten Dokument eindeutig sein. Anstelle eines Schlüssels H0001 kann man den generierten Schlüssel Hotel_HotelID_H0001 verwenden, der aus dem Relationennamen, dem Attributnamen und dem Schlüsselwert besteht. Er ist *für die Datenbank eindeutig*, da Relationen- und Attributname zusammen eindeutig ein Attribut der Datenbank bestimmen und der ursprüngliche Schlüssel eindeutig innerhalb des Attributs ist. Damit ist der erweiterte ID-Wert auch in dem gebildeten XML-Dokument eindeutig.

globale Eindeutigkeit von IDs

Nicht darstellbar sind in DTDs jedoch Schlüssel, die aus mehreren Datenbankattributen gebildet werden und entsprechend aus mehreren Elementen und/oder Attributen eines XML-Dokuments bestehen sollen.

Beispiel 5.9 zeigt das resultierende XML-Dokument, das jetzt die Schlüssel- und Fremdschlüsselbeziehungen berücksichtigt.

Beispiel 5.9
XML-Dokument mit ID/IDREF-Beziehungen

```
<Hotelinformationen>
    <Hotel HotelID='Hotel_HotelID_H0001'
        Name= 'Hotel Hübner'
        Kategorie='4'
        Hoteladr='Adresse_AdresseID_A0001' />
    <Hotel HotelID='Hotel_HotelID_H0002'
        Name='Warnemünder Hof'
        Kategorie='3'
        Hoteladr='Adresse_AdresseID_A0002' />
    <Adresse AdresseID='Adresse_AdresseID_A0001'
        Ort='Warnemünde'
        PLZ='18119'
        Strasse='Seestraße'
```

```
        Nr='12' />
    <Adresse AdresseID='Adresse_AdresseID_A0002'
        Ort='Warnemünde'
        PLZ='18119'
        Strasse='Stolteraaer Weg'
        Nr='8' />
</Hotelinformationen>
```

Beispiel 5.10 zeigt die dazugehörige DTD.

Beispiel 5.10
DTD mit ID/IDREF-Beziehungen

```
<!ELEMENT Hotelinformationen (Hotel*, Adresse*)>

<!ELEMENT Hotel EMPTY>
<!ATTLIST Hotel HotelID ID #REQUIRED
                Name CDATA #REQUIRED
                Kategorie CDATA #IMPLIED
                Hoteladr IDREF #REQUIRED>

<!ELEMENT Adresse EMPTY>
<!ATTLIST Adresse AdresseID ID #REQUIRED
                  Ort CDATA #REQUIRED
                  PLZ CDATA #REQUIRED
                  Strasse CDATA #REQUIRED
                  Nr CDATA #REQUIRED>
```

Wählt man für die Darstellung der Datenbankattribute Elemente (wie in Beispiel 5.1), so kann die Schlüsselinformation bei Verwendung einer DTD nicht abgebildet und ausgewertet werden. Die Datenbankattribute, die Schlüssel und Fremdschlüssel der Datenbank sind, müssen dann anstelle von Blattelementen als XML-Attribute dargestellt werden. Hierbei ist es jedoch erforderlich, dass die Eindeutigkeit der Schlüsselwerte auf dem XML-Dokument gewährleistet ist. Außerdem müssen die entsprechenden Umformungen der Schlüsselwerte vorgenommen werden, um zu den lokal eindeutigen Schlüsseln der Relationen global eindeutige Schlüssel der XML-Dokumente zu erhalten.

Mit der bis hierhin dargestellten Form der Generierung von XML-Dokumenten aus Datenbanken werden die Datentypen nicht erhalten. Welche Erweiterungen dazu notwendig sind, wird im nächsten Abschnitt erläutert.

Einführung von Typinformationen

Alle Attribute einer Datenbank haben einen Datentyp, die gespeicherten Daten entsprechen diesen Typen. XML-Dokumente stellen die Informationen dagegen lediglich in Textform dar. Bei der Modellierung von XML-Dokumenten über DTDs existiert nur der Datentyp `#PCDATA` für Elemente. Für die Darstellung von XML-Attributen sind nur wenige

Typen verfügbar (`CDATA`, `NMTOKEN`, `ID`, `IDREF`, usw.), die jedoch ebenfalls nicht für eine adäquate Abbildung von Datenbank-Informationen ausreichen.

XML Schema hingegen bietet eine große Menge von einfachen Datentypen (`simple types`) zur Beschreibung der Elemente und Attribute (vergleiche Abschnitt 7.2.2).

Will man die Typinformationen aus der Datenbank im XML-Dokument erhalten, so bietet sich die Verwendung von XML Schema an. Wie ein XML-Schema für diese Anwendung aussehen kann, wird anschließend beschrieben.

Soll die Struktur der Dokumente durch eine DTD dargestellt werden, so würden die Typinformationen verloren gehen. Um das zu verhindern, müssen DTDs entsprechend erweitert werden. Das Vorgehen dazu wird im zweiten Teil des folgenden Abschnitts beschrieben.

1. Verwendung von XML Schema *XML Schema* (ausführlich dargestellt in Abschnitt 7.2.2) eignet sich gut zur Modellierung von Dokumenten, in denen man die Typinformationen speichern will. Durch eine große Anzahl von vordefinierten Datentypen (`simple types`) lassen sich die in den Datenbanken gespeicherten Typinformationen abbilden bzw. in ähnliche Typen konvertieren. Man kann dazu die definierten Datentypen aus XML Schema verwenden und durch Restriktionen (`facets`) wie `length`, `pattern`, `enumeration`, `maxInclusive`, `maxExclusive`, `minExclusive`, `minInclusive`, `fractionDigits`, usw. genauer definieren. Dadurch lassen sich die Datentypen soweit einschränken, dass sie die Typen des Datenbanksystems genau abbilden.

simple types

Generiert man zu dem XML-Dokument, das den Datenbankinhalt darstellt, eine Beschreibung mittels XML Schema, so kann man diese Typinformationen dort festhalten. Beispiel 5.11 zeigt eine solche Darstellung.

Beispiel 5.11
Darstellung des Dokuments mittels XML Schema

```
<?xml version="1.0" encoding="UTF-8"?>
<xs:schema xmlns:xs="http://www.w3.org/2001/XMLSchema"
           elementFormDefault="qualified">
    <xs:element name="Hotelinformationen">
        <xs:complexType>
            <xs:sequence>
                <xs:element ref="Hotel" minOccurs="0"
                            maxOccurs="unbounded"/>
                <xs:element ref="Adresse" minOccurs="0"
                            maxOccurs="unbounded"/>
            </xs:sequence>
        </xs:complexType>
    </xs:element>
    <xs:element name="Hotel">
        <xs:complexType>
```

```
            <xs:sequence>
                <xs:element name="HotelID" type="xs:string"/>
                <xs:element name="Name" type="xs:string"/>
                <xs:element name="Kategorie" type="xs:integer"
                             minOccurs="0"/>
                <xs:element name="Hoteladr" type="xs:string"/>
            </xs:sequence>
        </xs:complexType>
        <xs:key name="Hotel_key">
            <xs:selector xpath="/Hotelinformationen/Hotel"/>
            <xs:field xpath="HotelID/"/>
        </xs:key>
        <xs:keyref name="Adresse_keyref" refer="Adresse_key">
            <xs:selector xpath="/Hotelinformationen/Hotel"/>
            <xs:field xpath="Hoteladr"/>
        </xs:keyref>
    </xs:element>
    <xs:element name="Hotel_HotelID" type="xs:string"/>
    <xs:element name="Hotel_Hoteladr" type="xs:string"/>
    <xs:element name="Adresse">
        <xs:complexType>
            <xs:sequence>
                <xs:element name="AdresseID" type="xs:string"/>
                <xs:element name="Ort" type="xs:string"/>
                <xs:element name="PLZ" type="xs:integer"/>
                <xs:element name="Strasse" type="xs:string"/>
                <xs:element name="Nr" type="xs:integer"/>
            </xs:sequence>
        </xs:complexType>
        <xs:key name="Adresse_key">
            <xs:selector xpath="/Hotelinformationen/Adresse"/>
            <xs:field xpath="AdresseID"/>
        </xs:key>
    </xs:element>
</xs:schema>
```

In dieser Modellierung wird das Wurzelelement mit dem Namen der Datenbank definiert. Auf der nächsten Hierarchieebene werden die Datenbankrelationen dargestellt, sie können ein- oder mehrmals auftreten oder auch ganz fehlen. Innerhalb der Relation werden die Datenbankattribute definiert, sie bilden die dritte Hierarchiestufe der Elemente im resultierenden XML-Dokument. Die Quantifizierer dieser Elemente richten sich nach der Definition der Datenbank. Attribute, bei denen Nullwerte erlaubt sind, können als `minOccurs` den Wert 0 haben, alle anderen Datenbankattribute haben dort den Wert 1. Den als Blattelemente definierten Datenbankattributen werden weiterhin die jeweiligen Typinformationen, zum Beispiel `string` oder `nonNegativeInteger` zugeordnet.

2. Verwendung von DTDs Will man eine *Modellierung über eine DTD* vornehmen, so ist hier zu beachten, dass eine DTD die Spezifikation von Typinformationen nicht unterstützt. Man könnte die Typinformationen jedoch durch einfache Erweiterungen hinzufügen. Dazu existieren mehrere Vorschläge, die reservierte Attribute ergänzen, über die wiederum die Typinformationen spezifiziert werden können ([W3C97a], [XMLb], [Tur00]). Dabei wird definiert, wie sich die Typinformationen der Datenbankattribute durch *spezielle XML-Attribute an Blattelemente* ergänzen lassen. Eine vollständige Definition von Typen wäre sehr umfangreich, die gebräuchlichsten werden in Beispiel 5.12 aufgelistet.

Erweiterungen von DTDs

```
<!ELEMENT anyelement (#PCDATA)>
<!ATTLIST anyelement xml-sqltype
          (char | varchar | integer | decimal | float |
           date | time | timestamp) #IMPLIED>
```

Beispiel 5.12
Ergänzung von Typinformationen in DTDs

Zusätzlich zu der Spezifikation des Typs können weitere Attribute angegeben sein, die analog definiert werden. Diese sind:

- `xml-sqlmin` und `xml-sqlmax` zur Bereichseinschränkung:
  Diese können in Verbindung mit allen Werten von `xml-sqltype` existieren. Die dort angegebenen Werte müssen jedoch dem definierten `xml-sqltype` entsprechen. So müssen zum Beispiel bei `xml-sqltype='date'` auch `xml-sqlmin` und `xml-sqlmax` Datumsangaben enthalten.
- `xml-sqlsize` zur Definition von Längen:
  Diese Angabe ist beim `xml-sqltype='char'` und `'varchar'` immer erforderlich.
- `xml-sqlscale` zur Skalierung:
  Dieses Attribut ist nur für Dezimalzahlen erforderlich, es tritt also auf, wenn `xml-sqltype='decimal'` ist.
- `xml-sqltz` zur Definition der Zeitzone:
  Diese Angabe ist nur für den `xml-sqltype='time'` erlaubt und optional.

Mit diesem Vorschlag wird eine Erweiterung von DTDs definiert, um den einzelnen Elementen Typen zuzuordnen. Die Übereinstimmung von definierten Typen und tatsächlichen Werten ist eine zusätzliche Eigenschaft, die zur Konformität eines Dokuments gehört. Als Beispiel betrachten wir einen Fall, in dem die Typdeklaration nicht mit dem Wert übereinstimmt. Beispiel 5.13 müsste durch einen Parser als nicht konform ermittelt werden.

Beispiel 5.13 Typdefinition in einer DTD und davon abweichendes Dokument

```
<!ELEMENT roomnumber (#PCDATA)>
<!ATTLIST roomnumber xml-sqltype CDATA #FIXED "integer">

<roomnumber xml-sqltype="integer">215a</roomnumber>
```

Will man die so spezifizierten Erweiterungen einsetzen, muss die Bedeutung der ergänzten Attribute bekannt sein, wenn die Dokumente erzeugt und ausgewertet werden. Sofern die Attribute nicht in irgendeiner Form standardisiert und damit auch nicht von XML-Prozessoren ausgewertet werden, kann diese Eigenschaft jedoch nicht überprüft werden. Die Darstellung der Typinformationen in der DTD hat dann nur dokumentierenden Charakter und kann von weiterverarbeitenen Anwendungen nur genutzt werden, wenn diese direkt darauf zugeschnitten sind. Die Kontrolle darüber, ob die Werte mit den definierten Wertebereichen übereinstimmen, bleibt dann bei den Applikationen.

Bei Einsatz von XML Schema besteht das Problem nicht, da die Überprüfung von Typinformationen ein Bestandteil der Prozessoren ist. Damit eignet sich XML Schema wesentlich besser zur Darstellung der Strukturinformationen von aus Datenbanken generierten XML-Dokumenten.

Fazit Die Eigenschaften der so erweiterten Abbildung von relationalen Datenbanken auf XML-Dokumente fasst Tabelle 5.2 noch einmal zusammen.

Tabelle 5.2 *Eigenschaften der vollständigen Ausgabe der Datenbank-Informationen mit Darstellung von Datentypen, Schlüsseln und Fremdschlüsseln*

Ausgabe des Datenbankinhalts	vollständig
erforderliche Informationen	keine
variables Ausgabeformat	nein
Erhaltung von Datentypen	durch XML Schema oder Erweiterung von DTDs
Speicherung von Schlüsseln und Fremdschlüsseln	als Elemente oder Attribute bei Verwendung von XML Schema; als Attribute vom Typ ID/IDREF in DTDs
weitere Besonderheiten	Parser müssen XML Schema oder Datentyperweiterungen für DTDs auswerten

In diesem Abschnitt wurden mehrere Varianten zur Ausgabe von Datenbankinhalten relationaler Datenbanken als XML-Dokumente beschrieben. Dabei wurden nicht nur die Strukturinformationen der Datenbank und die Daten selbst in Form von XML-Dokumenten dargestellt, sondern auch Schlüssel und Fremdschlüsselinformationen sowie Informationen über die Datentypen abgebildet.

Bei der Generierung der Dokumente ergibt sich eine Zweiteilung: Die Informationen aus dem Datenbankschema (Bezeichner und Datentypen) werden in einem XML-Schema oder einer DTD ausgegeben, die Daten selbst in XML-Dokumenten. Mit der Darstellung von Schlüsseln und Fremdschlüsseln, die im vorherigen Abschnitt beschrieben wurde, und der Integration von Typinformationen besteht dabei folgende Situation:

Ausgabe von XML-Dokumenten und Schema

XML Schema

Beim Einsatz von XML Schema lassen sich die Informationen aus den Datenbanken sowohl als XML-Elemente als auch XML-Attribute darstellen. Elemente wie Attribute können als `key` bzw. `keyref` im XML-Dokument definiert werden, sodass sie zur Abbildung von Schlüsseln und Fremdschlüsseln aus Datenbanken eingesetzt werden können. Zur Abbildung der Typinformationen ist *XML Schema* ebenfalls gut geeignet, da es umfangreiche Basistypen zur Verfügung stellt und die Definition eigener Typen erlaubt. XML Schema ist seit Mai 2001 als Empfehlung des W3C verabschiedet. Es gibt zahlreiche XML-Prozessoren, die XML-Schemata auswerten.

DTD

Anders sieht die Situation beim Einsatz von DTDs aus. Schlüssel und Fremdschlüsselinformationen lassen sich nur abbilden, wenn XML-Attribute (`ID` und `IDREF`) eingesetzt und angepasst werden. Typinformationen kann man nur darstellen, wenn Elemente zur Abbildung der Datenbankattribute verwendet werden und für diese spezielle Attribute definiert werden, die die Typinformationen beinhalten. Die Anwendungen, die die DTDs verarbeiten, müssen die Syntax und die Semantik der dafür verwendeten Attribute (also die Menge der reservierten Attribute und deren Bedeutung) kennen.

DTD vs. XML Schema

Aufgrund dieser Merkmale sind DTDs nur sehr schlecht geeignet, um aus Datenbanken generierte XML-Dokumente zu beschreiben. Daher sollte hier XML Schema mit seinen Möglichkeiten zur Darstellung von Typinformationen und zur Abbildung der Schlüssel- und Fremdschlüsselinformationen eingesetzt werden.

5.1.4 Ableitung von Element-Hierarchien aus Schlüssel- und Fremdschlüsselbeziehungen

Im vorherigen Abschnitt wurden alle Relationen direkt dargestellt, ohne dass in den XML-Dokumenten tiefere Hierarchien entstehen. In diesem Fall werden Schlüssel und Fremdschlüssel als Werte gespeichert und nicht im Abbildungsprozess ausgewertet.

Auswertung von Schlüsseln und Fremdschlüsseln

Es gibt jedoch auch die Möglichkeit, hierarchische Informationen aus relationalen Datenbanken abzuleiten, indem die Schlüssel und Fremdschlüssel ausgewertet werden. Das Verfahren wird von Ronald Bourret, Christof Bornhövd und Alejandro Buchmann in [BBB00] vorgestellt und erzeugt XML-Dokumente wie folgt: Für eine Datenbank (in Beispiel 5.14: `Hotel`) wird ein XML-Element erzeugt, das als Sequenz der Elemente definiert ist, die den Datenbankattributen entsprechen (`HotelID, Name, Kategorie, Hoteladr`). Von der Datenbankrelation aus werden die Schlüssel- und Fremdschlüsselbeziehungen verfolgt. Ist ein Attribut als Fremdschlüssel definiert, so wird die Relation, in der der zugehörige Schlüssel auftritt, hier hierarchisch einsortiert (`Hoteladr`). Insgesamt ergibt sich für das Beispiel 5.2 damit die DTD in Beispiel 5.14.

Beispiel 5.14 *hierarchische Abbildung der Schlüssel- und Fremdschlüsselbeziehungen*

```
<!ELEMENT Hotel (HotelID, Name, Kategorie?, Hoteladr)>
<!ELEMENT Hoteladr (AdresseID, Ort, PLZ, Strasse, Nr)>
<!ELEMENT HotelID (#PCDATA)>
<!ELEMENT Name (#PCDATA)>
<!ELEMENT Kategorie (#PCDATA)>
<!ELEMENT AdresseID (#PCDATA)>
<!ELEMENT Ort (#PCDATA)>
<!ELEMENT PLZ (#PCDATA)>
<!ELEMENT Strasse (#PCDATA)>
<!ELEMENT Nr (#PCDATA)>
```

Der Quantifizierer »`?`« bedeutet, dass das Attribut einen Nullwert enthalten kann, anderenfalls existiert kein Quantifizierer, das Element tritt dann immer genau einmal auf.

Zu beachten ist, dass bei Relationen, bei denen durch die Schlüssel- und Fremdschlüsselbeziehungen ein komplexer Graph gebildet wird, keine eindeutige Form der Abbildung existiert. Das resultierende Schema hängt dann davon ab, mit welcher Relation der Algorithmus begonnen wird. Stellen die Schlüssel und Fremdschlüssel der Datenbank hingegen einen Baum dar, so ist der Abbildungsprozess eindeutig.

Ist eine relationale Datenbank durch eine Normalisierung zum Erreichen der ersten Normalform entstanden, das heißt, wurden mengenwertige Attribute oder Attribute, die selbst als Tupel von anderen Attributen definiert waren, durch Auslagerung in eigene Relationen abgebildet, so wird der Normalisierungsprozess bei der Erzeugung von XML-Dokumenten rückgängig gemacht. Durch die beschriebene Methode wird die ursprüngliche hierarchische Form wiederhergestellt. Das Verfahren kann jedoch zu einer redundanten Speicherung der Daten im XML-Dokument führen.

Die Eigenschaften dieser Form der Generierung von XML-Dokumenten aus relationalen Datenbanken werden in Tabelle 5.3 noch einmal zusammengefasst.

5.1.5 Ableitung von XML-Dokumenten aus Ausschnitten einer Datenbank

In den beiden vorherigen Abschnitten wurde dargestellt, wie XML-Dokumente generiert werden können, die den gesamten Datenbankinhalt

Ausgabe des Datenbankinhalts	vollständig
erforderliche Informationen	keine
variables Ausgabeformat	nein
Erhaltung von Datentypen	durch Erweiterung von DTDs oder Verwendung von XML Schema
Speicherung von Schlüsseln und Fremdschlüsseln	Auswertung und Abbildung auf Element-Hierarchien im XML-Dokument
weitere Besonderheiten	Parser müssen XML Schema oder Datentyp-Erweiterungen von DTDs auswerten, Ergebnis sind XML-Dokumente mit hierarchischer Schachtelung von Elementen

Tabelle 5.3 *Eigenschaften der Erzeugung hierarchischer XML-Dokumente*

abbilden. Will man vollständige Informationen aus Datenbanken zwischen Applikationen austauschen, so kann ein solches Vorgehen gewählt werden. Vielfach ist es jedoch nicht erwünscht, alle Daten aus der Datenbank abzubilden. Oft sollen die XML-Dokumente nur Teile aus Datenbanken abbilden und damit ähnlich wie Ergebnisse einer Anfrage oder Daten einer *Sicht* nur einen speziellen Ausschnitt darstellen. Häufig sind auch Änderungen der Darstellung erwünscht, z.B. das Zusammenfassen bestimmter Informationen, die Selektion von Teilen, usw. Das kann ebenfalls durch den Einsatz von Anfragen oder Sichten realisiert werden.

Ergebnisse einer Anfrage

Verwendung von Anfragen Die Verwendung von Datenbank-Anfragesprachen ist eine weitere Methode, um XML-Dokumente aus Datenbanken zu erzeugen. Dabei wird SQL als Anfragesprache verwendet. Die Ergebnisse von SELECT-Anweisungen werden als XML-Dokumente ausgegeben. Beispiel 5.15 zeigt eine solche Anfrage.

SQL

```
SELECT Name, Kategorie, Ort
FROM Hotel, Adresse
WHERE Ort = 'Warnemünde'
  AND Hotel.Hoteladr = Adresse.AdresseID
```

Beispiel 5.15 *Definition eines XML-Dokuments durch eine SQL-Anfrage*

Die Ergebnisse einer solchen Anfrage können als XML-Dokument ausgegeben werden, das wie in Beispiel 5.16 aussehen kann. Das Beispiel verwendet die von Oracle eingesetzte Syntax.

```
<?xml version='1.0'?>
<ROWSET>
  <ROW num="1">
    <Name>Hotel Hübner</Name>
    <Kategorie>4</Kategorie>
```

Beispiel 5.16 *XML-Dokument für das Ergebnis der Anfrage*

```
    <Ort>Warnemünde</Ort>
  </ROW>
  <!-- weitere Ergebnistupel ... -->
</ROWSET>
```

View

Verwendung einer Sicht Beim Einsatz von Sichten (Views) können die gleichen Operationen (Auswahl von Teilen der Datenbank, Umwandlung der Informationen) durchgeführt werden. Eine Sicht kann ebenfalls die Basis für das Generieren von XML-Dokumenten sein.

Standardisierung

Viele Datenbanksysteme bieten eine solche Ausgabe an. Die Syntax ist jeweils ähnlich, aber gegenwärtig noch nicht standardisiert. Es gibt Bemühungen verschiedener namhafter Hersteller, hier eine Standardisierung als ANSI-Standard unter dem Namen SQL/XML zu erreichen [Mel01]. Wenn dies geschehen ist, so werden die verschiedenen Datenbanksysteme hier eine einheitliche Syntax erzeugen. Wird zu den auf diese Weise generierten XML-Dokumenten ein XML-Schema bereitgestellt, bleiben die Datentypen erhalten. Gibt es eine solche Beschreibung nicht, gehen die Datentypen aus der Datenbank verloren. Ebenso könnten *Schlüssel- und Fremdschüsselinformationen* der Datenbank als `key` und `keyref` im XML-Schema definiert werden. Das Vorgehen wurde in Abschnitt 5.1.3 beschrieben. Es ist auch zur Generierung von XML-Dokumenten für eine Anfrage oder eine Sicht notwendig, die Typinformationen zu erhalten, um die XML-Dokumente weiterverarbeiten zu können.

Tabelle 5.4 fasst die Eigenschaften des Generierens von XML-Dokumenten aus Anfrageergebnissen noch einmal zusammen.

Tabelle 5.4 *Eigenschaften der Verwendung einer Datenbank-Anfragesprache*

Ausgabe des Datenbankinhalts	Ausschnitt
erforderliche Informationen	Datenbank-Anfrage oder View
variables Ausgabeformat	nein, aber einige Umwandlungsmöglichkeiten durch Anfragesprachen oder Sichten (Projektion, Selektion, Verbund, ...)
Erhaltung von Datentypen	beim Generieren von XML Schema
Speicherung von Schlüsseln und Fremdschlüsseln	beim Generieren von XML-Schema
weitere Besonderheiten	–

5.1.6 Einsatz von individuellen Transformationsregeln

In den vorherigen Abschnitten wurde gezeigt, wie komplette Datenbankinhalte oder Ergebnisse von Anfragen als XML-Dokumente ausgegeben werden können. Die Syntax der XML-Dokumente ist dabei feststehend und nicht veränderbar.

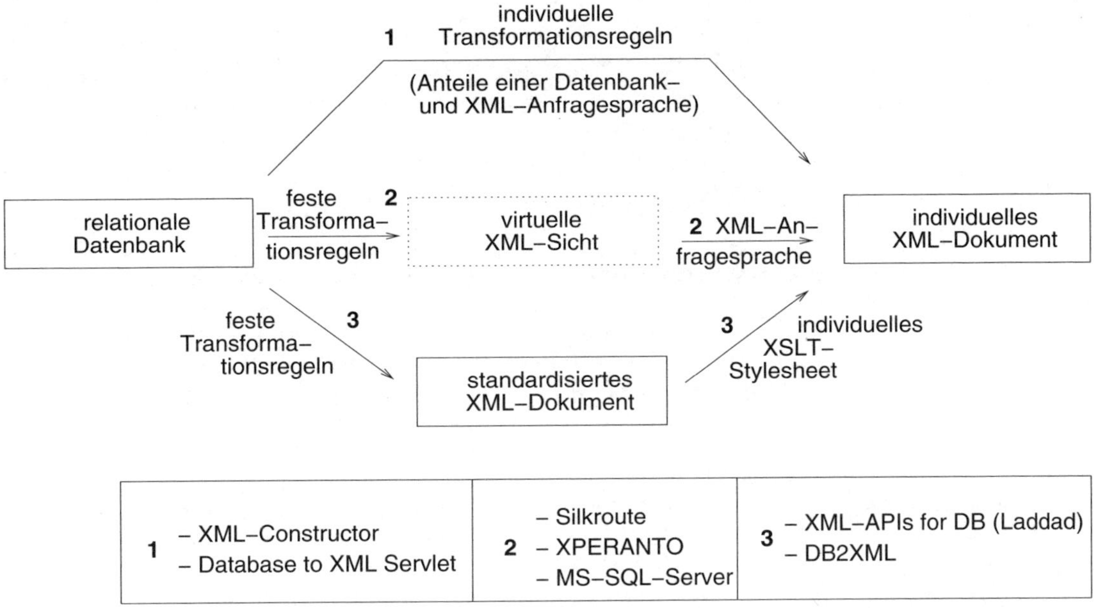

Abbildung 5.4
Klassifikation der Verfahren mit individuellen Transformationsregeln

In diesem Abschnitt werden hingegen Methoden vorgestellt, die individuelle, anwenderdefinierte Transformationsregeln einsetzen. Es ist dabei möglich,

- den relevanten Ausschnitt der Daten zu bestimmen und gleichzeitig
- die Struktur des entstehenden XML-Dokuments festzulegen.

Es existieren drei Klassen von Verfahren dafür, die im Folgenden vorgestellt werden.

erweiterte Datenbankanfragesprache

Einige Ansätze verwenden eine erweiterte Datenbank-Anfragesprache. Diese wird um Teile aus XML-Anfragesprachen ergänzt, die für die Konstruktion der XML-Dokumente benötigt werden.

Transformationsregeln und Verwendung einer XML-Anfragesprache

Eine weitere Möglichkeit, individuelle XML-Dokumente aus relationalen Datenbanken zu generieren, ist die folgende: Für eine existierende Datenbank wird eine XML-Sicht gebildet, die die Datenbank-Informationen durch eine Schachtelung von Elementen darstellt. An die XML-Sicht werden XML-Anfragen gestellt, die dadurch Datenbankausschnitte auswählen sowie die Syntax der Ausgabe festlegen.

Transformationsregeln und Verwendung von XSLT

Die dritte Möglichkeit, ein individuelles XML-Dokument aus einer relationalen Datenbank zu generieren, ist ein zweistufiger Prozess, bei dem im ersten Schritt eine vollständige Abbildung des gesamten Datenbankinhalts auf ein XML-Dokument mit fester Struktur erfolgt. Dieser Prozess ist identisch mit dem in Abschnitt 5.1.3 vorgestellten Vorgehen. Als Zwischenergebnis entsteht dabei ein XML-Dokument, in dem die Datenbank-Informationen als Verschachtelung von Elementen dargestellt sind. Im zweiten Schritt wird aus diesem Dokument der relevante Anteil ausgewählt und die gewünschte Syntax spezifiziert. Hierzu wird XSLT eingesetzt.

Abbildung 5.4 ordnet die Ansätze ein. Im Folgenden werden die einzelnen Methoden etwas ausführlicher dargestellt.

1. Einsatz von erweiterten Datenbank-Anfragesprachen

Diese Verfahren setzen eine Anfragesprache ein, die Anteile von Datenbank- und XML-Anfragesprachen kombiniert. Das prinzipielle Vorgehen dabei zeigt Abbildung 5.5. Zwei Ansätze werden im Folgenden vorgestellt.

Abbildung 5.5 *Verwendung erweiterter Datenbank-Anfragesprachen*

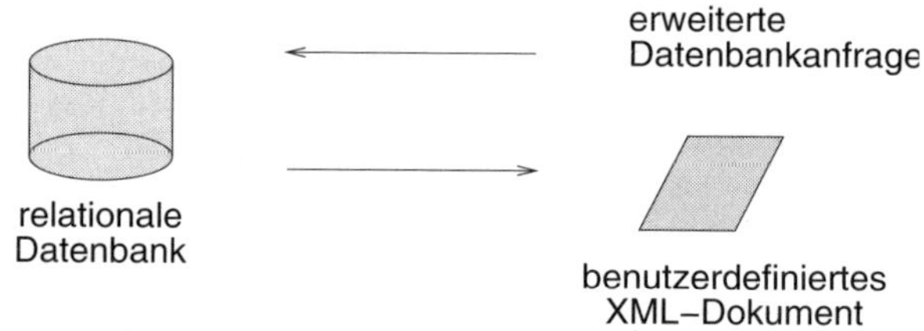

Eine Kombination aus SQL-Anfragen und einem so genannten XML-Constructor, der die Syntax des entstehenden XML-Dokuments variabel festlegt, beschreiben Jayavel Shanmugasundaram et al. in [SSB+00]. Beispiel 5.17 zeigt das Zusammenwirken zwischen SQL-Anfragen und dem XML-Constructor zur Generierung von XML-Dokumenten. Dabei wird mit der SQL-`SELECT`-Anfrage der Ausschnitt der abzubildenden Datenbank-Informationen bestimmt. Im Beispiel erfolgt ein Verbund zwischen den Hotel- und Adressinformationen. Auf der Ergebnismenge wird eine Projektion auf die Datenbankattribute `Name`, `PLZ`, `Ort`, `Strasse` und `Nummer` vorgenommen. Der zweite Teil des Beispiels beschreibt die Syntax des entstehenden XML-Dokuments, wobei feste Bestandteile des resultierenden XML-Dokuments und die durch Variablen übergebenen Parameter kombiniert werden können.

Beispiel 5.17 *Verwendung von SQL-Anfrage und XML-Constructor zur Erzeugung von XML-Dokumenten*

```
SELECT Name, PLZ, Ort, Strasse, Nummer
FROM Hotel, Adresse
WHERE Ort = 'Rostock'
  AND Hotel.Hoteladr = Adresse.AdresseID

CREATE FUNCTION OUTPUT_adresse(ort: varchar(50), plz: integer,
                               strasse: varchar(40), nr: integer)
RETURNS XML LANGUAGE XML RETURN
```

```
    <adresse>
         <plz>{plz}<plz>
         <wohnort>{ort}</wohnort>
         <strasse>{strasse}</strasse>
         <hausnummer>{nr}</hausnummer>
    </adresse>

CREATE FUNCTION OUTPUT_hotel(name: varchar(50), adresse: xml)
RETURNS XML LANGUAGE XML RETURN
    <hotel>
        <name>{name}</name>
        {adresse}
    </hotel>
```

Eine solche oder ähnliche Erweiterung bietet den Vorteil, dass die Darstellung des XML-Dokuments variabel ist.

Eine ähnliche Form der Darstellung kombiniert die Auswahl eines Ausschnitts der Datenbank und die Beschreibung des Aussehens der erzeugten Elemente in einer Anfragesprache. Die Methode wird im *Database to XML Servlet (DaS)* [CF00] vorgeschlagen. Die Anfragesprache des Verfahrens wird als Erweiterung von SQL realisiert. Beispiel 5.18 veranschaulicht diese Sprache.

Beispiel 5.18
Erweiterung von SQL um Elemente zur Präsentation der XML-Dokumente

```
SELECT *
FROM hotel, adresse
WHERE hotel.hotelID = adresse.adresseID
CONSTRUCT
<hotel>
    <name>$name</name>
    <adresse>
        <plz>$plz<plz>
        <wohnort>$ort</wohnort>
        <strasse>$strasse</strasse>
        <hausnummer>$nr</hausnummer>
    </adresse>
</hotel>
```

Das Ergebnis dieser Anfrage ist das in Beispiel 5.19 dargestellte Fragment eines XML-Dokuments.

Beispiel 5.19
Ergebnis der Anfrage aus Beispiel 5.18

```
<hotel>
    <name>Strand Hotel Hübner</name>
    <adresse>
        <plz>18119<plz>
        <wohnort>Warnemünde</wohnort>
        <strasse>Seestraße</strasse>
        <hausnummer>12</hausnummer>
    </adresse>
</hotel>
```

2. Einsatz von Transformationsregeln und XML-Anfragesprachen

Dieses Verfahren stellt eine virtuelle Sicht in Form eines XML-Dokuments auf die Daten einer Datenbank bereit.[1] An dieses virtuelle XML-Dokument werden XML-Anfragen gestellt und die Syntax der Ergebnisse kann dadurch definiert werden. Auf diese Weise können die Daten aus der Datenbank als XML-Dokumente ausgegeben werden, die Syntax der XML-Dokumente legt der Anwender durch die XML-Anfragen fest. Abbildung 5.6 veranschaulicht das prinzipielle Vorgehen dabei. Zwei Ansätze, die diese Methoden verwenden, werden im Folgenden beschrieben.

Abbildung 5.6
Einsatz von Transformationsregeln und XML-Anfragesprachen

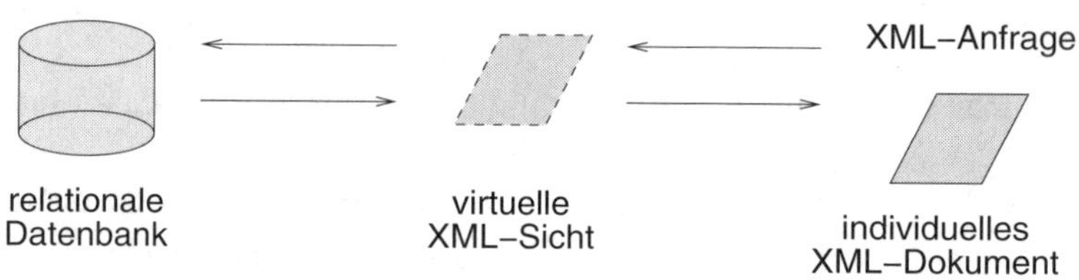

virtuelle XML-Sicht

Im Projekt SilkRoute [FTS00] wird vorgeschlagen, einen zweistufigen Prozess einzusetzen, um XML-Dokumente aus relationalen Datenbanken abzuleiten. Dabei wird im ersten Schritt eine *virtuelle XML-Sicht* aus der relationalen Datenbank erzeugt. Dazu wird die Sprache RXL (Relational to XML Transformation Language) eingesetzt. Sie beinhaltet SQL-Funktionalität und einige XML-QL-Anteile. Beispiel 5.20 zeigt die Erzeugung einer solchen Sicht.

Beispiel 5.20
Erstellung einer virtuellen XML-Sicht

```
CONSTRUCT <view> {
    FROM adresse a, hotel h
    CONSTRUCT <hotel>
                  <name>$h.name</name>
                  <adresse>
                      <ort>$a.ort</ort>
                      <plz>$a.plz</plz>
                      <strasse>$a.strasse</strasse>
                      <nummer>$a.nr</nummer>
                  </adresse>
              </hotel>
} </view>
```

XML-QL

Im zweiten Schritt werden XML-Anfragen über diese XML-Sicht gestellt. Dazu wurde in früheren Publikationen zu diesem Projekt XML-QL eingesetzt [FTS00], mittlerweile wird hierfür XQuery verwendet [FKM+02]. Die Ergebnisse dieser Anfragen liefern die gewünschten XML-Dokumente.

[1] Der Begriff »Sicht« wird von den Autoren der Ansätze verwendet, gemeint ist eher eine andere Darstellungsform der Daten, also eher eine »Sichtweise«.

Das System XPERANTO [CFI+00] von Michael J. Carey, Daniela Florescu et al. realisiert die Ausgabe von Inhalten objektrelationaler Datenbanken mit XML-Syntax auf sehr ähnliche Weise. Zu existierenden Datenbanken wird eine XML-Sicht gebildet. An die XML-Sicht werden XML-QL-Anfragen gestellt, die dadurch Daten auswählen sowie durch die Spezifikation in der CONSTRUCT-Klausel das Ergebnis festlegen.

3. Einsatz von Transformationsregeln und XSLT

Eine andere Möglichkeit XML-Dokumente zu verändern, die aus Datenbanken abgeleitet werden, ist ein *zweistufiger Prozess*, wie in Abbildung 5.7 veranschaulicht und von Volker Turau in [Tur00] und Ramnivas Laddad in [Lad00] vorgeschlagen.

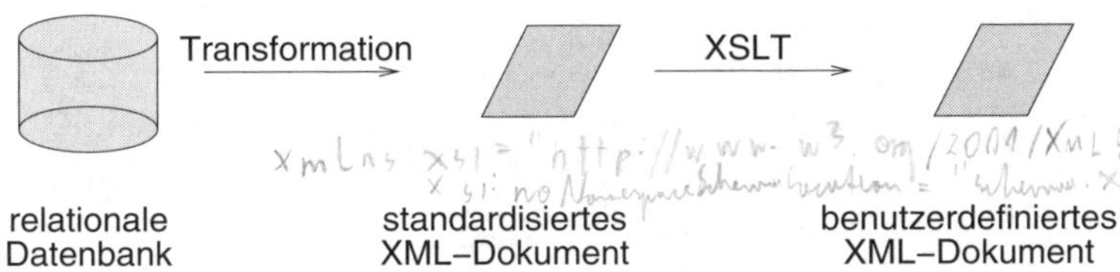

Abbildung 5.7
Einsatz von Transformationsregeln und XSLT

Datenbankinhalt als XML-Dokument

Hier wird im ersten Schritt der gesamte Datenbankinhalt als XML-Dokument dargestellt. Dieses wird mit einer feststehenden Syntax erzeugt, wie in Abschnitt 5.1.3 dargestellt. Im zweiten Schritt wird unter Einsatz von XSLT eine Transformation des XML-Dokuments durchgeführt.

XSLT

Wird zu dem resultierenden XML-Dokument bei der Transformation im ersten Schritt eine DTD erzeugt, so kann diese durch XSLT nicht manipuliert werden, da DTDs keine XML-Syntax haben und sich dadurch nicht durch XSLT transformieren lassen.

Erfolgt die Darstellung der Dokumentstruktur durch XML Schema, so ist es möglich, diese über XSLT zu verändern. In diesem Fall erhält man als Ergebnis individuelle XML-Dokumente mit einem XML-Schema.

Fazit Man sieht bei den vorgestellten Zugängen, dass mehrere Möglichkeiten bestehen, um XML-Dokumente zu erzeugen, die Daten aus Datenbanken beinhalten.

Es ist möglich, dazu Datenbank-Anfragesprachen zu verwenden, die um Komponenten erweitert werden, mit denen die Syntax der Ergebnisse dargestellt wird. Man kann auch eine virtuelle XML-Sicht für eine Datenbank bereitstellen und diese verwenden, um XML-Anfragesprachen einzusetzen. Weiterhin lassen sich XML-Dokumente mit feststehender Syntax aus Datenbanken erzeugen, aus denen dann die vom

Anwender gewünschten Ergebnissdokumente generiert werden. Dazu ist es möglich neben XML-Anfragesprachen auch XSLT einzusetzen.

Tabelle 5.5 fasst die Eigenschaften der Methoden noch einmal zusammen.

Tabelle 5.5 *Eigenschaften der Verwendung einer erweiterten Datenbank-Anfragesprache*

Ausgabe des Datenbankinhalts	Ausschnitt
erforderliche Informationen	- erweiterte Datenbankanfrage - Transformationsregeln und XML-Anfragen - Transformationsregeln und XSLT
variables Ausgabeformat	ja
Erhaltung von Datentypen	bei Verwendung von XML Schema
Speicherung von Schlüsseln und Fremdschlüsseln	bei Verwendung von XML Schema
weitere Besonderheiten	bei Einsatz von XSLT kann nur XML Schema verwendet werden, DTDs können nicht durch XSLT manipuliert werden

5.1.7 Mapping-Verfahren

Mapping-Vorschrift

Es gibt auch Verfahren, bei denen die Abbildung von Datenbankinhalten auf XML-Dokumente durch Mapping-Vorschriften spezifiziert wird. Hierbei wird keine Anfragesprache eingesetzt, sondern die erforderliche Informationen in einer Mapping-Vorschrift kodiert.

Die Mapping-Vorschrift definiert die Verbindung zwischen der Datenbank und dem XML-Dokument. Beispiel 5.21 stellt dar, wie die Syntax einer solchen Mapping-Vorschrift aussehen kann.

Beispiel 5.21 *Mapping-Vorschrift nach Ronald Bourret*

```
<ClassMap>
    <ElementType Name="Address"/>
    <ToClassTable Name="Addresses"/>
    <PropertyMap>
        <ElementType Name="Street"/>
        <ToColumn Name="Street"/>
        <FixedOrder Value = "1" />
    </PropertyMap>
    <PropertyMap>
        <ElementType Name="City"/>
        <ToColumn Name="City"/>
        <FixedOrder Value = "2" />
    </PropertyMap>
    <PropertyMap>
        <ElementType Name="State"/>
```

```
        <ToColumn Name="State"/>
        <FixedOrder Value = "3" />
    </PropertyMap>
    <PropertyMap>
        <ElementType Name="PostCode"/>
        <ToColumn Name="PostCode"/>
        <FixedOrder Value = "4" />
    </PropertyMap>
</ClassMap>
```

Mit der Mapping-Vorschrift wird die Abbildung einer DTD auf die Datenbankstruktur dargestellt. Unter der Voraussetzung einer gegebenen DTD ist dieses Mapping umkehrbar und kann eingesetzt werden, um eine Abbildung von Datenbankinhalten auf XML-Dokumente zu realisieren.

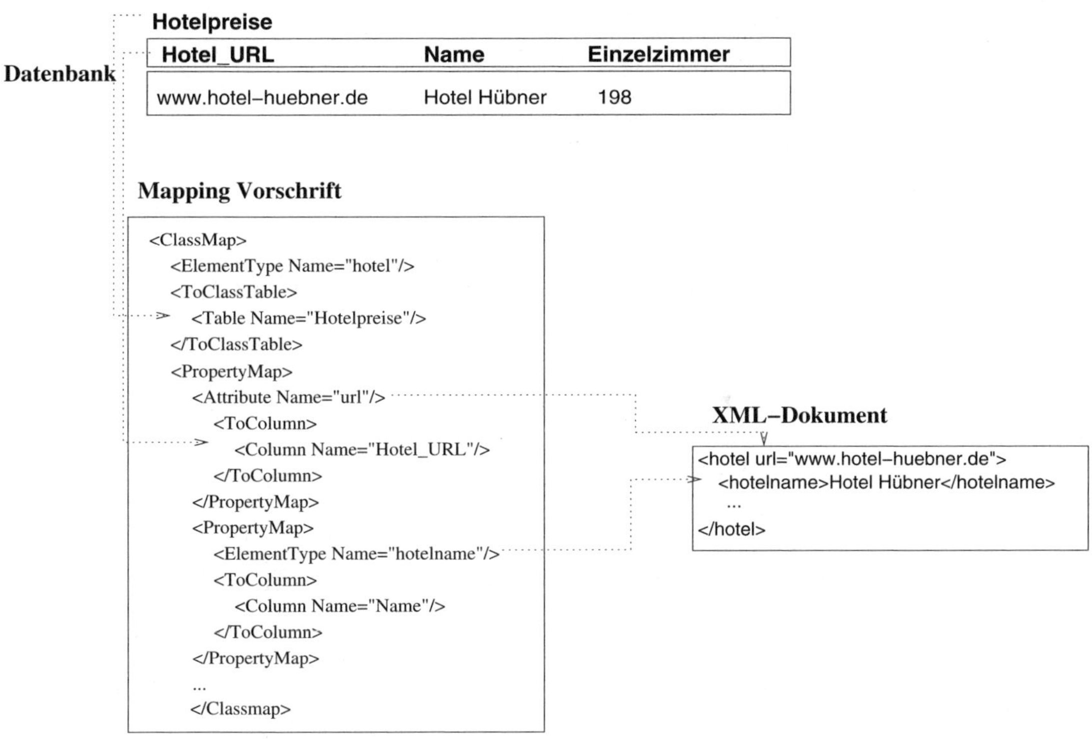

Abbildung 5.8
Einsatz von Mapping-Vorschriften zur Generierung von XML-Dokumenten aus Datenbanken

Abbildung 5.8 zeigt den Einsatz der Mapping-Vorschriften beim Generieren von XML-Dokumenten. Dabei werden aus den Datenbanken die Anteile zur Abbildung auf die XML-Dokumente ausgewählt, die in der Mapping-Vorschrift spezifiziert werden. Die Art der Abbildung wird ebenfalls in der Mapping-Vorschrift angegeben. Die Gruppierung und Schachtelung der Elemente im XML-Dokument ergeben sich aus der DTD, die bekannt sein muss.

Die Verantwortung für die Mapping-Vorschrift liegt beim Anwender. Bei einer Änderung der Datenbankstruktur oder einer anderen gewünschten XML-Struktur muss sie entsprechend angepasst werden. Das Verfahren bietet dem Anwender jedoch ebenso wie die Methoden in Abschnitt 5.1.6 ein hohes Maß an Flexibilität, da der Anwender den Inhalt und die Syntax der entstehenden XML-Dokumente beeinflussen kann. Tabelle 5.6 fasst die Eigenschaften dieser Methode noch einmal zusammen.

Tabelle 5.6 *Eigenschaften der Verwendung einer Mapping-Vorschrift*

Ausgabe des Datenbankinhalts	Ausschnitt
erforderliche Informationen	Mapping-Vorschrift
variables Ausgabeformat	ja
Erhaltung von Datentypen	nein
Speicherung von Schlüsseln und Fremdschlüsseln	über `ID` und `IDREF` -Attribute möglich
weitere Besonderheiten	–

5.1.8 Einsatz der verschiedenen Verfahren

Für die vollständige Ausgabe des Datenbankinhalts stehen Methoden bereit, die durch den Einsatz von verschachtelten Elementen oder Elementen und Attributen alle Informationen aus der Datenbank in XML-Syntax darstellen. Wird zu den Dokumenten eine Strukturbeschreibung durch XML Schema erzeugt, so lassen sich Schlüssel und Fremdschlüssel darstellen sowie Typinformationen der Datenbank speichern. Auch beim Einsatz von DTDs gibt es die Möglichkeit, Schlüssel- und Fremdschlüsselinformationen der Datenbank abzubilden. Es ist jedoch nur durch Erweiterungen der DTDs möglich, die Typinformationen der Datenbank abzubilden und dadurch zu erhalten.

Andere Verfahren geben die Ergebnisse von SQL-Anfragen mit XML-Syntax aus. Dadurch kann ein Ausschnitt aus der Datenbank gewählt werden und durch Operationen wie Selektion, Projektion, Verbund, Umbenennung, Sortierung, Gruppierung usw. lassen sich die Informationen verändern. Die Syntax der resultierenden XML-Dokumente ist jedoch fest vorgegeben, sie spiegelt die Struktur von Datenbankanfrage-Ergebnissen wider.

Eine weitere Gruppe von Verfahren gibt Ausschnitte von Datenbankinhalten in ein XML-Dokument mit variabler Syntax aus. Dazu werden SQL-Anfragen verwendet und um Anteile aus XML-Anfragen erweitert. Die SQL-Anfrage bestimmt die relevanten Daten und die

XML-Anteile definieren, wie die Syntax des resultierenden XML-Dokuments aussehen soll. Es ist auch möglich, Verfahren mit festen Transformationsregeln zur Ausgabe von XML-Dokumenten einzusetzen und diese Dokumente anschließend durch den Einsatz von einer XML-Anfragesprache oder von XSLT individuell anzupassen.

Ähnliche Eigenschaften haben Verfahren, die Mapping-Vorschriften verwenden, um aus Datenbankinhalten XML-Dokumente zu erzeugen. Die Syntax der entstehenden XML-Dokumente kann dabei individuell festgelegt werden. Für solche Verfahren wird jedoch eine Mapping-Vorschrift benötigt, die manuell für jede Datenbank erstellt werden muss und bei Änderungen der Datenbankstruktur oder bei Veränderungen der Struktur der erzeugten XML-Dokumente ebenfalls angepasst werden muss.

5.2 Repräsentation von objektrelationalen Datenbanken in XML-Dokumenten

Einige Darstellungsmöglichkeiten objektrelationaler Datenbanken lassen sich in identischer Form auf XML-Dokumente abbilden. Dazu gehören Attribute, die als Tupel, Mengen oder Listen von Attributen definiert sind. Wie man dabei vorgeht, soll zunächst an einem Beispiel erläutert werden. Abbildung 5.9 zeigt eine Relation einer objektrelationalen Datenbank, in der ein Attribut `Adresse` auftritt, das als Tupel über anderen Attributen definiert ist. Das Attribut `Telefon` ist eine Liste oder Menge.

`Hotel`

HotelID	Name	Adresse				Telefon
		PLZ	Ort	Strasse	Nr	
H0001	Hotel Hübner	18119	Warnemünde	Seestr.	12	0381/5434-0
						0381/5434-44

Abbildung 5.9
Relation einer objektrelationalen Datenbank

Die Darstellung einer solchen Relation mit der von Informix eingesetzten Syntax zeigt Beispiel 5.22.

Beispiel 5.22
Informix-Syntax

```
CREATE ROW TYPE Adresse_t (
    PLZ       INTEGER,
    Ort       VARCHAR(25),
    Strasse   VARCHAR(20),
    Nr        INTEGER
);
```

```
CREATE TABLE Hotel (
    HotelID       INTEGER  NOT NULL PRIMARY KEY,
    Name          VARCHAR(20)  NOT NULL,
    Adresse       Adresse_t,
    Telefon       SET(INTEGER  NOT NULL)
);
```

Aus der Relation resultiert das in Beispiel 5.23 dargestellte XML-Dokument. Die XML-Dokumente werden ähnlich erstellt wie XML-Dokumente, die Inhalte aus relationalen Datenbanken abbilden. Das Attribut `Adresse` ist verschachtelt, entsprechend ist es im Beispiel 5.23 als Element abgebildet, das weitere Subelemente enthält. Das als Liste dargestellte Datenbankattribut `Telefon` wird durch ein mehrfach auftretendes Element im XML-Dokument dargestellt.

Beispiel 5.23
Resultierendes XML-Dokument

```
<Hotelinformationen>
    <Hotel>
        <HotelID>H0001</HotelID>
        <Name>Hotel Hübner</Name>
        <Adresse>
            <PLZ>18119</PLZ>
            <Ort>Warnemünde</Ort>
            <Strasse>Seestraße</Strasse>
            <Nr>12</Nr>
        </Adresse>
        <Telefon>0381/5434-0</Telefon>
        <Telefon>0381/5434-44</Telefon>
    </Hotel>
</Hotelinformationen>
```

Die DTD zu diesem Dokument zeigt Beispiel 5.24.

Beispiel 5.24
Zugehörige DTD

```
<?xml version="1.0" encoding="UTF-8"?>
<!ELEMENT Hotelinformationen (Hotel*)>
<!ELEMENT Hotel (HotelID, Name, Adresse, Telefon+)>
<!ELEMENT HotelID (#PCDATA)>
<!ELEMENT Name (#PCDATA)>
<!ELEMENT Adresse (PLZ, Ort, Strasse, Nr)>
<!ELEMENT PLZ (#PCDATA)>
<!ELEMENT Ort (#PCDATA)>
<!ELEMENT Strasse (#PCDATA)>
<!ELEMENT Nr (#PCDATA)>
<!ELEMENT Telefon (#PCDATA)>
```

Das XML-Schema zu dem Dokument zeigt Beispiel 5.25. Auch bei der Abbildung der Struktur objektrelationaler Datenbanken sind DTDs nur bedingt geeignet, weil sie keine Darstellung von Typinformationen bieten und es keine adäquate Methode gibt, um Schlüssel und Fremdschlüssel abzubilden. XML Schema bietet hier wesentliche Vorteile, weil dort eine Abbildung dieser Informationen möglich ist.

Beispiel 5.25
Zugehöriges XML-Schema

```
<?xml version="1.0" encoding="UTF-8"?>
<xs:schema xmlns:xs="http://www.w3.org/2001/XMLSchema"
            elementFormDefault="qualified">
    <xs:element name="Hotelinformationen">
         <xs:complexType>
             <xs:sequence>
                 <xs:element ref="Hotel"/>
             </xs:sequence>
        </xs:complexType>
    </xs:element>
    <xs:element name="Hotel">
        <xs:complexType>
            <xs:sequence>
                <xs:element name="HotelID" type="xs:string"/>
                <xs:element name="Name" type="xs:string"/>
                <xs:element ref="Adresse"/>
                <xs:element name="Telefon" maxOccurs="unbounded"
                            type="xs:string"/>
            </xs:sequence>
        </xs:complexType>
        <xs:key name="Hotel_key">
            <xs:selector xpath="/Hotelinformationen/Hotel"/>
            <xs:field xpath="HotelID/"/>
        </xs:key>
        <xs:keyref name="Adresse_keyref" refer="Adresse_key">
            <xs:selector xpath="/Hotelinformationen/Hotel"/>
            <xs:field xpath="Hoteladr"/>
        </xs:keyref>
    </xs:element>
    <xs:element name="Adresse">
        <xs:complexType>
            <xs:sequence>
                <xs:element name="PLZ" type="xs:integer"/>
                <xs:element name="Ort" type="xs:string"/>
                <xs:element name="Strasse" type="xs:string"/>
                <xs:element name="Nr" type="xs:integer"/>
            </xs:sequence>
        </xs:complexType>
        <xs:key name="Adresse_key">
            <xs:selector xpath="/Hotelinformationen/Adresse"/>
            <xs:field xpath="AdresseID"/>
        </xs:key>
    </xs:element>
</xs:schema>
```

Man sieht an diesem Beispiel, dass eine hierarchische Schachtelung von Elementen eine adäquate Darstellung für Relationen ist, die als Attribute Mengen, Listen oder Tupel von Attributen enthalten können.

Dabei ist leicht zu ersehen, dass die Abbildung von Listen aus der Datenbank in XML-Dokumenten leicht erfolgen kann, während Mengen und Multimengen auch nur als Listen gespeichert werden. Für diese gibt es keine Entsprechung in den XML-Dokumenten, die unabhängig von der Reihenfolge ist.

Die Methode ähnelt dem Verfahren aus Abschnitt 5.1.4. Dort wurden die durch Normalisierung entstehenden Schlüssel und Fremdschlüsselbeziehungen wieder aufgelöst und auf diese Weise die Hierarchien erzeugt. In objektrelationalen Datenbanken müssen die Relationen nicht in erster Normalform sein, das heißt, dass Attribute als Tupel über anderen Attributen definiert sein können. Diese Hierarchie wird direkt in resultierende XML-Dokumente abgebildet, es erfolgt also eine 1:1-Abbildung der Datenbankinhalte. Attribute, die als Mengen oder Listen definiert sind, können in XML-Dokumenten als mehrfach auftretende Elemente dargestellt werden. Datenbankattribute, die aus komplexen Typen definiert sind, können im XML-Dokument durch Sequenzen verschiedener Elemente abgebildet werden. Beide Fälle werden in den Beispielen 5.23–5.25 anhand eines XML-Dokuments, einer DTD und eines XML-Schemas gezeigt.

Tabelle 5.7 *Eigenschaften der Abbildung objektrelationaler Datenbanken in XML-Dokumenten*

Ausgabe des Datenbankinhalts	vollständig
erforderliche Informationen	keine
variables Ausgabeformat	nein
Erhaltung von Datentypen	durch Einsatz von XML Schema
Speicherung von Schlüsseln und Fremdschlüsseln	durch Einsatz von XML Schema
weitere Besonderheiten	adäquate Darstellung von Tupeln, Mengen und Listen der Datenbank im XML-Dokument

5.3 Repräsentation von anderen Daten in XML-Dokumenten

Neben den Daten, die in Datenbanken vorliegen, können Applikationen Informationen auch in anderer Form speichern. Beispiele dafür sind Information-Retrieval-Dokumente und proprietäre Formate. Da das Aussehen dieser Formate beliebig sein kann, ist es schwierig, allgemeine Prinzipien anzugeben, wie XML-Dokumente aussehen, die Daten adäquat beschreiben. Auch lassen sich solche Umwandlungsschritte nicht formal beschreiben, da man weder den Inhalt noch die Syntax der Daten in dem allgemeinen Fall kennt. Deshalb sollen hier nur kurz einige generelle Prinzipien dargestellt werden, die bei der Erzeugung von XML-Dokumenten beachtet werden sollten.

generelle Prinzipien

- Inhaltlich eng zusammengehörige Informationen sollten auch im Dokument zusammenbleiben und zum Beispiel als Sequenz von Elementen oder als Attribute eines Elements modelliert werden.
- Hierarchien in den vorliegenden Daten lassen sich adäquat als Elementhierarchien abbilden.
- Für die Element- und Attributnamen sollten aussagekräftige Bezeichnungen gewählt werden, die die Lesbarkeit und Wartbarkeit erhöhen und damit eine spätere Verwendung der Dokumente unterstützen.
- Alle benötigten Informationen müssen vorhanden sein.
- Es sollten keine überflüssigen Informationen in den Dokumenten enthalten sein.
- Auf Lesbarkeit für Anwendungen, aber auch für Menschen ist zu achten; diese ist oft ein Indiz für eine adäquate Darstellung der Informationen.
- Soweit eine Strukturierung der Informationen möglich ist und sich aus den Daten ableiten lässt, sollte sich diese im Markup der XML-Dokumente wiederfinden. Die Verwendung von Markup sollte so feingranular wie möglich erfolgen, um den Zugriff auf einzelne Dokumentbestandteile sicherzustellen.

Das Problem bei allen Merkmalen ist, dass sie nicht formal definierbar und damit auch nicht formal überprüfbar sind. Die Verantwortung für die Qualität der entstehenden XML-Dokumente liegt damit ausschließlich beim Anwender. Es gibt jedoch zwei Methoden, die einem Anwender helfen können, die Qualität der erzeugten Dokumente zu überprüfen:

- Die Arbeit mit Beispieldokumenten ist meist hilfreich, um zu überprüfen, ob eine verlustfreie Abbildung erfolgte, Zusammenhänge schlüssig im Dokument dargestellt und keine überflüssigen Informationen enthalten sind.
- Das Betrachten von typischen Anfragen hilft dem Anwender festzustellen, ob alle Informationen verlustfrei dargestellt sind.

In Abschnitt 7.6 werden Gütekriterien und Metriken gezeigt, die die Qualität der XML-Dokumente beschreiben. Diese können ebenfalls herangezogen werden, um die Qualität generierter XML-Dokumente zu bewerten.

5.4 Literatur

Ein Grundprinzip der Abbildung relationaler Datenbanken auf XML-Dokumente wird auf der Webseite »XML representation of a relational database« ([W3C97b]), die auf den Seiten des W3C erreichbar ist, und der Webseite »Modeling Relational Data in XML« von Lee Buck ([XMLb]) vorgestellt.

Die sehr umfangreiche Definition von Typinformationen in XML Schema ist unter [W3C01d] zu finden.

Es gibt einen Vorschlag von Tim Bray: »Adding Strong Data Typing to SGML and XML« [W3C97a], der angibt, wie die DTDs von XML bzw. SGML-Dokumenten ergänzt werden können, um Informationen über den Wertebereich von Datenbankattributen darzustellen. Ein ähnlicher Vorschlag ist unter »Modeling Relational Data in XML« von Lee Buck ([XMLb]) enthalten.

Das Generieren von XML-Dokumenten, in denen Elementhierarchien durch Auswertung von Schlüssel- und Fremdschlüsselbeziehungen entstehen, ist Inhalt des Artikels [BBB00] von Ronald Bourret, Christof Bornhövd und Alejandro Buchmann.

Ein ähnliches Vorgehen wird beim Erstellen einer virtuellen XML-Sichtweise auf Datenbank-Informationen von Sascha Klopp in [Klo02] skizziert.

Ein Vorgehen, das aus einer Sicht über eine Informix-Datenbank XML-Dokumente und ein zugehöriges XML-Schema generiert, wurde von Gregor Zimmermann in [Zim02] entwickelt und implementiert. Dabei wurden die in Abschnitt 5.2 dargestellten Problemfelder umgesetzt.

Es gibt mehrere Veröffentlichungen über Zugänge, die eine individuelle Abbildung von Datenbankinhalten auf XML-Dokumente verwenden. Sie benutzen jeweils eine Datenbank-Anfragesprache (SQL), um die relevanten Informationen zu ermitteln und eine an XML-QL oder XQuery angelehnten Sprachanteil, der bestimmt, mit welcher Syntax das XML-Dokument erzeugt wird. Im Ansatz von Jayavel Shanmugasundaram et al. ([SSB+00]) existieren zwei getrennte Anfrageteile (SQL und XML-Constructor). Der Zugang *Database to XML Servlet (DaS)* von Thomas Courvoisier/Guntram Flach [CF00] integriert die Informationen in eine Anfrage.

Eine weitere Veröffentlichung (SilkRoute [FTS00]) schlägt vor, RXL für das Erstellen einer virtuellen XML-Sicht und XML-QL zum Stellen von Anfragen an die Sicht zu verwenden. Das System XPERANTO [CFI+00] von Michael J. Carey, Daniela Florescu et al. bildet zu einer existierenden Datenbank eine XML-Sicht, die die Datenbank-Informationen durch eine Schachtelung von Elementen darstellt. An die XML-Sicht werden XML-QL-Anfragen gestellt, durch die Spezifikation in der CONSTRUCT-Klausel wird die Syntax der Ausgabe definiert.

Ein zweistufiges Vorgehen wird von Volker Turau in [Tur00] gewählt. Hier wird im ersten Schritt der Datenbankinhalt mit festen Transformationsregeln auf ein XML-Dokument abgebildet, im zweiten Schritt erfolgt der eigentliche Mapping-Vorgang durch XSLT-Regeln. Einen ähnlichen Zugang stellt Ramnivas Laddad in [Lad00] vor. Als Ergebnis entstehen in beiden Fällen individuelle XML-Dokumente.

5.5 Umsetzung in frei verfügbaren Tools

In diesem Abschnitt werden wir einige frei verfügbare Tools aufzählen, die eine Abbildung von Datenbank-Informationen in XML-Dokumente realisieren.

XML Schema Validator XML-Prozessoren, die XML-Schemata auswerten, sind am Ende der Kapitel 4 und 7 zu finden. Aktuelle Informationen hierzu liefert auch die Webseite des W3C[2].

Auswertung von Datentypen in DTDs Parallel zum beim W3C eingereichten Vorschlag zur Erweiterung von DTDs um Datentypen »DT4DTD: Data Typing for DTDs« wurden in Java geschriebene Parser[3] bereitgestellt, die die Datentypen innerhalb eines SAX- und eines DOM-Parsers auswerten. Diese sind frei verfügbar.

XML-DBMS Ronald Bourret entwickelte mit XML-DBMS ein Java-Programm, um Daten aus Datenbanken als XML-Dokumente auszugeben. Dabei wird für eine relationale Datenbank eine so genannte ObjectView entwickelt. Sie repräsentiert den Inhalt der Datenbank als XML-Dokument. Die Relationen der relationalen Datenbank werden dabei jedoch nicht flach abgebildet, sondern es entstehen durch das Verfolgen von Schlüssel/Fremdschlüsselbeziehungen Hierarchien in den XML-Dokumenten. Das Tool ist für verschiedene relationale Datenbanken (Oracle, DB2, Informix, MS Access, MySQL) einsetzbar.

Es gibt alternativ dazu die Möglichkeit, Daten aus einer Datenbank auf XML-Dokumente abzubilden, wobei die Struktur der XML-Dokumente durch eine DTD vorgegeben werden kann. Diese Abbildung wird durch eine Mapping-Vorschrift beschrieben. Die Beschreibungen zu dem Tool und die Quellen selbst sind unter [Bou] zu finden.

DB2XML Das in Java geschriebenen Tool DB2XML[4] von Volker Turau transformiert Daten aus relationalen Datenbanken in XML-

[2] www.w3.org/XML/Schema
[3] www.extensibility.com/dt4dtd/
[4] www.informatik.fh-wiesbaden.de/~turau/DB2XML/index.html

Dokumente. Im ersten Schritt wird dazu die vollständige relationale Datenbank als XML-Dokument erzeugt, wobei die Darstellung der Relationen und Attribute als Element eines XML-Dokuments erfolgt. Schlüssel und Fremdschlüssel werden als ID-/IDREF-Attribute des XML-Dokuments abgebildet. Typinformationen werden als Attribute in den DTDs ergänzt. Alternativ dazu kann die Beschreibung der Dokumente mit XML Schema generiert werden. Auf dem so entstehenden XML-Dokument können weitere Transformationen durch den Einsatz von XSLT erfolgen. Der relevante Ausschnitt des Dokuments kann definiert und es können Veränderungen der Syntax vorgenommen werden. Da XSLT nicht auf DTDs zugreifen kann, entstehen in dem Tool individuelle XML-Dokumente ohne Schema. XML Schema hat eine XML-Syntax, kann also durch XSLT manipuliert werden. Das Generieren von XML-Schemata zu den entstehenden XML-Dokumenten ist von Christian Ettinger in [Ett00] dargestellt.

Es ist mit diesem Tool möglich, sowohl vollständige Datenbanken als auch Ausschnitte aus Datenbanken zu transformieren.

XML APIs für Datenbanken In dem Beitrag [Lad00] von Ramnivas Laddad wird die Entwicklung und Verwendung von SAX- und DOM-Parsern für relationale Datenbanken vorgestellt.[5] Über den Zugriff durch JDBC werden dabei Datenbankinhalte erfragt und in eine XML-Syntax (wie am Anfang des Kapitel als hierarchische Schachtelung von Elementen beschrieben) umgewandelt. Diese können dann mit einem speziellen SAX- oder DOM-Parser ausgelesen und weiterverarbeitet werden. Durch Einsatz von XSLT können als Ausgabe XML- oder auch HTML-Dokumente erzeugt werden.

5.6 Kommerzielle Systeme

Die Konvertierung von Datenbank-Informationen in XML-Dokumente ist mit vielen kommerziellen Datenbanksystemen realisierbar. Im Folgenden soll kurz dargestellt werden, wie eine solche Abbildung in den einzelnen Systemen umgesetzt wird.

Hersteller wie IBM, Oracle, Microsoft und Informix wollen eine einheitliche Syntax für die Repräsentation relationaler Datenbankinhalte in XML-Dokumenten als ANSI-Standard unter dem Namen SQL/XML festlegen [Mel00]. Dabei wird eine vierstufige Schachtelung von Datenbankname — Relationennamen — Tupel — Attributnamen als Elemente im XML-Dokument erfolgen. Die Werte aus der Datenbank werden als zu den Tags gehörende Werte des XML-Dokuments gespeichert.

[5] `www.javaworld.com/javaworld/jw-01-2000/jw-01-dbxml.html`

Momentan wird die Syntax in vielen Systemen in ähnlicher Form eingesetzt, aber es existiert noch keine standardisierte Form. Ebenso soll die Ausgabe von Datenbankviews und Anfrageergebnissen als XML-Dokumente im Rahmen dieser Standardisierung festgelegt werden. Auch hierfür gibt es momentan in vielen kommerziellen Systemen eine ähnliche Syntax der resultierenden XML-Dokumente, es existiert jedoch noch keine einheitliche Variante.

Weitere Problemfelder, die bearbeitet werden und in den Standard eingehen sollen, sind die Abbildung von Datenbanktypen auf Typen von XML-Schemata und umgekehrt. Ebenso soll die Konvertierung der Daten selbst standardisiert werden.

IBM DB2 UDB Die Firma IBM bietet für das objektrelationale Datenbanksystem DB2 UDB einen XML-Extender an, mit dem die Speicherung von XML-Dokumenten im Datenbank-System DB2 unterstützt wird. Dabei ist es möglich, aus DB2-Datenbanken XML-Dokumente zu generieren. Der Anwender kann das Aussehen der Dokumente beeinflussen, indem er die Zuordnung zwischen den Datenbankattributen sowie den Elementen und Attributen eines XML-Dokuments über eine Mapping-Vorschrift (so genannte DAD-Dateien — Data Access Definition) festlegt. Entsprechend dieser Beschreibung werden aus dem Datenbestand der Datenbank Dokumente generiert.

Alternativ gibt es für die Ableitung von XML-Dokumenten aus DB2-Datenbanken ein Tool XPERANTO, das die Dokumente mittels XML-QL-Anfragen aus den DB2-Datenbanken erzeugt. Diese Arbeit wurde in Abschnitt 5.4 beschrieben, ist aber bisher noch nicht in das Produkt integriert worden.

Oracle Für das Produkt Oracle wird ab Version 8*i* das XML Developer's Kit (Oracle XDK) bereitgestellt. Es enthält Grundbausteine zum Lesen, Manipulieren, Transformieren und Anzeigen von XML-Dokumenten.

Im XML Developer's Kit gibt es ein XML SQL Utility (XSU), das die Ausgabe von Datenbankinhalten mit XML-Syntax unterstützt. Damit besteht die Möglichkeit, vollständige Datenbankinhalte relationaler Datenbanken auf XML-Dokumente abzubilden. Die Attribute der Datenbank werden als Elemente eines XML-Dokuments dargestellt. Einfache Typen (skalare Werte) werden auf Elemente, die als `#PCDATA` definiert sind, abgebildet, strukturierte Typen und ihre Attribute werden auf Elemente mit Subelementen abgebildet. Aus Kollektionstypen entstehen Listen von Elementen. Hier werden also die objektrelationalen Merkmale adäquat im resultierenden XML-Dokument abgebildet.

Diese Art der Abbildung soll an einem kurzen Beispiel veranschaulicht werden. Es verwendet eine Relation, die wie folgt definiert ist.

```
CREATE TYPE Adress_Type AS OBJECT (
      Strasse   VARCHAR2(50),
      Ort       VARCHAR2(50),
      Nummer    NUMBER,
      PLZ       NUMBER
);

CREATE TABLE hotel (
      Name      VARCHAR2(20),
      Adr       Adress_Type,
      Kategorie NUMBER
);
```

Aus diesem Beispiel generiert XSU für die Anfrage

```
SELECT * FROM hotel
```

das folgende XML-Dokument:

```
<?xml version='1.0'?>
<ROWSET>
    <ROW num='1'>
        <Name>Hotel Pension Zum Kater</Name>
        <Adr>
            <Ort>Warnemünde</Ort>
            <PLZ>18119</PLZ>
            <Strasse>Alexandrinenstr</Strasse>
            <Nummer>115</Nummer>
        </Adr>
        <Kategorie>3</Kategorie>
    </ROW>
    <ROM num='2'>
        ...
</ROWSET>
```

Damit können vollständige Relationen als XML-Dokumente ausgegeben werden. Mit der gleichen Vorgehensweise ist es möglich, Anfrageergebnisse von SQL-Anfragen an Oracle-Datenbanken in XML-Syntax ausgeben. Für die Anfrage

```
SELECT Name, Adr
FROM hotel
WHERE Adresse.Ort = 'Warnemünde'
```

wird das folgende XML-Dokument generiert:

```
<?xml version="1.0"?>
<ROWSET>
    <ROW num='1'>
        <Name>Hotel Pension Zum Kater</Name>
```

```
        <Adr>
            <Ort>Warnemünde</Ort>
            <PLZ>18119</PLZ>
            <Strasse>Alexandrinenstr</Strasse>
            <Nummer>115</Nummer>
        </Adr>
    </ROW>
    <ROW num='2'>
    ...
</ROWSET>
```

Es ist auch möglich, die Syntax des Ausgabeformates zu verändern. Dabei können zum Beispiel die Tagnamen der Elemente `ROWSET`, `ROW` und der Attributname des Attributs `num` anders gesetzt werden. Weiterhin ist es möglich, die Anzahl der zurückgelieferten Ergebnistupel, die im XML-Dokument dargestellt wird, zu begrenzen. Reichen diese Modifikationsmöglichkeiten nicht aus, so müssen weitere Umwandlungsschritte durch Einsatz von XSLT erfolgen.

Die Anfrageergebnisse können als XML-Text oder auch als DOM-Bäume für darauf aufbauende Applikationen bereitgestellt werden.

Weiterhin besteht ab Version *9i* die Möglichkeit, auch ein XML-Schema für die XML-Ergebnisse der SQL-Anfragen zu generieren. In dem XML-Schema sind auch Typinformationen enthalten, wobei eine Abbildung der Datentypen der Oracle-Datenbanken auf die Datentypen von XML Schema erfolgt.

Microsoft SQL-Server Im Microsoft SQL-Server ist die Möglichkeit vorgesehen, die Ergebnisse von SQL-Anfragen als XML-Dokumente auszugeben. Syntaktisch sieht das so aus, dass eine SQL-Anweisung um die Spezifikation `FOR XML {RAW, AUTO, EXPLICIT}` ergänzt wird. Damit lassen sich drei verschiedene Ausgabeformate erreichen. Alle drei Varianten werden in Abschnitt 11.3.1 detailliert an einem Beispiel dargestellt. Sie können sowohl XML-Dokumente mit feststehender Struktur erzeugen, als auch die Struktur der XML-Dokumente individuell durch speziell erweiterte Anfragen festlegen.

6 XML-Datenbanken — Architekturmodelle

Das Kapitel Architekturmodelle ist das erste Kapitel zum Thema XML-Datenbanken. Mit der Entwicklung von XML als Format zur Darstellung semistrukturierter Daten und der starken Verbreitung des Formats gab es auch relativ kurz danach bereits mehrere Ansätze zur Speicherung von XML-Dokumenten. Die Vertreter der unterschiedlichen Verfahren und Verfahrensweisen sahen sich anfangs in direkter Konkurrenz. Mittlerweile ist jedoch der Standpunkt allgemein akzeptiert, dass *verschiedene Ansätze* parallel eine Existenzberechtigung haben, da XML-Dokumente sehr unterschiedlich aussehen können und verschiedene Anforderungen an die Speicherung und Verwaltung gestellt werden. Es gibt keine für alle Anwendungen »beste Variante« zur Speicherung.

verschiedene Ansätze zur Speicherung

Im folgenden Kapitel werden wir schrittweise eine Klassifikation für die zahlreichen existierenden Ansätze aus Forschung und Industrie entwickeln. Obwohl das Kapitel recht kurz ist, halten wir es für besonders wichtig, weil es gleichzeitig als Einführung in die folgenden fünf Kapitel dient.

In diesem Kapitel werden ausgehend von einer Klassifikation der XML-Dokumente in Abschnitt 6.1 schrittweise Verfahren und Techniken für die *konzeptuelle*, die *logische* und die *physische Ebene* zur Speicherung von XML-Dokumenten vorgestellt. Damit wird für XML-Datenbanken die *3-Ebenen-Architektur* von Datenbanken adaptiert und in Abschnitt 6.2 vorgestellt. Da der Einsatz von XML-Dokumenten sowohl von strukturierten bis hin zu völlig unstrukturierten Anwendungen reicht, gibt es im Folgenden nicht nur eine Methode zur konzeptuellen Modellierung, für die logische Ebene und zur physischen Speicherung, sondern jeweils eine ganze Anzahl alternativ einsetzbarer Methoden.

3-Ebenen-Architektur

In Abschnitt 6.3 werden Anforderungen an die logische Ebene formuliert. Konkrete Speicherungsmodelle für die XML-Dokumente werden in Abschnitt 6.4 erläutert. In Abschnitt 6.5 werden Methoden zum konzeptuellen Entwurf von Schemabeschreibungen für XML-Dokumente vorgestellt.

Das gesamte Kapitel dient der Systematisierung und Einführung in die folgenden fünf Kapitel. Im sich anschließenden Kapitel 7 zur konzeptuellen Modellierung werden verschiedene Methoden vorgestellt, die zur konzeptuellen Modellierung von XML-Schemata verwendet werden können. Anschließend folgt ein Kapitel XML-Datenbanken — Speicherungstechniken (Kapitel 8), in dem zahlreiche Zugänge zur Speicherung von XML-Dokumenten detaillierter dargestellt sind. Die physische Speicherung und Indizierung von XML-Dokumenten ist Inhalt von Kapitel 9. Anfragesprachen für XML-Dokumente werden in Kapitel 10 vorgestellt. Kommerzielle Systeme zur Speicherung von XML-Dokumenten sind Inhalt von Kapitel 11.

6.1 Datenzentrierte, dokumentzentrierte und semistrukturierte XML-Dokumente

XML-Dokumente können für sehr unterschiedliche Anwendungen eingesetzt werden. Dabei lassen sich in XML-Dokumenten sowohl strukturierte Daten als auch Informationen mit Volltextcharakter speichern. Die Dokumenteigenschaften haben Auswirkungen auf die Verarbeitung der Dokumente. Eine Unterteilung in daten- und dokumentzentrierte XML-Dokumente ist deshalb allgemein akzeptiert.

datenzentrierte XML-Dokumente

Unter *datenzentrierten XML-Dokumenten* werden Dokumente verstanden, bei denen in erster Linie die Daten selbst interessieren. Die Strukturinformationen (Tag-Namen und Attributnamen) dienen dazu, die Daten zu unterteilen und zu strukturieren. Solche XML-Dokumente sind regulär, haben oft strenge Typinformationen und die Dokumente sind häufig aus anderen Informationen generiert worden. Typische Beispiele dafür sind elektronische Kataloge, Bestellungen, Rechnungen, Fahrpläne, usw. Beispiel 6.1 zeigt ein typisches datenzentriertes XML-Dokument.

Beispiel 6.1
Datenzentriertes XML-Dokument

```
<adresse>
    <plz>18119</plz>
    <ort>Rostock-Warnemünde</ort>
    <strasse>Seestraße</strasse>
    <nummer>12</nummer>
    <telefon>0381/5434-0</telefon>
    <fax>0381/5434-444</fax>
</adresse>
```

Typische Operationen auf datenzentrierten XML-Dokumenten sind die Suche auf den Attributwerten oder Elementinhalten und die Änderung dieser Werte sowie Anfragen, die auch eine Sortierung, Aggregatfunktionen und Verbünde enthalten. Das Erstellen von Ergebnisdokumenten für diese Anfragen ist notwendig.

In *dokumentzentrierten XML-Dokumenten* beinhalten Daten und Struktur die Informationen. Häufig sind solche Daten bereits ursprünglich im XML-Format erstellt worden. Die Darstellung im Dokument ist irregulär, Typinformationen sind meist nicht vorhanden. Solche XML-Dokumente sollen bei der Speicherung als Ganzes erhalten bleiben oder originalgetreu wiederhergestellt werden können.

dokumentzentrierte XML-Dokumente

Beispiele für dokumentzentrierte XML-Dokumente sind wissenschaftliche Artikel, Buchinhalte, E-Mail-Inhalte und Webseiten (sofern diese nicht aus Datenbanken oder anderen strukturierten Informationen generiert wurden). Beispiel 6.2 stellt einen Ausschnitt aus einem dokumentzentrierten XML-Dokument dar.

Beispiel 6.2
Dokumentzentriertes XML-Dokument

```
<anreisebeschreibung>
     Sie können unser Haus auf verschiedenen Wegen erreichen:
     <bahn>per Bahn: 1 km ab Bahnhof Warnemünde</bahn>
     <auto>mit dem Auto: 19 km ab Autobahn A19
           Rostock--Berlin</auto>
     <flugzeug>per Flugzeug: 55 km ab Rostock-Laage,
               235 km ab Berlin-Tegel</flugzeug>
     Sie finden uns direkt an der Uferpromenade.
</anreisebeschreibung>
```

In dokumentzentrierten XML-Dokumenten ist eine horizontale und vertikale Navigation notwendig. Suchanfragen müssen auch Volltext-Suchoperationen beinhalten. Änderungsoperationen beziehen sich nicht nur auf Attributwerte und Elementinhalte, sondern auch auf die Strukturebene oder auf ganze Dokumentfragmente.

Oft ist die Unterscheidung zwischen daten- und dokumentzentrierten XML-Dokumenten nicht eindeutig zu treffen, da es Mischformen gibt, die wir als *mixed* oder *semistrukturiert* bezeichnen wollen. In diesen XML-Dokumenten treten sowohl Eigenschaften datenzentrierter als auch dokumentzentrierter XML-Dokumente auf. Es können in semistrukturierten XML-Dokumenten auch datenzentrierte und dokumentzentrierte Anteile auftreten.

semistrukturierte XML-Dokumente

Beispiele dafür sind Bücher (mit Metadaten und Inhalten), Hotelinformationen (mit den datenzentrierten Anteilen Adresse, Preise und den dokumentzentrierten Anteilen Hausbeschreibung, Anreiseinformationen, Freizeitmöglichkeiten) und Online-Buchläden (mit datenzentrierten Metainformationen über Bücher, Preise und Lieferzeiten und dokumentzentrierten Inhaltsangaben und Rezensionen). Beispiel 6.3 zeigt ein XML-Dokument, in dem sich die oben dargestellten Beispiele für daten- und dokumentzentrierte XML-Dokumente wiederfinden.

Beispiel 6.3
Daten- und dokumentzentriertes XML-Dokument

```
<hotel>
     <hotelname>Strand Hotel Hübner</hotelname>
     <kategorie>4</kategorie>
     <adresse>
```

```
            <plz>18119</plz>
            <ort>Rostock-Warnemünde</ort>
            <strasse>Seestraße</strasse>
            <nummer>12</nummer>
            <telefon>0381/5434-0</telefon>
            <fax>0381/5434-444</fax>
        </adresse>
        <gastronomie>
            <restaurant>ab 11 Uhr geöffnet</restaurant>
        </gastronomie>
        <anreisebeschreibung>
         Sie können unser Haus auf verschiedenen Wegen erreichen:
         <bahn>per Bahn: 1 km ab Bahnhof Warnemünde</bahn>
         <auto>mit dem Auto: 19 km ab Autobahn A19
               Rostock--Berlin</auto>
         <flugzeug>per Flugzeug: 55 km ab Rostock-Laage,
                   235 km ab Berlin-Tegel</flugzeug>
         Sie finden uns direkt an der Uferpromenade.
        </anreisebeschreibung>
</hotel>
```

Die Unterteilung der XML-Dokumente wirkt sich bei der Wahl der geeigneten *Modellierungsmethode*, bei der Auswahl der *Speicherungsmethode für die Informationen* sowie bei der Wahl der *Anfragesprache* aus. In den folgenden Abschnitten werden diese genauer vorgestellt.

6.2 Die konzeptuelle, logische und physische Ebene von XML-Datenbanken

Die Entwicklung von XML und zugehörigen Technologien in diesem Bereich erhält Impulse aus verschiedenen Forschungsgebieten der Informatik. Viele Konzepte stammen aus der *Dokumentverarbeitung*, in der Markup-Sprachen für den Umgang mit Dokumenten entwickelt wurden. In der Sprache SGML, die hier seit langer Zeit Anwendung findet, liegen die Wurzeln von XML. Die Speicherung von XML-Dokumenten ist durch die Speicherung und Anfrage von Textdokumenten stark beeinflusst worden. Indizierungsverfahren, die auf Texte ausgelegt sind, werden hierfür eingesetzt und angepasst. Abbildung 3.1 in Kapitel 3 veranschaulicht die historische Entwicklung von XML und die Einflüsse aus SGML.

Dokumentverarbeitung

Ein anderes Gebiet, das viele Impulse auf die Entwicklung von XML liefert, ist der Bereich *Datenbanken*. Hier werden traditionell Methoden entwickelt, um große Datenmengen konsistent und sicher zu speichern sowie effizient anzufragen. Entwicklungen wie XML-Anfragesprachen, XML-Updatesprachen und die Spezifikation von Daten-

Datenbanken

typen in Schemabeschreibungen werden wesentlich durch Datenbanktechnologien beeinflusst.

Im Datenbankbereich ist eine 3-Ebenen-Architektur weit verbreitet und sinnvoll.

Abbildung 6.1 zeigt die konzeptuelle, logische und physische Ebene von Datenbanken.

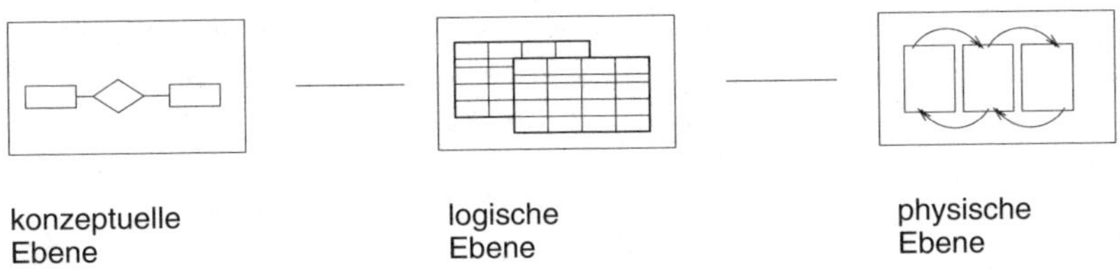

Abbildung 6.1
3-Ebenen-Architektur von Datenbanken

Die *konzeptuelle Ebene* einer Datenbank wird durch Datenbank-Entwurfsmethoden wie das Entity-Relationship-Modell bestimmt. Auf der *logischen Ebene* kann eine Datenbank zum Beispiel durch Relationen und eine dazugehörige Anfragesprache repräsentiert werden. Die *physische Ebene* von Datenbanken beinhaltet Speicherungsstrukturen, Zugriffspfade, Transaktionsverwaltung, Anfrageoptimierung usw.

Im Bereich der Dokumentverarbeitung kann man die gleiche Unterteilung in drei Ebenen beobachten, die in Abbildung 6.2 angegeben ist.

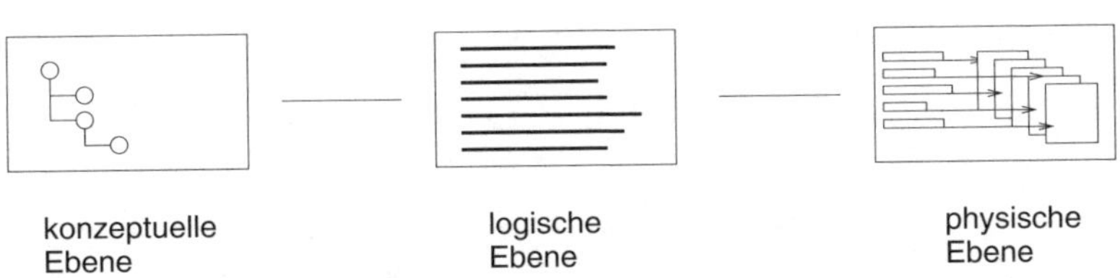

Abbildung 6.2
3-Ebenen-Architektur in der Dokumentverarbeitung

Auch hier gibt es auf *konzeptueller Ebene* Tools, die das Erstellen der Dokumente und Schemata unterstützen, wozu häufig graphische Editoren eingesetzt werden. Auf der *logischen Ebene* existieren die Dokumentmodelle. Zur Speicherung und zum Zugriff auf die Dokumente wurden Verfahren entwickelt, die auf der *physischen Ebene* verwendet werden. Hier gibt es Speicherungs- und Zugriffsverfahren, die einen Volltext indizieren und in Anfragen den Index auswerten. Dazu können zum Beispiel invertierte Listen eingesetzt werden.

Einflüsse von Datenbanken und Dokumentverarbeitung

Für die Erstellung und Verwaltung von XML-Dokumenten kann man die gleiche Architektur zugrunde legen. Abbildung 6.3 veranschaulicht die 3-Ebenen-Architektur von XML-Anwendungen sowie die verschiedenen Methoden aus den Bereichen Datenbanken und Dokumentverarbeitung, die Technologien im XML-Umfeld beeinflussen. Entsprechend wird die 3-Ebenen-Architektur auch für XML-Anwendungen adaptiert. Die Einflüsse aus den Bereichen Datenbanken und Dokumentverarbeitung werden in Abbildung 6.3 durch Pfeile gekennzeichnet.

Nicht nur die Impulse für die Entwicklung von XML und der Technologien darum herum stammen aus der Dokumentverarbeitung und dem Datenbankbereich, auch die mit XML darzustellenden Daten können die ganze Bandbreite zwischen diesen Anwendungen annehmen. Die Unterteilung von XML-Dokumenten in datenzentrierte, dokumentzentrierte und semistrukturierte Dokumente wurde bereits vorgestellt.

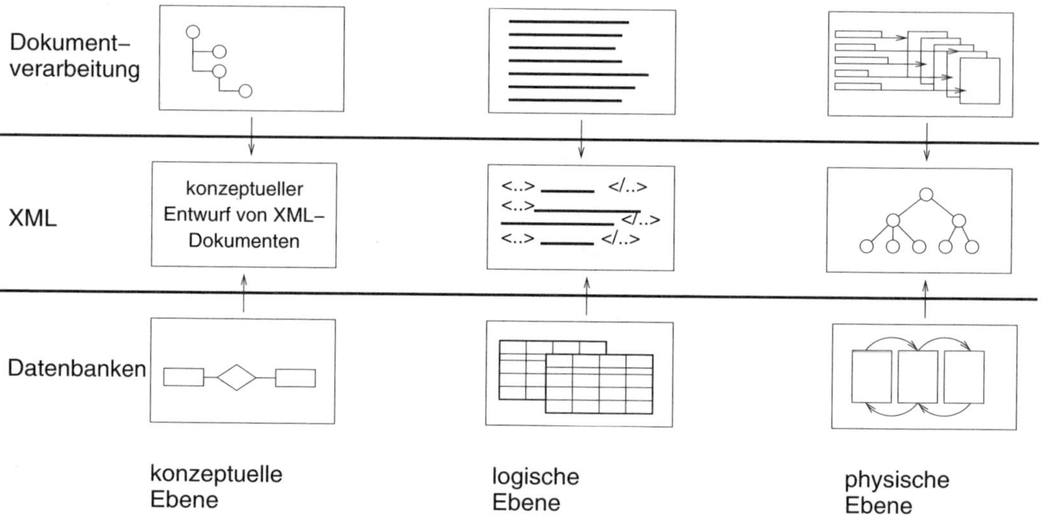

Abbildung 6.3
3-Ebenen-Architektur

Aufgrund der großen Anwendungsbreite eignen sich auch zur Speicherung der Dokumente Methoden aus verschiedenen Bereichen. Handelt es sich um datenzentrierte XML-Dokumente, so lassen sich hier recht gut Verfahren aus dem Datenbankbereich adaptieren. Bei dokumentzentrierten XML-Dokumenten kann man Methoden aus dem Bereich der Dokumentverarbeitung einsetzen. Neben diesen gibt es natürlich auch neu entwickelte Verfahren, die speziell an XML-Dokumente angepasst sind.

Ähnlich verhält es sich beim konzeptuellen Entwurf. Es gibt bisher noch keine Methode, die sich für die Modellierung von XML-Anwendungen etabliert hat. Für einige Anwendungen eignet sich der Einsatz von den im Datenbankbereich sehr verbreiteten Entity-Relationship-Modellen. Ein weiterer Zugang zur Modellierung von XML-Dokumenten ist der Einsatz von UML. Hierbei verhält es sich ähnlich wie bei der Speicherung von Dokumenten. Für dokumentzentrierte Anwendungen bringt es kaum Vorteile, Methoden aus dem Datenbankbereich einzusetzen. Hier müssen andere Verfahren zur Modellierung eingesetzt werden.

Auf dieser ersten Klassifikation aufbauend werden in den nächsten Abschnitten Besonderheiten der logischen und physischen Ebene sowie Methoden zur Modellierung vorgestellt. Dabei wird jede der drei Ebenen von XML-Anwendungen, die in Abbildung 6.3 schematisch dargestellt sind, detailliert erläutert. Gleichzeitig wird die Eignung bestimmter Methoden für unterschiedliche Dokumenttypen aufgezeigt.

6.3 Logische Ebene

In diesem Abschnitt werden die verschiedenen Merkmale der logischen Ebene betrachtet. Ausgangspunkt sind die in Abschnitt 6.1 eingeführten verschiedenen Arten von XML-Dokumenten. Es wird analysiert, welche Anforderungen an die Speicherung von XML-Dokumenten aufgrund des Dokumentcharakters entstehen.

6.3.1 Anforderungen

Datenmodell

Datenzentrierte XML-Dokumente verwenden ein Datenmodell, wobei das Schema feststehend ist. Daraus ergibt sich, dass Anfragen an die Dokumente nur die Inhalte der Dokumente erfragen und sich Änderungen ebenfalls nur auf Inhalte beziehen.

Dokumentmodell

Demgegenüber verwenden dokumentzentrierte XML-Dokumente ein Dokumentmodell, und es existiert in der Regel kein Schema. Anfragen beziehen sich deshalb auf Strukturen und Inhalte; Änderungsoperationen sollen ebenfalls sowohl die Inhalte als auch die Strukturen verändern können.

Semistrukturierte XML-Dokumente verwenden sowohl ein Daten- als auch ein Dokumentmodell. Ein Schema ist optional oder kann auch partiell vorhanden sein. Anfragen beziehen sich hier ebenfalls auf Strukturen und Inhalte, Änderungsoperationen sollen in der gleichen Form sowohl die Inhalte als auch die Strukturen verändern können.

In Abbildung 6.4 werden die entsprechenden Anforderungen an die logische Ebene zu den Dokumenteigenschaften in Beziehung gesetzt.

6.3.2 Konkrete Umsetzungen

SGML

XPath

DOM

Als Modell zur Speicherung dokumentzentrierter XML-Dokumente eignet sich neben XML auch SGML, das in diesem Bereich traditionell eingesetzt wird. Anfragen lassen sich mit XPath-Ausdrücken realisieren, Änderungen können durch DOM-Operationen vorgenommen werden. Sollen die Dokumente in andere Formate transformiert werden, kann mittels XSLT auf sie zugegriffen und entsprechende Transformationen spezifiziert werden.

Abbildung 6.4
Klassifikation von Architekturmodellen/ logische Ebene

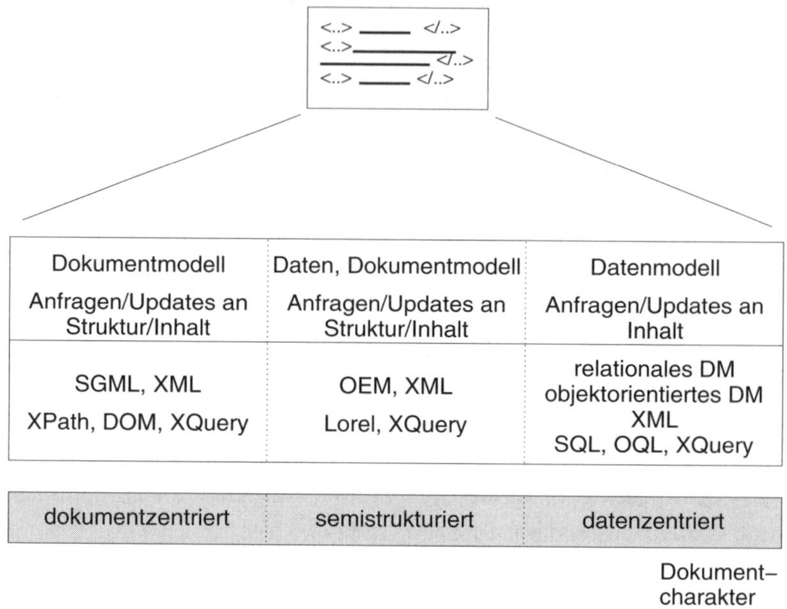

Object Exchange Model

XQuery

Neben XML können auch Graphenmodelle wie OEM (Object Exchange Model) für semistrukturierte Daten eingesetzt werden. Anfragesprachen für diese Datenmodelle sind XML-Anfragesprachen wie XQuery und Lorel für das OEM. Änderungen können durch XQuery-Updates vorgenommen werden, die eine zukünftige Entwicklung des W3C sein werden.

relationales Datenmodell

SQL

OQL

Als Modelle für datenzentrierte XML-Dokumente dienen neben XML auch das relationale, das objektrelationale und das objektorientierte Datenbankmodell. Als Anfragesprachen kann hierbei neben XML-Anfragesprachen auch auf SQL oder OQL zurückgegriffen werden. Diese sind ebenso für Änderungsoperationen auf Elementinhalten und Attributwerten, nicht aber auf Strukturinformationen geeignet. Sollen die XML-Dokumente in andere Formate transformiert werden, so kann das mittels XML-Import und -Export erfolgen.

6.4 Physische Ebene

Nachdem im vorherigen Abschnitt die logischen Modelle zur Darstellung datenzentrierter, semistrukturierter und dokumentzentrierter XML-Dokumente dargestellt wurden, sollen in diesem Abschnitt konkrete Speicherungsmodelle vorgestellt werden. Dabei bestehen die folgenden Anforderungen an die physische Ebene.

6.4.1 Anforderungen

Die physische Speicherung der XML-Dokumente muss die Anforderungen, die auf der logischen Ebene bestehen, umsetzen. Dabei muss gewährleistet sein, dass Anfrage- und Änderungsoperationen korrekt und effizient realisiert werden können. Bei semistrukturierten und dokumentzentrierten XML-Dokumenten ist es notwendig, dass die Anfrage- und Änderungsoperationen für Inhalte und Struktur realisiert werden können. Hier muss auch eine vollständige Wiederherstellbarkeit von Struktur und Inhalt gegeben sein. Bei der Speicherung datenzentrierter XML-Dokumente muss es möglich sein, die Inhalte anschließend zu erfragen und zu verändern.

6.4.2 Konkrete Realisierungen

Es gibt zahlreiche verschiedene Möglichkeiten, XML-Dokumente zu speichern. Die verwendeten Speicherungsstrukturen unterscheiden sich ebenfalls stark voneinander. Die Auswahl einer geeigneten Speicherungstechnik hängt von den konkreten Gegebenheiten ab (wie dem Dokumenttyp, der Art der gewünschten Anfragen und Updates, usw.).

Speicherung und Indizierung

Es ist möglich, die Dokumentkollektionen als *Dateien* zu speichern und diese zu indizieren, wobei sowohl

- die Inhalte der Dokumente (Volltextindex) als auch
- die Struktur (Struktur- oder Pfadindex)

indiziert werden können. Die Speicherung von XML-Dokumenten als Dateien und die Indizierung über diesen Dateien ist für dokumentzentrierte Anwendungen geeignet.

generische Graphspeicherung

Weiterhin können zur Speicherung

- die Graphenstruktur in einfacher Form oder
- die Informationen des Document Object Models

verwendet werden. Die Nutzung der Graphenstruktur oder des Document Object Model zur Speicherung wird für semistrukturierte Anwendungen eingesetzt.

strukturierte Abbildung auf Datenbanken

Es kann auch eine Speicherung auf der Basis von

- objektrelationalen oder objektorientierten Datenbanken oder
- relationalen Datenbanken

angewandt werden. Der Einsatz von Datenbanken und die Abbildung der Struktur von XML-Dokumenten auf die Datenbankstruktur ist eine Methode, die für datenzentrierte Anwendungen genutzt werden kann.

In Abbildung 6.5 werden die Möglichkeiten zur physischen Speicherung von XML-Dokumenten zu den Dokumenteigenschaften in Be-

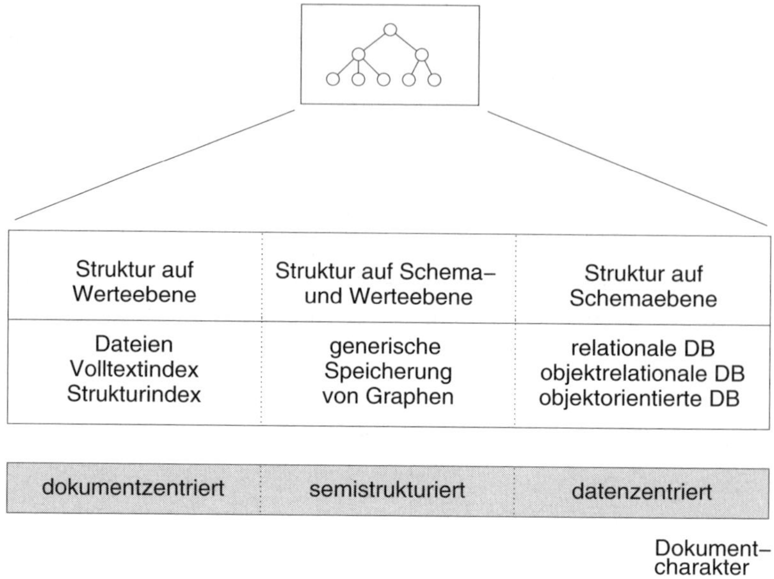

Abbildung 6.5
Klassifikation von Architekturmodellen/ physische Ebene

ziehung gesetzt. Die konkreten Speicherungsvarianten von XML-Dokumenten und die Umsetzung in kommerziellen und frei verfügbaren Tools werden ausführlich in Kapitel 8 vorgestellt.

6.5 Modellierung von XML-Dokumenten

Eine konzeptuelle Modellierung bietet gegenüber dem ad-hoc-Vorgehen, das sehr häufig zu beobachten ist, zahlreiche Vorteile. Zum Beispiel kann man dadurch eine höhere Qualität der Schemata erwarten. Das gilt für die Modellierung von XML-Schemata im gleichen Maße wie für den Entwurf von Datenbanken und beliebiger Software. Aufgrund verschiedener Dokumenteigenschaften gibt es jedoch noch keine Entwurfsmethode, die für jede Art von XML-Dokumenten gleichermaßen gut geeignet ist. Es existieren jedoch verschiedene Methoden, die je nach Aussehen der zu modellierenden Schemata und Dokumente verwendet werden können. Für die einzelnen Anwendungen eignen sich also unterschiedliche Methoden.

Ein explizit vorhandenes Schema für XML-Dokumente ist Voraussetzung für einige Speicherungsmethoden. Die konzeptuelle Modellierung ist deshalb Bestandteil der Architektur.

In diesem Abschnitt werden kurz die Anforderungen, die an eine Modellierung gestellt werden, zusammengefasst sowie konkrete existierende Umsetzungen aufgezählt. Ausführlich vorgestellt werden die Methoden zur konzeptuellen Modellierung in Kapitel 7.

6.5.1 Anforderungen

Wünschenswert für datenzentrierte XML-Dokumente sind Entwurfsmethoden, mit denen die Modellierung von Dokumenten unterstützt wird und durch die DTDs oder XML-Schemata aus einem konzeptuellen Entwurf abgeleitet werden. Dabei sollte nicht nur eine graphische Präsentation für eine Schemasprache gefunden werden, sondern die Modellierung sollte auf einer abstrakteren Ebene erfolgen, die dann schrittweise verfeinert werden kann.

Entwurfsmethoden

Für dokumentzentrierte XML-Dokumente gibt es nicht zwangsläufig ein vordefiniertes Schema. Damit kann hier auch eine Modellierung des Schemas im klassischen Sinne nicht greifen. In diesem Fall besteht die Anforderung, die Erstellung von XML-Dokumenten durch die graphischen Methoden zu unterstützen, die die Graphstruktur von XML-Dokumenten oder schematischen Informationen visualisieren.

graphische Methoden

6.5.2 Konkrete Umsetzung

Es gibt Methoden, die für die konzeptuelle Modellierung das Entity-Relationship-Modell einsetzen und aus diesem DTDs ableiten. Andere Verfahren setzen das Object Role Model (ORM) ein und generieren aus diesem ein XML-Schema. Weiterhin gibt es Ansätze, die die Unified Modeling Language (UML) so erweitern, dass diese zur Modellierung von DTDs oder XML-Schemata verwendet werden kann.

Entity-Relationship-Modell

Object Role Model (ORM)

UML

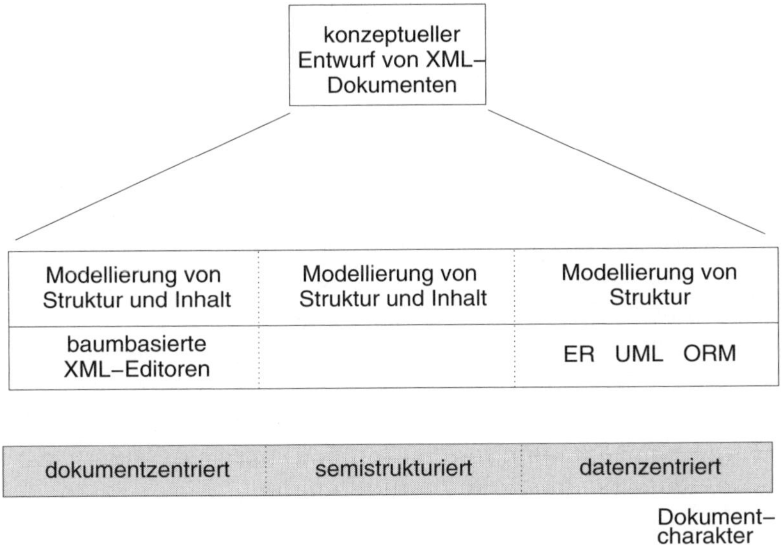

Abbildung 6.6 *Klassifikation von Architekturmodellen/konzeptuelle Ebene*

Eine andere Form der graphischen Unterstützung bei der Eingabe von Informationen bieten XML-Editoren, die die Baumstrukturen von

XML-Editor

DTDs, XML-Schemata oder XML-Dokumenten visualisieren.

In Abbildung 6.6 werden die Möglichkeiten zur Modellierung von XML-Dokumenten zu den Dokumenteigenschaften in Beziehung gesetzt. Ausführlich werden die Modellierungsmöglichkeiten in Kapitel 7 vorgestellt.

Auffällig ist hier, dass es noch keine allgemein akzeptierte Methode zum Entwurf von semistrukturierten Anwendungen gibt. Da aber die Notwendigkeit für Entwurfsverfahren besteht, zeichnet sich hier ein zukünftiges Forschungsgebiet ab.

6.6 Zusammenfassung und weiterführende Betrachtungen

Das Kapitel zeigte, dass für alle Dokumenttypen unterschiedliche Anforderungen und eine ganze Palette von einsetzbaren Verfahren für die konzeptuelle, logische und die physische Ebene existieren. Abbildung 6.7 fasst sie noch einmal zusammen.

In Kapitel 7 werden Verfahren zur konzeptuellen Modellierung detailliert betrachtet. Verschiedene Speicherungsmethoden werden auf der logischen Ebene in Kapitel 8 vorgestellt, die physische Realisierung der Speicherung wird in Kapitel 9 diskutiert. XML-Anfragesprachen sind Inhalt von Kapitel 10.

Kombination der Verfahren

Dabei können auch *Verfahren* für verschiedene Dokumentmodelle *miteinander kombiniert* werden. Es ist zum Beispiel möglich, dass eine Anwendung auf logischer Ebene den Anforderungen dokumentzentrierter XML-Dokumente entspricht, auf physischer Ebene aber als semistrukturierte Anwendung realisiert ist. Ebenso existieren Methoden, die auf physischer Ebene datenzentrierte Speicherungsverfahren einsetzen, auf konzeptueller Ebene jedoch für dokumentzentrierte Anwendungen ausgelegt sind.

hybride Ansätze

Es kann zudem sinnvoll sein, die Informationen aus semistrukturierten XML-Dokumenten *aufzuteilen* und *verschiedene Speicherungsmethoden* für die einzelnen Anteile zu verwenden. Das wird auch als hybride Vorgehensweise bezeichnet. Zum Beispiel können bei Informationen über Bücher die Metadaten, die das Bibliothekswesen verwendet, in Datenbanken abgelegt werden, während die elektronischen Dokumente als Dateien abgelegt werden, über denen ein Index gebildet wird, um darauf Suchanfragen realisieren zu können. Auf diesen Aspekt wird ausführlich in Abschnitt 8.5 eingegangen.

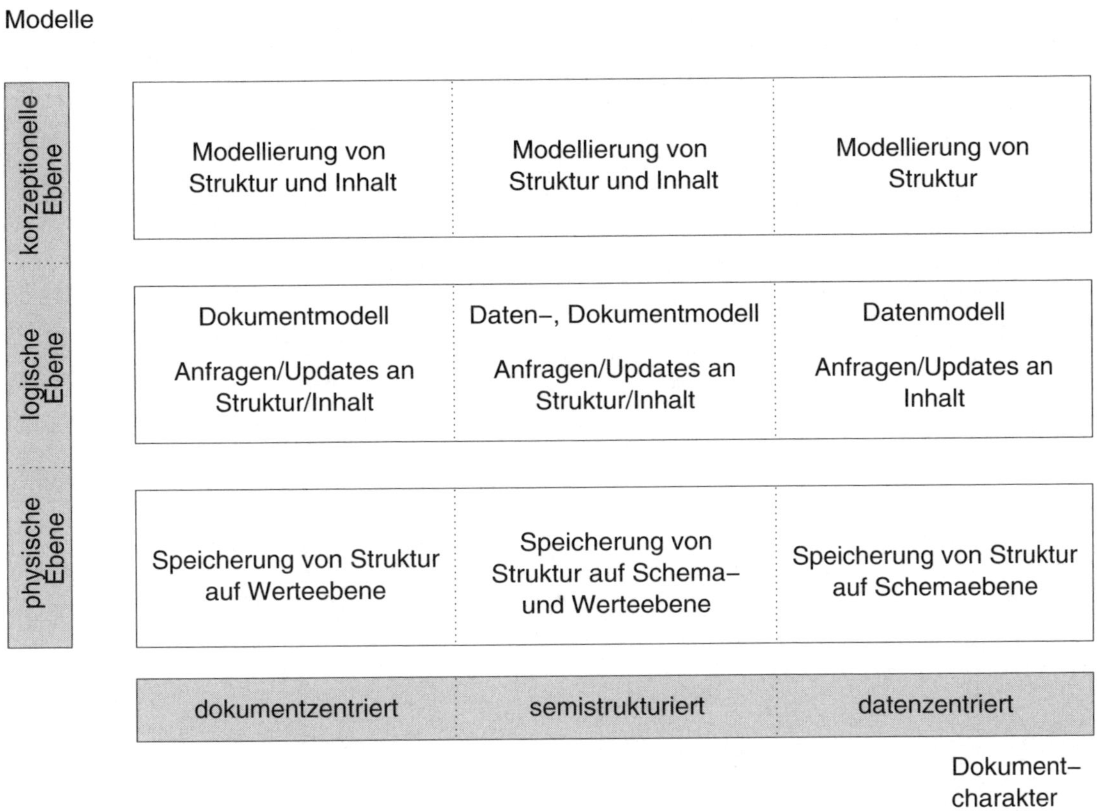

Abbildung 6.7
Klassifikation von Architekturmodellen

7 Schemabeschreibung und konzeptueller Entwurf von Schemata

Das Erstellen expliziter Strukturinformationen für XML-Dokumente ist Inhalt des nun folgenden Teils. Das Kapitel ist zweigeteilt: Zunächst werden *Möglichkeiten zur expliziten Schemadarstellung* erläutert, anschließend werden *Entwurfsmethoden für Schemata* vorgestellt.

In Abschnitt 7.1 werden die Vorteile einer Schemabeschreibung erklärt, anschließend werden in Abschnitt 7.2 zwei vorhandene Varianten zur Spezifikation von Schemata (DTDs und XML Schema) erläutert.

In Abschnitt 7.3 wird dargestellt, wie aus Dokumentkollektionen eine Schemabeschreibung abgeleitet werden kann.

Gegenüber diesem Bottom-up-Zugang gibt es auch die Möglichkeit einer konzeptuellen Modellierung, die ein Top-down-Vorgehen darstellt. Die Vorteile einer konzeptuellen Modellierung werden in Abschnitt 7.4 aufgezählt, mögliche Herangehensweisen folgen in Abschnitt 7.5. In Abschnitt 7.6 werden verschiedene Metriken vorgestellt, durch die bestimmte Eigenschaften von Schemata ausgewertet und damit Kriterien für den Entwurf abgeleitet werden.

In den abschließenden Abschnitten werden weiterführende Literaturhinweise gegeben sowie Systeme vorgestellt, die über die in diesem Kapitel beschriebenen Funktionalitäten verfügen.

7.1 Vorteile einer Schemabeschreibung

XML-Dokumente sind selbstbeschreibend und in den Dokumenten sind implizit Informationen über die Struktur enthalten. Ihnen lassen sich auch explizit dargestellte Schemata zuordnen, die in der gleichen Datei oder extern auftreten können. Das Vorhandensein von expliziten Schemata ist optional. Ein explizites Schema bietet die folgenden wesentlichen Vorteile:

Vorteile

- Explizitmachen der Struktur
  Es ist für viele Anwendungen wichtig, die Struktur der XML-Dokumente zu kennen. Dabei muss bekannt sein, welche Tags in den

Dokumenten auftreten und wie sie angeordnet sein können, um darauf in den Applikationen reagieren zu können.

- Erkennen und Vermeiden von Fehlern in Dokumenten
  Durch eine Modellierung hat man die Möglichkeit, die XML-Dokumente zu überprüfen und Fehler zu lokalisieren. In Abschnitt 3.3 wurde erläutert, welche Eigenschaften dabei getestet werden können. Das Erkennen fehlerhafter XML-Anteile ist die Voraussetzung für das Vermeiden von Fehlern in XML-Dokumenten.

Obwohl es möglich ist, XML-Dokumente ohne Schema anzugeben, gibt es auch viele Anwendungen, in denen die Spezifikation eines Schemas unbedingt erforderlich ist, zum Beispiel bei einer strukturierten Speicherung der XML-Dokumente in Datenbanken, die im folgenden Abschnitt vorgestellt wird oder bei der Transformation von XML-Dokumenten in andere Formate. Es existieren verschiedene Möglichkeiten, ein Schema zu spezifizieren; zwei davon werden im folgenden Abschnitt vorgestellt.

7.2 Methoden zur Schemabeschreibung

Bei Einführung der XML-Syntax in Abschnitt 3.2 haben wir bereits eine Form der Modellierung betrachtet, die Darstellung mit DTDs. Dieser Vorgriff war notwendig, da sich die Syntax von XML-Dokumenten dadurch besser erklären lässt. Neben DTDs gibt es weitere Formen der Modellierung, XML Schema ist dabei die bekannteste Möglichkeit. Eine Zusammenfassung der DTDs und eine Vorstellung von XML Schema werden im Folgenden gegeben.

7.2.1 DTDs

DTDs (Document Type Definitions) wurden bereits im Zusammenhang mit SGML entwickelt und eingesetzt. Sie sind Bestandteil der XML-Empfehlung des W3C. DTDs sind gegenwärtig die verbreitetste Form der Modellierung von XML-Dokumenten. Im Folgenden soll eine kurze Zusammenfassung der Möglichkeiten dargestellt werden, die durch den Einsatz von DTDs gegeben sind.

Mit DTDs lässt sich darstellen, dass XML-Dokumente aus

- einer Sequenz von Elementen (A,B),
- einer Alternative von Elementen (A|B)
- mit einer angegebenen Wiederholung (A?, A+, A*), wobei als Minimum 0 oder 1, als Maximum 1 oder n möglich sind sowie
- beliebigen Kombinationen der oberen Möglichkeiten

bestehen können.

Wie bereits in Kapitel 3, Abschnitt 3.2.2 gezeigt, können Attribute zu den einzelnen Elementen deklariert werden. Für diese werden

- eine Typangabe (`CDATA`, `NMTOKEN`, `NMTOKENS`, `ID`, `IDREF`, `IDREFS`, `ENTITY` oder eine Aufzählung),
- eine Angabe, ob Attribute immer auftreten müssen oder optional sind (`#REQUIRED`, `#IMPLIED`, `#FIXED`) sowie
- ein Defaultwert

spezifiziert.

Die Definition von *Parameter Entities* ist möglich. Damit können DTDs modularisiert und Fragmente wiederverwendet werden.

In der Empfehlung XML 1.0 [W3C00c] werden DTDs verwendet. Die Vorteile einer DTD sind, dass es nur eine kleine Anzahl von Konzepten gibt, die relativ einfach anzuwenden und deren Auswirkungen sehr klar verständlich sind. Die Syntax der DTDs ist keine XML-Syntax, sie ist jedoch kompakt, leicht lesbar und gut verständlich. DTDs sind einfach zu schreiben und gut lesbar, weshalb sie sehr häufig eingesetzt werden. DTDs weisen jedoch einige Defizite auf, denn die Darstellungsmöglichkeiten durch sie sind begrenzt. Diese Defizite führten dazu, dass zahlreiche weitere Schemabeschreibungsmethoden entwickelt wurden und eingesetzt werden. Die bekannteste ist XML Schema, das im nächsten Abschnitt dargestellt wird.

7.2.2 XML Schema

XML Schema ist seit Mai 2001 als Empfehlung des W3C verabschiedet. Die Empfehlung besteht aus drei Teilen: Einführung [W3C01b], Strukturen [W3C01c] sowie Datentypen [W3C01d]. XML Schema enthält wesentlich umfangreichere Darstellungsmöglichkeiten als DTDs. XML Schema bietet

- vielfältige, vordefinierte Datentypen,
- die Möglichkeit zur Definition eigener Datentypen,
- umfangreiche Darstellungsmöglichkeiten,
- Erweiterbarkeit,
- die Möglichkeit, Integritätsbedingungen darzustellen, die die Korrektheit der XML-Dokumente beschreiben sowie
- XML-Syntax.

In diesem Abschnitt werden die Darstellungsmöglichkeiten von XML Schema einführend vorgestellt. Für das laufende Beispiel wird dabei schrittweise ein XML-Schema aufgebaut.

Ein XML-Schema kann *Definitionen* (`definition`) und *Deklarationen* (`declaration`) enthalten. Mit den Definitionen werden neue Typen (einfache oder komplexe) erzeugt. Deklarationen beschreiben das

Inhaltsmodell von Elementen und Attributen. Für beide wird im Folgenden beschrieben, wie sie aussehen können, und es werden Beispiele angegeben.

Insgesamt gibt es in XML Schema 13 Komponenten, die sich in drei Gruppen einteilen. Zu den Hauptkomponenten gehören die schon erwähnten vier Komponenten

- einfache Typdefinitionen,
- komplexe Typdefinitionen,
- Attributdeklarationen und
- Elementdeklarationen.

Weitere Komponenten sind unter anderem:

- Definition von Attributgruppen sowie
- Definition von Integritätsbedingungen.

Im Folgenden sollen die wichtigsten Komponenten von XML Schema vorgestellt werden.

Definition einfacher Typen Vergleicht man die Modellierung von XML Schema mit DTDs, so besteht die wesentliche Ergänzung im Vorhandensein von *Typinformationen*. Einfache Typdefinitionen können vor- oder benutzerdefiniert sein.

Standardtypen

Eine Vielzahl von Standardtypen (`string`, `boolean`, `float`, `integer`, `decimal`, `time`, `date`, u.v.m.) ist in XML Schema vordefiniert; vollständig dargestellt sind die verfügbaren Datentypen und ihre Beziehung zueinander in Abbildung 7.1. Einfache Datentypen sind die Basis aller anderen Typen.

benutzerdefinierte Typen

Benutzerdefinierte Typen basieren auf den vordefinierten Datentypen. Es können so genannte `facets` definiert werden, die die Typen weiter einschränken. Die `facets` definieren Eigenschaften zu einem Datentyp, die ihn von anderen Datentypen unterscheiden. Zu den Eigenschaften, die definiert werden können, gehören: `length`, `minLenght`, `maxLength`, `pattern`, `enumeration`, `whitespace`, `minExclusive`, `maxExclusive`, `minInclusive`, `maxInclusive`, `precision`, `scale`, `encoding`, `duration` und `period`. Die Wirkung dieser Eigenschaften lässt sich meist aus den Bezeichnungen erkennen. Im Folgenden soll anhand von drei Beispielen für die Definition von einfachen Typen deren Verwendung verdeutlicht werden.

Beispiel 7.1
Definition des Typs für Ort

```
<xs:simpleType  name="ort">
    <xs:restriction base="xs:string">
        <xs:length value="30"/>
    </xs:restriction>
</xs:simpleType>
```

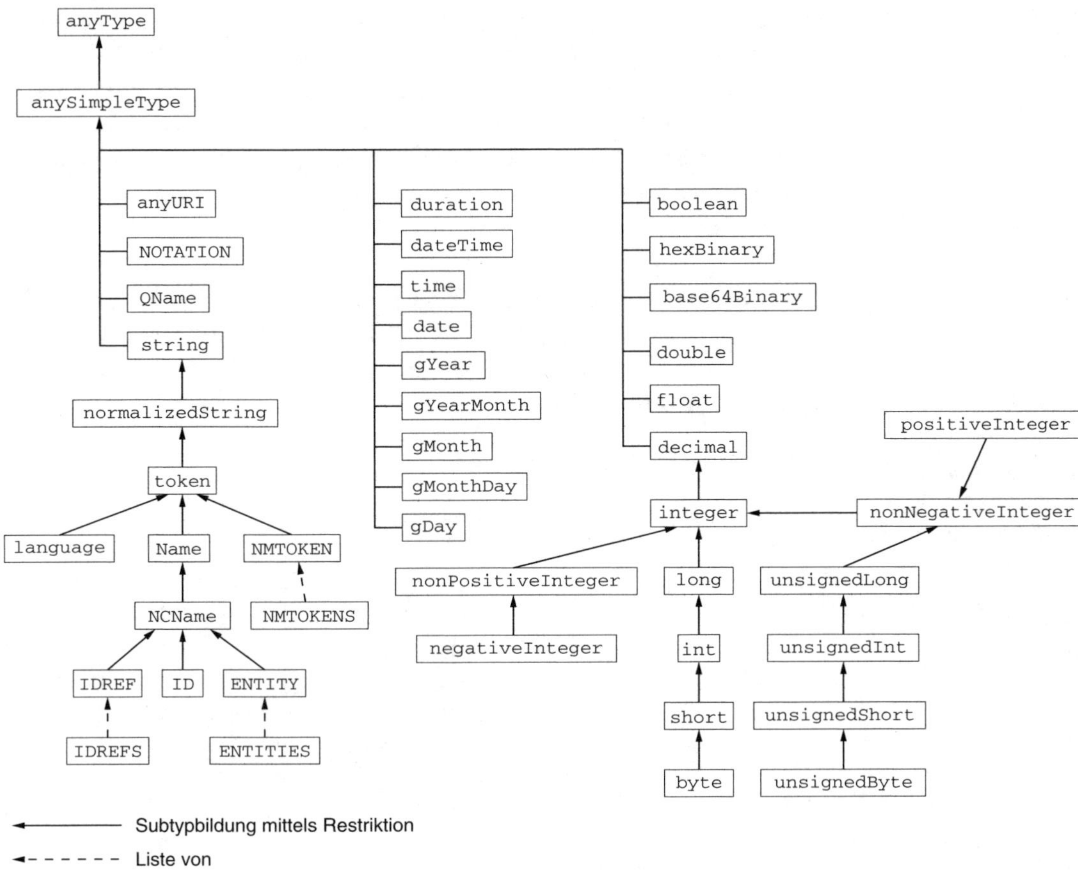

Abbildung 7.1
Typen in XML Schema, nach W3C »XML Schema Part 2: Datatypes «

In Beispiel 7.1 wird der Typ zur Darstellung von Ortsangaben definiert, er basiert auf dem vordefinierten Typ `string` und es wird zusätzlich angegeben, dass die Länge des Ortsnamens maximal 30 sein sollen.

Beispiel 7.2
Definition des Typs für Kategorie

```
<xs:simpleType  name="kategorie">
    <xs:restriction base="xs:integer">
        <xs:minInclusive value="1"/>
        <xs:maxInclusive value="5"/>
    </xs:restriction>
</xs:simpleType>
```

Beispiel (7.2) zeigt die Definition einer Kategorie im Bereich zwischen 1 und 5.

Beispiel 7.3
Definition des Typs für Hausnummer

```
<xs:simpleType  name="hausnummer">
    <xs:restriction base="xs:string">
        <xs:pattern value="[1-9][0-9]*[a-z]?"/>
    </xs:restriction>
</xs:simpleType>
```

Das dritte Beispiel 7.3 beschreibt ein Muster, das eine Hausnummer spezifiziert, es besteht aus einer Zahl mit beliebig vielen Stellen, die jedoch nicht mit 0 beginnt. Dieser Zahl kann noch ein Buchstabe folgen.

Durch die Möglichkeiten zur Definition benutzerdefinierter einfacher Datentypen können sehr individuelle Typen definiert werden, die dann verwendet werden, um die Gültigkeit von XML-Dokumenten zu überprüfen.

komplexe Typen

Definition komplexer Typen Komplexe Typen beschreiben, dass Elementen Attribute zugeordnet sein können und sie andere Elemente beinhalten können. Eine erste Möglichkeit für die Definition komplexer Typen ist in Beispiel 7.4 angegeben.

Beispiel 7.4
Definition des Typs für Adresse, Variante 1

```
<xs:complexType name="Adresse">
    <xs:complexContent>
        <xs:restriction base="xs:anyType">
            <xs:sequence>
                <xs:element name="Ort" minOccurs="1"
                            maxOccurs="1" type= "ort"/>
                <xs:element name="PLZ" minOccurs="1"
                            maxOccurs="1" type="xs:integer"/>
                <xs:element name="Strasse" minOccurs="1"
                            maxOccurs="1" type= "xs:string"/>
                <xs:element name="Nr" minOccurs="1"
                            maxOccurs="1" type="hausnummer"/>
            </xs:sequence>
        </xs:restriction>
    </xs:complexContent>
</xs:complexType>
```

Dieser komplexe Typ basiert sowohl auf dem vordefinierten einfachen Typen `string` und `integer` als auch auf den einfachen benutzerdefinierten Typen `ort` und `hausnummer` aus den oberen Beispielen.

Die *Angabe der Vorkommenshäufigkeiten*, die in DTDs durch Quantifizierer nur mit Minimum 0 oder 1 und Maximum 1 oder n angegeben werden können, ist hier durch Angabe der Parameter `minOccurs` und `maxOccurs` exakt möglich. Der Defaultwert für beide Angaben ist 1, er gilt, wenn die Attribute nicht angegeben sind. In Beispiel 7.4 könnten die Angaben also auch fehlen. Im Zusammenhang mit den Elementdeklarationen wird in Beispiel 7.12 eine weitere Variante zu den Vorkommenshäufigkeiten angegeben.

In Beispiel 7.4 sind die Subelemente des komplexen Typs `Adresse` als `sequence` definiert. Komplexe Typen erlauben die Angabe von weiteren Inhaltsmodellen. Dabei sind die folgenden Inhaltsmodelle möglich:

- sequence

- choice
- all

Die Angaben `sequence` und `choice` existieren in DTDs in analoger Form. Das Inhaltsmodell `all` gibt an, dass alle Bestandteile maximal einmal auftreten dürfen, die Reihenfolge jedoch beliebig ist. Beispiel 7.5 zeigt die Verwendung des Inhaltsmodells `all` für die Definition eines Typs zur Speicherung von Adressen.

Beispiel 7.5
Definition eines Typs für Adresse, Variante 2

```
<xs:complexType name="Adresse">
    <xs:complexContent>
        <xs:restriction base="xs:anyType">
            <xs:all>
                <xs:element name="Ort" type="xs:string"/>
                <xs:element name="PLZ" type="plz"/>
                <xs:element name="Strasse" type= "xs:string"/>
                <xs:element name="Nr" type="hausnummer"/>
            </xs:all>
        </xs:restriction>
    </xs:complexContent>
</xs:complexType>
```

Durch das Inhaltsmodell `all` wird in Beispiel 7.5 angegeben, dass die Subelemente von `Adresse` in beliebiger Reihenfolge auftreten können. Das ist eine Erweiterung gegenüber DTDs, denn die gleiche Eigenschaft ist in DTDs nur sehr umständlich nachzubilden.

extension

restriction

Typdefinitionen können wiederverwendet und erweitert bzw. eingeschränkt werden. Damit lassen sich Hierarchien von Typdefinitionen durch Verwendung von Erweiterungen (`extension`) und Einschränkungen (`restriction`) aufbauen. `Extension` bedeutet, dass zu einem Typ Elemente oder Attribute ergänzt werden. `Restriction` schränkt einen bereits definierten Typ durch Angabe weiterer Eigenschaften (`facets`) ein. Beispiel 7.6 zeigt die Definition eines Typs `Hoteladresse`, der auf dem Typ `Adresse` aufbaut und ihn um eine Faxnummer sowie eine E-Mail-Adresse erweitert.

Beispiel 7.6
Erstellen von Typhierarchien

```
<xs:complexType name="Hoteladresse">
    <xs:complexContent>
        <xs:extension base="Adresse">
            <xs:sequence>
                <xs:element name="Fax" minOccurs="1"
                            maxOccurs="1" type="xs:string"/>
                <xs:element name="E-Mail" minOccurs="0"
                            maxOccurs="1" type="xs:string"/>
            </xs:sequence>
        </xs:extension>
    </xs:complexContent>
</xs:complexType>
```

Auch die Definition von Typen, die Mixed-Content-Elemente enthalten, ist mit XML Schema möglich. Dazu wird das Attribut mixed='true' am Element complexType ergänzt. Beispiel 7.7 stellt die Syntax dazu vor.

Mixe

Beispiel 7.7
Modellierung eines Typs für Preise

```
<xs:element name="preise">
   <xs:complexType mixed="true">
      <xs:choice minOccurs="0" maxOccurs="unbounded">
         <xs:element name="einzelzimmer" type="xs:string"/>
         <xs:element name="doppelzimmer" type="xs:string"/>
         <xs:element name="appartment" type="xs:string"/>
     </xs:choice>
     <xs:attribute name="waehrung" type="xs:string"
                   use="required"/>
   </xs:complexType>
</xs:element>
```

Als Typ für einzelzimmer, doppelzimmer und apartment wurde string angegeben, damit auch Angaben wie »ab 60 Euro« hier auftreten können.

Attributdeklaration Nach den Möglichkeiten für die Definition der Typen schließt sich jetzt eine Beschreibung an, wie die Deklaration von Attributen erfolgen kann. Attributdeklarationen können auch innerhalb von komplexen Typdefinitionen verwendet werden, Beispiel 7.7 zeigte einen solchen Fall.

Eine Attributdeklaration beinhaltet einen Namen, einen (einfachen) Typ, eine Angabe, wie das Attribut verwendet wird (use) sowie einen optionalen Defaultwert. Beispiel 7.8 zeigt einige Deklarationen von Attributen.

Beispiel 7.8
Deklaration von Attributen

```
<xs:attribute name="id" type="xs:ID" use="required"/>
<xs:attribute name="url" type="xs:string" use="required"/>
<xs:attribute name="creation-time"
              type="xs:string" use="optional"/>
<xs:attribute name="autor"
              type="xs:string" use="required" value="Hans Müller"/>
```

Als Typ kann sowohl ein vordefinierter Typ als auch ein benutzerdefinierter einfacher Datentyp verwendet werden. Der Wert use gibt an, wie das Attribut verwendet wird. Möglich sind die Werte optional, required und fixed. Weiterhin kann mit dem Attribut value ein Defaultwert angegeben werden. Wenn das Attribut use auf fixed gesetzt ist, so gibt der Defaultwert den Wert an, den das Attribut immer annimmt.

Ein Attributwert vom Typ Notation ist nur dann gültig, wenn die entsprechende zugehörige Notation auch definiert wurde. Die Syntax dazu zeigt Beispiel 7.9.

```
<xs:attribute name="hotelansicht" type="xs:notation"/>
<xs:notation name="hotelansicht" system="viewer.exe"/>
```

Beispiel 7.9
Modellierung von Attributen

Deklaration von Attributgruppen Der Vollständigkeit halber sei die Möglichkeit der Deklaration von Attributgruppen erwähnt. Werden bestimmte Attribute mehrfach gemeinsam verwendet, so ist es sinnvoll, sie als Attributgruppe zu definieren. Beispiel 7.10 zeigt, wie die Deklaration erfolgen kann.

```
<xs:attributeGroup name="preis_attribute">
    <xs:attribute name="waehrung" type="xs:string" use="required"/>
    <xs:attribute name="betrag" type="xs:preis" use="required"/>
</xs:attributeGroup>
```

Beispiel 7.10
Definition von Attributgruppen

Elementdeklarationen Elementdeklarationen spezifizieren die Eigenschaften eines Elements im XML-Dokument. Sie enthalten einen Namen (`name`) oder eine Referenz (`ref`) auf eine andere Elementdeklaration sowie einen Typ (`type`). Es können Default- und Fixed-Werte (`default`, `fixed`) angegeben werden sowie die Häufigkeit des Auftretens eines Elements (`minOccurs`, `maxOccurs`). Außerdem besteht die Möglichkeit, durch Angabe von `nilable` zu definieren, dass das Element leer sein kann.

Elementdeklarationen können auch als Bestandteil komplexer Typdefinitionen auftreten. In den Beispielen 7.4 und 7.5 wurden bereits erste Beispiele zur Deklaration von Elementen dargestellt; Beispiel 7.11 zeigt einige weitere Möglichkeiten.

```
<xs:element name="Hotelname" type="xs:string"/>
<xs:element name="Kategorie" minOccurs="0" type="kategorie"/>
<xs:element ref="Adresse"/>
```

Beispiel 7.11
Elementdeklarationen mit XML Schema

Angabe der Kardinalitäten

Die *Angabe der Kardinalitäten* kann bei XML Schema durch Angabe der Parameter `minOccurs` und `maxOccurs` erfolgen. In Beispiel 7.12 ist eine Variante dazu angegeben, die festlegt, dass mindestens eine und maximal drei Telefonnummern zu einem Hotel gespeichert werden.

```
<xs:element name="Hotel">
    <xs:complexType>
        <xs:sequence>
            ...
            <xs:element ref="Telefon" maxOccurs="3"/>
            ...
        </xs:sequence>
    </xs:complexType>
</xs:element>
```

Beispiel 7.12
Exakte Angabe von Kardinalitäten mit XML Schema

```
<xs:element name="Telefon">
    <xs:complexType>
        <xs:sequence>
            <xs:element name="Vorwahl" type="xs:string"/>
            <xs:element name="Rufnummer" type="xs:string"/>
        </xs:sequence>
    </xs:complexType>
</xs:element>
```

Element- und Attributdeklarationen können im XML-Schema als direkte Kindknoten des Rootelements (`schema`) auftreten. In diesem Fall können sie aus anderen Dekarationen referenziert werden.

Definition von Integritätsbedingungen Neben der Deklaration von Elementen und Attributen ist es auch möglich, bestimmte Integritätsbedingungen zu definieren, die auch in den XML-Dokumenten erfüllt sein müssen. Dabei kann eine Eindeutigkeitsbedingung `unique` aufgestellt werden, die angibt, welche Teile eines Dokuments mit eindeutigen Werten belegt sein müssen. Weiterhin ist es möglich, Schlüssel (`key`) zu definieren sowie Referenzen auf Schlüssel (`keyref`) anzugeben.

unique

key

keyref

Die Definition der Elemente und Attribute, auf die eine Integritätsbedingung angewendet werden soll, erfolgt über einen XPath-Ausdruck. XPath wird ausführlich in Abschnitt 10.2 vorgestellt und hier nur anhand eines Beispiels verwendet. Beispiel 7.13 zeigt die Definition von Schlüssel- und Fremdschlüsselinformationen.

Beispiel 7.13
Darstellung von key und keyref in XML Schema

```
<xs:key name="Hotel_key">
    <xs:selector xpath="/Hotelinformationen/Hotel"/>
    <xs:field xpath="@HotelID/"/>
</xs:key>

<xs:keyref name="Hotelverzeichnis_keyref" refer="Hotel_key">
    <xs:selector xpath="/Hotelverzeichnis/Ort/Hotels"/>
    <xs:field xpath="@HotelID"/>
</xs:keyref>
```

Mit `selector` wird über einen XPath-Ausdruck eine Knotenmenge angegeben, die eindeutig sein soll. In dem Attribut `field` wird relativ dazu ebenfalls durch einen XPath-Ausdruck angegeben, auf welchem Elementwert oder Attribut die Eindeutigkeit getestet werden soll.

Mit der Angabe von `key` besteht die Möglichkeit, Schlüssel zu definieren, die auf einzelnen Elementen und Attributen gültig sind. Sie unterscheiden sich von den ID-Attributen, die in DTDs die einzige Möglichkeit zur Darstellung von Schlüsselinformationen sind, weil sie nicht auf den XML-Dokumenten global eindeutig sein müssen. Es besteht damit auch die Möglichkeit, Schlüssel über mehreren Elementinhalten und/oder Attributwerten zu definieren. Gerade für den Export von Datenbankinformationen bieten die Schlüssel von XML-Schemata Vorteile, da sie dem Schlüsselkonzept in Datenbanken ähnlicher sind als das Konzept der ID/IDREF-Attribute der DTDs.

Lokale und globale Definitionen Typdefinitionen können in einem XML-Schema global erfolgen. Dann haben sie einen zugeordneten Bezeichner und sind entsprechend ein- oder mehrmals verwendbar. Auch können die Typen die Basis für andere Typdefinitionen sein. Es ist ebenfalls möglich, die Typdefinitionen nur lokal anzugeben, wobei die Typen dann keinen Namen zur Identifikation besitzen und demzufolge auch nicht mehrfach verwendet werden können.

globale Typdefinitionen

lokale Typdefinitionen

Beispiel 7.14 zeigt das XML-Schema der Tourismusanwendung mit lokal definierten Typen.

Beispiel 7.14
Lokale Typdefinitionen

```
<?xml version="1.0" encoding="UTF-8"?>
<xs:schema xmlns:xs="http://www.w3.org/2001/XMLSchema"
           elementFormDefault="qualified">
  <xs:element name="hotel">
    <xs:complexType>
      <xs:sequence>
        <xs:element name="hotelname" type="xs:string"/>
        <xs:element name="kategorie" minOccurs="0">
          <xs:simpleType>
            <xs:restriction base="xs:integer">
              <xs:minInclusive value="1"/>
              <xs:maxInclusive value="5"/>
            </xs:restriction>
          </xs:simpleType>
        </xs:element>
        <xs:element name="adresse">
          <xs:complexType>
            <xs:all>
              <xs:element name="plz">
                <xs:simpleType>
                  <xs:restriction base="xs:integer">
                    <xs:length value="5"/>
                  </xs:restriction>
                </xs:simpleType>
              </xs:element>
              <xs:element name="ort" type="xs:string"/>
              <xs:element name="strasse" type="xs:string"/>
              <xs:element name="hausnummer">
                <xs:simpleType name="hausnummer">
                  <xs:restriction base="xs:string">
                    <xs:pattern value="[1-9][0-9]+[a-z]?"/>
                  </xs:restriction>
                </xs:simpleType>
```

```
              </xs:element>
            </xsd:all>
          </xsd:complexType>
        </xsd:element>
        <xsd:element name="preise" minOccurs="0"
                     maxOccurs="unbounded">
          <xsd:complexType mixed="true">
            <xsd:choice minOccurs="0" maxOccurs="unbounded">
              <xsd:element name="einzelzimmer"
                          type="xsd:string"/>
              <xsd:element name="doppelzimmer"
                          type="xsd:string"/>
              <xsd:element name="appartment"
                          type="xsd:string"/>
            </xsd:choice>
            <xsd:attribute name="waehrung" type="xsd:string"
                          use="required"/>
          </xsd:complexType>
        </xsd:element>
      </xsd:sequence>
      <xsd:attribute name="id" type="xsd:ID" use="required"/>
      <xsd:attribute name="url" type="xsd:string"
                    use="required"/>
      <xsd:attribute name="creation-time" type="xsd:string"/>
      <xsd:attribute name="autor" type="xsd:string"/>
    </xsd:complexType>
  </xsd:element>
</xsd:schema>
```

Abbildung 7.2 veranschaulicht graphisch das XML-Schema aus Beispiel 7.14.

Abbildung 7.2
Graphische Darstellung des XML-Schemas aus Beispiel 7.14

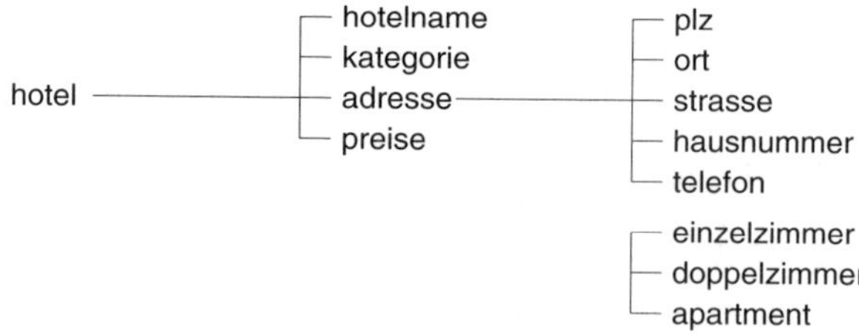

Das XML-Schema für die gleiche Anwendung mit global definierten Typinformationen stellt Beispiel 7.15 dar.

Beispiel 7.15
Globale Typdefinitionen

```
<?xml version="1.0" encoding="UTF-8"?>
<xsd:schema xmlns:xsd="http://www.w3.org/2001/XMLSchema"
      elementFormDefault="qualified">
  <xsd:element name="hotel">
    <xsd:complexType>
      <xsd:sequence>
```

```
        <xsd:element ref="hotelname"/>
        <xsd:element ref="kategorie" minOccurs="0"/>
        <xsd:element ref="adresse"/>
        <xsd:element ref="preise"/>
      </xsd:sequence>
    </xsd:complexType>
  </xsd:element>
  <xsd:element name="kategorie" type="xsd:integer"/>
  <xsd:element name="hotelname" type="xsd:string"/>
  <xsd:element name="adresse">
    <xsd:complexType>
      <xsd:all>
        <xsd:element ref="ort"/>
        <xsd:element ref="plz" minOccurs="0"/>
        <xsd:element ref="strasse"/>
        <xsd:element ref="hausnummer"/>
      </xsd:all>
    </xsd:complexType>
  </xsd:element>
  <xsd:element name="hausnummer" type="xsd:integer"/>
  <xsd:element name="ort" type="xsd:string"/>
  <xsd:element name="plz" type="xsd:integer"/>
  <xsd:element name="strasse" type="xsd:string"/>
  <xsd:element name="preise" >
    <xsd:complexType mixed="true">
      <xsd:choice minOccurs="0" maxOccurs="unbounded">
        <xsd:element ref="einzelzimmer"/>
        <xsd:element ref="doppelzimmer"/>
        <xsd:element ref="apartment"/>
      </xsd:choice>
      <xsd:attribute name="waehrung" type="xsd:string"
              use="required"/>
    </xsd:complexType>
  </xsd:element>
  <xsd:element name="einzelzimmer" type="xsd:string"/>
  <xsd:element name="doppelzimmer" type="xsd:string"/>
  <xsd:element name="apartment" type="xsd:string"/>
</xsd:schema>
```

Bei der Verwendung globaler Typdefinitionen in Beispiel 7.15 sind alle Typen (`hotel`, `adresse`, `hotelname`, `kategorie`, `adresse`, `ort`, `plz`, `strasse`, `hausnummer`, `preise`, `einzelzimmer`, `doppelzimmer` sowie `apartment`) global erreichbar.

Natürlich stellt sich bei den meisten XML-Schemata nicht die Frage, ob alle Typinformationen global oder lokal definiert werden. Sinnvoll ist in der Regel eine *Kombination globaler und lokaler Typdefinitionen*, bei der die wichtigsten Typen global angegeben und so mehrfach

globale und lokale Typdefinition

verwendet werden können. Typinformationen, die nur einmal genutzt werden sollen, können lokal definiert werden.

Fazit Die Vorstellung der Modellierungsmöglichkeiten, die XML Schema bietet, ist in diesem Abschnitt bei weitem nicht vollständig. XML Schema ist sehr umfangreich, deshalb ist es hier nicht möglich, alle Darstellungsmöglichkeiten vollständig anzugeben. Im letzten Abschnitt des Kapitels wird deshalb auf weiterführende Literatur verwiesen.

XML Schema verwendet selbst die *XML-Syntax* – die expliziten Schemainformationen von XML-Dokumenten und die XML-Dokumente selbst folgen also der gleichen Syntax. Ein Vorteil ist dabei, dass zum Parsen beider Arten von Dokumenten DOM- und SAX-Prozessoren eingesetzt werden können. Das Transformieren von XML-Schemata kann mit XSLT erfolgen. Es gibt einige XML-Prozessoren, die XML Schema auswerten und die Konformität von XML-Dokumenten in Bezug auf das zugeordnete XML-Schema überprüfen. Sie werden am Ende des Kapitels aufgezählt.

Ein wesentlicher Vorteil von XML Schema ist die Möglichkeit, Typinformationen darzustellen. In vielen Fällen sind Typinformationen wichtig, da sie zur Weiterverarbeitung der Daten erforderlich sind. Will man XML zum Beispiel einsetzen, um Datenbestände zwischen zwei Datenbanksystemen auszutauschen, dann müssen die Typinformationen modelliert werden, da sie aus den zu erzeugenden Zwischendokumenten selbst nicht ersichtlich sind und somit sonst verloren gehen.

XML Schema verfügt darüber hinaus über mehr Modellierungsmöglichkeiten als DTDs. Die Definition von Integritätsbedingungen (`unique`, `key`, `keyref`) ist besonders für datenzentrierte XML-Dokumente wichtig, die in Datenbanken verlustfrei gespeichert werden sollen.

Interessant ist das Verhältnis zwischen Document Type Definitions und XML-Schemata. XML Schema umfasst alle Modellierungsmöglichkeiten, die mit der DTD bereitstehen, mit Ausnahme von Entities. Eine Übersetzung einer DTD in eine Darstellung durch XML Schema ist deshalb verlustfrei möglich, die Entities werden vor der Übersetzung expandiert und dadurch aufgelöst. In Abschnitt 7.8 werden dazu zur Verfügung stehende Tools angegeben.

7.3 Ableitung von Schema-Informationen aus Dokumentkollektionen

XML wird auf zahlreichen verschiedenen Gebieten und auf sehr unterschiedliche Art und Weise eingesetzt. Größtenteils kann bei der Generierung von Schemabeschreibungen für XML-Dokumente ein Ad-hoc-

Vorgehen beobachtet werden. Zahlreiche XML-Dokumente werden ohne explizite Deklaration der Strukturinformationen erstellt. Häufig wird aus existierenden Dokumentkollektionen eine DTD abgeleitet. Das entspricht einem *Reverse-Engineering*, das in diesem Abschnitt genauer vorgestellt wird.

Reverse-Engineering

Zu beachten ist hierbei, dass die *Beispielkollektion ausreichend groß* und *vielfältig* sein muss, um alle Besonderheiten der Anwendung widerzuspiegeln. Anderenfalls kann die abgeleitete DTD zu speziell und deshalb für später ergänzte Dokumente nicht geeignet sein. Bei kleinen Beispielkollektionen ist das Ergebnis oft nicht eindeutig. Ebenso können auch bestimmte Spezialfälle noch nicht in den Beispielkollektionen enthalten und damit nicht in der abgeleiteten DTD vorgesehen sein.

Beispielkollektion

Generell sollten deshalb die abgeleiteten Schemabeschreibungen durch einen Anwender überprüft und dabei festgestellt werden, ob sie allen Besonderheiten der Dokumente gerecht werden. Gegebenfalls müssen die generierten Schemabeschreibungen verallgemeinert, verändert oder erweitert werden. Abbildung 7.3 veranschaulicht den *Gesamtprozess*. Hierbei bildet die *Ableitung der Schema-Informationen* den ersten Schritt des Verfahrens, im zweiten Schritt wird das Schema durch den Anwender *überprüft und verändert*.

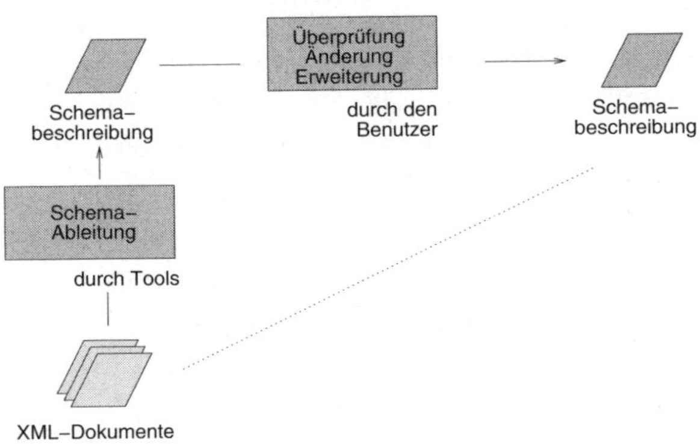

Abbildung 7.3
Schemaableitung im Entwurfsprozess

Es gibt verschiedene Verfahren zur Ableitung von Schemabeschreibungen aus Dokumentkollektionen. Diese werden bei der Darstellung weiterführender Literatur in Abschnitt 7.7 detaillierter vorgestellt. Die Funktionalität ist Bestandteil in zahlreichen Entwurfstools, die ebenfalls am Ende des Kapitels angegeben werden.

Die Schemaableitung soll anhand eines Beispiels erläutert werden. Für die Dokumente `Hotel1` und `Hotel2`, die in Anhang A.2 vollständig dargestellt sind, lieferte das Tool DTD-Miner von Chuang-Hue Moh, Ee-Peng Lim und Wee-Keong Ng das in Beispiel 7.16 zu sehende Ergebnis.

Beispiel 7.16
Durch DTD Miner generierte DTD

```
<!DOCTYPE hotel [
<!ELEMENT hotel ( hotelname, kategorie?, adresse,
                  hausbeschreibung, preise+,
                  gastronomie, konferenzraeume,
                  freizeitmoeglichkeiten?,
                  anreisebeschreibung? ) >
<!ELEMENT hotelname ( #PCDATA ) >
<!ELEMENT kategorie ( #PCDATA ) >
<!ELEMENT adresse ( plz, ort, strasse, hausnummer,
                    telefon, fax ) >
<!ELEMENT plz ( #PCDATA ) >
<!ELEMENT ort ( #PCDATA ) >
<!ELEMENT strasse ( #PCDATA ) >
<!ELEMENT hausnummer ( #PCDATA ) >
<!ELEMENT telefon ( #PCDATA ) >
<!ELEMENT fax ( #PCDATA ) >
<!ELEMENT hausbeschreibung ( #PCDATA ) >
<!ELEMENT preise ( einzelzimmer, doppelzimmer ) >
<!ATTLIST preise waehrung CDATA #REQUIRED >
<!ELEMENT einzelzimmer ( #PCDATA ) >
<!ELEMENT doppelzimmer ( #PCDATA ) >
<!ELEMENT gastronomie ( restaurant ) >
<!ELEMENT restaurant ( #PCDATA ) >
<!ELEMENT konferenzraeume ( #PCDATA | anzahl |
                            personenanzahl | ausstattung )* >
<!ELEMENT anzahl ( #PCDATA ) >
<!ELEMENT personenanzahl ( #PCDATA ) >
<!ELEMENT ausstattung ( #PCDATA ) >
<!ELEMENT freizeitmoeglichkeiten ( #PCDATA ) >
<!ELEMENT anreisebeschreibung ( #PCDATA | bahn |
                                auto | flugzeug )* >
<!ELEMENT bahn ( #PCDATA ) >
<!ELEMENT auto ( #PCDATA ) >
<!ELEMENT flugzeug ( #PCDATA ) >
]>
```

Anhand des abgeleiteten Schemas soll auf einige Probleme aufmerksam gemacht werden. Im Vergleich mit der Original-DTD, die ebenfalls im Anhang angegeben ist, sieht die abgeleitete DTD spezieller aus. Die Übersicht in Tabelle 7.1 stellt das an einigen Beispielen dar.

Die in Tabelle 7.1 dargestellten Probleme sind symptomatisch und haben alle die gleiche Ursache. Durch die kleine Stichprobenmenge bedingt, in der nicht alle Varianten enthalten sind, die der Anwender bei der Modellierung einer DTD vorgesehen hat, kann nur eine recht spezielle DTD abgeleitet werden.

Auswege wären die Verwendung einer sehr großen Dokumentmenge für die Methode der Schemagewinnung oder die schon erwähnte

Tabelle 7.1 *Differenzen zwischen abgeleiteter DTD und Original-DTD*

<table>
<tr><th></th><th>Original-DTD</th><th>abgeleitete DTD</th></tr>
<tr><td rowspan="3">zu spezieller Quantifizierer</td><td><!ELEMENT hotel (..preise*)..></td><td><!ELEMENT hotel (..preise+..)></td></tr>
<tr><td><!ELEMENT hotel (..gastronomie*..)></td><td><!ELEMENT hotel (..gastronomie..)></td></tr>
<tr><td><!ELEMENT hotel (..freizeitmoeglichkeiten*..)></td><td><!ELEMENT hotel (..freizeitmoeglichkeiten?..)></td></tr>
<tr><td>fehlende Elemente</td><td><!ELEMENT hotel (..sportmoeglichkeiten*..)></td><td>-</td></tr>
<tr><td>anderes Inhaltsmodell</td><td><!ELEMENT preise (_ | _ | _ | _)*></td><td><!ELEMENT preise (_ , _ , _)></td></tr>
</table>

mehrstufige Vorgehensweise, bei der sich an den Prozess der Schemagewinnung eine Überprüfung und Anpassung des Schemas anschließt.

Das generelle Problem bei dem Verfahren ist jedoch, dass es sich hierbei um Bottom-up-Methoden handelt, bei denen aus den konkreten Ausprägungen die abstrakten Schemabescheibungen generiert werden. Besser, weil durchdachter, ist meist eine Top-down-Vorgehensweise, die Inhalt des folgenden Abschnitts ist.

7.4 Vorteile einer konzeptuellen Modellierung

Die konzeptuelle Modellierung von Informationen ist in vielen Bereichen der Informatik, zum Beispiel der Softwareentwicklung und dem Datenbankentwurf, eine anerkannte Methode, die dazu dient,

- die Qualität der entstehenden Software bzw. Datenbanken zu erhöhen,
- frühzeitig Fehler zu erkennen, zu beheben und dadurch
- die Kosten des Entwicklungsprozesses zu senken.
- Nebenbei entsteht eine Dokumentation des Entwurfsprozesses, die eine spätere Wartung vereinfacht.

Weiterhin ermöglicht das Vorhandensein eines konzeptuellen Schemas die Kommunikation mit einem Domain-Experten und damit den Abgleich eines ersten Entwurfs mit der Aufgabenstellung. Ein großer Vorteil ist, dass diese Diskussion frühzeitig erfolgen kann, damit Differenzen zwischen der Aufgabenstellung und dem ersten Entwurf rechtzeitig erkannt werden. Ein konzeptueller Entwurf muss soweit von der konkreten Umsetzung abstrahieren, dass er für Domain-Experten leicht nachvollziehbar ist.

Nachdem Möglichkeiten zur Beschreibung von Schemata in Abschnitt 7.2 vorgestellt wurden, soll jetzt erklärt werden, warum eine konzeptuelle Modellierung, deren Ergebnis eine Schemabeschreibung darstellt, sinnvoll ist.

graphische Darstellungen

DTDs und XML Schema sind die am häufigsten eingesetzten Schemata im XML-Bereich. Die textuellen Beschreibungen von DTDs oder XML Schema haben Vorteile bei der Übertragung im WWW und der Auswertung durch Programme. Die Lesbarkeit und damit auch das Verständnis wird jedoch durch graphische Darstellungen erhöht. In anderen Bereichen der Informatik ist die Verwendung graphischer Beschreibungssprachen für konzeptuelle Entwürfe deshalb auf breiter Ebene akzeptiert. Graphische Modellierungssprachen haben sich hierbei weitgehend etabliert, weil sie sehr anschaulich sind. Die Vorteile würden auch bei der Modellierung der Schemata von XML-Dokumenten zum Tragen kommen. Dennoch gibt es bisher nur vereinzelte Vorschläge auf diesem Gebiet.

Auch für die Zugänge, die die Struktur explizit modellieren, gibt es bisher kaum Entwurfsmethoden, die die Entwicklung von DTDs oder XML Schema über den Einsatz von Editoren hinaus unterstützen.

Betrachtet man eine Parallele zum Datenbankbereich, so erfolgt hier ein konzeptueller Entwurf auf einem abstrakten Niveau, aus dem dann das Datenmodell abgeleitet wird. Im XML-Umfeld stehen die Entwicklungen erst am Anfang. Im folgenden Abschnitt werden deshalb erste bereits existierende Möglichkeiten zur Unterstützung des Entwurfs vorgestellt.

7.5 Methoden zur konzeptuellen Modellierung

Es gibt bisher keine etablierte Methode, die zur Modellierung von XML-Schemabeschreibungen eingesetzt wird. Verfügbar sind gegenwärtig mehrere Ansätze, die Entwurfsmethoden verschiedener Bereiche auf XML-Anwendungen adaptieren. In diesem Abschnitt wird eine Übersicht über die bekannten Modellierungsmethoden gegeben.

7.5.1 Einsatz des Entity-Relationship-Modells

Aus Entity-Relationship-Modellen und erweiterten Entity-Relationship-Modellen lassen sich DTDs oder XML-Schemata ableiten. Ein Verfahren dazu wurde von Carsten Kleiner/Udo Lipeck in [KL02] vorgestellt.

Vorgehensweise

Dabei werden Entities als Elemente abgebildet und Attribute als XML-Attribute. Mehrwertige und zusammengesetzte Attribute werden als Subelemente dargestellt. 1:n-Relationships werden durch Elementhierarchien abgebildet. n:m-Beziehungen werden durch Verwendung von IDs und IDREFs nachgebildet.

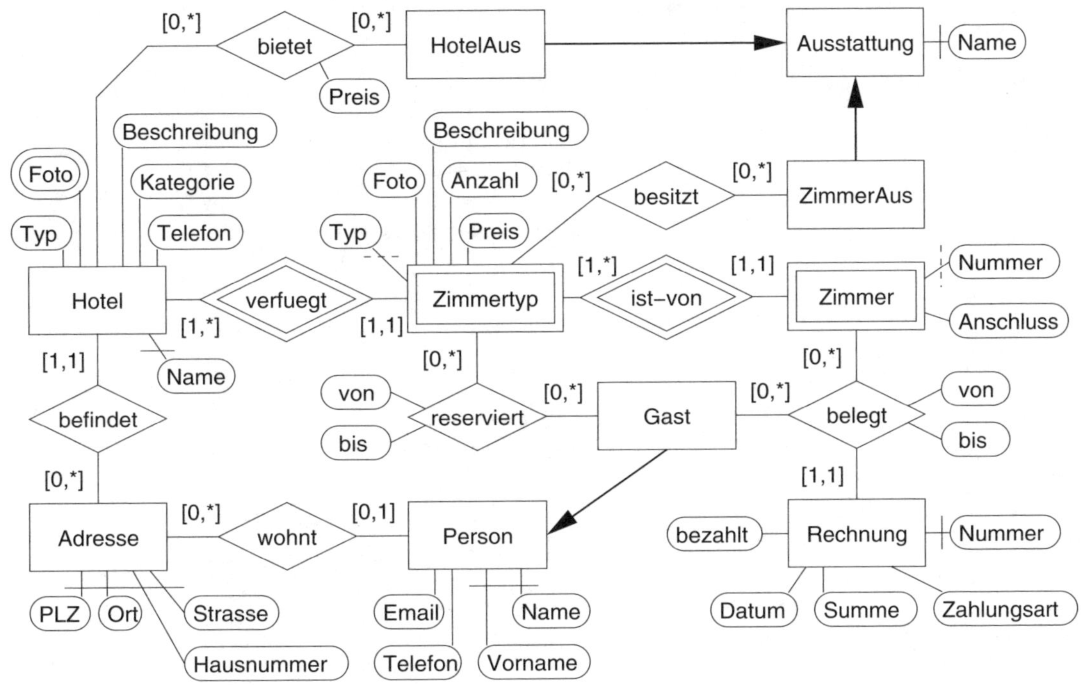

Abbildung 7.4
Entity-Relationship-Modell zu den Hotel-Informationen

Der Vorteil der Darstellung ist, dass eine Methode gefunden wurde, um eine konzeptuelle Modellierung zunächst losgelöst von dem konkreten Schema vorzunehmen. Nachteilig ist jedoch, dass die Übersetzung des Entity-Relationship-Modells in eine DTD nicht so einfach intuitiv nachvollziehbar ist, weil 1:1- und 1:n-Kardinalitäten anders behandelt werden als n:m-Kardinalitäten.

Beispiel 7.4 zeigt ein Entity-Relationship-Modell, in dem eine Hotelanwendung modelliert ist. In Beispiel 7.17 ist die daraus resultierende DTD zu sehen.

Beispiel 7.17
Abgeleitete DTD

```
<?xml version="1.0" encoding="UTF-8"?>
<!ELEMENT Hoteldb (Ausstattung*, Rechnung*, Adresse*, Hotel*,
                  Person*, reserviert*, belegt*, besitzt*,
                  bietet*)>

<!ELEMENT Hotel (Foto*, verfuegt+)>
<!ATTLIST Hotel Typ CDATA #REQUIRED
```

```
                Beschreibung CDATA #REQUIRED
                Kategorie CDATA #REQUIRED
                Telefon CDATA #REQUIRED
                Name ID #REQUIRED
                Adresse IDREFS #REQUIRED>

<!ELEMENT verfuegt (Zimmertyp)>

<!ELEMENT Zimmertyp (ist-von+)>
<!ATTLIST Zimmertyp key ID #REQUIRED
                    Typ CDATA #REQUIRED
                    Anzahl CDATA #REQUIRED
                    Foto CDATA #REQUIRED
                    Beschreibung CDATA #REQUIRED
                    Preis CDATA #REQUIRED>

<!ELEMENT ist-von (Zimmer)>

<!ELEMENT Zimmer EMPTY>
<!ATTLIST Zimmer key ID #REQUIRED
                 Nummer CDATA #REQUIRED
                 Anschluss  CDATA #REQUIRED>

<!ELEMENT Ausstattung (HotelAus|ZimmerAus)>

<!ELEMENT HotelAus EMPTY>
<!ATTLIST HotelAus key ID #REQUIRED>

<!ELEMENT ZimmerAus EMPTY>
<!ATTLIST ZimmerAus key ID #REQUIRED>

<!ELEMENT Rechnung EMPTY>
<!ATTLIST Rechnung Nummer ID #REQUIRED
                   bezahlt CDATA #REQUIRED
                   Datum CDATA #REQUIRED
                   Summe CDATA #REQUIRED
                   Zahlungsart CDATA #REQUIRED>

<!ELEMENT Adresse (wohnt*, befindet*)>
<!ATTLIST Adresse PLZOrtStrasseHausnummer ID #REQUIRED
                  PLZ CDATA #REQUIRED
                  Ort CDATA #REQUIRED
                  Strasse CDATA #REQUIRED
                  Hausnummer CDATA #REQUIRED>

<!ELEMENT Person (Gast)?>
<!ATTLIST Person NameVorname ID #REQUIRED
                 Name CDATA #REQUIRED
                 Vorname CDATA #REQUIRED
```

```
             Telefon CDATA #REQUIRED
             E-Mail CDATA #REQUIRED>

<!ELEMENT Gast EMPTY>
<!ATTLIST Gast key ID #REQUIRED>

<!ELEMENT reserviert  EMPTY>
<!ATTLIST reserviert Gast IDREF #REQUIRED
                     Zimmertyp IDREF #REQUIRED
                     von CDATA #IMPLIED
                     bis CDATA #IMPLIED>

<!ELEMENT belegt EMPTY>
<!ATTLIST belegt Gast IDREF #REQUIRED
                 Zimmer IDREF #REQUIRED
                 Rechnung IDREF #REQUIRED
                 von CDATA #REQUIRED
                 bis CDATA #REQUIRED>

<!ELEMENT besitzt  EMPTY>
<!ATTLIST besitzt ZimmerAus IDREF #REQUIRED
                  Zimmertyp IDREF #REQUIRED>

<!ELEMENT bietet EMPTY>
<!ATTLIST bietet HotelAus IDREF #REQUIRED
                 Hotel IDREF #REQUIRED
                 Preis CDATA #IMPLIED>

<!ELEMENT befindet EMPTY>
<!ATTLIST befindet Hotel IDREF #REQUIRED>

<!ELEMENT wohnt EMPTY>
<!ATTLIST wohnt Person IDREF #REQUIRED>

<!ELEMENT Foto (#PCDATA)>
```

Bei dem oben dargestellten Verfahren wird eine Methode aus dem Datenbankbereich adaptiert. Dementsprechend eignet sich die Vorgehensweise eher für die Modellierung von datenzentrierten XML-Dokumenten als von dokumentzentrierten Anwendungen.

Die abgeleitete DTD kann auch ein erster Entwurf sein, der anschließend weiterentwickelt und angepasst wird.

7.5.2 Modellierung mit ORM

Ein Verfahren, das das *Object Role Model (ORM)* einsetzt, wurde von Linda Bird, Andrew Goodchild und Terry Halpin in [BGH00] vorgestellt. Ein Object Role Model beschreibt die relevanten Objekte einer

Anwendung sowie deren Rollen. Das Verfahren wurde ursprünglich von Terry Halpin für den konzeptuellen Datenbankentwurf entwickelt.

nicht baumbasiert

Von Linda Bird, Andrew Goodchild und Terry Halpin wird darauf aufbauend eine Methode zur graphischen Entwicklung von XML-Schemata vorgeschlagen. Die Methode ist nicht baumbasiert, weil bei einem baumbasierten Ansatz die Entscheidung über die Hierarchie bereits im Entwurf getroffen werden muss und der Entwerfer zu früh mit Implementierungsdetails konfrontiert wird. Beim Einsatz von ORM wird die Entscheidung über die Baumstruktur des resultierenden XML-Schemas erst nach der konzeptuellen Analyse durch Auswertung von Heuristiken getroffen. Für ein ORM gibt es jedoch mehrere Möglichkeiten, einen Baum abzuleiten. Deshalb wurde ein Verfahren eingesetzt, das zunächst die wichtigsten Objekte bestimmt, damit sie in der Hierarchie des XML-Dokumentes über den anderen Objekten abgebildet werden. Das Verfahren zur Ermittlung der wichtigsten Objekttypen verwendet zahlreiche Heuristikregeln, die verschiedene strukturelle Hinweise auswerten.

ORM für bestehende Schemata

Mit der Methode ist es auch möglich, zu bereits bestehenden XML-Schemata ein ORM-Diagramm zu erzeugen, das Schema dadurch zu veranschaulichen und iterativ weiterzuentwickeln.

keine eindeutige Abbildung

ORM bietet damit Vorteile bei der Modellierung von XML Schema, es existieren jedoch auch Nachteile. Zunächst einmal ist die Abbildung von ORM-Konzepten auf XML-Schema-Konzepte oft nicht eindeutig. Das einfachste Beispiel dafür ist, dass die Abbildung von Objekten auf Elemente oder Attribute erfolgen kann.

keine adäquante Abbildung

Nicht alle ORM-Konstruktionen lassen sich adäquat auf XML Schema abbilden. So kann zum Beispiel für Exklusionsabhängigkeiten und eine modellierte Mehrfachvererbung keine entsprechende Abbildung auf XML Schema gefunden werden. Andererseits sind bestimmte XML-Schema-Bestandteile wie `Mixed Content` mit ORM-Diagrammen nicht darstellbar.

7.5.3 Verwendung von UML

Erweiterung von UML

Die Unified Modeling Language (UML) hat sich in vielen Bereichen der konzeptuellen Modellierung etabliert. Es gibt Ansätze, die die Klassendiagramme von UML so erweitern, dass alle Konstrukte einer DTD oder eines XML-Schemas graphisch dargestellt werden können.

In den folgenden Abbildungen wird ein Vorschlag zur Modellierung typischer DTD-Ausschnitte vorgestellt, das dazugehörige Schema in Form einer DTD wird jeweils dazu gezeigt.

Klassen in einem UML-Diagramm werden wie in Abbildung 7.5 dargestellt. Anschließend lassen sich daraus Elementdeklarationen ableiten.

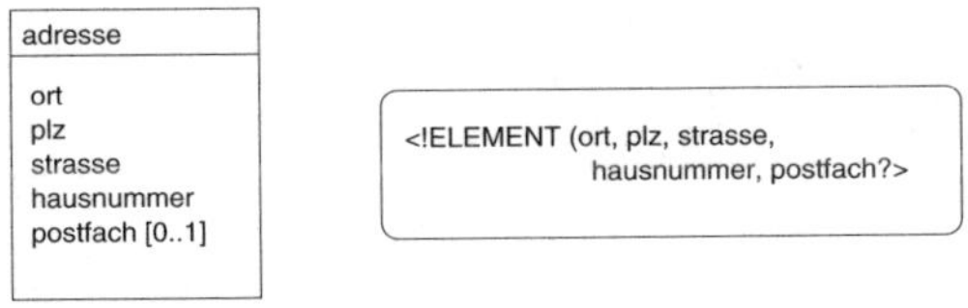

Abbildung 7.5
Darstellung von Klassen

In Abbildung 7.6 wird eine Aggregation dargestellt und die daraus abgeleitete Elementdeklaration angegeben. Es wird weiterhin an drei Fällen gezeigt, wie Attribute definiert werden können.

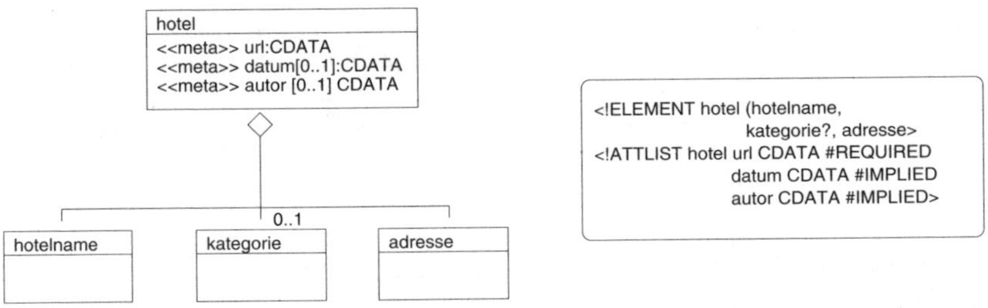

Abbildung 7.6
Aggregation von Klassen und XML-Attributdefinition

Die Darstellung von Alternativen mit UML ist in Abbildung 7.7 angegeben. Die Abbildung zeigt auch den durch das Diagramm dargestellten DTD-Ausschnitt.

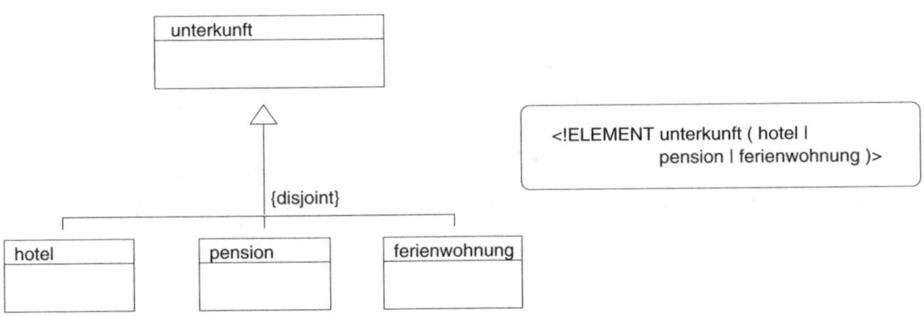

Abbildung 7.7
Aggregation von Klassen und XML-Attributdefinition

Aus den hier angegebenen Varianten lässt sich eine komplexere Modellierung von DTDs durch Einsatz von UML ableiten. Das UML-Diagramm in Abbildung 7.8 zeigt ein umfangreiches Beispiel dazu. Aus dem Diagramm kann die DTD in Beispiel 7.18 abgeleitet werden.

Beispiel 7.18
DTD zum UML-Diagramm aus Abbildung 7.8

```
<!ELEMENT hotel (hotelname, kategorie?, adresse,
                 telefon+, preise)>
<!ATTLIST hotel url CDATA #REQUIRED>
<!ATTLIST hotel datum CDATA #IMPLIED>
<!ATTLIST hotel autor CDATA #IMPLIED>
<!ELEMENT hotelname (#PCDATA)>
<!ELEMENT kategorie (#PCDATA)>
<!ELEMENT telefon (#PCDATA)>
```

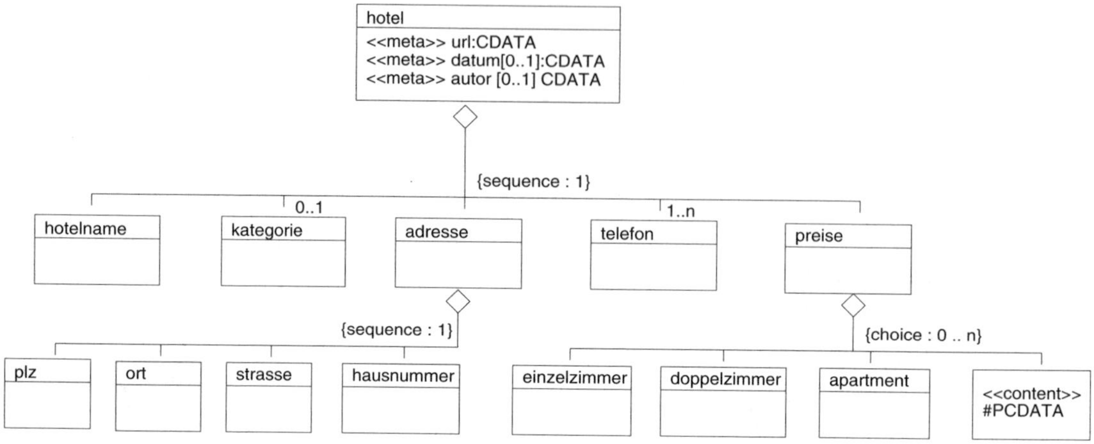

Abbildung 7.8
Darstellung von XML-Schemata mit UML

```
<!ELEMENT adresse (ort, plz, strasse, hausnummer)>
<!ELEMENT ort (#PCDATA)>
<!ELEMENT plz (#PCDATA)>
<!ELEMENT strasse (#PCDATA)>
<!ELEMENT hausnummer (#PCDATA)>
<!ELEMENT preise (#PCDATA | einzelzimmer |
                 doppelzimmer | apartment )*>
<!ELEMENT einzelzimmer (#PCDATA)>
<!ELEMENT doppelzimmer (#PCDATA)>
<!ELEMENT apartment (#PCDATA)>
```

UML kann also so erweitert werden, dass es sich zur Modellierung von DTDs oder XML-Schemata eignet. Man erreicht dadurch eine graphische Repräsenation eines Schemas.

7.5.4 XML-Editoren

XML-Editoren dienen zur *graphischen Veranschaulichung* von Schemata und XML-Dokumenten. Sie können für die Eingabe von Struktur und Inhalten eingesetzt werden und bieten eine graphische Darstellung, die die Baumstruktur von XML-Dokumenten bzw. die Graphstruktur von DTDs und XML-Schemata wiedergibt. Weiterhin wird das Ausblenden von Teilbäumen unterstützt, sodass auch bei großen Dokumenten übersichtliche Darstellungsmöglichkeiten existieren. Die Informationen über die einzelnen Elemente/Attribute werden für einen ausgewählten Knoten als Zusatzinformation bereitgestellt und veranschaulicht.

7.5.5 Einsatz der Entwurfsmethoden

In den letzten Abschnitten wurden die gegenwärtig zur Verfügung stehenden Methoden zur konzeptuellen Modellierung vorgestellt. Die meisten Verfahren wie das Entity-Relationship-Modell sind dabei aus dem Datenbankbereich bekannt und wurden geringfügig angepasst und damit für die Anwendung auf XML adaptiert. Aus den konzeptuellen Modellen lassen sich Schemabeschreibungen wie DTDs oder XML-Schemata generieren. Die Methoden eignen sich deshalb auch besonders für datenzentrierte Anwendungen.

XML-Editoren bieten keine echte konzeptuelle Modellierung, sie realisieren nur eine graphische Repräsentation für die Baumstrukturen, die XML-Dokumenten zugrunde liegen, bzw. die Graph-Struktur von DTDs und XML-Schemata. Die Verfahren eignen sich daher besonders für dokumentzentrierte Anwendungen, bei denen kein Schema im Vorfeld entworfen wird und die Erstellung von Schema und Dokument parallel erfolgt.

Damit gibt es bisher noch keine Methode, die alle Anforderungen erfüllt, die sich im konzeptuellen Entwurf von XML-Dokumenten ergeben. Idealerweise sollte ein Entwurf auf einem abstrakten Niveau begonnen werden, in dem noch keine Implementierungsdetails festgelegt werden müssen. Eine schrittweise Verfeinerung und Konkretisierung des Entwurfs sollte in nachvollziehbarer Weise erfolgen. Aus dem konzeptuellen Modell soll dann das Schema für XML-Dokumente generiert werden.

Vermutlich wird sich das Gebiet konzeptuelle Modellierung von XML-Schemata deshalb in Zukunft wesentlich weiterentwickeln. Man benötigt für XML Schema und XML-Dokumente eigene Konzepte zur Modellierung sowie eine eigene anschauliche graphische Darstellung.

Ein wesentlicher Einflussfaktor wird dabei wahrscheinlich die Komplexität von XML Schema sein. Während DTDs nur sehr wenige Konzepte anbieten und dadurch sehr kompakt, gut lesbar und einfach per Hand zu schreiben sind, ist es bei XML Schema nicht so einfach möglich, es zu lesen und zu verstehen. Auch ist XML Schema kein Format, das sich per Hand leicht erstellen lässt. Durch die Vielfalt der angebotenen Konzepte ist eine konzeptuelle Modellierung hier in viel stärkerem Maße als bei DTDs erforderlich. Die Entwicklung einer eigenen Modellierungsform ist deshalb gegenwärtig eines der interessantesten Gebiete im XML-Umfeld.

Bei den bisher verfügbaren Lösungen ist es entscheidend, für welche Arten von Schemata und Dokumenten sie eingesetzt werden sollen. Will man Schemata für datenzentrierte XML-Dokumente generieren, so sind die aus dem Datenbankbereich bekannten Entwurfswerkzeuge in diesem Fall gut geeignet. Bei der Modellierung von Schemata oder

der Erstellung von XML-Dokumenten für dokumentzentrierte Anwendungen hingegen bieten XML-Editoren eine geeignete Unterstützung.

7.6 Metriken für XML-Dokumente

In den vorherigen Abschnitten wurden Verfahren vorgestellt, um Schemata für XML-Dokumente zu erstellen. Oft existieren mehrere Möglichkeiten, eine Modellierung anzugeben, zwischen denen der Anwender entscheiden muss. Ziel ist es immer, gut lesbare, verständliche, leicht anzuwendende und mit wenig Aufwand zu verändernde Schemata zu finden. Diese Eigenschaften lassen sich jedoch nicht einfach formal überprüfen. Daher soll gezeigt werden, wie aus den Schemata bestimmte Metriken abgeleitet werden können, die die oben angegebenen Eigenschaften unterlegen.

Das Vorgehen gestaltet sich analog zu der Methode, die im Bereich Softwaremetrie angewendet wird. Dort erfolgt eine Bewertung von Softwarequalität über das Bestimmen quantitativer Größen. Eine Metrik ist dabei eine gemessene quantitative Eigenschaft, die zur Bewertung einer qualitativen Eigenschaft herangezogen wird. Im Bereich der Softwaremetrie werden drei Arten von Metriken unterschieden:

- Prozessmetriken (Bewertung des Entwurfsprozesses),
- Produktmetriken (Bewertung des entstandenen Produktes) und
- Ressourcenmetriken (Bewertung des Ressourcenverbrauchs).

Im Bereich XML gibt es gegenwärtig kaum Überlegungen in diesem Bereich. Es ist aber leicht ersichtlich, dass eine Anpassung von Produkt- und Ressourcen-Metriken auf die Bewertung der Schemata von XML-Dokumenten möglich ist.

Prozessmetriken

Prozessmetriken bewerten den Softwareentwicklungsprozess. Sie sind auf die Bewertung der Schemata von XML-Dokumentkollektionen nur übertragbar, wenn der Entwicklungsprozess bekannt ist und bewertet werden kann. Liegen nur die Schemata selbst vor, so sind Prozessmetriken nicht anwendbar.

Produktmetriken

Verwendbar sind hingegen Produktmetriken, die entstandene Software bewerten und sich auf XML-Anwendungen übertragen lassen. Eine genauere Beschreibung erfolgt im anschließenden Abschnitt.

Ressourcenmetriken

Ressourcenmetriken lassen sich ebenfalls auf XML-Dokumentkollektionen anwenden. Hier wird der Ressourcenverbrauch (Speicherplatz, Zeit- und Speicherbedarf beim Parsen, der Zeitbedarf beim Zugriff auf einzelne Knoten, usw.) bewertet.

Im folgenden Teil sollen jetzt Produkt- und Ressourcen-Metriken vorgestellt und jeweils erläutert werden, welche Eigenschaften durch die Metriken erkannt werden. Anschließend werden Anwendungsmöglichkeiten für Metriken angegeben.

7.6.1 Produktmetriken für XML

Qualitätsmerkmale

Produktmetriken bewerten die Schemata von XML-Dokumenten, das können zum Beispiel DTDs oder XML-Schemata sein. Für die Bewertung von Software wurden in der ISO 9126 [ISO91] Qualitätsmerkmale spezifiziert, die teilweise auch auf XML angewendet werden können. Die sechs Hauptmerkmale sind *Funktionalität, Zuverlässigkeit, Effizienz, Übertragbarkeit, Benutzbarkeit* und *Änderbarkeit.* Den Hauptmerkmalen werden jeweils Submerkmale zugeordnet. Metriken bestimmen, ob die Merkmale erfüllt sind.

Im Folgenden soll dabei der Fokus auf zwei von ihnen liegen: *Benutzbarkeit* und *Änderbarkeit.* Es gibt mehrere Metriken, die ermittelt werden können, um zu bestimmen, inwieweit diese Merkmale erfüllt sind.

Die Metriken sollen anhand der DTD aus Beispiel 7.19 illustriert werden. Eine graphische Darstellung der DTD zeigt Abbildung 7.9.

Beispiel 7.19
Beispiel-DTD zur Illustration der Produktmetriken

```
<!-- Hotel DTD-->
<!ELEMENT unterkunft (hotel | pension | ferienwohnung)*>
<!ELEMENT hotel (hotelname, kategorie?, adresse,
                 hausbeschreibung, preise*, gastronomie*)>
<!ELEMENT hotelname (#PCDATA)>
<!ELEMENT kategorie (#PCDATA)>
<!ELEMENT adresse (plz, ort, strasse, hausnummer)>
<!ELEMENT plz (#PCDATA)>
<!ELEMENT ort (#PCDATA)>
<!ELEMENT strasse (#PCDATA)>
<!ELEMENT hausnummer (#PCDATA)>
<!ELEMENT hausbeschreibung (#PCDATA)>
<!ELEMENT preise (#PCDATA | einzelzimmer |
                  doppelzimmer | appartment)*>
<!ELEMENT einzelzimmer (#PCDATA)>
<!ELEMENT doppelzimmer (#PCDATA)>
<!ELEMENT appartment (#PCDATA)>
<!ELEMENT gastronomie (#PCDATA)>
<!ELEMENT pension (pensionsname, adresse,
                   gastronomie?, preise*)>
<!ELEMENT pensionsname (#PCDATA)>
<!ELEMENT ferienwohnung (adresse, ausstattung*)>
<!ELEMENT ausstattung (#PCDATA)>
```

In den nächsten Abschnitten werden Metriken vorgestellt, die die Benutzbarkeit und Änderbarkeit von Schemata bewerten. Die Metriken basieren alle auf der graphischen Repräsentation von Schemata und führen damit das Problem auf Grapheigenschaften zurück.

Umfangsmetrik Zur Bewertung der qualitativen Eigenschaften Änderbarkeit und Benutzbarkeit kann eine einfache Metrik herangezogen

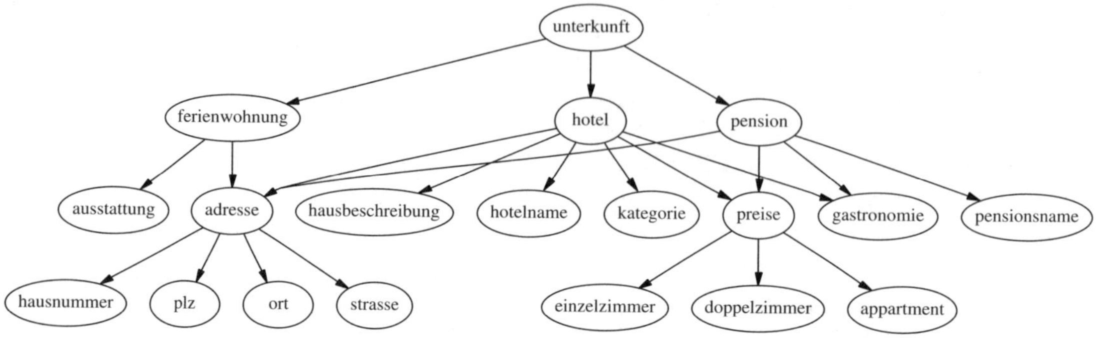

Abbildung 7.9
Graphische Darstellung der DTD aus Beispiel 7.19

werden, die die Größe eines Schemas bewertet. Die Metrik folgt der Überlegung, dass kleine Schemata leichter zu verstehen und damit auch leichter zu benutzen und zu ändern sind als größere. In dieser Metrik können verschiedene Größen ausgewertet werden, zum Beispiel:

- Anzahl der Elemente,
- Anzahl der Elemente und Attribute oder
- Anzahl der Elemente, Attribute, Entities und Notations

Für das Schema in Beispiel 7.19 beträgt das Maß für die Umfangsmetrik 19, wenn die Anzahl der Elemente und Attribute herangezogen wird. Das Maß entspricht auch der Anzahl der Knoten in der graphischen Darstellung in Abbildung 7.9.

Der Metrik zugrunde liegt eine Parallele zu dem aus dem Bereich Softwaremetrie bekannten LOC-Maß. LOC steht für Lines of Code und bewertet den Umfang von Programmen.

Strukturkomplexität Neben den im vorherigen Abschnitt beschriebenen Umfangsmetriken liefern auch die Eigenschaften Struktur bzw. Strukturkomplexität Hinweise darüber, wie anwendbar, änderbar und benutzbar ein Schema ist. Die Strukturkomplexität bestimmt unabhängig vom Umfang eines Schemas, wie komplex es ist. Die Metrik entspricht der McCabe-Metrik (Steuerflusskomplexität) für Software, die hier für XML angepasst wird. Mit der Metrik sollen alle Komponenten ausgewertet werden, die eine DTD komplex machen.

Folgende Eigenschaften erhöhen die Strukturkomplexität eines Schemas:

- Rekursionen,
- mehrfache Verwendung eines Elements im Inhaltsmodell anderer Elemente (same content elements),
- Quantifizierer »+« und »*«,

- IDREF-Attribute sowie
- keyref in XML Schema.

Die Strukturkomplexität wird wie folgt bestimmt: Zu einer DTD oder einem XML-Schema wird ein Graph aufgebaut, der die darin definierten Beziehungen graphisch darstellt. Zusätzliche Kanten werden im Graphen angetragen, wenn die Quantifizierer »*« oder »+« auftreten.

Die Strukturkomplexität entspricht der Anzahl aller Kanten im Graphen, die die Baumeigenschaft verletzen sowie der Anzahl der IDREF-Attribute und der Anzahl der keyref-Definitionen eines XML-Schemas. Ist die Strukturkomplexität 0, so handelt es sich also um einen Baum. Die Strukturkomplexität ist am niedrigsten.

Abbildung 7.10 veranschaulicht die Metrik für das laufende Beispiel. Alle Kanten, die die Baumeingeschaft verletzen, sind gepunktet eingezeichnet, die Anzahl der Kanten entspricht der Strukturkomplexität. Das Maß für das Beispiel beträgt 9.

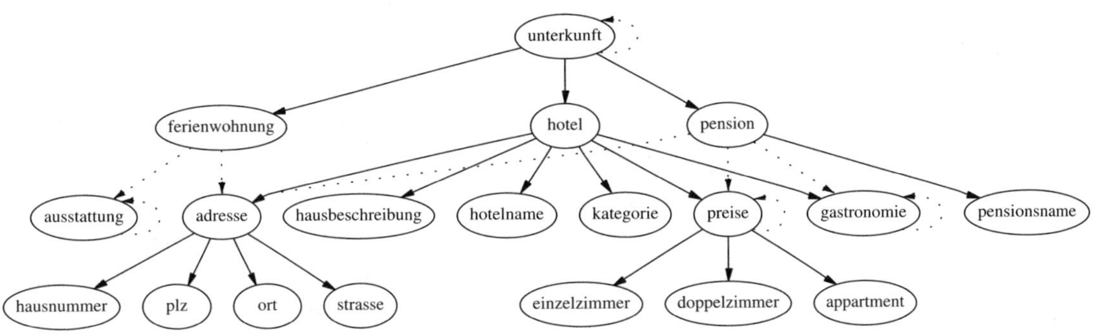

Abbildung 7.10
Strukturkomplexität

Die Strukturkomplexität ist unabhängig von der Umfangsmetrik, beide Metriken zusammen charakterisieren die Eigenschaften Benutzbarkeit und Änderbarkeit von XML-Dokumenten.

Tiefe des Baumes Ein anderes Maß, das die Struktur einer Schemabeschreibung charakterisiert, ist die Tiefe des Baumes. Sie kann wie folgt bestimmt werden. Aus der Definition des Schemas lässt sich ein Graph erstellen, der das Schema repräsentiert. Die Tiefe eines Blattknoten ist 0, die Tiefe der anderen Knoten entspricht der maximalen Tiefe seiner Kindknoten, die um 1 erhöht wird. Die maximale Tiefe in diesem Graphen kann man ermitteln, sie entspricht gleichzeitig der Tiefe des Wurzelknotens und ist die maximale Tiefe der Schemabeschreibung. Für das Beispiel, das in Abbildung 7.9 dargestellt ist, beträgt die Tiefe 3. Das Verfahren funktioniert problemlos, wenn es sich bei dem Graphen um einen Baum handelt. Im Fall von Rekursionen scheitert das

Verfahren natürlich, weil es in einen Zyklus läuft. Auch möchte man im Falle einer Rekursion nicht die Tiefe »unendlich« als Ergebnis erhalten, deshalb werden die Rekursionen vor der Ermittlung der Tiefe aus dem Graphen eliminiert.

XPath

Aus der so ermittelten Tiefe des Schemas kann man ableiten, wie lang XPath-Ausdrücke werden, um einzelne Elemente oder Attribute der XML-Dokumente zu lokalisieren. Dieses Maß beeinflusst also die Verwendbarkeit des Schemas und die Eigenschaft Effizienz.

Fan-In-Metrik Bei der Fan-In-Metrik werden die ausgehenden Kanten jedes einzelnen Knoten des Graphen, also aller Elemente des Schemas, gezählt. Die Metrik bestimmt die Breite des Baumes oder Graphen und gibt an, wie umfangreich die einzelnen Deklarationen der Elemente sind.

Abbildung 7.11 zeigt einen Ausschnitt aus einem Graphen, das Maß Fan-In für das Element `adresse` ist dabei 6.

Abbildung 7.11
Fan-In-Metrik

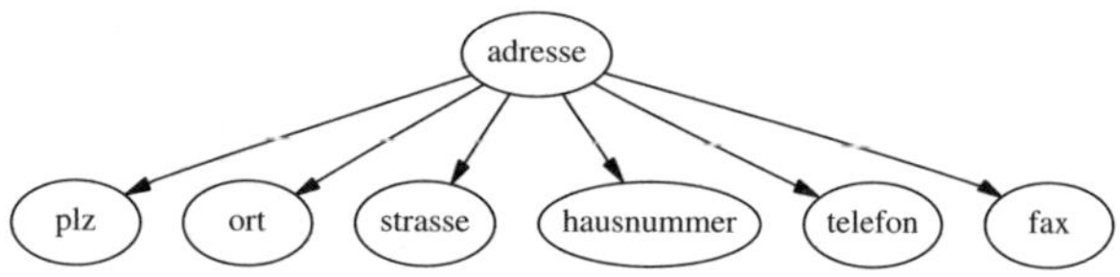

Die Metrik gibt also an, wie leicht oder schwer ein Schema zu verstehen ist. Ein anderer Aspekt, der hier hinzukommt, ist das Inhaltsmodell des jeweiligen Elements. Beispiel 7.20 zeigt zwei Varianten zur Definition eines Elements `adresse`, von denen die erste leicht verständlich ist, weil es sich hier um eine Sequenz handelt. Die zweite ist schwieriger zu verstehen, da es sich hier um eine Kombination aus zwei Sequenzen und einer Alternative handelt.

Beispiel 7.20
Verschiedene Definitionen eines Elements

```
<!ELEMENT adresse (plz, ort, strasse?, hausnummer?,
                   postfach?)>
<!ELEMENT adresse (plz, ort,
                   ((strasse, hausnummer) | postfach)>
```

Eine Auswertung des Inhaltsmodells erweitert die Bewertung, wobei das Inhaltsmodell um so komplizierter ist, je mehr Gruppierungen es enthält.

Fan-Out-Metrik Ein weiteres Maß (Fan-Out) bestimmt die eingehenden Kanten jedes Knotens; es wird in Abbildung 7.12 dargestellt.

Die Metrik spezifiziert, wie häufig ein Element verwendet wird und definiert so eine Größe, die die Wiederverwendung beschreibt. Für den Graphen in Abbildung 7.12 ist der Fan-Out-Wert für das Element `adresse` 3.

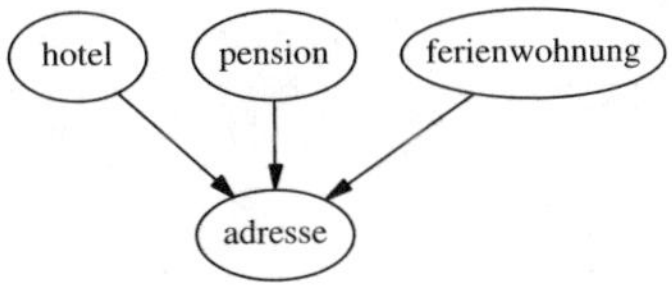

Abbildung 7.12
Fan-Out-Metrik

Der Fan-Out-Wert gibt an, wie groß der Grad der Wiederverwendung im Dokument ist. Ist dieser Wert 1, d.h., eine Elementdeklaration wird genau einmal verwendet, so bedeutet das, dass Änderungen am Schema leicht realisierbar sind. Ein hoher Fan-Out-Wert bedeutet, dass eine Elementdeklaration häufig verwendet wird, sodass Änderungen an diesem Element an verschiedenen Stellen im Schema und den zugehörigen XML-Dokumenten relevant werden. An wie vielen Stellen das der Fall ist, wird durch das Maß spezifiziert.

Zusammenhang der Metriken

Nach Aufzählung dieser fünf verschiedenen Metriken lässt sich feststellen, dass sich manche der Metriken wie Umfang und Komplexität sowie Strukturtiefe und Fan-Out *ergänzen*. Wenn Änderungen eines Schemas zum Beispiel eine Verringerung der Fan-In-Metrik bewirken, so ereicht man gleichzeitig eine Erhöhung der Fan-Out-Metriken und der Tiefe.

Es gibt auch Metriken, die *gegenläufig sind*, ein Beispiel dafür sind die Umfangsmetrik und die Fan-Out-Metrik (ist das Maß an Wiederverwendung höher, so verringert sich der Umfang des Schemas).

Alle fünf vorgestellten Metriken lassen sich für das Schema in Beispiel 7.19 anwenden. Dabei ergeben sich die in Tabelle 7.2 dargestellten Maße:

Tabelle 7.2
Metriken für die Beispiel-DTD

Metrik	Ergebnis
Umfang	19
Komplexität	7
max. Tiefe	4
max. Fan-In	6
max. Fan-Out	3

Die Metriken Tiefe, Fan-In und Fan-Out lassen sich auch für jedes Element separat ermitteln. Dabei ergeben sich die im Tabelle 7.3 dargestellten Werte für das laufende Beispiel:

Daraus lässt sich erkennen, welche Elementdeklaration besonders kompliziert ist. Für das Beispiel lässt sich ableiten, dass die Elemente `hotel` und `adresse` eine umfangreiche Definitionen haben und die Elemente `adresse`, `preise` und `gastronomie` häufig verwendet werden.

XML-Attribute

XML-Attribute haben immer eine Tiefe von 0 und einen Fan-In-Wert

Tabelle 7.3
Metriken für die Elemente der Beispiel-DTD

Element-ID	1	2	3	4	5	6	7	8	9	10	11	12	13	14	15	16	17	18	19
Fan-In	3	6	0	0	4	0	0	0	0	0	3	0	0	0	0	4	0	2	0
Fan-Out	0	1	1	1	3	1	1	1	1	1	2	1	1	1	2	1	1	1	1
Depth	4	3	0	0	1	0	0	0	0	0	0	1	0	0	0	2	0	2	0

von 0. Der Fan-Out-Wert ist immer 1, da Elemente in DTDs genau einmal in einer Elementdeklaration verwendet werden. In XML-Schemata können Attribute häufiger verwendet werden. Hier kann also das Maß Fan-Out andere Ergebnisse liefern.

Es lässt sich feststellen, dass die Metriken recht einfach sind. Der Vorteil dabei ist, dass diese Metriken sich universell einsetzen lassen. Alle Metriken sind aus Metriken für Software oder aus Metriken für objektorientierte Systeme entwickelt worden. Außerdem basieren sie auf Grapheigenschaften und sind dadurch theoretisch fundiert.

7.6.2 Ressourcenmetriken

Neben Metriken, die die Eigenschaften Benutzbarkeit und Änderbarkeit heranziehen, können auch Metriken entwickelt werden, die den Ressourcenverbrauch einstufen. Sie bewerten die Eigenschaften *Funktionalität* und *Effizienz*, die in der ISO 9126 definiert sind. Dazu gehören:

- Speicherplatzbedarf
- Zugriff durch XPath
- Auslesen mit SAX
- Auslesen mit DOM

Aus diesen Ressourceneigenschaften sollen Kriterien für den Entwurf von Schemata abgeleitet werden.

Speicherplatz Kurze Tagnamen und die Verwendung von Abkürzungen in den Tagnamen reduzieren die Größe der XML-Dokumente und damit den notwendigen Speicherplatz. Diese Eigenschaften sind allerdings gegenläufig zur Lesbarkeit, Verwendbarkeit und damit auch Wartbarkeit von XML-Dokumenten und sollten deshalb sorgfältig gegeneinander abgewogen werden.

Attribute sind kompakter darstellbar als Elemente. Daher sollten sie, wenn die Größe der Dokumente von Bedeutung ist, soweit es möglich ist, verwendet werden.

Zugriff durch XPath Flache Hierarchien in den XML-Dokumenten verringern die Zugriffszeiten. Sofern keine Informationen verloren gehen, ist auf Elemente mit flachen Hierarchien besser zuzugreifen. Wichtig ist hier jedoch, dass alle Informationen, auf die zugegriffen werden soll, auch durch Tags ausgezeichnet sind, und nicht die Elementinhalte oder Attributwerte selbst weiter analysiert werden müssen. Ungünstig wäre zum Beispiel das folgende XML-Fragment:

```
<preise>
    einzelzimmer --- ab 50 Euro
    doppelzimmer --- ab 90 Euro
</preise>
```

Hier sind in einem Element verschiedene Informationen zusammengefasst, wodurch der Zugriff erschwert wird oder gar nicht möglich ist, beispielsweise lässt sich der Preis für ein Einzelzimmer nicht ermitteln.

Auslesen mit SAX oder DOM Mit beiden Arten von Prozessoren kann auf Attributwerte besser als auf Elementinhalte zugegriffen werden. Beim Verarbeiten mit DOM spielt die Größe des XML-Dokumentes eine Rolle, wobei nicht der Speicherplatzbedarf für das XML-Dokument entscheidend ist, sondern die Anzahl der Elemente im Dokument.

Ein wichtiges Kriterium für den Einsatz von SAX-Prozessoren ist, dass in den XML-Dokumenten eindeutige Tagbezeichnungen verwendet werden, das heißt, dass keine Verwendung von gleichen Tagnamen für unterschiedliche Zusammenhänge erfolgt, die dann nur aus dem Kontext zu analysieren sind. SAX-Prozessoren sind zustandslos und können keine Kontextinformationen auswerten. Eine kontextsensitive Auswertung muss in den aufrufenden Programmen nachgebildet werden und ist deshalb aufwändig.

7.6.3 Verwendung der Metriken

Die vorgestellten Produkt- und Ressourcenmetriken können für verschiedene Anwendungen eingesetzt werden:

- Metriken können verwendet werden, um ein Schema zu bewerten. Auch können durch die Metriken die Elemente eines Schemas ermittelt werden, die besonders komplex sind. Das ist der erste Schritt für eine eventuelle Vereinfachung oder Verbesserung des Schemas. Damit ist eine Einbettung der Metriken in Entwurfstools möglich und sinnvoll.
- Metriken können eingesetzt werden, um mehrere Schemata, die das gleiche Anwendungsgebiet beschreiben, zu vergleichen. Das kann erforderlich sein, wenn man aus mehreren verfügbaren Schemata eines auswählen möchte.

- Die Aufgabe, verschiedene Schemata miteinander zu vergleichen, besteht auch dann, wenn man aus einer gegebenen Kollektion von XML-Dokumenten ein Schema ableitet.In dem Fall existieren häufig mehrere Möglichkeiten zur Darstellung des Schemas. Um sie zu vergleichen und eine Entscheidung zu treffen, welches generiert wird, können Metriken eingesetzt werden.

Nach Vorstellung der allgemeinen Metriken sollen im folgenden Teil Metriken entwickelt werden, die den Dokumentcharakter bestimmen.

7.6.4 Metriken zur Bestimmung des Dokumentcharakters

Im Folgenden sollen Metriken zusammengetragen werden, die bestimmen, ob eine XML-Dokumentkollektion *datenzentriert* oder *dokumentzentriert* ist. In Kapitel 6, Abschnitt 6.1 wurde diese Unterteilung der XML-Dokumente eingeführt und anhand von Beispielen erläutert. Jetzt folgt eine Zusammenstellung einfacher Metriken, mit denen der Dokumentcharakter bestimmt werden kann. Dabei können zwei Merkmale herangezogen werden:

- Textanteil im Dokument sowie
- »Freiheitsgrade« des Schemas

Beide Metriken werden im Folgenden vorgestellt.

Auswertung des Inhaltsmodells

Textanteil im Dokument Mit der Metrik wird bestimmt, wie viele Nicht-Blattelemente des Graphen als Mixed Content definiert sind, also das Inhaltsmodell »`(#PCDATA|...|...)*`« in DTDs oder »`mixed='true'`« im XML Schema aufweisen. Die gleiche Eigenschaft haben Elemente, die mit dem Inhaltsmodell `ANY` in DTDs und XML Schema definiert sind. Diese Metrik kann absolut oder relativ zur Gesamtanzahl der Nicht-Blattelemente ermittelt werden. Abbildung 7.13 veranschaulicht das Maß. In dem laufenden Beispiel existiert nur ein auf diese Weise definiertes Element (`preise`), das durch ein doppelt umrandetes Rechteck gekennzeichnet ist. Insgesamt sind sechs Nicht-Blattelemente vorhanden, die durch doppelt umrandete Knoten in der Abbildung markiert sind. Die Metrik ergibt also für das Beispiel $1/6 = 0.17$ und es handelt sich um ein datenzentriertes Schema.

Auswertung der XML-Dokumente

Ein weiteres Merkmal, das die gleiche Eigenschaft durch Auswertung der XML-Dokumente bewertet, ist die Länge der Inhalte aller Mixed-Content-Elemente einschließlich der Blattelemente. Sind die Elemente kurz, so handelt es sich wahrscheinlich um Daten, bei längeren Inhalten sind hier Textanteile enthalten, also handelt es sich um Dokumente. Das Merkmal ist aus dem Schema nicht abzulei-

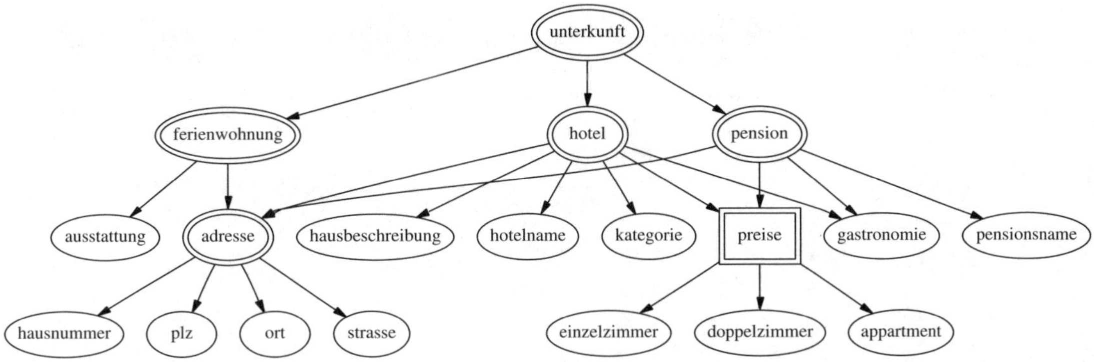

Abbildung 7.13
Textanteil eines Schemas

ten, weshalb hier *Kollektionen von XML-Dokumenten* herangezogen werden müssen.

Freiheitsgrade der Darstellung Ein weiteres Merkmal, das eine Unterscheidung von daten- und dokumentzentrierten XML-Dokumenten liefern kann, wertet aus, wie irregulär die XML-Dokumente zu einem Schema sein können. Lässt das Schema nicht sehr viele verschiedene Varianten zu, so handelt es sich um eine datenzentrierte Anwendung. Viele Möglichkeiten, die XML-Dokumente flexibel zu gestalten, bedeuten, dass das Schema für eine dokumentzentrierte Anwendung erstellt wurde.

Wie ermittelt man nun die »Freiheitsgrade«, die durch ein gegebenes Schema existieren?

Auswertung Inhaltsmodell

Zunächst einmal kann man die Alternativen, die in den Elementdeklarationen auftreten, heranziehen. Dabei ergibt sich die Abstufung, dass das Inhaltsmodell `ANY` und Mixed-Content-Elementdeklarationen »`(#PCDATA|...)*`« die größte Flexibilität erlauben, gefolgt von anderen Alternativen »`(`*`Element`*`|...)*`«. Sequenzen und andere Elementdeklarationen bedingen hingegen sehr reguläre Dokumente.

Auswertung Quantifizierer

Weiterhin können die Quantifizierer in Sequenzen ausgewertet werden, um ein Schema zu beurteilen. Dabei können die Quantifizierer »`*`«,»`+`«, »`?`« und 1 auftreten und werden in dieser angegebenen Reihenfolge immer restriktiver. Das bedeutet, dass der Quantifizierer »`*`« sehr viele Freiheitsgrade in der Darstellung bietet, der Quantifizierer 1 hingegen nur eine Möglichkeit erlaubt, wie das zugehörige Element im XML-Dokument aussehen kann. Die beiden folgenden Tabellen werten die Metriken für das laufende Beispiel aus.

Beide Merkmale weisen ein überwiegend datenzentriertes XML-Dokument aus.

Tabelle 7.4 Auswertung des Inhaltsmodells

Inhaltsmodell	Mixed Content	Alternativen	Sequenzen
Anzahl	1	1	3

Tabelle 7.5 Auswertung der Quantifizierer

Quantifizierer	*	+	?	1
Anzahl	4	0	1	10

Auswertung XML-Dokumente

Präzisieren lässt sich das oben beschriebene Merkmal, wenn zu dem Schema auch aussagekräftige XML-Dokumente vorliegen. Eine Aussage, wie oft jedes definierte Element und Attribut in der Dokumentkollektion auftritt, ist exakter als eine Metrik, die die Quantifizierer auswertet.

Treffen bei der Auswertung der beiden Metriken die meisten Eigenschaften zu, die auf datenzentrierte XML-Dokumente hinweisen, dann handelt es sich um strukturierte Daten. Treffen die meisten Eigenschaften zu, die auf dokumentzentrierte XML-Dokumente hinweisen, dann handelt es sich um Volltextinformationen. Lässt sich die Entscheidung nicht eindeutig treffen, dann liegen semistrukturierte XML-Dokumente vor.

Anwendungsgebiete XML-Dokumente können sehr unterschiedlich aussehen. Sie können von reinen Daten bis zu Volltexten sehr verschiedene Inhalte enthalten. Daraus ergeben sich auch Unterschiede in der Verarbeitung der Dokumente, der Speicherung, den Anfragen, den Updateoperationen, der Forderung nach Wiederherstellbarkeit usw.

Metriken, die den Dokumentcharakter bestimmen, können dabei helfen, geeignete Verfahren für eine konkrete Dokumentkollektion auszuwählen, zum Beispiel eine optimale Methode zur Speicherung. In Abschnitt 8.20 wird eine hybride Speicherung vorgestellt, die auf diesen Metriken basiert.

hybride Speicherung

7.7 Literatur

In diesem Kapitel erfolgte ein Darstellung von Schemainformationen. Die Ableitung von Schemainformationen aus XML-Dokumenten wurde bereits gezeigt und Methoden zur konzeptuellen Modellierung wurden dargestellt. In diesem Abschnitt wird weiterführende Literatur zu allen oben genannten Aspekten aufgezählt.

XML Schema Als weiterführende Literatur zu XML Schema ist zunächst die Empfehlung des W3C zu nennen. Sie ist im Web in drei Teilen frei verfügbar, [W3C01b] — Einführung, [W3C01c] — Strukturen und [W3C01d] — Datentypen.

Eine ausführliche Einführung in XML Schema wird in dem Buch »XML und Datenmodellierung — Modellierung von Daten und Metadaten mit XML-Schema und RDF« von Rainer Eckstein und Silke Eckstein [EE03] gegeben.

Auf der Webseite des W3C zum Thema XML Schema[1] sind neben dem Verweis auf die Empfehlung selbst auch Tutorials sowie Links zu Software vorhanden.

Das Buch »Web und Datenbanken« [RV02] enthält ein Kapitel zu XML Schema von Harald Schöning und Walter Waterfeld. Das Kapitel führt XML Schema ein und stellt verschiedene Entwurfsstile mit XML Schema vor.

Arbeiten zu DTD-Ableitung Eine sehr detaillierte Untersuchung zur XML-Schema-Ableitung aus Dokumentkollektionen wird in der Diplomarbeit von Christian Romberg [Rom01b] dargestellt. In der Arbeit wird ein eigener Ansatz entwickelt. Darüber hinaus sind auch zahlreiche andere bekannte Ansätze sorgfältig untersucht und detailliert erläutert worden.

DTD Miner Ein Tool zur Extraktion von Schemainformationen für eine gegebene Menge von XML-Dokumenten ist der DTD Miner von Chuang-Hue Moh, Ee-Peng Lim und Wee-Keong Ng. Das Verfahren ist in [MLN00] beschrieben. Der eingesetzte Algorithmus verwendet intern Dokumentbäume (geordnete gerichtete, azyklische Graphen). Für die Menge der Dokumentbäume wird der Gesamtgraph ermittelt, der alle Teilgraphen umspannt.

Ansatz von Helena Ahonen, Heikki Manila und Erja Nikunen In diesem Ansatz wird ein Top-down-Vorgehen zur Ableitung einer DTD für gegebene XML-Dokumente vorgestellt [AMN94]. Zu jedem Elementtyp aus einer gegebenen Menge von XML-Dokumenten wird ein endlicher Automat konstruiert. Im nächsten Schritt erfolgt die Generalisierung von erkannten Ausdrücken auf diesen Automaten. Es wird sichergestellt, dass der Automat nicht-1-mehrdeutig ist. Anschließend wird der Ergebnisautomat in einen regulären Ausdruck (entspricht einem Inhaltsmodell) umgeformt.

GB-Engine Das Verfahren wurde 1995 von Keith Shafer et al. [Sha95] für SGML entwickelt. Es arbeitet intern auf Strukturregeln der

[1] `www.w3.org/XML/Schema`

Form `Element` → `Definition`, die DTD-Ausschnitten ähneln. Im ersten Schritt erfolgt eine Generierung der Regeln zu den einzelnen Dokumenten. Im nächsten Schritt werden Regeln zusammengefasst. Anschließend erfolgt eine Generalisierung von Regeln und dadurch eine Reduktion der Regelanzahl.

XTRACT Das hier eingesetzte Verfahren [GGR+00] bildet eine Menge von Ausdrücken und deren textueller Repräsentation. Durch diese wird der Suchraum dargestellt, in dem eine optimale Schemabeschreibung ermittelt wird. Eine exakte Optimumsermittelung ist jedoch nicht möglich, weil der dabei entstehende Suchraum zu groß ist. Es werden deshalb durch Heuristiken Approximationsalgorithmen aufgestellt. Die Zielfunktion für ein optimales Schema ist der Informationstheorie entnommen, es soll ein Schema mit minimaler Länge gefunden werden.

Vergleich von XML-Editoren Der Artikel [MWB02] von Stefan Mintert, Erik Wilde und Henning Behme stellt den Funktionsumfang verschiedener

XML-Editoren (wie Epic, XMetal, epcEdit, XML Spy und StylusStudio) vor und vergleicht die Produkte.

Modellierung mit dem Entity-Relationship-Modell Das Entity-Relationship-Modell wird im Datenbankbereich sehr häufig zur konzeptuellen Modellierung verwendet. Es geht auf Peter Chen [Che75] zurück.

Darstellungen dazu finden sich in den Büchern von Carlo Batini, Stefano Ceri, Shamkant Navathe [BCN92], Bernhard Thalheim [Tha97] und vielen anderen.

Ein Verfahren zur konzeptuellen Modellierung mit dem Entity-Relationship-Modell und zur Ableitung von DTDs aus Entity-Relationship-Modellen wird von Carsten Kleiner/Udo Lipeck in [KL01] und [KL02] beschrieben.

Modellierung mit dem Object Role Model Das Object Role Model wurde von Terry Halpin entwickelt und wird in [Hal01] vorgestellt. Das Modell kann zur konzeptuellen Modellierung von XML-Schemata verwendet werden. Diese Methode ist Inhalt des Artikels von Linda Bird, Andrew Goodchild und Terry Halpin [BGH00].

Modellierung mit UML Zur Unified Modeling Language (UML) ist eine Vielzahl von Literatur verfügbar. Stellvertretend seien hier [UML] [HK99], [RBJ98] und [BJR98] genannt.

Die Verwendung von UML zur Modellierung und Ableitung von DTDs wurde von Rainer Conrad, Dieter Scheffner und Johann-Christoph Freytag in [CSF00] vorgestellt. Dazu wurde eine Erweiterung von UML zur graphischen Darstellung aller Bestandteile von DTDs beschrieben.

Eine ähnliche Herangehensweise wird von Gerti Kappel et al. [KKRSR00] gewählt. Hier liegt die Intention des Artikels nicht auf dem Einsatz von UML zur Modellierung von DTDs, sondern UML wird zur Erläuterung von DTDs eingesetzt und somit implizit eine einfache Beschreibung gegeben, welches UML-Konzept welches DTD-Konzept (Elemente, Attribute, Hierarchien, Quantifizierer) darstellt. Man kann aus dem Artikel also auch eine Möglichkeit herauslesen, wie UML zur graphischen Repräsentation von DTDs eingesetzt werden kann.

Eine andere Möglichkeit der Modellierung von XML-Schemata wurde von Nicholas Routledge, Linda Bird und Andrew Goodchild in [RBG02] vorgeschlagen. Hier erfolgt die Modellierung über einen »zweistufigen« Einsatz von XML. Im ersten Schritt erfolgt eine konzeptuelle Modellierung, bei der noch keine Implementierungsdetails festgelegt werden. Sie kommen erst in einem zweiten Schritt dazu und es werden Entscheidungen über einfache und komplexe Typen, Elemente und Attribute in dieser Phase getroffen sowie graphisch in UML-Diagrammen dargestellt. Im dritten Schritt wird ein XML-Schema aus dem so definierten UML generiert.

Für das Verfahren musste UML erweitert werden, um Keys und UNIQUE-Constraints ausdrücken zu können. Weiterhin trafen die Autoren die Aussage, dass `Mixed Content` sich durch UML sehr schlecht darstellen lässt.

Ein Buch, das die Verwendung von UML zur Modellierung von XML-Anwendungen erklärt und die ausführlichste Darstellung liefert, wie Klassendiagramme verwendet werden können, um XML-Dokumente, DTDs und XML-Schemata darzustellen, ist [Car01] von David Carlson. Hier ist neben der Verwendung von Klassendiagrammen auch beschrieben, wie die Modellierung von E-Business-Prozessen mit Usecase-Diagrammen erfolgen kann.

Metriken Die erste Einführung von Metriken für XML-Dokumente wurde in [Sah00] von Arnaud Sahuguet gegeben. Dort werden einige Produktmetriken für DTDs eingeführt und für bekannte Beispiel-DTDs ermittelt. Ressourcenmetriken und daraus abgeleitete Hinweise zum Entwurf von DTDs wurden von Byron Choi und Arnaud Sahuguet in [Cho00] angegeben.

Das Thema Metriken für XML-Dokumente ist Titel der Diplomarbeit von Lars Schneider [Sch02c] und auch in [KSH02] dargestellt. Hier werden verschiedene Produktmetriken aus der Softwaremetrie angepasst, damit sie für XML-Dokumente zur Bewertung der Benutzbarkeit und Änderbarkeit dienen.

7.8 Systeme

Die folgenden Tools und Systeme können zum Entwurf von Schemata, zur Validierung und zur Transformation von Schemabeschreibungen in andere Formate sowie zur Ableitung von Schemata für gegebene XML-Dokumente eingesetzt werden.

XML-Schema-Prozessoren Frei verfügbare Parser, die XML Schema auswerten, sind seit längerer Zeit verfügbar. Beispiele dafür sind der XML Schema Quality Checker von IBM alphaworks[2] und der XML Schema Validator von Oracle[3]. Ein kommerzielles Tool für das Editieren und Validieren von XML Schema ist von XML Spy entwickelt worden. Die gleiche Funktionalität bietet auch XML Authority[4].

Eine gut gewartete Übersicht mit Verweisen auf verfügbare Tools findet man auf den Webseiten des W3C unter [W3C01b].

Rational Rose Rational Rose [XMLa] ist ein Entwicklungstool, mit dem es möglich ist, UML-Diagramme zu erstellen und aus ihnen DTDs oder XML Schema zu generieren.

XML Spy Das Tool XML Spy[5] unterstützt die Entwicklung von DTDs, XML Schema und anderen Schemasprachen durch eine graphische Darstellung der Baumstruktur der resultierenden Dokumente. Mit diesem Tool können Transformationen zwischen sechs Schemasprachen erfolgen. Außerdem wird die Ableitung einer Schemabeschreibung zu einem gegebenen XML-Dokument angeboten.

XDE Der XML document instance editor (XDE)[6] ist ein frei verfügbarer Editor für XML-Dokumente.

XML Autority (Extensibility) Das Tool XML Authority [XMLb] bietet eine graphische Unterstützung bei der Entwicklung von DTDs oder XML Schema. Das ermöglicht eine intuitive Entwicklung, bei der die Baumstruktur der Dokumente bzw. der Schemabeschreibung anschaulich visualisiert wird. Weiterhin bietet das Tool die Möglichkeit zur Validierung von Dokumenten gegen eine DTD oder ein XML-Schema an. Die Transformation zwischen verschiedenen Schemasprachen wird ebenfalls unterstützt. Weiterhin können XML-Schemata für gegebene Beispieldokumente abgeleitet werden.

---
[2] www.alphaworks.ibm.com/tech/xmlsqc
[3] technet.oracle.com/tech/xml/
[4] www.extensibility.com/xml_resources/modeling.htm
[5] www.xmlspy.com
[6] www.cogsci.ed.ac.uk/~ht/xed.html

Übersetzung DTD in XML Schema. Es existiert ein Tool dtd2xs[7], das eine Übersetzung einer DTD in ein XML-Schema vornimmt.

DTD Miner Ein weiteres Tool zur Extraktion der Schemainformationen zu einer gegebenen Menge von XML-Dokumenten ist der DTD Miner[8] von Chuang-Hue Moh, Ee-Peng Lim und Wee-Keong Ng. Es stellt eine Webschnittstelle bereit, dort erfolgt die Eingabe von XML-Dokumenten, als Ausgabe wird die abgeleitete DTD geliefert.

SAXON DTD-Generator Ein Tool, das für *ein gegebenes XML-Dokument* eine zugehörige DTD ableitet, ist der SAXON DTD-Generator[9], der von Michael Kay entwickelt wurde. Das Programm kann über ein Web-Interface[10] ausgeführt werden. Ziel des Programms ist es, schnell einen ersten Entwurf für eine DTD zu gewinnen, der dann manuell weiterentwickelt werden kann.

---

[7] www.w3.org/2000/04/schema_hack/

[8] pipe.cais.ntu.edu.sg:8000/~chmoh/dtd-miner/demo.html

[9] users.iclway.co.uk/mhkay/saxon/saxon5-5-1/dtdgen.html

[10] www.pault.com/pault/dtdgenerator/

8 XML-Datenbanken — Speicherungstechniken

In einigen Anwendungen sind XML-Dokumente temporäre Austauschformate, die durch eine Applikation erzeugt und durch eine andere ausgelesen und ausgewertet werden. Zahlreiche Anwendungen müssen XML-Dokumente jedoch dauerhaft speichern. Es wurde eine Reihe von Methoden für die effiziente und sichere Speicherung von XML-Dokumenten entwickelt, die Inhalt dieses Kapitels sind.

Im Folgenden wird eine Klassifikation für die Methoden zur Speicherung von XML-Dokumenten schrittweise aufgebaut und es werden zahlreiche Verfahren erläutert. Am Ende des Kapitels werden Systeme angegeben, mit denen sich die einzelnen dargestellten Varianten zur Speicherung von XML-Dokumenten realisieren lassen.

In Kapitel 6 wurde bereits eine erste Darstellung von Speicherungsmethoden gegeben. Teilweise wurden dazu Verfahren herangezogen, die im Bereich Datenbanken zur Speicherung von Daten und im Information Retrieval zur Speicherung von Texten eingesetzt werden. Diese Verfahren wurden erweitert, um den Besonderheiten von XML gerecht zu werden. Es gibt aber auch Methoden, die speziell zur Speicherung von XML-Dokumenten entwickelt wurden. Diese werden ebenfalls anschließend vorgestellt.

Beim Einsatz der jeweiligen Verfahren spielt der Dokumentcharakter, der in Abschnitt 6.1 beschrieben wurde, eine wesentliche Rolle. Die Frage, ob ein Dokument datenzentriert, semistrukturiert oder dokumentzentriert ist, beeinflusst die Wahl einer geeigneten Speicherungsmethode in erheblichem Maße.

8.1 Klassifikation der Speicherungsmethoden

Es existieren zahlreiche verschiedene Methoden, die zur Speicherung von XML-Dokumenten angewendet werden können. Begonnen werden soll das Kapitel deshalb mit einer Klassifikation und Einordnung. Dabei können drei grundlegende Klassen von Verfahren unterschieden werden:

Dateien

Indizes

1. Es ist möglich, XML-Dokumente als *Dateien* im Dateisystem bzw. als CLOBs innerhalb eines Datenbanksystems zu speichern und für die Realisierung von effizienten Zugriffen *Indizes* über den Dokumentkollektionen anzulegen. Anfragen werden dann unter Auswertung des Indexes beantwortet. In *Abschnitt 8.2* werden diese Verfahren dargestellt.

Graphstruktur

2. Andere Verfahren speichern die *Graphstruktur* der Dokumente generisch und realisieren Anfragen an die Dokumente auf dieser Struktur. In *Abschnitt 8.3* werden diese Verfahren detailliert vorgestellt.

strukturierte Speicherung mit Datenbanken

3. Eine dritte Klasse von Verfahren bildet die Struktur von XML-Dokumenten auf die *Struktur von Datenbanken* ab. Die Speicherung der XML-Dokumente erfolgt dann in der so entstandenen Datenbank. In *Abschnitt 8.4* werden verschiedene Varianten für die Speicherung von XML-Dokumenten in Datenbanken gezeigt.

Abbildung 8.1 zeigt noch einmal diese grundlegende Unterscheidung.

Abbildung 8.1 *Klassifikation der Speicherung von XML-Dokumenten*

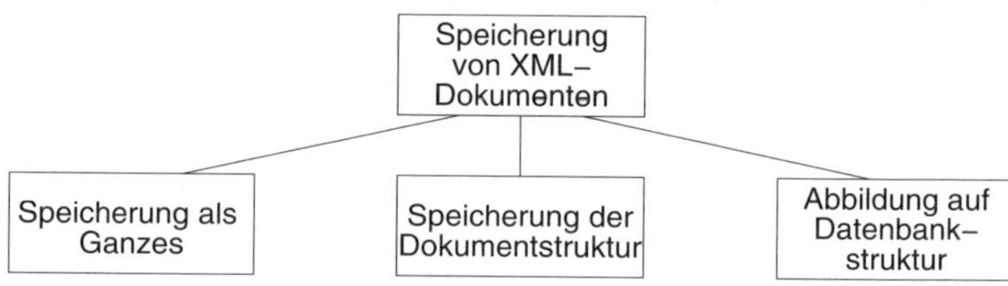

Bevor mit der detaillierten Vorstellung der einzelnen Speicherungsmethoden begonnen wird, soll noch ein anderer Begriff erläutert werden, der von Systemherstellern häufig verwendet wird, um ein Speicherungsverfahren zu beschreiben.

native Datenbanken

Eine Charakteristierung der Methoden erfolgt durch den Term *native Datenbanken* oder *XML-Datenbanken*.

Damit ergibt sich zunächst aber die Frage, was »native« Datenbanken oder XML-Datenbanken eigentlich sind. Diese Frage ist schwerer zu beantworten, als zunächst vermutet werden kann, da der Term native Datenbanken ursprünglich von der Software AG für das System Tamino eingeführt und von anderen Herstellern aufgegriffen wurde. Eine technische Definition existierte für den Begriff zunächst nicht. Im Nachhinein gibt es Versuche, eine allgemein akzeptierte Definition für den Begriff zu finden. Eine Definition, auf die die Mitglieder der XML:DB-Mailing-Liste sich geeinigt haben und die von Ronald Bourret ausführlich erläutert wurde, soll im Folgenden dargestellt werden:

- Eine XML-Datenbank definiert ein (logisches) Modell für ein XML-Dokument und erlaubt in Übereinstimmung mit diesem Modell die Speicherung und Zurücklieferung von Dokumenten. Das Modell muss mindestens Elemente, Attribute, `#PCDATA` und die Dokumentordnung enthalten. Beispiele für solche Modelle sind das XPath Datenmodell, das durch DOM implizierte Modell und die Ereignisse in SAX 1.0.

- Die fundamentale Einheit der logischen Speicherung sind XML-Dokumente. Diese sind vergleichbar mit den Tupeln einer relationalen Datenbank, die dort die fundamentale Einheit der logischen Speicherung sind.
- Es ist nicht erforderlich, ein bestimmtes, zugrunde liegendes Modell zur physischen Speicherung zu besitzen. Es kann beispielsweise auf relationalen, hierarchischen und objektrelationalen Datenbanken aufgebaut werden, oder es werden proprietäre Speicherformate wie Indizes und komprimierte Files eingesetzt.

Man kann *textbasierte native XML-Datenbanksysteme* und *modellbasierte native XML-Datenbanksysteme* unterscheiden.

textbasierte native XML-Datenbank

Textbasierte native XML-Datenbanksysteme speichern die XML-Dokumente als Text, zum Beispiel im Dateisystem oder in den CLOBs eines Datenbanksystems. Allen textbasierten nativen XML-Datenbanksysteme ist die Verwendung von Indizes gemein, um einen schnelleren Zugriff auf Dokumentbestandteile zu ermöglichen.

modellbasierte native XML-Datenbank

Modellbasierte native XML-Datenbanksysteme speichern ein internes Objektmodell, zum Beispiel das Document Object Model. Oft baut diese Speicherung der Informationen auf relationalen, objektorientierten oder hierarchischen Datenbanken auf.

Im Verlauf dieses Kapitels wird die Klassifikation weiterentwickelt und dabei für jedes vorgestellte Verfahren das prinzipielle Vorgehen dargestellt sowie anhand des in Beispiel 8.1 eingeführten XML-Dokumentes erläutert.

Beispiel 8.1
XML-Beispiel

```
<hotel url="http://www.hotel-huebner.de"
      id= "h0001"
      erstellt-am="09/15/2002"
      autor="Hans Müller">
     <hotelname>Hotel Hübner</hotelname>
     <kategorie>4</kategorie>
     <adresse>
         <plz>18119</plz>
         <ort>Warnemünde</ort>
         <strasse>Seestraße</strasse>
         <nummer>12</nummer>
     </adresse>
     <telefon>0381/5434-0</telefon>
     <fax>0381/5434-444</fax>
</hotel>
```

Beispiel 8.2 zeigt die DTD, der das Dokument aus Beispiel 8.1 entspricht.

Beispiel 8.2
DTD des Dokuments aus Beispiel 8.1

```
<!ELEMENT hotel (hotelname, kategorie, adresse,
                 telefon+, fax)>
<!ATTLIST hotel url CDATA #REQUIRED
                id ID #REQUIRED
                erstellt-am CDATA #IMPLIED
                autor CDATA #IMPLIED>
<!ELEMENT hotelname (#PCDATA)>
<!ELEMENT kategorie (#PCDATA)>
<!ELEMENT adresse (plz, ort, strasse, nummer)>
<!ELEMENT plz (#PCDATA)>
<!ELEMENT ort (#PCDATA)>
<!ELEMENT strasse (#PCDATA)>
<!ELEMENT nummer (#PCDATA)>
<!ELEMENT telefon (#PCDATA)>
<!ELEMENT fax (#PCDATA)>
```

Generell eignen sich für *dokumentzentrierte XML-Dokumente* die Methoden zur Speicherung von XML-Dokumenten in Dateien oder als CLOBs. Die Methoden zur strukturierten Speicherung in Datenbanken bieten sich vorwiegend zur Abbildung von *datenzentrierten XML-Dokumenten* an und die Speicherung der Dokumentstruktur kann für *semistrukturierte XML-Dokumente* eingesetzt werden.

8.2 Speicherung von XML-Dokumenten als Ganzes

Man kann XML-Dokumente als Dateien im Dateisystem speichern und verwalten. Dadurch benötigt man keine Umwandlungsoperationen zur Speicherung. Die Dokumente bleiben im Originalzustand erhalten und sind jederzeit verfügbar. Ebenso ist die Speicherung von vollständigen XML-Dokumenten als CLOBs innerhalb von Datenbanksystemen möglich.

Für die meisten Anwendungen ist es notwendig, Anfragen auf der Menge der gespeicherten XML-Dokumente durchzuführen. Die Anfragen durchsuchen dabei die Dokumente sequenziell, was bei größeren Dokumentenkollektionen jedoch sehr ineffizient ist. Das Anlegen eines *Indexes* ist für diesen Fall eine Methode zur Effizienzsteigerung und Verringerung der Antwortzeiten.

Volltextindex
Strukturindex

Wir werden in diesem Abschnitt zwei verschiedene Varianten der Indexbildung vorstellen: Die erste ist ein Volltextindex, der in Abschnitt 8.2.1 dargestellt wird, die zweite ist ein Index, der zusätzlich die XML-Struktur auswertet — er wird in Abschnitt 8.2.2 vorgestellt . Abbildung 8.2 ordnet die beiden daraus resultierenden Speicherungsmethoden in die Klassifikation ein.

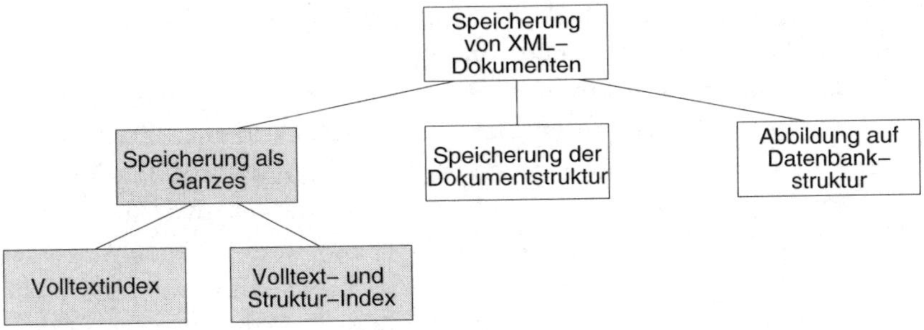

Abbildung 8.2
Klassifikation der Indexbildung über XML-Dateien

8.2.1 Verwendung eines Volltextindexes

Die einfachste Variante eines Indexes über XML-Dokumenten ist ein Volltextindex, wie er aus dem Information Retrieval bekannt ist. Im Bereich Information Retrieval wurden spezielle Indexarten entwickelt, um Anfragen auf Volltexten umzusetzen. Die Zugriffe unterscheiden sich von Datenbankanfragen, denn hier sind andere Arten von Anfragen möglich, zum Beispiel:

- welche Texte handeln von objektrelationalen Datenbanken und
- in welchen Dokumenten treten die Begriffe Datenbanken und Information Retrieval im Zusammenhang auf.

Teilaufgaben

Im Information Retrieval existieren die Teilaufgaben *Deskribierung*, *Recherche* und *Ergebnispräsentation*. Abbildung 8.3 stellt das Zusammenwirken dieser Teilaufgaben dar.

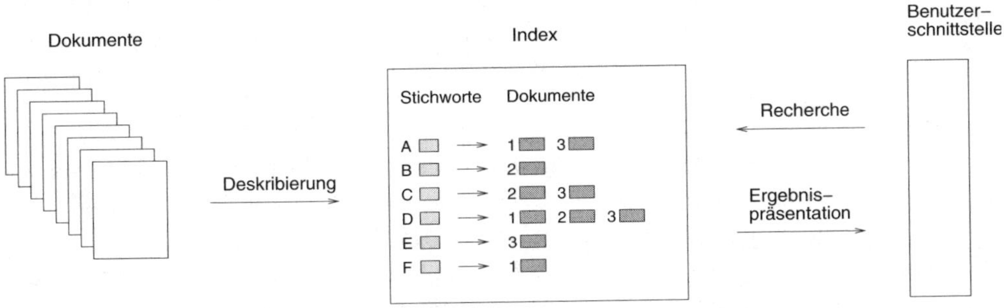

Abbildung 8.3
Teilaufgaben des Information Retrieval

Bei der *Deskribierung* erfolgt die Aufbereitung von Dokumenten durch

- *statistische wortbasierte Verfahren*
  Diese Methoden werten die Häufigkeit von auftretenden Termen aus. Eingesetzt werden dabei unter anderem Stoppwortlisten, durch die häufig auftretende Wörter aus dem Text eliminiert werden. Eine weitere Methode ist das Streichen von sehr selten vor-

Stoppworte

Streichen seltener Begriffe

kommenden Begriffen, die zwar die höchste Selektivität haben, aber den Index stark vergrößern.

- *linguistische Verfahren*

  Stammwortreduktion

  Wortnormalisierung

  Erkennen von Satzzusammenhängen

  Linguistische Verfahren analysieren die Wörter und Texte eines Dokuments. Dabei wird häufig eine Stammwortreduktion verwendet, die alle auftretenden Terme auf den Wortstamm zurückführt, sodass Begriffe wie `Datenbank` und `Datenbanken` oder `fehlschlagen`, `fehlgeschlagen` und `fehlschlug` auf die gleiche Stammform abgebildet werden können. Dabei werden Vorgehensweisen wie Wortnormalisierung (Groß- und Kleinschreibung sowie Umlaute werden zunächst vereinheitlicht), Wortdekomposition (dabei werden durch Anwendung von Regeln und Einsatz von Wörterbüchern zusammengesetzte Begriffe getrennt) und Stammwortreduktion (durch Regeln, die besonders für die englische Sprache eingesetzt werden oder Wörterbücher, die aufgrund der vielen Unregelmäßigkeiten für die deutsche Sprache eingesetzt werden) angewandt. Eine weitere linguistische Methode ist das Erkennen von Satzzusammenhängen und das Speichern dieser Information im Index.

- *wissensbasierte Verfahren*

  Klassifikationen

  Thesaurus

  Ontologien

  Im Gebiet Information Retrieval wurden zahlreiche wissensbasierte Verfahren entwickelt und eingesetzt. Dazu gehören *Klassifikationen*, die eine hierarchische Ordnung von Themen und Objekten angeben sowie *Thesauren*, in denen Synonyme, Antonyme, Über- und Unterbegriffe und ähnliche Begriffe spezifiziert sind. *Ontologien* stellen den Zusammenhang von Begriffen eines Anwendungsgebiets her und werden ebenfalls im Information Retrieval bei der Indexbildung und der Beantwortung von Anfragen eingesetzt.

Im Information Retrieval sind Anfragen zeitkritisch, die Indexbildung ist das in der Regel nicht. Deshalb werden Indizes eingesetzt, die den Anforderungen nach schnellem Zugriff auf die Informationen gerecht werden. Häufig werden *mehrere Indizes* gebildet, die für die verschiedenen Anfragearten geeignet sind wie ein exakter Index, ein Wortstamm-Index und ein Index für die Ähnlichkeitssuche. Solche Indexarten können verwendet werden, um Suchanfragen wie exakte Suche, Stammwortreduktion, phonetische Suche, Ähnlichkeitssuche usw. realisieren zu können.

invertierte Listen

Die Indizes können als so genannte *invertierte Listen* realisiert sein. Abbildung 8.4 zeigt den generellen Aufbau einer invertierten Liste.

Für eine Menge von Dokumenten werden die relevanten Stichwörter bestimmt. Dabei erfolgt die Speicherung so, dass zu jedem Stichwort die Menge der Dokumente, in der das Stichwort aufgetreten ist, gespeichert wird. Die Erzeugung eines Indexes auf Basis einer invertier-

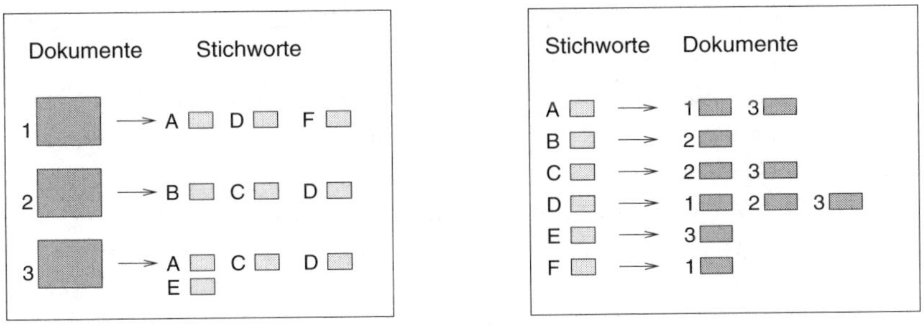

Bestimmung der Stichworte in den Dokumenten

Invertierte Speicherung: Speicherung der Stichworte und der zugehörigen Dokumente

Abbildung 8.4 *Indexspeicherung in Form einer invertierten Liste*

ten Liste wird für das laufende Beispiel in Abbildung 8.5 dargestellt. Das Verfahren wird in allen Suchmaschinen eingesetzt und erlaubt sehr effiziente Anfragen über große Datenmengen.

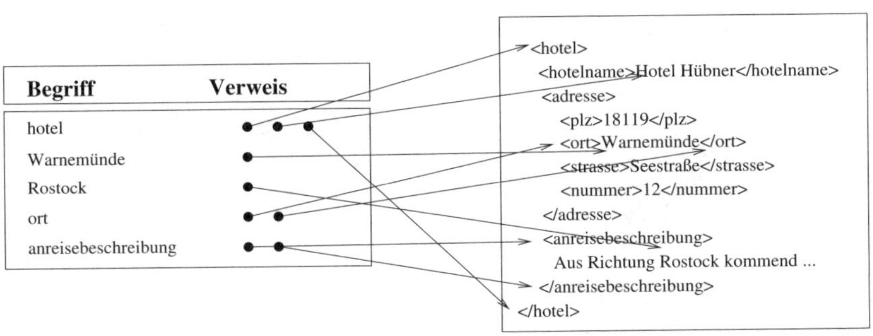

Abbildung 8.5 *Volltextindizierung*

Verfahren zur Recherche

Bei der Deskribierung der Dokumente und der Recherche müssen die gleichen Methoden eingesetzt werden. Mögliche Verfahren zur Recherche sind das *boolesche Retrieval*, das *Vektorraummodell* und das *probabilistische Modell*.

boolesche Anfragen

Anfragen Auf dem Volltextindex sind Zugriffe wie *boolesche Anfragen* möglich. Einige Beispielanfragen sind:

Beispiel 8.3 *Anfragen über dem Volltextindex*

```
Hotel AND Warnemünde
Hotel AND Strand
(Hotel OR Pension) AND (Warnemünde OR Rostock)
```

Beantwortet werden diese Anfragen, indem zu den Stichworten die Menge der Dokumente herausgesucht wird, in denen die Stichworte auftraten (boolesches Retrieval). Es wird untersucht, welches Dokument bei allen Stichworten gespeichert ist. Auf diese Weise werden Anfragen mit AND-Verknüpfung beantwortet, Anfragen mit OR-Verknüpfungen lassen sich in ähnlicher Form aus dem Index heraus beantworten, die Negation von Anfragen mit `NOT` ist ebenfalls unter Zuhilfenahme des Indexes beantwortbar.

Ranking

Über das boolesche Retrieval hinaus lässt sich durch die Verwendung von invertierten Listen eine einfache Form des Rankings umsetzen. Beim Ranking soll eine Sortierung der Ergebnismenge erfolgen, sodass relevantere Dokumente zuerst geliefert werden. Das lässt sich dadurch erreichen, dass in der invertierten Liste die Dokumente nicht ungeordnet gespeichert werden, sondern nach der Häufigkeit des Auftretens und der Position des ersten Auftreten des Stichwortes sortiert werden. Abbildung 8.6 zeigt die veränderte Form der Indexspeicherung.

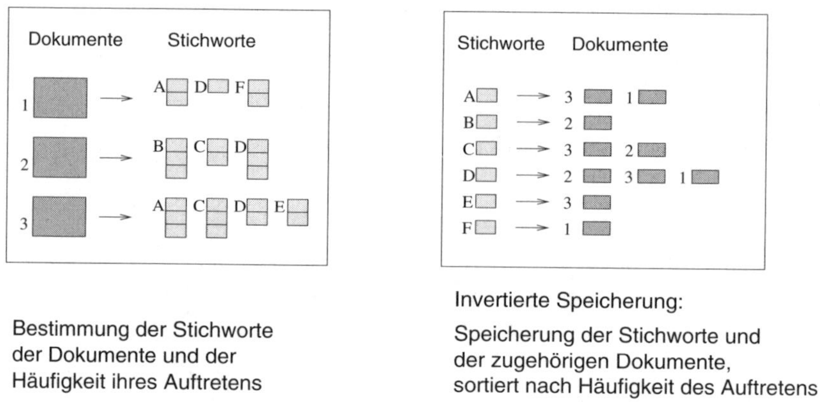

Abbildung 8.6 *Indexspeicherung in Form einer sortierten invertierten Liste*

Damit erhält man bei Suchanfragen beim Durchlaufen der Dokumente, die ein Stichwort enthalten, zuerst solche Dokumente, in denen der Suchbegriff häufig vorkommt oder zu Beginn des Dokuments auftritt. Das Ergebnis ist also in einfacher Weise sortiert.

Die Erweiterung der Indizes um die Position der Stichworte im jeweiligen Dokument erlaubt eine weitere Art von Anfragen. Man kann damit Anfragen beantworten, wie

- Suchbegriff »Datenbanken« tritt vor »XML« im Dokument auf
- der Begriff »Information« folgt unmittelbar auf »Retrieval«
- »XML« und »Datenbanken« treten mit einem Abstand von höchstens 5 Wörtern auf

Vektorraummodell

Eine weitere Möglichkeit zur Recherche stellt das *Vektorraummodell* dar. Dabei werden Dokumente und Anfrage als Vektoren betrachtet und über eine Abstandsfunktion die zu einer Anfrage passenden Dokumente ermittelt. Das Ergebnis der Ähnlichkeitsfunktion kann für das Ranking der Ergebnismenge verwendet werden.

probabilistisches Retrievalmodell

Ein weiteres Modell zur Recherche ist das *probabilistische Modell.* Bei diesem kann der Anwender die Anfrageterme gewichten. Vom System werden für die einzelnen Terme der Dokumente ebenfalls Gewichte ermittelt. Diese Gewichte können durch statistische Verfahren oder durch manuelle Methoden bestimmt werden. Zum Beantworten von Anfragen wird ein Ähnlichkeitsmaß eingesetzt, das die zu einer Anfrage passenden Dokumente ermittelt. Die Ergebnisse der Ähnlichkeitsfunktion können für das Ranking der Ergebnisse im Rahmen der Ergebnisrepräsentation eingesetzt werden.

physische Speicherung des Indexes

Wie die Indexstrukturen zur Speicherung und zum Retrieval von Texten genau aussehen, ist Inhalt von Kapitel 9. Dort werden Werte- und Textindizes in den Abschnitten 9.1 und 9.2 detailliert vorgestellt.

Fazit Tabelle 8.1 fasst die Eigenschaften der Verwendung eines Volltextindexes noch einmal zusammen.

Tabelle 8.1 *Eigenschaften der Speicherung von XML-Dokumenten unter Verwendung eines Volltextindexes*

Schemabeschreibung	nicht erforderlich
Dokumentrekonstruktion	Dokumente bleiben im Original erhalten
Anfragen	Anfragen des Information Retrieval
Weitere Besonderheiten	Volltextfunktionen (SQL/MM) keine Auswertung des XML-Markups
Einsatz	für dokumentzentrierte XML-Anwendungen

Datenrekonstruktion

Die Methode zur Speicherung von XML-Dokumenten ermöglicht es, Dokumente im Original zu erhalten. Es ist keine Umformung der Dokumente und damit natürlich auch keine Rekonstruktion der Dokumente notwendig. Der Index wird außerhalb der Dokumentkollektion gespeichert, verändert die Dokumente also nicht. Anfragen, die das gesamte Dokument als Ergebnis liefern, lassen sich also gut ausführen. Anders verhält es sich, wenn auf eine Anfrage nur ein Ausschnitt aus einem Dokument ausgegeben werden soll. In dem Fall muss das gesamte Dokument geparst werden.

Anfragen

Anfragen des booleschen Retrievals sind möglich; `AND`-, `OR`- und `NOT`- Verknüpfungen können über den Index realisiert werden. Weiterhin können Information-Retrieval-Anfragen — wie Stammwortreduktion, Ähnlichkeitssuche, Phrasensuche, Suche nach ähnlich klingenden Wörtern usw. — verwendet werden, die besonders für Dokumente mit Volltextcharakter sinnvoll sind. Ein Ranking der Ergebnismengen, das die Auftretenshäufigkeit, Position und Dokumentgröße berücksichtigt sowie ein Relevance Feedback durch den Anwender sind ebenfalls umsetzbar. Die bei dem Verfahren möglichen Anfragen müssen jedoch eher als Suchfunktionen betrachtet werden.

keine Auswertung des Markups

Bei den Zugriffen über den Volltextindex wird jedoch die XML-Struktur nicht berücksichtigt. Man kann z.B. nicht nach den XML-Dokumenten über Hotels fragen, in denen `ort='Warnemünde'` steht. Mit der Beispielanfrage `ort AND Warnemünde` würde man auch Hoteldokumente finden, in denen ein beliebiger Ort angegeben ist und der Begriff `'Warnemünde'` als Ausflugsziel oder in der Anreisebeschreibung auftritt. Um in Anfragen die XML-Struktur zu berücksichtigen, muss das Verfahren erweitert werden, indem die hierarchische Struktur der XML-Dokumente in den Index integriert wird. Dies wird im folgenden Abschnitt vorgestellt.

8.2.2 Verwendung eines kombinierten Volltext- und Strukturindexes

Es ist möglich, den Volltextindex so zu erweitern, dass dieser auch Informationen über die Struktur des XML-Dokumentes speichert. Abbildung 8.7 zeigt ein Beispiel, wie der Index in diesem Fall aussieht.

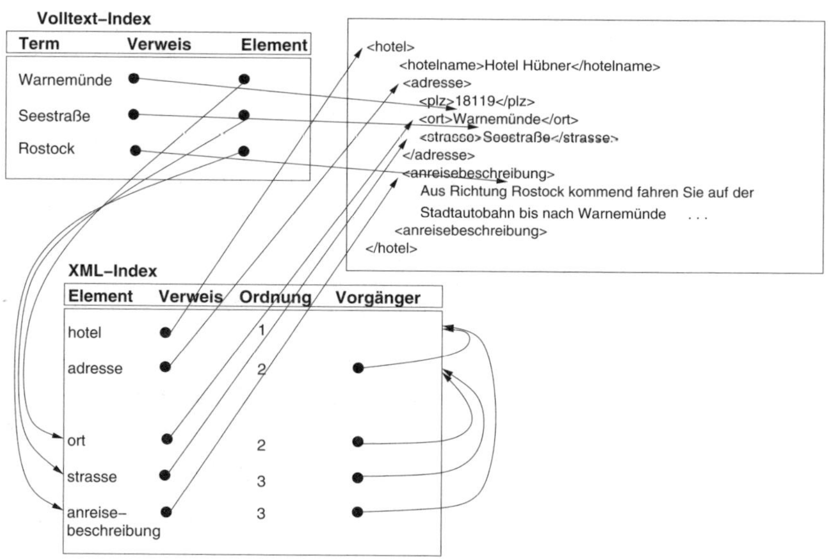

Abbildung 8.7
Volltext-Indizierung unter der Beachtung von XML-Markup

Der Index ist zweigeteilt: Er enthält Struktur- und Volltextinformationen.

Der Strukturindex speichert auftretende Elemente und Attribute (wie zum Beispiel: `ort` und `anreisebescheibung`). Die Elementhierarchie wird durch die Information `Vorgänger`, die wiederum auf den Strukturindex verweist, dargestellt.

Der Volltextindex selbst beinhaltet nicht die Markup-Informationen der XML-Dokumente. Lediglich die Inhalte der Elemente und die Werte der Attribute werden im Volltextindex gespeichert (zum Beispiel `Warnemünde`). Im Volltextindex wird ebenfalls gespeichert, in welchem Element oder Attribut der Wert auftrat. Das erfolgt über Verweise auf den Strukturindex. So wird für den Eintrag `Warnemünde` ein Verweis auf das Element `ort` gespeichert.

Man sieht, dass die Indexinformationen in diesem Fall umfangreicher und komplexer strukturiert sind.

Anfragen Durch den Index lassen sich jetzt Anfragen realisieren, die der XML-Struktur gerecht werden, z.B.

Beispiel 8.4
Anfragen unter Berücksichtigung der XML-Struktur

```
hotel.ort CONTAINS('Warnemünde')

hotel.ort CONTAINS('Warnemünde') AND
hotel.freizeitmoeglichkeiten CONTAINS("SWIMMING POOL")
```

Dazu sucht man in der Spalte `Stichwort` nach »`Warnemünde`«. Findet man diesen Begriff, so verfolgt man den Verweis auf die Elementtabelle. Wenn hier das Element `ort` auftritt, so wird im Elementindex der `Vorgänger` ermittelt, der in diesem Beispiel `hotel` ist. Damit ist eine Antwort auf die Anfrage gefunden worden.

Solche atomaren Anfragen lassen sich ebenfalls durch `AND`, `OR` und `NOT` verknüpfen, um komplexere Anfragen zu formulieren.

Da die Inhalte der Elemente und Attribute weiterhin als Volltextindizes gespeichert werden, lassen sich hier in die Anfragen auch Information-Retrieval-Anfragen integrieren. Man kann zum Beispiel in dem Index anstelle der aufgetretenen Terme auch den Wortstamm speichern, um so Wörter des gleichen Wortstamms in den Anfragen zu ermitteln. Damit sind zum Beispiel Anfragen wie

```
buch.titel CONTAINS (STEMMED FORM OF ('datenbank')) AND
buch.einleitung CONTAINS('Dokumentverarbeitung'
    IN SAME SENTENCE AS 'XML')
```

möglich.

Die Indexbildung über Attributen und deren zugeordneten Werten kann in der gleichen Form wie die beschriebene Indexbildung über der Elementstruktur der Dokumente erfolgen. Damit man bei Anfragen Elemente und Attribute unterscheiden kann, müssen sie separat gespeichert werden oder durch einen zusätzlichen Eintrag im Index gekennzeichnet sein.

physische Speicherung des Indexes

In diesem Abschnitt erfolgte eine Beschreibung der Informationen, die im Strukturindex gespeichert werden und eine Darstellung, wie Anfragen an die Indizes erfolgen. Eine detaillierte Beschreibung, wie die Informationen auf physischer Ebene organisiert sind, findet man in Kapitel 9, Abschnitt 9.4.

keine Umformung der XML-Dokumente

Fazit Bei der Speicherungsmethode sind ebenfalls keine Umformungen der Dokumente notwendig. Der Index wird außerhalb der Dokumentkollektion gespeichert, verändert die Dokumente also nicht. Dadurch lassen sich Anfragen, die das gesamte Dokument als Ergebnis liefern, gut ausführen. Anders verhält es sich mit Anfragen, die nur einen Ausschnitt aus einem Dokument als Ergebnis liefern sollen. In dem Fall muss das gesamte Dokument geparst und der entsprechende Ausschnitt ermittelt werden.

boolesches Retrieval

Anfragen des booleschen Retrievals sind möglich, `AND`-, `OR`- und `NOT`-Verknüpfungen können realisiert werden. Die Methode erlaubt die Verwendung von Anfragen des Information Retrieval (wie Stammwortreduktion, Ähnlichkeitssuche, Phrasensuche, Suche nach ähnlich klingenden Wörtern) und die Auswertung der XML-Tagstruktur. Damit die Ordnung der Elemente in den Anfragen berücksichtigt werden kann, muss sich diese im Index widerspiegeln.

Information-Retrieval-Anfragen

Ordnung

Es ist auch möglich, XML-Anfragesprachen wie XPath oder XQuery einzusetzen, die die im Index gespeicherten Informationen auswerten.

Tabelle 8.2 gibt die Merkmale der Methoden, die einen Volltext- und Strukturindex verwenden, noch einmal im Zusammenhang an.

Tabelle 8.2 *Eigenschaften des Speicherung von XML-Dokumenten unter Verwendung eines Volltext- und XML-Indexes*

Schemabeschreibung	nicht erforderlich
Dokumentrekonstruktion	Dokumente bleiben im Original erhalten
Anfragen	Information Retrieval und Auswertung des Markups
Weitere Besonderheiten	Volltextfunktionen (SQL/MM)
Einsatz	für dokumentzentrierte und auch für semistrukturierte XML-Anwendungen

Anfragen, bei denen Aggregatfunktionen ausgewertet werden sollen, lassen sich hingegen nicht realisieren. Bei der Speicherung von XML-Dokumenten als Dateien und der Indexbildung über ihnen sind Anfragen eher als erweiterte Suchfunktionen zu betrachten, die aus dem Information-Retrieval bekannt sind und den Besonderheiten des Markups von XML-Dokumenten gerecht werden. Die Rückgabe vollständiger XML-Dokumente ist effizient realisierbar; sollen jedoch Ausschnitte aus den Dokumenten zurückgegeben werden, ist das Parsen der kompletten XML-Dokumente erforderlich.

textbasierte native Speicherung

Die Speicherungsmethode wird auch als textbasierte native Speicherung von XML-Dokumenten bezeichnet.

8.3 Speicherung der Graphenstruktur von XML-Dokumenten

Bei den in diesem Abschnitt vorgestellten Verfahren werden alle Informationen aus einem XML-Dokument (Dokumentstruktur und Dokumentinhalte) gespeichert und dabei meist in relationalen Datenbanken abgelegt.

Es gibt zwei verschiedene Herangehensweisen bei der Speicherung der Dokumentstruktur. Einige Methoden verwenden eine einfache Vorgehensweise, um die *Graphenstruktur* eines XML-Dokumentes zu speichern und bilden sie *auf relationale Datenbanken* mit festem Schema ab. Andere Verfahren setzen das *Document Object Model* von XML-Dokumenten ein, um die Speicherung der Dokumente in objektorientierten oder relationalen Datenbanken zu realisieren. Dabei werden sowohl die Informationen über die Struktur der Daten, die Pfade als auch die Daten selbst auf Instanzebene der Datenbanken abgebildet. Abbildung 8.8 ordnet die Verfahren in die Klassifikation ein.

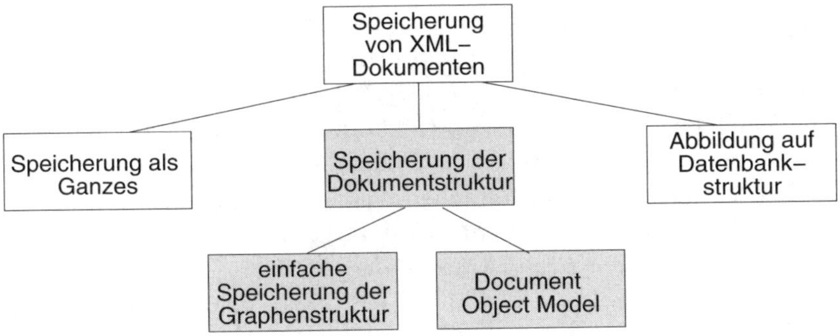

Abbildung 8.8
Klassifikation der Ansätze zur modellbasierten nativen Speicherung

8.3.1 Abbildung der Graphenstruktur von XML-Dokumenten

Im Buch »XML companion« von Neil Bradley [Bra98] wird die Speicherung der Graphenstruktur von XML-Dokumenten in Relationen kurz vorgestellt. Eine Relation wird dabei zur Speicherung der *Elemente* verwendet, in der Tagnamen (`Elementname`) und Werte (`Wert`) gespeichert werden. Jedes Tag erhält einen Identifikator `ID`, die Abbildung der XML-Taghierarchie erfolgt über die Speicherung der `ID` des Vorgängerknotens (`Vorgänger`). Das Attribut `Kind-Nr` wird verwendet, um eine *Ordnung* zwischen den Elementen auf der gleichen Ebene einzuführen. Sollen mehrere XML-Dokumente gespeichert werden, benötigt man eine Dokumenten-ID (`DocID`), die sie unterscheidet.

Für das XML-Dokument aus Beispiel 8.1 würde eine solche Speicherung wie in Abbildung 8.9 aussehen.

Abbildung 8.9 *Speicherung der Elemente*

`Elemente`

DocID	Elementname	ID	Vorgänger	Kind-Nr	Wert
h00001	hotel	101		1	
h00001	hotelname	102	101	1	Hotel Hübner
h00001	kategorie	103	101	2	4
h00001	adresse	104	101	3	
h00001	plz	105	104	1	18119
h00001	ort	106	104	2	Warnemünde
h00001	strasse	106	104	3	Seestraße
h00001	nummer	107	104	4	12
h00001	telefon	108	101	4	0381-54340
h00001	fax	109	101	5	0381-5434444

Man sieht hier, dass das Wurzelelement `hotel` keinen Verweis auf einen `Vorgänger`-Knoten hat. Beim Element `hotelname` ist ein Verweis auf die `ID` des Vorgängerknotens `hotel` gesetzt, usw. Die Reihenfolge der Elemente wird durch das Attribut `Kind-Nr` dargestellt; im Falle des Elements `adresse` hat `plz` die `Kind-Nr` 1, da sie als erstes Kindelement auftrat, `ort` erhielt die `Kind-Nr` 2, usw.

Die Elementhierachie, die in Abschnitt 8.2.2 zur Speicherung eines Strukturindexes dargestellt wurde, ähnelt dieser Form der Speicherung. Beide Methoden bilden die Graphenstruktur der XML-Dokumente direkt ab. In der Relation `Elemente` wird die Elementhierarchie durch die Attribute `ID`, `Vorgänger` und `Kind-Nr` dargestellt.

Attribute (im Beispiel 8.1 `url`, `id`, `erstellt-am` und `autor`) werden in einer ähnlichen Relation gespeichert. Hier ist neben der Speicherung von Attributnamen und Wert die Zuordnung zur `ElementID` erforderlich.

Abbildung 8.10 *Speicherung der Attribute*

`Attribute`

DocID	Attributname	ElementID	Wert
h00001	url	101	http://www.hotel-huebner.de
h00001	erstellt-am	101	09/15/2002
h00001	autor	101	Hans Müller
h00001	id	101	h0001

In Abbildung 8.10 haben alle Attribute die gleiche `ElementID`, da sie alle im XML-Dokument dem Element `hotel` zugeordnet sind.

Mit den beiden Relationen (`Elemente` und `Attribute`) werden die grundlegenden Informationen eines XML-Dokumentes gespeichert. Entities müssen vor der Speicherung aufgelöst werden, damit diese Auflösung nicht erfolgen muss, wenn Anfragen an die XML-Dokumente gestellt werden. Eine Speicherung der Entities und die Auflösung zur Beantwortung der Fragen wäre sehr ineffizient.

Erweiterungen Es werden in verschiedenen Publikationen Erweiterungen des Verfahrens vorgeschlagen.

Es kann der Wert eines Elements oder Attributs, der bisher als Attribut einer Relation gespeichert wurde, in eine separate Relation abgebildet werden. Dabei wird für jeden möglichen Datentyp (z.B. `String`, `Integer`, `Real`, `Date`) eine eigene Relation generiert, in der die Werte selbst gespeichert werden. Für das laufende Beispiel würden sie wie in Abbildung 8.11 aussehen.

`Stringwerte`

vid	Wert
s0001	Hotel Hübner
s0002	Warnemünde
s0003	Seestraße
s0004	0381/54340
s0005	0381/5434-444

`Integerwerte`

vid	Wert
i0001	4
i0002	18119
i0003	12

Abbildung 8.11
Typgerechte Speicherung der Werte

Damit können z.B. Integer-, Realwerte und Datumsangaben im richtigen Format gespeichert werden. Dadurch sind typabhängige Vergleichsoperationen möglich, zum Beispiel eine Sortierung der Werte oder Minima- bzw. Maxima-Berechnungen. In den Relationen `Elemente` und `Attribute` wird anstelle des ursprünglichen Attributs `Wert` ein Verweis auf die `ID`s dieser Relationen gespeichert.

Sollen *Processing Instructions* und *Kommentare* gespeichert werden, muss das in eigenen Relationen erfolgen.

XML-Anfragen

Anfragen Die Umformung von XML-Anfragen auf diese Form der Speicherung kann durch die Abbildung auf Datenbankanfragen, die die spezielle Speicherungsstruktur berücksichtigen, erfolgen. Wie das für XQL funktioniert, wird in [SYU99] angesprochen. Weiterhin wurden in [FK99] und [SYU99] Angaben zu Antwortzeiten auf einer Testdokumentenmenge gemacht.

XQL

Einfache Anfragen wie zum Beispiel die Suche nach einem Tag-Wert-Paar sind dabei effizient umsetzbar, Anfragen, die über zwei oder mehrere Elemente gestellt werden, erfordern rekursive Verbund-Anweisungen auf der Relation `Elemente` und sind damit sehr aufwändig. Erschwerend kommt hinzu, dass diese bei der Speicherung von großen XML-Dokumenten oder einer großen Anzahl von Dokumenten sehr viele Tupel enthält, da jedes Element als Tupel der Relation abgebildet wird. Bereits in unserem Beispiel, das nur einen sehr kleinen Ausschnitt *eines* XML-Dokumentes darstellt, enthielt sie zehn Einträge.

XQuery Die Speicherung von XML-Dokumenten mit einem generischen Verfahren und die Realisierung von XQuery-Anfragen ist ebenfalls möglich und wird in [Ros02] vorgestellt.

SQL Anfragen lassen sich auch als Datenbankanfragen mit SQL formulieren. Dabei werden die Fähigkeiten einer Datenbankanfrage jedoch kaum ausgenutzt. Möchte man z.B. alle Hotelnamen von Hotels in Warnemünde ausgeben, so lautet die SQL-Anfrage hierfür:

```
SELECT
FROM Elemente a, Elemente b
WHERE a.elementname = 'hotelname'
  AND b.elementname = 'ort'
  AND b.wert = 'Warnemünde'
  AND a.DocID = b.DocID
```

Alle Anfragen, die bei dieser Speicherungsmethode entweder mit XML-Anfragesprachen oder auch als Datenbankanfragen formuliert werden, sind sehr ineffizient, wenn mehrere Elemente oder Attribute in den Anfragen auftreten. Der Grund sind Verbund-Operationen über der Relation zur Speicherung der Elemente.

schemaunabhängige Speicherung **Fazit** Mit diesem Verfahren verfügt man über eine Variante zur Speicherung, die nur sehr wenige Relationen mit fester Struktur benötigt. Die Speicherung von Informationen ist einfach und kann auch für Dokumente mit irregulärer Struktur leicht durchgeführt werden. Mit dieser Form der Speicherung hat man den Vorteil, dass man unabhängig von einer DTD oder einem XML-Schema XML-Dokumente speichern kann. Falls sich das Schema einer Dokumentkollektion häufig ändert, hat das ebenfalls keine Auswirkungen auf diese Form der Speicherung. Es müssen keine Veränderungen der relationalen Datenbank erfolgen.

Anfragen Die Probleme liegen hier jedoch in der Realisierung von Anfragen, in denen mehr als ein Element oder Attribut auftritt. In dem Fall sind aufwändige Joins über der Relation erforderlich, in der die Elemente gespeichert sind. Da alle Elemente aus sämtlichen gespeicherten Dokumenten als Tupel einer Relation auftreten, ist die Relation, über der der Semi-Join erfolgt, zudem sehr groß.

Anfragen Anfragen können direkt mit SQL an die gespeicherten Relationen gestellt werden. Es ist auch möglich, XML-Anfragesprachen wie XPath oder XQuery auf diese Form der Speicherung anzuwenden und durch ein Query-Rewriting auf die SQL-Anfragen abzubilden.

Wiederherstellung der XML-Dokumente Die Rekonstruktion von XML-Dokumenten ist bei dieser Form der Speicherung weitgehend möglich, da die Graphenstruktur vollständig abgebildet wird. Das Verfahren ist jedoch aufgrund der vielen Joins, die dazu notwendig sind, sehr zeitaufwändig.

Tabelle 8.3 fasst die Eigenschaften der Methode noch einmal zusammen.

Schemabeschreibung	nicht erforderlich
Dokumentrekonstruktion	möglich, aber sehr aufwändig
Anfragen	XQuery / XQL / angepasstes SQL
Weitere Besonderheiten	–
Einsatz	für semistrukturierte XML-Dokumente, auch für daten- und dokumentzentrierte Anwendungen möglich

Tabelle 8.3
Eigenschaften der Speicherung der Graphenstruktur

8.3.2 Abbildung von DOM-Strukturen auf objektorientierte oder relationale Datenbanken

Im vorherigen Abschnitt wurde eine Methode gezeigt, die die Graphenstruktur von XML-Dokumenten in sehr einfacher Weise auf relationale Datenbanken abbildet. Eine andere und wesentlich häufiger in existierenden Systemen eingesetzte Variante zur Speicherung von XML-Dokumenten ist das Verwenden der Informationen des Document Object Model für das Speichern in einer Datenbank. Auch dieser Variante liegt eine generische Speicherung der Graphstruktur zugrunde.

DOM Das *Document Object Model (DOM)* wurde als API zum Zugriff auf XML-Dokumente entwickelt. Es wurde bereits in Abschnitt 4.2 (XML-Prozessoren) ausführlich dargestellt.

Es gibt Methoden zur Speicherung von XML-Dokumenten, die auf den im DOM definierten Informationen basieren. Dabei wird die Klassenstruktur des Document Object Model verwendet. Teilweise geschieht dies objektorientiert, andere Verfahren speichern die DOM-Klassen in relationalen Datenbanken. Weitere Implementierungen setzen nicht auf existierende Datenbanken auf, sondern entwickeln eigene Speicherformate.

Abbildung 8.12 stellt die Klassenhierarchie des Document Object Model dar.

Die einzelnen Klassen des DOM sind ausführlich in Kapitel 4.2 beschrieben, an dieser Stelle sollen deshalb nur wenige erläutert werden.

Klasse Node

Die allgemeinste Klasse des Document Object Model ist die Klasse `Node`, in der die Graphenstruktur des XML-Dokumentes abgebildet wird. Die Klasse enthält die folgenden Methoden:

- `getChildren()`
- `getFirstChild()`

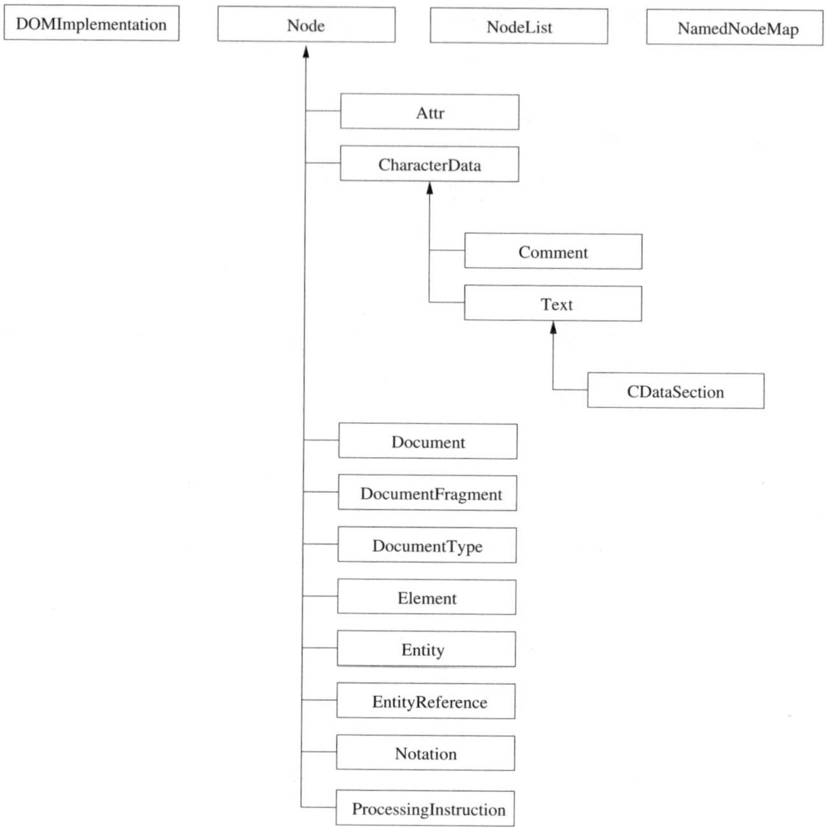

Abbildung 8.12 *Klassenstruktur des Document Object Model*

- `getNextSibling()`
- `getNodeType()`
- `getParentNode()`
- `getPreviousSibling()`
- `hasChildren()`
- `insertBefore(`*`Node`*`, `*`Node`*`)`
- `removeChild(`*`Node`*`)`
- `replaceChild(`*`Node`*`, `*`Node`*`)`

Klasse Element

Weitere Informationen zu Elementen und Attributen werden in den Klassen `Element` und `Attr` bereitgestellt. Methoden der Klasse `Element` sind:

- `getAttributes()`
- `getElementsByTagName(`*`String`*`)`
- `getTagName()`
- `setAttribute(`*`Attribute`*`)`
- `setAttributes(`*`AttributeList`*`)`
- `setTagName(`*`String`*`)`

Methoden der Klasse `Attr` sind:

Klasse Attr

- `getName()`
- `getSpecified()`
- `getValue()`
- `setName(`*`String`*`)`
- `setSpecified(`*`Boolean`*`)`
- `setValue(`*`NodeList`*`)`
- `toString()`

In einer objektrelationalen oder relationalen Datenbank kann die Speicherung der Klasse `Node` durch die in Abbildung 8.13 dargestellte Relation erfolgen. Jeder Methode ist dabei ein Datenbankattribut zugeordnet.

`Node`

node_id	node_type	doc_id	parent	p_sibling	n_sibling
001	element	h0001	–	–	–
002	element	h0001	001	–	003
003	element	h0001	001	002	004
004	element	h0001	001	003	009
005	element	h0001	004	–	006
006	element	h0001	004	005	007
007	element	h0001	004	006	008
...					
012	attribut	h0001	001	–	013
013	attribut	h0001	001	012	014
014	attribut	h0001	001	013	015
015	attribut	h0001	001	014	–

Abbildung 8.13 *Speicherung von Informationen der Klasse* `Node`

Die Klassen `Element` und `Attribut` sind unter der Klasse `Node` definiert. Sie enthalten zusätzliche Methoden, um die speziellen Eigenschaften von Elementen und Attributen zu erfragen sowie zu manipulieren. Abbildung 8.14 zeigt das Aussehen der zugehörigen Relationen.

Anfragen Bei Einsatz des Verfahrens lassen sich die Informationen über das XML-Dokument unter Verwendung der Methoden des Document Object Model erfragen.

DOM-Methoden

Es ist bei diesem Speicherungsverfahren auch möglich, eine *XML-Anfragesprache* wie XPath oder XQuery zu verwenden. Die so erstellten Anfragen werden dann durch ein Query-Rewriting auf Datenbank-

XPath

XQuery

Abbildung 8.14 *Speicherung von Informationen der Klassen* `Element` *und* `Attribut`

`Element`

node_id	tag_name	text
001	hotel	
002	hotelname	Hotel Hübner
003	kategorie	4
004	adresse	
005	plz	18119
006	ort	Warnemünde
007	strasse	Seestraße
...		
011	anreisebeschreibung	Aus Richtung Rostock ...

`Attribut`

node_id	attr_name	attr_value	specified
012	url	www.hotel-huebner.de	true
013	id	h0001	true
014	erstellt-am	09/15/2002	true
015	autor	Hans Müller	true

anfragen an das intern gewählte Speichermodell abgebildet und die Ergebnisse der Datenbankanfrage zurücktransformiert.

SQL

Es lässt sich außerdem eine Datenbank-Anfragesprache einsetzen. Im Fall der Speicherung des Document Object Model in relationalen Datenbanken sind die Informationen nicht über die Methoden selbst erfragbar, sondern die entsprechenden Methoden werden in SQL-Anweisungen umgesetzt, die die einzelnen Informationen erfragen (`SELECT`) oder verändern (`UPDATE`).

schemaunabhängige Speicherung

Fazit Die Verwendung der Informationen aus dem Document Object Model zur permanenten Speicherung von XML-Dokumenten hat zahlreiche Vorteile. Zunächst resultiert daraus ein festes Datenbankschema, d.h., alle Informationen über die Dokumente werden als Werte der Datenbanken gespeichert. Das bedeutet, dass die Speicherung der Dokumente unabhängig von einer expliziten Schemabeschreibung erfolgen kann. Man kann also XML-Dokumente ohne DTD und XML Schema oder auch Dokumente mit häufig wechselnder Struktur speichern. Die DOM-Informationen über die Dokumente werden vollständig gespeichert und sind damit auch aus der permanenten Speicherungsform vollständig erfragbar. Außerdem lassen sich die XML-Dokumente rekonstruieren.

Ein weiterer Vorteil besteht darin, dass DOM weitgehend akzeptiert und schon seit geraumer Zeit als Empfehlung vom W3C festgeschrieben ist.

Anfragen

Updates

Dabei ist ein weiteres Plus, dass über das Document Object Model nicht nur Anfragen, sondern auch Updates auf den Dokumenten vorgenommen werden können. Das stellt einen besonderen Vorteil dar, da es gegenwärtig noch keine vom W3C vorgeschlagene XML-Updatesprache gibt, die alternativ dazu verwendet werden könnte. Updates lassen sich effizient umsetzen, weil dabei nicht die vollständigen XML-Dokumente verändert werden müssen, sondern nur die direkt von den Änderungen betroffenen Bestandteile.

Verwendbar ist die Form der Speicherung aber eher für Suchanfragen als für kompliziertere Anfragen. Auch ist das Beantworten von Anfragen aus Datenbanksicht etwas umständlich, denn man sucht zum Beispiel nicht nach allen Autoren, sondern würde für eine solche Anfrage die Werte aller Elemente, deren Tagname `autor` ist, ermitteln.

Wiederherstellbarkeit von XML-Dokumenten

Die Wiederherstellbarkeit von XML-Dokumenten ist möglich, da die Speicherung stark fragmentiert erfolgt, jedoch auch aufwändig.

Tabelle 8.4 fasst die Eigenschaften dieser Speicherungsvariante noch einmal zusammen.

Tabelle 8.4
Eigenschaften der Speicherung des DOM

Schemabeschreibung	nicht erforderlich
Dokumentrekonstruktion	möglich, aber sehr aufwändig
Anfragen	XQL / XQuery / angepasstes SQL
Weitere Besonderheiten	Anfragen und Updates über DOM-Methoden
Einsatz	für semistrukturierte XML-Dokumente, daten- und dokumentzenrtrierte Anwendungen möglich

modellbasierte native Speicherung

Die Speicherungsmethode wird auch als modellbasierte native Speicherung von XML-Dokumenten bezeichnet.

8.4 Abbildung der Dokument- auf Datenbankstrukturen

Eine weitere Variante zur strukturierten Speicherung von XML-Dokumenten in Datenbanken bildet die Struktur der XML-Dokumente (also die Tags der Elemente und die Attributnamen) auf Strukturinformationen von Datenbanken ab. Aufgrund der hierarchischen Schachtelung von Elementen, die in XML-Dokumenten möglich ist, bieten sich objektorientierte Datenbanksysteme (wie POET und eXcelon) und objektrelationale Datenbanksysteme (wie Informix und DB2) für diese Art der Darstellung an. Mit dieser Methode ist es auch möglich, XML-Dokumente auf relationale Datenbanken abzubilden. In Abschnitt 8.4.1 erläutern wir die Abbildung auf objektorientierte und objektrelationale Datenbanken und zeigen, welche zusätzlichen Schritte für die Abbildung auf relationale Datenbanken erforderlich sind.

Weiterhin gibt es Verfahren, in denen die Art der Speicherung durch eine anwenderdefinierte Mapping-Vorschrift festgelegt wird. Sie werden in Abschnitt 8.4.2 dargestellt.

Die Klassifikation in Abbildung 8.15 ordnet die beiden verschiedenen Methoden in die Gesamtklassifikation ein.

Abbildung 8.15
Abbildung der XML-Strukturen auf Datenbankstrukturen

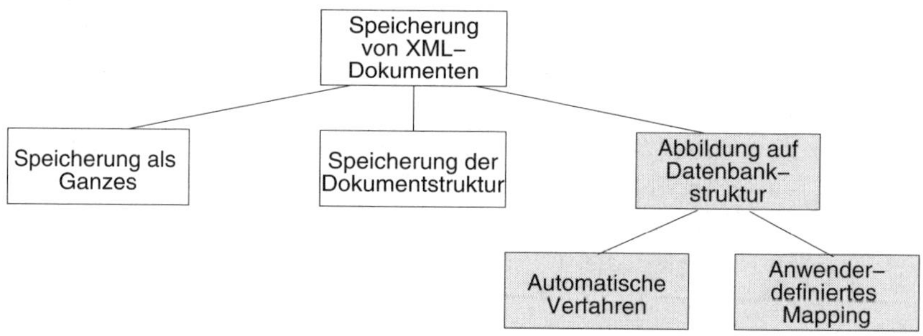

8.4.1 Automatische Speicherung der Dokumente

Abbildung auf objektorientierte oder -relationale Datenbanken

Für die in diesem Abschnitt vorgestellte Form der Speicherung muss eine DTD, ein XML-Schema oder eine in anderer Form explizit dargestellte Struktur der XML-Dokumente vorhanden sein, damit das Datenbankschema entsprechend gebildet werden kann. Weitere Informationen, die angeben, wie die Abbildung erfolgen soll, sind nicht erforderlich.

Es ist prinzipiell auch möglich, ein Schema für eine gegebene Menge von XML-Dokumenten zu erzeugen; die Vorgehensweise dabei wurde in Abschnitt 7.3 beschrieben. Hierbei besteht aber das Problem, dass das abgeleitete Schema nicht den Anforderungen entsprechen kann und für zukünftige XML-Dokumente nicht geeignet ist. In diesem Fall ist auch der abgeleitete Datenbankentwurf nicht zur Speicherung ausreichend und muss verändert werden.

Die prinzipielle Abbildung eines Schemas von XML-Dokumenten auf ein Datenbankschema zeigt Tabelle 8.5.

Für die DTD aus Beispiel 8.2 sieht das zugehörige Datenbankschema wie in Abbildung 8.16 aus, wenn man der oben angegebenen Abbildungsvorschrift folgt.

Das Beispiel lässt sich mit einer objektrelationalen Datenbank, etwa mit Informix, adäquat umsetzen; Beispiel 8.5 zeigt die Syntax dazu.

Tabelle 8.5 Grundidee der Abbildung der Dokumentstruktur auf die Datenbankstruktur

XML-Information		Datenbank-Information
Element	XML-Element	Attribut einer Relation
	Sequenz von Elementen	Attribute einer Relation
	Alternative von Elementen	Attribute einer Relation
	Element mit dem Quantifizierer »?«	Attribut, Nullwerte möglich
	Elemente mit Quantifizierer »+« oder »*«	SET oder LIST
	komplex strukturiertes (geschachteltes) Element	ROW Type
Attribut	XML-Attribut	Attribut einer Relation
	`#IMPLIED`	Nullwert erlaubt
	`#REQUIRED`	Nullwert nicht erlaubt
	Defaultwert	Defaultwert

Abbildung 8.16 Objektrelationale Datenbank für XML-Dokumente

`hotel`

hotel-name	kategorie	adresse				telefon	fax
		plz	ort	strasse	nr		
Hotel Hübner	4	18119	Warnemünde	Seestraße	12	0381-54340	0381-540

Beispiel 8.5 Datenbankentwurf für das Beispiel

```
CREATE TABLE hotel (
    hotelname VARCHAR(50)  NOT NULL,
    kategorie INTEGER NOT NULL,
    adresse ROW (
        plz INTEGER NOT NULL,
        ort VARCHAR(50) NOT NULL,
        strasse VARCHAR(30) NOT NULL,
        nummer INTEGER NOT NULL
    ) NOT NULL,
    telefon LIST (VARCHAR(30) NOT NULL) NOT NULL,
    fax VARCHAR(30)
);
```

Man sieht an dem Beispiel, dass das Verfahren alle Teile eines XML-Dokumentes strukturiert darstellt. Man erreicht eine Abbildung aller XML-Elemente und Attribute auf Datenbankattribute.

Dabei ist zu beachten, dass alle Element- und Attributnamen (`NMTOKEN`) aus den XML-Dokumenten als Attributnamen der Relation eingesetzt werden. In einigen Fällen kann eine Anpassung erforderlich sein, damit dabei keine Sonderzeichen, die bei den Bezeichnern in Datenbanken nicht erlaubt sind, auftreten.

Datentypen
XML-Schema

Im Beispiel werden den Datenbankattributen *Datentypen* zugeordnet. Die Datentypen kann man ableiten, wenn ein *XML-Schema* vorhanden ist. Ist nur eine DTD verfügbar, so kann man die Attribute in der Datenbank nur als Strings definieren oder muss sie vom Anwender ergänzen lassen.

Rekursion

Ein Fall, der sich auf diese Weise nicht abbilden lässt, sind Rekursionen.

In XML-Dokumenten können keine Rekursionen auftreten, da die Dokumente endlich sind. In DTDs oder XML Schema hingegen können Rekursionen auftreten, die sich nicht auf objektoriertierte oder objektrelationale Datenbanken abbilden lassen. Beispiel 8.6 soll das erläutern:

Beispiel 8.6
Rekursionen in DTDs

```
<!ELEMENT ort (name, lage, einwohnerzahl, ausflugsziel*)>
...
<!ELEMENT ausflugsziel (ort, entfernung, beschreibung)>
```

Im Beispiel enthält die Beschreibung von Orten (`ort`) neben anderen Informationen auch Vorschläge für Ausflüge (`ausflugsziel`). In Letzteren tauchen wiederum andere Orte auf. Die Beispiel-DTD enthält also eine Rekursion. Rekursionen müssen aufgelöst werden, indem separate Relationen eingeführt werden. Im Beispiel wird `ort` nicht als Datenbankattribut von `ausflugsziel` definiert, sondern als Verweis auf eine eigene Relation `ort` mit eindeutiger ID. Hier ist das schon deshalb der Fall, weil `ort` das Wurzelelement des XML-Dokuments ist. Wenn `ort` keine eigene Relation darstellen würde, müsste diese eingeführt werden.

Mixed Content Type

Ein weiterer Problemfall ist die Darstellung von `Mixed Content Types`. In ihnen können Texte und andere Elemente gemischt auftreten. Die Speicherung soll an einem Beispiel dargestellt werden. Dazu wird in Beispiel 8.7 ein Mixed Content Type verwendet.

Beispiel 8.7
Mixed Content Type

```
<anreisebeschreibung>
    Sie können unser Haus auf verschiedenen Wegen erreichen:
    <bahn>per Bahn: 1 km ab Bahnhof Warnemünde</bahn>
    <auto>per Auto: 19 km ab Autobahn A19
           Rostock--Berlin</auto>
    <flugzeug>per Flugzeug: 55 km ab Rostock-Laage,
              235 km ab Berlin-Tegel</flugzeug>
    Sie finden uns direkt an der Uferpromenade.
</anreisebeschreibung>
```

Für den Mixed Content Type kann die Speicherung wie in Abbildung 8.17 aussehen.

Man sieht an dem Beispiel, dass die Speicherung von Mixed-Content-Elementen in Datenbanken sehr umständlich ist und auch nicht `anreisebeschreibung`

#	PCDATA	bahn	auto	flugzeug
1	Sie können unser Haus auf ...	⊥	⊥	⊥
2	⊥	per Bahn: 1 km ab Bahnhof Warnemünde	⊥	⊥
3	⊥	⊥	per Auto: ...	⊥
4	⊥	⊥	⊥	per Flugzeug: ...
5	Sie finden uns direkt an der Uferpromenade.	⊥	⊥	⊥

Abbildung 8.17
Speicherung von Mixed Content in Relationen

effizient angefragt werden kann. Bei datenzentrierten XML-Dokumenten treten nur sehr selten solche Elemente auf, sodass sich hier das Problem bei der Speicherung nicht stellt. Wenn in einem Dokument viele Mixed-Content-Elemente vorkommen, muss eine andere Form der Speicherung gewählt oder eine Mischform verwendet werden, die in Abschnitt 8.5 beschrieben wird.

ANY

Enthält ein Schema Elementdeklarationen mit dem Inhaltsmodell ANY, so können diese gar nicht auf das Schema einer relationalen Datenbank abgebildet werden. Hier kann also nur eine andere Speicherungsform oder eine hybride Abbildung eingesetzt werden.

Dokumentordnung

Bei der Abbildung der Inhalte von XML-Dokumenten auf Datenbanken bleibt die Dokumentordnung nicht erhalten bzw. ist aus den Datenbanken nicht mehr erkennbar. In vielen Anwendungen ist sie jedoch relevant, zum Beispiel in wissenschaftlichen Publikationen, in denen die Reihenfolge der Kapitel durchaus von Bedeutung ist. Wenn es notwendig ist, die Ordnung von Elementen zu erhalten, so kann das nur durch die Einführung eines zusätzlichen Datenbankattributes erfolgen, in dem die Ordnung explizit gespeichert wird. Durch das Hilfsmittel lässt sich dann auch die Reihenfolge von Elementen eines XML-Dokumentes erfragen und und wiederherstellen.

Optimierung des Datenbankentwurfes Problematisch kann für einige Anwendungen sein, dass semistrukturierte Informationen auf Datenbankstrukturen abgebildet werden. Dabei können Daten mit sehr vielen Nullwerten, also schwach besetzte Datenbanken, entstehen. Dem kann man zum Beispiel begegnen, indem Alternativen nicht in einer Relation dargestellt, sondern als eigene Relationen ausgegliedert werden.

Abbildung auf relationale Datenbanken

Eine Methode zur Abbildung der XML-Strukturen auf die Strukturen einer relationalen Datenbank wurde von Jayavel Shanmugasundaram et al. in [STH+99] vorgestellt.

Das Vorgehen ist ähnlich der im vorherigen Abschnitt vorgestellten Methode. Zusätzlich muss hier die Übersetzung der Hierarchien in flache Relationen erfolgen. Dazu sind die gleichen Normalisierungsschritte notwendig, die bei der Übersetzung von objektorientierten oder objektrelationalen Datenbanken in relationale erforderlich sind. Die im vorherigen Abschnitt dargestellte Datenbank ist nicht in der 1. Normalform, sondern es existieren Attribute, die als Mengen von Tupeln definiert, also nicht atomar sind. Sie müssen in eigene Relationen ausgegliedert und mit einem Schlüssel versehen werden. Für die DTD aus Beispiel 8.2 entstehen dabei die Relationen in Abbildung 8.18.

Abbildung 8.18 *relationale Datenbank für die DTD aus Beispiel 8.2*

`hotel`

hotelID	hotelname	kategorie	adresse	telefon	fax
h0001	Hotel Hübner	4	a0001	t0001	0381-543444

`adresse`

adresseID	plz	ort	strasse	nummer
a0001	18119	Warnemünde	Seestraße	12

`telefon`

telefonID	telefon
t0001	0381-54340
t0001	0381-540

Die Bildung einer eigenen Relation ist bei relationalen Datenbanken auch notwendig, wenn Elemente mit dem Quantifizierer »*« oder »+« definiert werden, da eine Speicherung von Listen ebenfalls die Bedingung der 1. Normalform verletzt. Die Relation `telefon` in Abbildung 8.18 wurde deshalb als separate Relation abgebildet und mit einer ID versehen.

SQL-Anfragefunktionalität

Anfragen Der Vorteil dieser Form der Speicherung ist, dass man SQL-Anfragefunktionalität von Datenbanken einsetzen kann. Es lassen sich z.B. Joins, Aggregatfunktionen usw. ausführen und auch die Anfrageoptimierung übernimmt das Datenbanksystem.

XML-Anfragen

Es ist ebenfalls möglich, XML-Anfragen in Form von XPath oder XQuery einzusetzen, die dann auf Datenbankanfragen basieren, d.h., in SQL-Anfragen umschrieben werden. Die Ergebnisse der XML-Anfragen müssen aus den Ergebnissen der Datenbankanfragen gebildet werden.

Fazit Bei dieser Variante zur Speicherung von XML-Dokumenten richtet sich der Datenbankentwurf nach der Struktur der Dokumente, sie muss also explizit vorhanden sein. Für eine neue Dokumentkollektion (mit einer anderen DTD oder einem XML-Schema) muss ein neuer Datenbankentwurf erstellt werden.

explizites Schema

Veränderungen des Schemas der XML-Dokumente bewirken, dass ebenfalls eine Anpassung des Datenbankschemas erfolgen muss. Bereits gespeicherte XML-Dokumente müssen dann ebenfalls angepasst werden.

Schemaänderungen

Anfragen sind sowohl als Datenbankanfragen als auch als XML-Anfragen formulierbar. XML-Anfragen werden auf Datenbankanfragen abgebildet und aus den Ergebnissen dieser Datenbankanfrage werden die Ergebnisse für die XML-Anfrage konstruiert.

Objektorientierte oder objektrelationale Datenbanken erlauben dabei eine natürlichere Abbildung der Elementhierarchien als relationale Datenbanken und eignen sich deshalb für die Methode besser als relationale Datenbanken.

Die *Dokumentordnung* aus den XML-Dokumenten geht hier jedoch verloren. Ein Ausweg ist die *Einführung eines zusätzlichen Attributs*, in dem die Ordnung gespeichert wird.

Dokumentordnung

Tabelle 8.6 fasst die Eigenschaften dieser Methode zusammen.

Schemabeschreibung	erforderlich
Dokumentrekonstruktion	nur teilweise möglich
Anfragen	SQL- und XML-Anfrage und Transformation ist prinzipiell möglich
Weitere Besonderheiten	Erhalten der Dokumentordnung über zusätzliche Attribute, Abbildung von NMTOKEN auf Attributnamen der Datenbank notwendig
Einsatz	für datenzentrierte XML-Dokumente

Tabelle 8.6
Eigenschaften der Abbildung von XML-Strukturen auf Datenbankstrukturen

8.4.2 Einsatz von Mapping-Vorschriften

Eine weitere Methode zur Abbildung von Daten aus XML-Dokumenten auf Datenbanken ist der Einsatz von Mapping-Vorschriften, in denen spezifiziert wird, welche Informationen aus dem XML-Dokument auf welche Datenbankstrukturen abgebildet werden. Abbildung 8.19 zeigt, wie Mapping-Vorschriften diesen Zusammenhang herstellen.

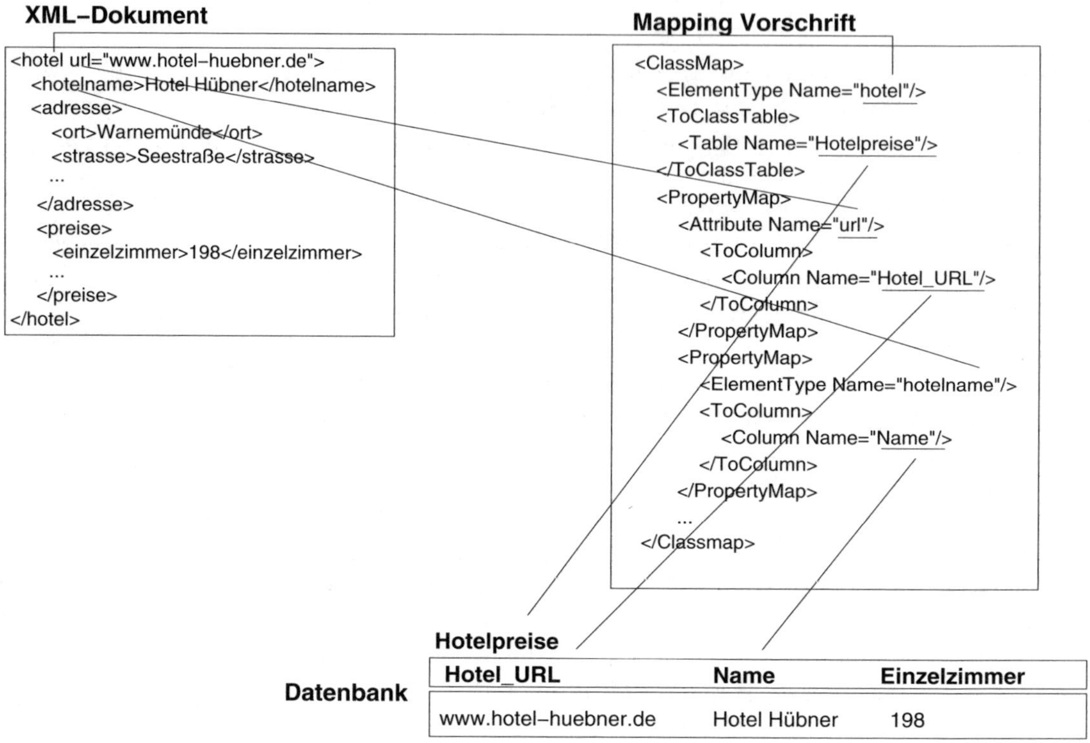

Abbildung 8.19
Verwendung von Mapping-Vorschriften zur Speicherung

Für das Verfahren wird auch der Fachbegriff *schreddern* verwendet. In der Tat kann die Mapping-Vorschrift so gewählt werden, dass vom Originaldokument bei der Speicherung nicht mehr viel zu erkennen ist. Dennoch ist der — sicher nicht nur positiv gemeinte Begriff — eine Charakterisierung für eine flexible Methode, die diverse *Vorteile* bietet. Einer davon ist, dass man die Art und Weise der Speicherung der XML-Dokumente beeinflussen kann. Die Methode kann gerade in solchen Fällen zum Einsatz kommen, in denen XML-Dokumente mit anderen Daten, die in einer völlig anderen Form gespeichert sind, zusammengeführt werden sollen. Dabei kann eine vollständige Abbildung erfolgen oder ein Ausschnitt aus einem XML-Dokument abgebildet werden. Durch die Mapping-Vorschrift wird ebenfalls bestimmt, wie die Abbildung erfolgt.

Variabilität

Auf diese Weise erreicht man eine große Variabilität und die Methode ist flexibler als die anderen bisher vorgestellten. Andererseits erfordert das Erstellen von Mapping-Vorschriften einen großen manuellen Aufwand.

Die Informationen eines XML-Dokumentes sind anschließend meist nicht wiederherstellbar und auch nicht gemeinsam erfragbar. Das heißt, es kann der Fall auftreten, dass Anfragen, die sich an das XML-Dokument stellen ließen, an die Datenbank nicht mehr zu stellen sind. Die Verantwortung für die korrekte Abbildung der Informationen liegt beim Entwerfer der Mapping-Vorschrift.

Wiederherstellbarkeit

Es gibt Ansätze, die eine in XML-Syntax beschriebene Mapping-Vorschrift verwenden, es kann aber auch XSLT als Basis für das Mapping verwendet werden.

Als eine mögliche Form der Mapping-Vorschriften soll die von Ronald Bourret [Bou] entwickelte Syntax zur Demonstration verwendet werden. Beispiel 8.8 zeigt auf welche Weise eine anwenderdefinierte Speicherung angegeben werden kann.

Beispiel 8.8
Mapping-Vorschrift nach Ronald Bourret [Bou]

```
<ClassMap>
    <ElementType Name="hotel"/>
    <ToClassTable>
        <Table Name="Hotelpreise"/>
    </ToClassTable>
    <PropertyMap>
        <Attribute Name="url"/>
        <ToColumn>
            <Column Name="Hotel_ULR"/>
        </ToColumn>
    </PropertyMap>
    <PropertyMap>
        <ElementType Name="hotelname"/>
        <ToColumn>
            <Column Name="Name"/>
        </ToColumn>
    </PropertyMap>
    ...
</ClassMap>
```

Beispiel 8.8 beinhaltet eine Mapping-Vorschrift für ein Element, das weitere Elemente enthält (`hotel`) und auf eine Relation `Hotelpreise` abgebildet wird. Weiterhin werden die Abbildung von Attributen (`url`) auf ein Datenbankattribut (`Hotel_URL`) und die von Blattelementen (`hotelname`) ebenfalls auf ein Datenbankattribut (`Name`) beschrieben.

Die Mapping-Vorschrift macht eine Eigenschaft aller Mapping-Vorschriften deutlich: Die Darstellung von Informationen in den Dokumenten muss dem jeweiligen Datenbankkonzept zugeordnet sein. Die Datenbanken müssen bereits existieren oder können durch Auswertung der Mapping-Vorschrift erstellt werden.

XML-Anfragesprachen

Anfragen Die Verwendung von XML-Anfragesprachen wäre möglich, wenn die Abbildung der XML-Dokumente auf die Datenbank in Metadaten protokolliert und damit nachvollziehbar ist. Das ist jedoch meist wenig sinnvoll, da die Speicherung der Informationen aus den XML-Dokumenten unvollständig erfolgen kann. Es ist also möglich, dass nur ein Teil der Informationen aus den ursprünglichen XML-Dokumenten in den Datenbanken gespeichert wird. Auch kann die Art der Speicherung von Informationen gegenüber dem Originaldokument stark verändert sein. Der Zusammenhang zwischen den einzelnen Elementen und Attributen des XML-Dokumentes kann bei dieser Form der Speicherung verloren gehen. Die Verantwortung für die korrekte Speicherung der Informationen liegt beim Entwerfer der Mapping-Vorschrift, also beim Anwender.

Datenbankanfragen

Bei der hier vorgestellten Speicherungsvariante können Datenbankanfragen eingesetzt werden, um die Informationen aus den XML-Dokumenten anderweitig zu erfragen und zu verwenden.

Fazit Bei dem Verfahren handelt es sich um eine sehr variable Methode. Durch die Mapping-Vorschrift kann der Anwender angeben, welcher Ausschnitt des XML-Dokumentes auf welche Art abgebildet werden soll. Die Variabilität dieser Methode bietet den Vorteil, dass der Anwender eine adäquate Form der Speicherung finden kann. Das bedeutet zum Beispiel auch, dass eine Speicherung von XML-Dokumenten in bereits bestehende Datenbanken erfolgen kann und so die Informationen aus den Dokumenten zusammen mit anderen Datenbankinformationen integriert oder föderiert werden können.

Speicherung in bestehende Datenbanken

Das hohe Maß an Flexibilität hat den Preis, dass ein festes Schema erforderlich ist, das auch relativ statisch sein muss, da die Mapping-Vorschrift an jedes Schema neu angepasst werden muss. Nachteilig kann auch sein, dass die Verantwortung für das Mapping beim Anwender liegt. Durch ein fehlerhaftes Mapping kann ein Informationsverlust verursacht werden, das heißt, dass Informationen, die im Originaldokument verfügbar waren, in der gespeicherten Datenbank nicht angefragt werden können. Deshalb gibt es auch Methoden, die eine *Defaultmappingvorschrift* ermitteln. Diese ist dann allerdings statisch und nicht mehr flexibel. Damit ist das Verfahren dann identisch zu der im Abschnitt 8.4.1 vorgestellten Methode.

fehlerhaftes Mapping

Defaultmapping-vorschrift

Dokumentordnung

Wenn die Dokumentordnung von Bedeutung ist, so muss diese durch ein zusätzliches Attribut explizit gespeichert werden.

Tabelle 8.7 fasst die Eigenschaften der Methoden, die ein anwenderdefiniertes Mapping einsetzen, zusammen.

Schemabeschreibung	erforderlich
Dokumentrekonstruktion	nicht möglich
Anfragen	SQL
Weitere Besonderheiten	Mapping-Vorschriften erforderlich, Speicherung der Dokumentordnung durch zusätzliches Attribut
Einsatz	für datenzentrierte XML-Dokumente

Tabelle 8.7
Eigenschaften des Einsatzes von Mapping-Vorschriften

8.5 Hybride Speicherung

In den Kapiteln 8.2 bis 8.4 wurden sechs Basisverfahren zur Speicherung von XML-Dokumenten vorgestellt. Sie eignen sich jeweils für unterschiedliche Arten von Dokumenten. Einige Verfahren lassen sich besser für datenzentrierte, andere besser für dokumentzentrierte XML-Dokumente einsetzen. In vielen Fällen sind jedoch die Dokumenteigenschaften nicht so eindeutig feststellbar, da Dokumente oft daten- und dokumentzentrierte Anteile enthalten. Ein Beispiel dafür sind Publikationen, zu denen einerseits die Metadaten gehören, die im Bibliothekswesen über Jahrhunderte hin entwickelt wurden, und die durch z.B. Titel, Autor, Verlag, Erscheinungsjahr, Auflage, Schlagworte usw. sehr strukturiert sind. Andererseits gehört zu einer Publikation das Dokument selbst, und hier sagt schon die Bezeichnung, dass es sich in der Regel um Volltextinformationen oder Volltext mit Markup handelt. Eine weitere Anwendung, in der sowohl daten- als auch dokumentzentrierte Anteile auftreten, sind Tourismusangebote wie Hotelbeschreibungen. Zu den strukturierten oder datenzentrierten Informationen gehören Hotelnamen, Angaben zur Kategorie, Adressen und Preise. Dazu bieten Hotels auch Beschreibungen zum Haus, Ortsbeschreibungen, Veranstaltungshinweise und Anreise-Informationen, wobei diese Anteile unstrukturiert sind.

Aufsplittung von XML-Dokumenten

Will man solche Dokumente speichern, kann man entweder eine der in den vorherigen Abschnitten vorgestellten Methoden verwenden. Damit wird man aber den einzelnen Dokumentanteilen nur zum Teil gerecht. Deshalb können eine Aufsplittung von XML-Dokumenten und eine separate Speicherung mit verschiedenen Verfahren erfolgen. Zum Beispiel kann es bei der Speicherung von Publikationen sehr sinnvoll sein, die Metadaten über Mapping-Vorschriften in bereits bestehende Datenbanken zu integrieren und die Dokumente als CLOBs zu speichern, über denen Indizes angelegt werden. Damit sind XML-Anfragen und Information-Retrieval-Anfragen auf den Dokumenten realisierbar. Zur Recherche auf den Metadaten eignen sich besonders Datenbank-Anfragesprachen.

Abbildung 8.20 veranschaulicht den Einsatz von zwei Speicherungsmethoden für ein XML-Dokument mit Hotelinformationen. Dabei werden Hotelnamen und Adressen in ein Hotelverzeichnis in Form einer relationalen Datenbank aufgenommen und die Hausbeschreibung als Volltext gespeichert. Das bedeutet, dass die Speicherung der XML-Dokumente auf physischer Ebene mit zwei getrennten Verfahren erfolgt. Wir bezeichnen das als *hybride Speicherung* von XML-Dokumenten.

Abbildung 8.20
hybride Speicherung von XML-Dokumenten

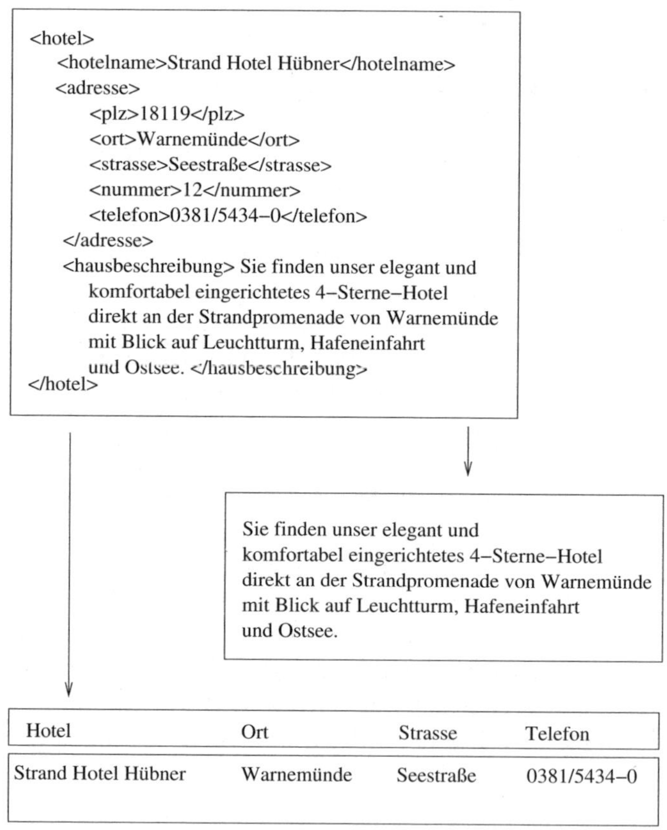

Es stellt sich nun die Frage, wie entschieden wird, für welche Anteile eines solchen Dokuments welche Speicherungsmethode gewählt wird. Da ist es etwa möglich, dass ein Datenbankentwerfer oder XML-Anwender die einzelnen Anteile bestimmt. Durch das Wissen über die Semantik der einzelnen Elemente und Attribute kann ein Anwender einschätzen, welche Speicherungsmethode sich besonders eignet. Ein weiteres Kriterium sind die Anfragen, die auf der gespeicherten Form realisiert werden sollen. Volltextanfragen wie Stammwortreduktion, Phrasensuche und phonetische Suche lassen sich mit keiner XML-Anfragesprache stellen, sie können nur auf als CLOBs gespeicherten und indizierten Dokumentanteilen realisiert werden. Bei komplexeren Anfragen zur Suche, Sortierung und Gruppierung bieten hingegen Datenbanken Vorteile. Deshalb eignen sich hier Verfahren, die über Mapping-Vorschriften oder die Auswertung der Dokumentstruktur die Speicherung in Datenbanken vornehmen.

Es ist auch möglich, diese Entwurfsentscheidung zu automatisieren oder halbautomatisch zu gestalten. In diesem Fall liefern die folgenden Informationen dazu Hinweise:

- Strukturinformationen (DTDs oder XML Schema)
- Statistiken über Dokumente
- Statistiken über Anfragen

Schemaauswertung

Aus DTDs oder XML-Schemata kann man bestimmte Merkmale ableiten, die darauf hindeuten, dass ein Element oder Attribut strukturierte oder unstrukturierte Inhalte besitzt. Diese Merkmale sind:

- Definition des Inhaltsmodells
  wobei Mixed Content und Alternativen auf dokumentzentrierte Inhalte deuten,
- Quantifizierer
  1, »+«, »?«, »*«, wobei die hier angegebene Reihenfolge bestimmt, wie strukturiert die Inhalte sind und »*« die meisten Freiheitsgrade bietet, ist deshalb am unstrukturiertesten ist sowie
- Attributeigenschaft,
  wobei `#REQUIRED`, `#IMPLIED` mit den Quantifizierern 1 und »?« von Elementen gleichgesetzt werden können.

Die Eigenschaften wurden in Abschnitt 7.6.4 als Metriken zur Bestimmung des Dokumentcharakters eingeführt.

Die Informationen aus der Schemabeschreibung allein reichen jedoch nicht aus, weil zum Beispiel der Quantifizierer »?« bedeuten kann, dass das Element in 95% oder 0,3% der XML-Dokumente auftritt. Die Schemabeschreibung liefert nur den Rahmen für die Dokumente. Wie sie wirklich aussehen, kann man nur aus XML-Dokumentkollektionen ableiten.

Statistiken über Dokumentkollektionen

Dazu können einfache Statistiken über Dokumentkollektionen eingesetzt werden. Sie ermitteln die Häufigkeit des Auftretens für jedes Element und Attribut in den Dokumenten und setzen diese Anzahl zur Gesamtanzahl der XML-Dokumente in Bezug.

Auswertung von Anfragen

Weiterhin lässt sich aus der Schemabeschreibung nicht ableiten, welche Informationen wie häufig und auf welche Weise angefragt werden. Diese Informationen lassen sich auch nicht aus den Statistiken zu den Dokumenten ableiten, weil nicht immer die häufig verfügbaren Daten auch am meisten angefragt werden. So stellen zum Beispiel alle Hotels genaue Adressinformationen (`PLZ`, `Ort`, `Strasse`, `Hausnummer`) bereit, häufiger angefragt werden jedoch Ortsinformationen und Ausstattungsmerkmale. Für manche Elemente sollen Anfragen wie Stammwortreduktion, phonetische Suche und Ähnlichkeitssuche verwendet werden. Diese deuten auf dokumentzentrierte Anteile. Durch Auswertung der Arten von Anfragen und der Häufigkeit, mit der bestimmte Elemente und Attribute in den Anfragen auftreten, gewinnt man also das dritte Kriterium, das auf den Dokumentcharakter schließen lässt.

Man kann die drei Einzelkriterien nun insgesamt einsetzen und gegeneinander abwägen, um für jedes Element oder Attribut zu bestimmen, wie strukturiert dieses ist. Das Ergebnis wird für jeden Knoten graphisch dargestellt. Je dunkler der Knoten eingefärbt ist, desto stärker spricht das jeweilige Merkmal dafür, dass das Element oder Attribut nach der eingesetzten Metrik strukturiert ist.

Abbildung 8.21 zeigt, wie das Vorgehen für den Anwender aussehen kann. Durch Auswertung der beschriebenen Faktoren wird eine Unterteilung der Dokumente vorgenommen und es erfolgt eine entsprechende Abbildung auf ein Datenbanksystem. Dabei werden Teilbäume des Schemas, ermittelt, die dokumentzentrierte Anteile enthalten, diese werden auf XML-Datentypen abgebildet. Auf der rechten Seite der Abbildung ist das Ergebnis zu sehen, die Quadrate zeigen die Dokumentteile an, die auf einen XML-Datentyp abgebildet werden. Dabei wird `anreisebeschreibung` als dokumentzentrierter Anteil bestimmt. Es wird deshalb vorgeschlagen, den betreffenden Teilbaum zu einem XML-Datentyp zusammenzufassen. Ein interaktives Vorgehen, bei dem der Anwender den Vorschlag verändern kann, ist dabei möglich und der Datenbankentwurf wird dementsprechend erstellt.

8.6 Redundante Speicherung

Sollen XML-Dokumente gespeichert werden, so können dafür auch mehrere Verfahren gleichzeitig zum Einsatz gebracht werden. Wenn zum Beispiel die Graphenstruktur von XML-Dokumenten generisch gespeichert wird, ist die Wiederherstellung der Dokumente sehr aufwändig. Es kann deshalb ein zusätzliches Verfahren gewählt werden, um die Dokumente auch unverändert zu speichern, damit sie im Original, zum Beispiel zur Ergebnispräsentation, wieder ausgegeben werden können.

Es ist auch möglich, dass die Informationen aus XML-Dokumenten für sehr verschiedene Anwendungen eingesetzt werden sollen. Zum Beispiel können einerseits detaillierte Auswertungen einzelner Informationen oder andererseits allgemeine Suchanfragen auf XML-Dokumenten erfolgen. Auch in diesem Fall sind eine redundante Speicherung und die Verwendung verschiedener Speicherungsmethoden sinnvoll.

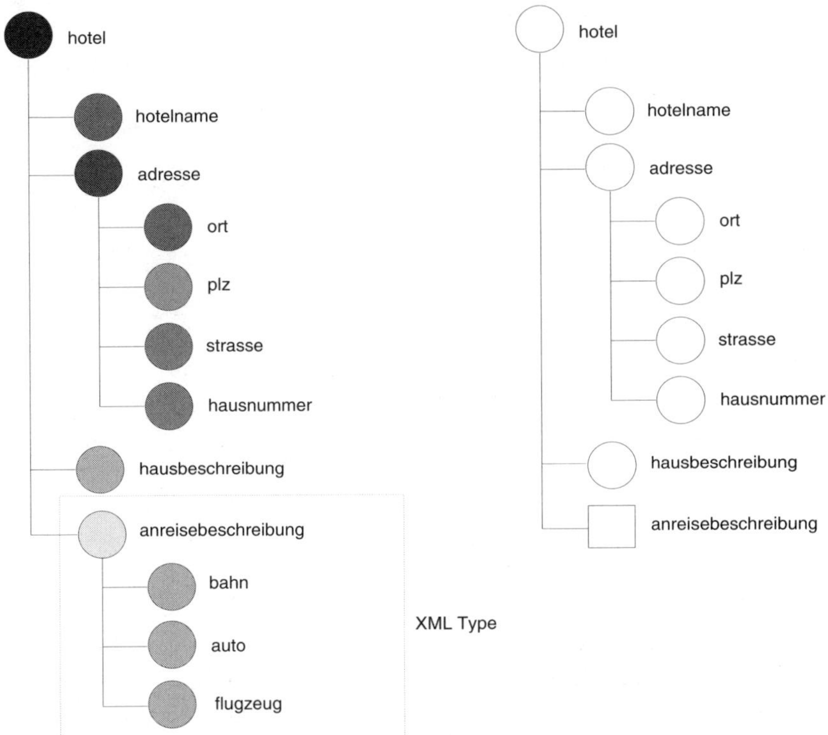

Abbildung 8.21
Vorgehensweise beim Entwurf einer hybriden Speicherung

8.7 Zusammenfassung

Die schrittweise Klassifikation der in diesem Kapitel vorgestellten Methoden zur Speicherung von XML-Dokumenten wird in Abbildung 8.22 noch einmal zusammengefasst.

Speicherung als Ganzes und Indizierung

Die Verfahren, die XML-Dokumente als Ganzes speichern und indizieren, wurden in Abschnitt 8.2 vorgestellt. Die Methoden verändern die Dokumente selbst nicht, sondern es werden dabei nur Indizes generiert, die Informationen über Inhalte und Strukturen der XML-Dokumente enthalten. Die Verfahren eignen sich besonders für dokumentzentrierte XML-Dokumente.

generische Speicherung

Die *zweite Variante*, bei der die Graphstruktur Basis für die Speicherung ist (Abschnitt 8.3), bietet eine generische Speicherung der XML-Dokumentstrukturen. Vorteile sind hier die Unabhängigkeit von einem Schema und das feste Datenbankschema für alle Dokumentklassen. Die Speicherung von Dokumenten ist dadurch einfach. Nachteilig ist die Realisierung von komplexeren Anfragen.

strukturierte Speicherung in Datenbanken

Die *dritte Variante* der Speicherung (Abschnitt 8.4) ist eine adäquate Darstellung von XML-Dokumenten in objektorientierten, objektrelationalen oder relationalen Datenbanken. Hierbei ist das Datenbankschema von der DTD (oder einer anderen explizit deklarierten Struktur wie XML Schema) abhängig. Das Verfahren ist insofern aufwändiger,

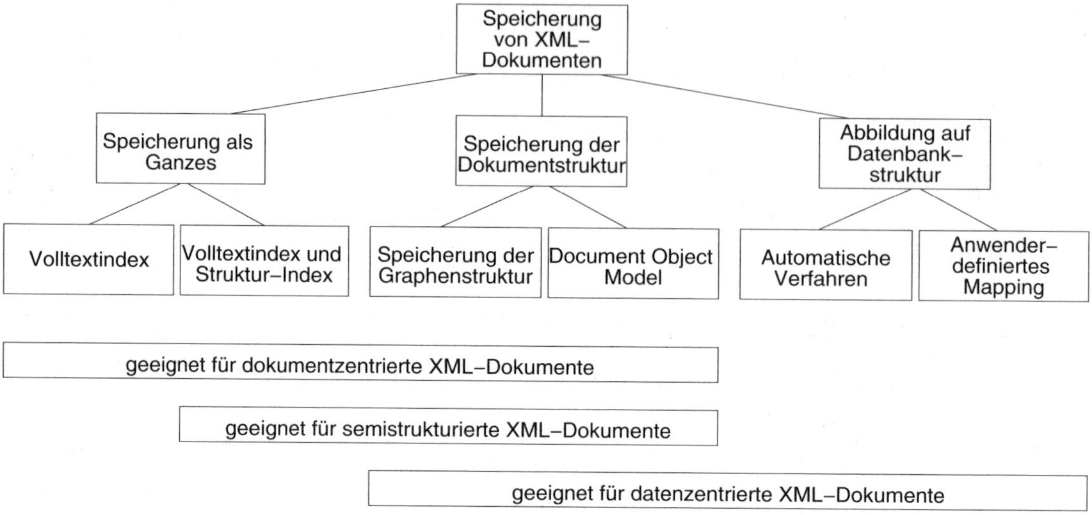

Abbildung 8.22 *Verwendung der verschiedenen Speicherungsmethoden*

weil für eine neue Dokumentkollektion ein neues Datenbankschema gebildet werden muss. Der Prozess ist aber automatisierbar, da man einen Algorithmus angeben kann. Es ist auch möglich, die Zuordnung durch Mapping-Vorschriften zu definieren. Für Anfragen kann hier SQL verwendet werden. Das Verfahren eignet sich für datenzentrierte XML-Dokumente.

hybride Speicherung

Liegen Dokumente vor, in denen sowohl daten- als auch dokumentzentrierte Anteile existieren, so kann eine Aufsplittung der Dokumente und eine Speicherung der einzelnen Anteile mit verschiedenen Verfahren sinnvoll sein, also eine hybride Speicherung erfolgen.

Updates

Momentan existiert keine vom W3C empfohlene XML-Updatesprache. Sie soll aber zukünftig entwickelt werden. Die Existenz einer Updatesprache bedeutet für alle Methoden zur Speicherung von Informationen, dass sie auch darauf angepasst werden müssen. Das heißt, dass neben dem Speichern vollständiger XML-Dokumente auch Updates auf diesen Dokumenten in der jeweiligen gewählten Speicherungsform realisiert werden müssen.

In den beiden abschließenden Abschnitten werden die in diesem Kapitel erwähnten Veröffentlichungen und die existierenden Implementierungen detaillierter erläutert.

8.8 Literatur

Einen umfassenden Überblick über Suchmaschinen und die darin eingesetzen Information-Retrieval-Verfahren geben Gunnar Weber et al. in [RV02].

Die Speicherung von XML-Dokumenten in relationalen Datenbanken mit fester Struktur wird von Neil Bradley in [Bra98], von Daniela Florescu und Donald Kossmann in [FK99] und von Takeyuki Shimura, Masatoshi Yoshikawa und Shunsuke Uemura in [SYU99] sowie [YASU01] beschrieben. Dabei stellt Neil Bradley in [Bra98] das grundlegende Prinzip dar, Florescu/Kossmann betrachten darüber hinaus in [FK99] auch die Effizienz des Verfahrens bei Anfragen. Shimura, Yoshikawa und Uemura stellen unabhängig davon in [SYU99] eine ähnliche Form der Speicherung vor und betrachten ebenfalls Benchmarks für einfache Anfragen.

Eine etwas andere Form der Speicherung von XML-Dokumenten und der Indizierung von Graphstrukturen wurde von Dieter Scheffner und Rainer Conrad in [SC01] vorgestellt. Dort werden nicht die vollständigen XML-Dokumente gespeichert und indiziert, sondern die Elementwerte und Attributinhalte als Text verbunden und gespeichert. Die Strukturinformationen werden separat davon gespeichert.

Zum Pfadindex gehören Verweise auf die gespeicherten Elementwerte. Das Verfahren verwendet also eine textbasierte Speicherung für die Inhalte und eine modellbasierte Speicherung für die Strukturinformationen

Ein Verfahren, das die Informationen aus dem Document Object Model auf der Basis relationaler Datenbanken darstellt, wurde von Richard Edwards und Sian Hope in [EH00] vorgestellt.

Die Verwendung der Informationen aus dem Document Object Model zur Speicherung von XML-Dokumenten mit Lightweight Directory Access Protocol (LDAP) ist Inhalt des Artikels [LM01a] von Pedro José Marrón und Georg Lausen. Das Lightweight Directory Access Protocol stellt eine Alternative zum effizienten Speichern von Informationen dar und ist besonders gegeignet, um hierarchische Strukturen abzubilden. Neben der Speicherung von Dokumenten wird auch das Retrieval durch XQuery-Anfragen untersucht und dargestellt.

Die Übersetzung von DTDs in Datenbankentwürfe für objektrelationale Datenbanken und die Optimierung der resultierenden Datenbanken wurde in [KM00] von Meike Klettke und Holger Meyer beschrieben. Die Ermittlung von Datenbankentwürfen für relationale Datenbanken aus einer zugehörigen DTD ist Inhalt des Artikels [STH+99] von Jayavel Shanmugasundaram et al.

Im Mittelpunkt des Systems STORED [DFS99] von Alin Deutsch, Mary F. Fernandez und Dan Suciu steht eine Mapping-Vorschrift, die beschreibt, wie XML-Dokumente auf relationale Datenbanken abgebildet werden. Das Mapping kann sowohl vom Anwender angegeben als auch durch einen eigens dafür entwickelten Algorithmus mit Hilfe von Text-Mining-Methoden ermittelt werden. Diese Methoden ermitteln aus einer Beispieldokumentkollektion, welche Elemente und Attribute in engem Zusammenhang stehen. Die Mapping-Vorschrift wird dann so generiert, dass diese gemeinsam in den Relationen der Datenbank abgebildet werden.

In [BBB00] wird von Ronald Bourret, Christof Bornhövd und Alejandro Buchmann beschrieben, wie die Abbildung von XML-Dokumenten auf relationale Datenbanken und die Abbildung von Inhalten relationaler Datenbanken auf XML-Dokumente erfolgt. In beiden Fällen wird eine Mapping-Vorschrift eingesetzt, die diese beschreibt. Entsprechende Implementierungen sind dafür verfügbar. Die Abbildung von XML-Dokumenten auf relationale Datenbanken ist in Abschnitt 8.9 beschrieben, die Gegenrichtung ist in Abschnitt 5.5 zu finden.

Ein Algorithmus, der aus strukturellen Merkmalen einer DTD sowie Statistiken über Dokumentkollektionen und Anfragen die daten- und dokumentzentrierten Anteile eines XML-Dokumentes ermittelt, wurde von Meike Klettke und Holger Meyer in [KM00] vorgestellt. Dieser Algorithmus ist Voraussetzung zur Bestimmung einer hybriden Speicherung von XML-Dokumenten.

Eine weitere hybride Speicherungsmethode von Alin Deutsch, Mary F. Fernandez und Dan Suciu speichert selten auftretende Anteile als Graphen [DFS99], die anderen Teile der XML-Dokumente werden strukturiert gespeichert.

8.9 Verfügbare Implementierungen

Ronald Bourret entwickelte ein Werkzeug, das die Abbildung von XML-Dokumenten auf relationale Datenbanken realisiert [Bou]. Ein Datenbankschema, das das Zielformat darstellt, muss dafür bereits existieren. Die Abbildung von XML-Dokumenten auf die relationalen Datenbanken wird über eine in XML-Syntax dargestellte Mapping-Sprache spezifiziert. Vorhandene Dokumente werden entsprechend der Vorschrift abgebildet. Alternativ dazu gibt es mit dem Tool die Möglichkeit, ein relationales Datenbankschema aus einer DTD abzuleiten.

Realisiert wurde das Tool als Javaprogramm; es ist frei verfügbar und auf der Webseite [Bou] zu finden.

8.10 Kommerzielle Systeme

Suchmaschinen Auf der Basis der Indexbildung durch Erstellen von invertierten Listen, wie in Abschnitt 8.2.1 dargestellt, arbeiten alle herkömmlichen Suchmaschinen.

IBM DB2 Text Extender Zum Datenbanksystem DB2 ist ein Text Extender verfügbar, der die Speicherung von Volltextdokumenten innerhalb eines Datenbanksystems ermöglicht. Mit dem Extender können vier verschiedene Arten von Indizes gebildet werden, durch die es möglich ist, verschiedene Suchanfragen wie Stammwortreduktion, exakte Suche, phonetische Suche, Ähnlichkeitssuche und andere mehr zu beantworten.

Oracle Text Im Datenbanksystem Oracle kann eine Verarbeitung von Volltext-Datentypen durch die Oracle Text-Option erfolgen. Durch diese werden Information-Retrieval-Anfragen in Form von speziellen SQL-Anweisungen unterstützt. Möglich sind Anfragen, die eine Stammwortreduktion durchführen, Wildcards verwenden oder eine Ähnlichkeits- und Phrasensuche realisieren. Es erfolgt ein Ranking der Ergebnisse und ein Relevance Feedback durch den Anwender ist auch möglich.

In Oracle Text ist ebenfalls eine XML-Unterstützung gegeben und es können XML-Strukturen ausgewertet werden. Das bewirkt, dass Volltextanfragen und Anfragen zur Struktur der Dokumente kombiniert werden können.

Informix Text data blades Zum Datenbanksystem Informix stehen vier verschiedene DataBlades bereit, diese sind:

- Excalibur Text Search data blade
- TDB Text data blade
- Verity Text Search data blade
- PLS Text Search data blade

Besonders gute Information-Retrieval-Eigenschaften bietet dabei das Verity Text Search data blade. Mit ihm lassen sich Stammwortreduktion, Soundex-Suche, Ähnlichkeitssuche oder die Suche nach Wörtern im gleichen Satz realisieren sowie Thesauren einsetzen. Außerdem ist eine Kombination von Volltext-Suchanfragen mit Anfragen zur Struktur von XML-Dokumenten möglich; die Syntax der Anfragen ist dabei die folgende:

```
SELECT *
FROM table
WHERE VTS_CONTAINS(col, 'SearchString IN TagName');
```

Die Texterweiterung eignet sich also insbesondere zur Speicherung von dokumentzentrierten XML-Dokumenten.

Der *DB2 Text Extender*, *Oracle Text* und das *Informix Verity Text Search data blade* sind auch in der Lage, Suchanfragen auf XML-Dokumenten zu realisieren. Dazu wird ein erweiterter Volltextindex eingesetzt, der die XML-Strukturen berücksichtigt. Er ist in ähnlicher Form organisiert wie die Darstellung in Abschnitt 8.2.2.

Oracle XMLType Ab der Version *9i* wird von Oracle ein `XMLType` zur nativen Speicherung von XML bereitgestellt. Der `XMLType` in Oracle speichert XML-Dokumente als CLOB und indiziert die Dokumente. Zugriffe auf die so gespeicherten Dokumente sind durch XPath-Anfragen möglich. Damit ist die Einbettung von XML-Fragementen in Relationen realisierbar, sodass eine hybride Speicherung von XML-Dokumenten unterstützt wird. Die XML-Speicherung mit Oracle wird in Kapitel 11, Abschnitt 11.2, genauer vorgestellt.

Infonyte-DB Das System Infonyte verwendet zur Speicherung von XML-Dokumenten ein persistentes Document Object Model. Das System baut aber nicht auf existierende Datenbanken auf, sondern entwickelt Komponenten zur physischen Speicherung, die an die XML-Dokumente optimal angepasst sind. Eine ausführliche Beschreibung des Systems erfolgt in Abschnitt 11.6.

Tamino Mit dem System Tamino der Software AG wird eine modellbasierte Speicherung von XML-Dokumenten unterstützt. XML-Anfragen auf den gespeicherten Dokumenten sind durch die Verwendung von XPath realisierbar. Weitere Informationen über Tamino finden sich in Abschnitt 11.5.

eXcelon eXcelon verwendet zur Speicherung von XML-Dokumenten das Document Object Model. Alle Informationen, die in dieser API enthalten sind, werden in einer objektorientierten Datenbank objectstore adäquat gespeichert. Weitere Informationen zu eXcelon finden sich in Abschnitt 11.4.

POET Content Management Suite POET realisiert die Speicherung von XML-Dokumenten so, dass zu jedem Element, der DTD oder der XML-Schema-Beschreibung eine korrespondierende Java-Klasse erzeugt wird. Sie kann innerhalb des Systems gespeichert werden, indem dazu eine Relation generiert wird.

Ist kein Schema für eine Dokumentkollektion vorhanden, so wird hier eine Datenbank mit festem Schema eingesetzt. Diese Schema entspricht den Informationen des Document Object Model. Einzelheiten zu POET finden sich in Abschnitt 11.7.

Oracle8*i*/Oracle9*i* Zum Datenbanksystem Oracle werden seit der Version 8*i* Tools angeboten, die die XML-Speicherung unterstützen. Sie werden im Oracle XML Developer's Kit (XDK) bereitgestellt. Verfügbar sind unter anderem ein XML-Parser und ein XSL-Transformator, die den Anwender unterstützen, XML-Dokumente zu parsen und in eine Syntax zu transformieren, die die strukturierte Abbildung auf Oracle-Datenbanken ermöglicht

IBM DB2 UDB Die Firma IBM bietet für das objektrelationale Datenbanksystem DB2 UDB einen XML-Extender an, mit dem die Speicherung von XML-Dokumenten im Datenbanksystem DB2 unterstützt wird. Dabei wird über eine Mapping-Vorschrift DAD (Data Access Definition) angegeben, wie die Zuordnung von Elementen und Attributen eines Dokuments auf die Attribute der Datenbank erfolgen soll. Das Vorgehen ist sehr flexibel, da der Anwender jeweils selbst festlegen kann, wie die Abbildung von Teilen des XML-Dokumentes auf DB2-Datenbanken erfolgen soll. Die Syntax der DAD-Dateien ist XML.

Microsoft SQL-Server Im Microsoft SQL-Server besteht die Möglichkeit, XML-Dokumente in Datenbanken zu speichern. Dazu wird ein anwenderdefiniertes Mapping verwendet, das durch ein annotiertes XDR-Schema festgelegt wird. Durch die Annotationen wird die Zuordnung zwischen XML-Dokument und relationaler Datenbank definiert. Die Zuordnungen lauten zum Beispiel: `sql:relation` und `sql:field` und bestimmen die Zuordnung zwischen Elementen und Attributen zu Datenbankrelationen und Datenbankattributen. Die genauere Darstellung zur XML-Speicherung des MS-SQL-Server ist in Abschnitt 11.3 zu finden.

Hybride Speicherungsverfahren Hybride Speicherungsverfahren werden durch Datenbanksysteme unterstützt, die mehrere Speicherungsmöglichkeiten für XML-Dokumente anbieten. Gegenwärtig sind solche Speicherungsmöglichkeiten bei Oracle und DB2 vorhanden.

9 Speicherorganisation und Indexstrukturen

In Kapitel 8 wurde das grundlegende Prinzip der Speicherung und Indizierung von XML-Dokumenten allgemein dargestellt. In diesem Kapitel erfolgt eine genauere Beschreibung, welche Arten von Zugriffstrukturen oder Indizes benötigt werden und wie sie aufgebaut sein können. Generell lassen sich drei Arten von Zugriffsstrukturen unterscheiden:

- Ein Werteindex erlaubt den Zugriff auf meist atomare Werte eines XML-Dokumentes, etwa Elementinhalte, die numerische Werte oder einzelne Attributwerte spezieller Elemente darstellen. Diese Indexform ist für strukturierte Anteile eins XML-Dokumentes geeignet

Werteindex

- Ein Volltextindex indiziert die einzelnen Worte des Volltextes, der in der Regel aus ganzen Sätzen oder Phrasen einer natürlichen Sprache gebildet wird. Der Zugriff und die Auswertung von Anfragen auf diese unstrukturierten Anteile eines Dokumentes erfolgt mit Information-Retrieval-Techniken.

Volltextindex

- Ein Struktur- oder Pfadindex erlaubt die effiziente Auswertung von Anfragen unter Einbeziehung der Dokumentstruktur. Nicht immer sind die Elementstrukturen exakt bekannt, d.h., es liegt oft kein Schema vor. Trotzdem soll die Unterstützung von allgemeinen Pfadausdrücken, die Teildokumente selektieren können, möglich sein. Diese Indexform ist wesentlich für semistrukturierte Dokumente und Anwendungen.

Strukturindex

Ausgangspunkt ist die Darstellung von Werteindizes, die in Abschnitt 9.1 anhand von drei verschiedenen Realisierungsmöglichkeiten erfolgt.

Ein Index für Volltexte muss nicht vollständige Element- oder Attributwerte indizieren, sondern der Index nimmt viele kleine Anteile oder Worte großer Zeichenfolgen auf. In Abschnitt 9.2 wird vorgestellt, welche Teilaufgaben bei der Indizierung von Volltexten zu realisieren sind und wie der resultierende Index aussieht.

XML-Dokumente enthalten Strukturinformationen, die in Anfragen, meist in Form von allgemeinen Pfadausdrücken, zusammen mit den Inhalten der Dokumente auswertbar sein sollen. Die Abbildung dieser Informationen auf Indexstrukturen zeigt Abschnitt 9.4.

Alle vorgestellten Verfahren lassen sich nach einigen allgemeinen und vielen speziellen Kriterien unterteilen. Die allgemeinen sind:

- Das betreffende Verfahren stellt eine Dateiorganisationsform oder einen Zugriffspfad dar. Dateiorganisationformen dienen der Verwaltung kompletter Datenstrukturen, Zugriffspfade organisieren hingegen nur den Zugriff auf ausgewählte Eigenschaften.
- Ein Primärindex erlaubt über den Primärschlüssel einen Zugriff auf genau ein Objekt. Sekundärindizes gestatten die Verwaltung von Verweisen auf verschiedene Objekte, die eine Eigenschaft gemeinsam haben.
- Statische Strukturen erlauben keine gleich bleibend effizienten Zugriffe bei häufigen Änderungen des Datenbestandes, sie müssen entsprechend reorganisiert werden. Dynamische Strukturen passen sich unmittelbar bei Änderungsoperationen den Gegebenheiten an.
- Zugriffsstrukturen unterstützen in der Regel den Zugriff über einen Suchschlüssel, der aus mehreren Bestandteilen besteht. Sind bei Anfragen immer alle Anteile oder ein Präfix dieser geordneten Menge anzugeben, hat man es mit einem eindimensionalen Verfahren zu tun. Mehrdimensionale Verfahren erlauben auch den Zugriff über beliebig ausgewählte Suchschlüsselanteile.

Weitere Eigenschaften, die zu betrachten sind, betreffen die Einhaltung einer Ordnung oder Sortierung auf den indizierten Daten oder etwa die Form der unterstützten Anfrage wie Punktanfragen, die nach genau einem Wert suchen, Bereichsanfragen, die Wertebereiche ermitteln, partielle Anfrage nach Teilen eines Schlüssels oder vage Anfragen, die ähnliche Begriffe ermitteln.

Ein weiterer Aspekt ist die Schema-Information. Setzen etwa Werteindizes genaue Angaben zu Datentypen und betreffende Dokumentstrukturen voraus, arbeiten Volltextindizes auf dem unstrukturierten Volltext ohne weitere Strukturinformation. Pfadindizes lassen sich wesentlich effizienter anlegen, wenn das Schema eines XML-Dokumentes bekannt ist. Sie benötigen es jedoch nicht in jedem Fall.

9.1 Werteindex

Werteindizes sind aus dem Datenbankbereich als so genannte Zugriffspfade bekannt und werden dort eingesetzt, um einen schnellen Zugriff auf Datensätze über Werte oder Wertekombinationen etwa bestimmter Attribute einer Relation zu gewährleisten. Die vorgestellten Verfahren lassen sich neben der Indizierung einzelner Eigenschaften oder Attribute auch zur vollständigen Speicherung der Datensätze (Speicherstruktur) verwenden.

Das gleiche Verfahren lässt sich auch anwenden, um strukturierte Inhalte von XML-Dokumenten zu indizieren, und darauf mit datenbanktypischen Anfragen zuzugreifen. Speziell können sie eingesetzt werden, um atomare Werte, die von einem bestimmten Datentyp sind, etwa Inhalte von XML-Attributen oder -Elementen, zu indizieren. Auch sind sie dazu geeignet, z.B. Elementname, Identifikatoren oder allgemein XML-Strukturen schnell zugreifbar zu machen.

Im folgenden Abschnitt werden drei bestehende Möglichkeiten zum Aufbau von Speicherstrukturen und Werteindizes vorgestellt.

- Hash-Strukturen am Beispiel des Erweiterbaren Hashing
- dynamische Indexbäume am Beispiel B^+-Baum
- Signaturbäume

Die erste Variante ist die Verwendung von Hash-Strukturen. Am Beispiel des Erweiterbaren Hashing wird dieses Zugriffsverfahren vorgestellt. Es erlaubt sehr effiziente Anfragen nach einzelnen Suchschlüsseln.

Die zweite Möglichkeit ist der Einsatz von dynamischen Indexbäumen. Diese Indizierungstechnik eignet sich gut für Punkt- und Bereichsanfragen und verändert ihr Zugriffsverhalten bei vielen Änderungsoperationen wenig. Sie wird am Beispiel eines B^+-Baumes erläutert.

Die dritte Technik sind Signaturbäume, eine Kombination aus Baumstruktur und Hash-Verfahren, die auch partielle Anfrage erlaubt.

9.1.1 Erweiterbares Hashing

Das Erweiterbare Hashing (engl. Extendible Hashing) basiert auf einem Verzeichnis (engl. Directory) für den Zugriff auf die Datenbankseiten, die Paare von Suchschlüsselwerten und Verweisen auf die zugehörigen Datensätze aufnehmen. Die Datenbankseiten werden bei Hash-Verfahren Buckets genannt. Das Verzeichnis ist ein Vektor mit 2^d Einträgen, die jeweils eine Bucket-Adresse enthalten.

Verzeichnis

Bucket

Der Zugriff auf das Verzeichnis erfolgt direkt. Dazu wird aus dem Suchschlüsselwert k mittels einer Hash-Funktion $h(k)$ ein zugehöriger Verzeichniseintrag ermittelt. Einfache Beispiele für Hash-Funktionen sind Divisions-Rest- bzw. Modulo-Operationen. Ein Beispiel wäre $h(k) = k \bmod m$, wobei m so gewählt wird, z.B. als Primzahl, dass idealerweise eine Gleichverteilung der Werte erreicht wird. Vom Rückgabewert der Hash-Funktion werden beim Erweiterbaren Hashing die letzten d Bits als Index für den Zugriff auf den Verzeichnisvektor benutzt. Das so ermittelte Bucket enthält dann das gewünschte Suchschlüssel-Verweispaar. Die aktuelle Verzeichnisgröße wird als die globale Verzeichnistiefe d bezeichnet.

Hash-Funktion

globale Verzeichnistiefe d

Da nicht zwangsläufig für jeden der 2^d-Verzeichniseinträge genau ein Bucket genutzt werden muss, können mehrere Einträge mit den

Abbildung 9.1
Erweiterbares Hashing und Verzeichnisverdoppelung, $h(k) = k \bmod 13$

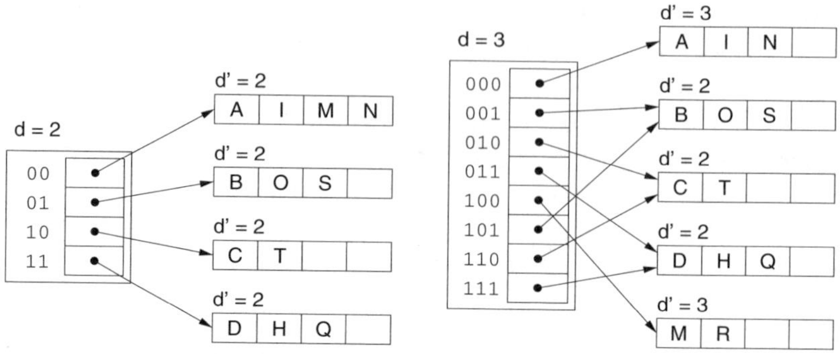

(a) vor (b) nach dem Einfügen von »R«

gleichen letzten d' ($d' \leq d$) Bits auf gemeinsame Buckets verweisen. Im Bucket selbst wird darum die lokale Tiefe, die lokale Buckettiefe d', gespeichert. Es verweisen damit jeweils $2^{d-d'}$ Verzeichniseinträge auf ein gemeinsames Bucket.

lokale Buckettiefe d'

Punktanfrage

Suchen Für Punktanfragen wird aus dem Suchschlüsselwert k durch Anwendung der Hash-Funktion und Extrahieren der letzten d Bits, der entsprechende Verzeichniseintrag ermittelt und dann folgt man dem Verweis auf das Bucket. Dort werden lokal die Treffer ermittelt. Da kein Überlaufbereich zum Bucket existiert, ist bei nicht vorhandenen Treffern die Suche erfolglos beendet. Der Aufwand für die Beantwortung von Punktanfragen ist somit genau ein Verzeichnis- und ein Bucket-Zugriff ($O(1)$). Wird jedoch nur nach einem Teil des Schlüssels gesucht oder sollen Bereichsanfragen beantwortet werden, muss die Gesamtheit aller n Buckets durchsucht werden ($O(n)$).

Überlauf

Einfügen Soll ein neuer Eintrag in die Zugriffsstruktur vorgenommen werden, wird zuerst wie beim Suchen das zugehörige Bucket ermittelt. Tritt ein Überlauf auf, wird die lokale Tiefe mit der Verzeichnistiefe verglichen. Es müssen zwei Fälle unterschieden werden:

Bucket-Splitting

Geschwister-Bucket

1. Ist $d' < d$, wird das aktuelle Bucket in zwei aufgeteilt, d.h., ein Bucket-Splitting findet statt.
   Die beiden entstandenen Buckets erhöhen ihre lokale Tiefe auf $d' + 1$. Der Inhalt des ursprünglichen Bucket wird auf die neuen Geschwister-Buckets anhand der letzten $d' + 1$ Bits des jeweiligen Hash-Wertes verteilt. Die beiden Verzeichniseinträge, die gemeinsam auf das urpsrüngliche Bucket verwiesen, werden so aktualisiert, dass sie auf die neuen verweisen.

2. Wenn $d' = d$ gilt, reichen die d Bits nicht aus, um die Einträge im übergelaufenen Bucket zu unterscheiden. Eine Verzeichnisverdoppelung, die ein weiteres Bit des Hash-Wertes nutzt, muss vorgenommen werden. *Verzeichnisverdoppelung*
   Die Verzeichnisgröße verdoppelt sich, jedoch nicht die Bucketanzahl. Vielmehr verweisen mindestens zwei Verzeichniseinträge, deren Indizes sich nur in den höchsten Bits unterscheiden, auf jeweils ein Bucket. Nur das übergelaufene Bucket, wie unter 1. beschrieben, wird aufgeteilt.

Beispiel 9.1 Der Vorgang der Verzeichnisverdoppelung wird in Abbildung 9.1 gezeigt. Im Beispiel wird eine Hash-Funktion $h(k) = k \mod 13$ angenommen, z.B. für einen Schlüsselwert »B«. Im ASCII-Alphabet dezimal 66 ist $h('B') = 66 \mod 13 = 1$.

Es soll jetzt ein Eintrag für den Schlüsselwert »R« vorgenommen werden. Die letzten d Bits des Hash-Wertes von »R« sind »00«, was dem ersten Verzeichniseintrag entspricht. Das zugehörige Bucket ist voll und $d' = d$. Das Verzeichnis wird verdoppelt, die Werte durch Hinzunehmen eines weiteren Bits für das übergelaufene Bucket neu auf zwei Buckets verteilt. Die korrespondierenden Verzeichniseinträge »000« und »100« werden aktualisiert. Die globale Verzeichnistiefe wird auf $d = 3$ erhöht.

Alle anderen Einträge werden nur dupliziert. Sie behalten die lokale Bucket-Tiefe von $d' = 2$, da zwei Bits benutzt wurden, um die Werte auf sie zu verteilen. Z.B. verweisen anschließend die Einträge »001« und »101« gemeinsam auf das Bucket, auf das »01« verwies. □

Das Verfahren kann mit einem Verzeichnis und einem Bucket starten ($d = d' = 0, 2^d = 2^0 = 1$). Wenn das erste Bucket überläuft, wird das Verzeichnis verdoppelt, das Bucket aufgeteilt, usw. Die Grenze für die Verzeichnisverdoppelung ist 2^D mit D als maximaler Anzahl der verfügbaren Bits im Hash-Wert.

Löschen Einträge werden nach dem Bestimmen des zugehörigen Bucket gelöscht. Kommt es zu einer Unterlauf-Situation, d.h., das Bucket wird leer, wird das Bucket mit dem Geschwister-Bucket verschmolzen. Geschwister-Bucket ist hier das Bucket, dessen Index im Verzeichnis die letzten d' Bits mit dem aktuellen Eintrag gemeinsam hat. Der zugehörige Verzeichniseintrag wird entsprechend korrigiert, die lokale Bucket-Tiefe erniedrigt. Sinkt das Maximum aller lokalen Tiefen unter die globale, ($\forall {d_i}', 0 \leq i \leq D : {d_i}' < d$), dann kann eine Verzeichnishalbierung vorgenommen werden und $d = d - 1$ gesetzt werden. *Unterlauf* *Verzeichnishalbierung*

Zusammenfassung Das Erweiterbare Hashing versucht, die Größe eines Bucket auf eine Datenbankseite bzw. ein konstantes Vielfaches zu begrenzen. Solange das Verzeichnis direkt im Hauptspeicher gehalten werden kann, lassen sich Punktanfragen mit einem Seitenzugriff beantworten ($O(1)$).

Leider scheidet dieses Zugriffsverfahren, wie viele Hashing-Verfahren, für andere Anfragearten, mit Ausnahme von Punktanfragen, aus. Da keine Ordnung auf den Suchschlüsseln existiert und die Hash-Funktion nur auf vollständigen Schlüsseln und nicht auf partiellen angewandt werden kann, müssen für partielle oder Bereichsanfragen alle Buckets durchmustert werden ($O(n)$).

Der Aufwand für Einfüge- und Löschoperationen ist jedoch ähnlich effizient wie der Punktzugriff. Im Normalfall wird eine Seite gelesen und geschrieben ($O(1)$). Nur bei Überläufen oder dem Zusammenlegen zweier Buckets wird eine zusätzliche Seite gelesen oder geschrieben.

9.1.2 B$^+$-Bäume

Der B$^+$-Baum ist ein hohler, dynamischer, höhenbalancierter Baum. Die Knoten oder Seiten des Baumes werden so angelegt, dass für spätere Einfügeoperationen genügend Platz ist. Volle Knoten werden beim Einfügen eines weiteren Datensatzes auf zwei halbvolle aufgeteilt. Beim Löschen werden nicht genügend gefüllte Seiten zusammengelegt. Dadurch ist zwar die Speicherauslastung gegenüber statischer, indexsequenzieller Dateien nicht optimal, man erhält dafür aber ein effizientes, dynamisches Indexverfahren.

Der B$^+$-Baum unterscheidet generell beim Knotenaufbau zwischen Blatt- und Nichtblattknoten. Verweise auf die indizierten Datensätze treten nur auf der Blattebene auf. Darum wird er hohler Baum genannt.

hohler Baum

Nichtblattknoten

Ein Nichtblattknoten eines B$^+$-Baumes hat folgende Eigenschaften:

- Er enthält maximal M Verweise und $M - 1$ Suchschlüsselwerte.
- Die Größe von M hängt von der Seitengröße ab und wird Ordnung des Baumes genannt.

B$^+$-Baum!Ordnung M

- Die Suchschlüssel sind innerhalb eines Knotens geordnet. Im Weiteren gehen wir von einer aufsteigenden Sortierung der Suchschlüsselwerte aus, eine absteigende ist aber genauso denkbar.
- Jeder innere Knoten muss mindestens $\lceil M/2 \rceil$ Verweise enthalten. Damit sind im aktuellen Knoten m Verweise mit $M/2 \leq m \leq M$ gespeichert.

In jedem Knoten ist genau ein Verweis P mehr als Suchschlüssel K enthalten. Bei einem Füllstand m hat ein Knoten folgenden Inhalt:

$\langle P_1, K_1, \ldots, P_i, K_i, P_{i+1}, \ldots, P_{m-1}, K_{m-1}, P_m \rangle$.

Die Verweise zeigen auf Knoten darunterliegender Ebenen, und die Suchschlüssel dienen als Trennwerte, die anzeigen, welchem Verweis bei der Suche zu folgen ist. Für einen Suchschlüssel K_i gilt: Für alle Suchschlüssel k in dem Teilbaum, auf den P_i zeigt, gilt $K_{i-1} < k \leq K_i$.

Im Gegensatz zu den anderen Knoten muss der Wurzelknoten nicht $\lceil M/2 \rceil$ Verweise enthalten. Solange er nicht der einzige Knoten im Baum ist, kann er minimal aus zwei Verweisen und einem Suchschlüssel bestehen. *Wurzelknoten*

Blattknoten haben einen etwas anderen Aufbau als die restlichen Baumknoten: *Blattknoten*

- Die Einträge bestehen aus Paaren (P_i, K_i), wobei P_i auf den eigentlichen Datensatz mit dem Suchschlüsselwert K_i verweist.
- Zwei zusätzliche Zeiger je Blattknoten verweisen auf die benachbarten Blattknoten. Speziell für Bereichsanfragen ist so eine einfache Navigation auf Blattknotenebene möglich.
- Jeder Blattknoten kann minimal $\lceil (M-1)/2 \rceil$ Suchschlüssel enthalten.

Suchen Beginnend im Wurzelknoten werden die Einträge linear durchsucht, bis der Eintrag mit dem größten Schlüsselwert gefunden wurde, der noch kleiner oder gleich dem gesuchten Wert ist. Dem zugehörigen Verweis, der auf einen Knoten der darunter gelegenen Ebene zeigt, wird gefolgt und dort fortgefahren. Diese absteigende Suche geschieht solange, bis die Blattebene erreicht ist.

Blattknoten werden linear nach dem Suchschlüssel durchmustert und Treffer in das Ergebnis übernommen. Abhängig davon, ob es sich um einen Primär- oder Sekundärindex handelt (ein oder mehrere Einträge mit gleichem Wert), ist die Suche bei Punktanfragen beim ersten Treffer beendet oder muss eventuell sogar über weitere Blattknoten fortgesetzt werden. Da die Schlüssel im Blattknoten sortiert vorliegen, kann die Suche bei vorliegenden größeren Werten abgebrochen werden. Innerhalb einer Seite kann mit binärer Suche gearbeitet werden. *Punktanfrage*

Der Aufwand für die Suche wird durch die Höhe des B^+-Baumes bestimmt, der sich für n Datensätze und minimal M Einträge pro Knoten (Seite) zu $O(\log_M n/M)$ ergibt. Bereichsanfragen lassen sich mit einem ähnlichen Aufwand ausführen. Neben dem Aufwand für den Abstieg über die Baumhöhe kommt noch der Aufwand für das Durchsuchen von Blattknoten entsprechend des abgefragten Intervalls hinzu. *Bereichsanfrage*

Ist der Suchschlüssel aus mehreren Anteilen (Attributen) aufgebaut, wäre die Unterstützung von Anfragen nach einem Teil des Schlüssels häufig wünschenswert. Diese so genannten partiellen Anfragen werden vom B^+-Baum nicht unterstützt. Die Suche nach einem Präfix des zusammengesetzten Schlüssels ist jedoch möglich (sog. Präfixsuche). Der Aufwand hierfür ist analog des Aufwandes der Bereichssuche. *Präfixsuche*

Einfügen Um einen Indexeintrag für einen Suchschlüssel K hinzuzufügen, wird im ersten Schritt mit der beschriebenen Suchstrategie die

Abbildung 9.2
B^+-Baum der Ordnung $M = 4$

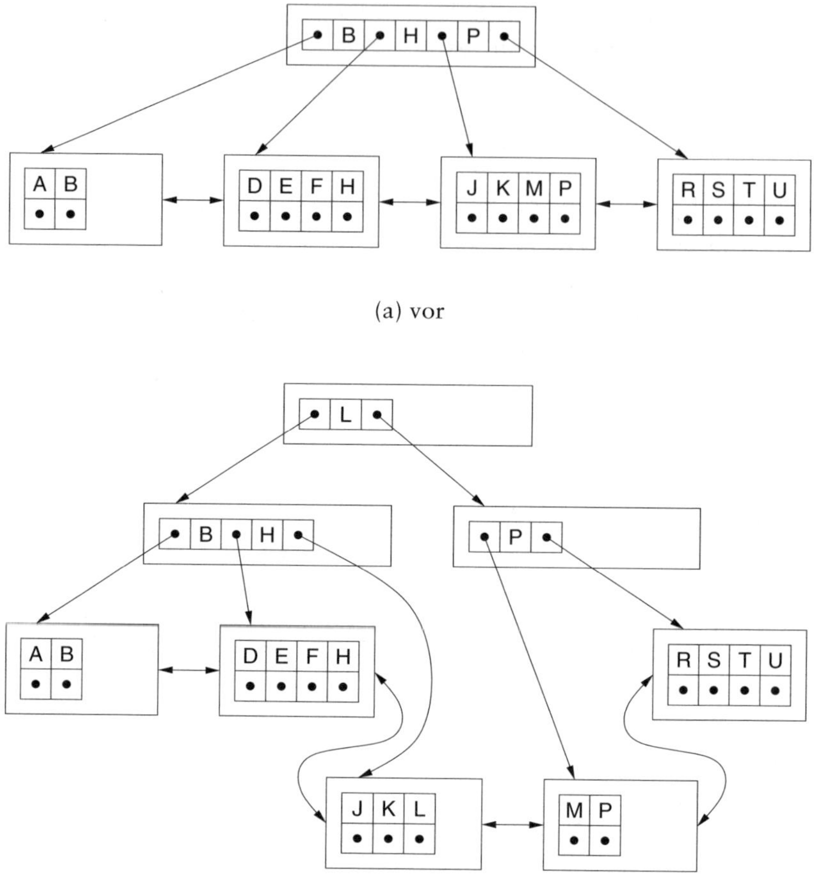

(a) vor

(b) nach dem Einfügen von »L«

betreffende Blattseite ermittelt, in die K einzufügen wäre. Im Normalfall hat der Blattknoten ausreichend Platz, sodass K gemeinsam mit dem Verweis auf den Datensatz, der K enthält, abgelegt werden kann. Dies geschieht unter Einhaltung der Ordnung auf den verschiedenen Schlüsselwerten im Blattknoten.

Überlauf

Überlaufbehandlung Ist der Blattknoten aber voll, tritt ein Überlauf ein. Durch ihn wird eine Reorganisation des Baumes eingeleitet. Zuerst werden die Einträge des aktuellen Blattknoten gemeinsam mit dem neu einzufügenden Wert auf zwei, den alten und einen neuen, Blattknoten aufgeteilt (engl. Splitting). Z.B. werden die $M/2 + 1$ ersten Werte im ersten und die $M/2$ zweiten Werte im zweiten Knoten abgelegt. Da ein Blattknoten hinzugekommen ist, muss ein entsprechender Eintrag auch im Vaterknoten vorgenommen werden.

Ist der Vaterknoten bereits voll, muss dieser auch aufgeteilt werden. Dazu werden die $M/2$ ersten Einträge in den ersten und die $M/2$ zweiten Einträge in den zweiten Knoten gespeichert. Der mittlere Eintrag $(M/2+1)$ wird in die nächsthöhere Ebene geschoben. Notfalls setzt sich dieser Vorgang rekursiv bis zur Wurzel fort. Wird auch für diese ein Splitting notwendig, wird dadurch ein neuer Wurzelknoten erzeugt und die Baumhöhe erhöht sich um eins. In Abbildung 9.2 wird genau dieser Vorgang beim Einfügen des Wertes »L« verdeutlicht.

Löschen Soll ein Suchschlüssel aus dem Index entfernt werden, wird wie beim Einfügen zuerst der entsprechende Blattknoten ermittelt und anschließend der Eintrag entfernt.[1]

Unterlaufbehandlung Wird durch das Löschen der minimale Füllstand von $M/2$ unterschritten, spricht man von einem Unterlauf. Zur Behandlung wird zuerst versucht, durch Umverteilung mit den Einträgen eines Geschwisterknotens (engl. Sibling, benachbarter Knoten, der denselben Vaterknoten hat) wieder zwei Knoten mit mindestens $M/2$ Einträgen zu erreichen. Andernfalls passen alle Einträge auf einen neuen Blattknoten, der durch Verschmelzung von zweien entstanden ist. Analog zur Überlaufbehandlung kann sich dies wieder rekursiv bis zum Wurzelknoten fortsetzen und sich dadurch die Baumhöhe um eins reduzieren.

Unterlauf

Geschwisterknoten

Die Komplexität bzw. der Aufwand für Änderungsoperationen im B^+-Baum wird im Wesentlichen durch die Baumhöhe bestimmt und ist analog zum Suchen $O(\log_M n/M)$.

Der B^+-Baum ist gegenüber dem ursprünglichen B-Baum ein hohler Baum. Dies bedeutet, Verweise auf die indizierten Datensätze treten nur auf der Blattebene auf. Beim B-Baum hingegen können sie an beliebiger Stelle im Baum auftreten, er ist dadurch kompakter. Der B^+-Baum erlaubt jedoch eine einfachere Bearbeitung von Bereichsanfragen mit linearer Suche auf Blattebene und ist einfacher zu implementieren.

B-Baum

9.1.3 Signaturbäume

Ein Signaturbaum (engl. S-tree) ist ein dynamischer, höhenbalancierter Baum, ähnlich dem B^+-Baum. Als Einträge im Baum werden Bitfolgen fester Länge gespeichert. Diese als Signatur bezeichnete Bitfolge kann u.a. zum Indizieren von Volltexten oder XML-Strukturen benutzt werden.

Signatur

Allgemein sind Objektsignaturen Bitfolgen fester Länge, die durch Anwendung einer Hash-Funktion auf die Werte eines Objektes erzeugt werden. Objekte können einfacher Struktur sein wie etwa die Wörter

Objektsignatur

Hash-Funktion

[1] Bei einem Sekundärindex sind es eventuell mehrere Einträge.

einer Sprache, aus denen ein Volltext besteht, aber auch komplex strukturiert, z.B. die Knoten eines DOM-Objektes.

Für jedes Attribut oder Attributkombination eines Objektes wird eine bestimmte Anzahl von Bits in der Signatur gesetzt. Durch die Hash-Funktion können durchaus verschiedene Objekte auf dieselbe Signatur abgebildet werden. Die Signatur kann trotzdem als abstrakte Repräsentation des jeweiligen Objektes aufgefasst werden. Über die Signatur eines Objektes sind sowohl exakte als auch partielle Anfragen effizient umsetzbar. Das im Weiteren vorzustellende Verfahren ist einer Kombination aus dem Mehrdimensionalen Hashing (siehe Mehrdimensionales Hashing in [SH99] oder [HR99]) und einem B$^+$-Baumverfahren sehr ähnlich.

partielle Anfrage

Abbildung 9.3 *Signaturbaum der Ordnung $M = 4$ und $m = 2$*

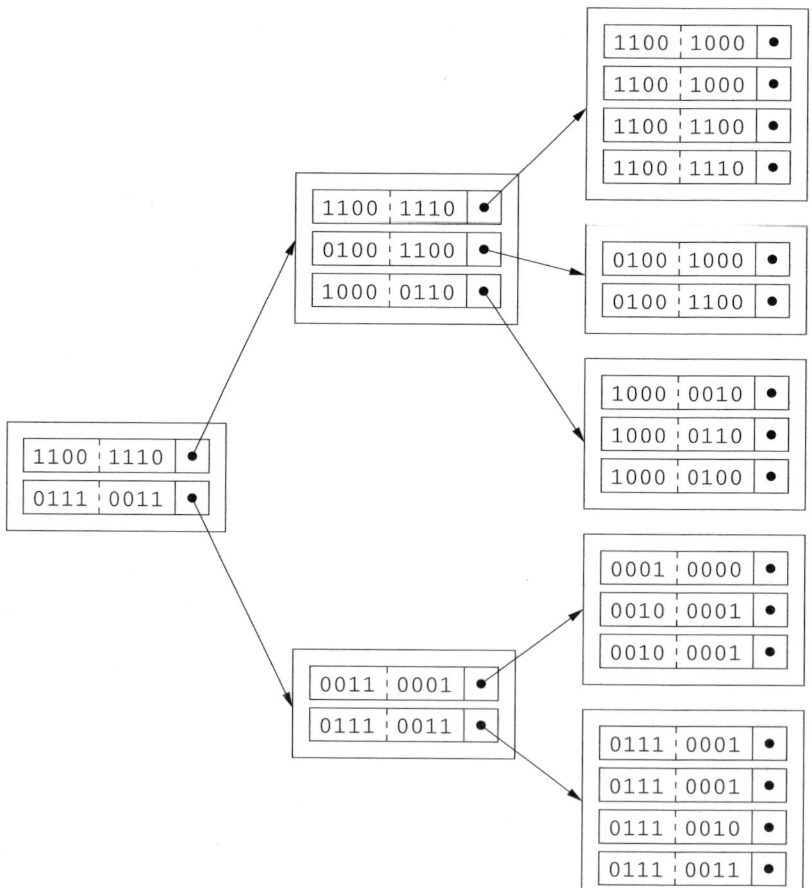

Knoten

Jeder Knoten eines Signaturbaumes entspricht einer Datenbankseite und besteht aus einer Menge von Indexeinträgen. Ein Indexeintrag ist ein Wertepaar (s, p), bestehend aus einer Signatur s und einem Verweis p auf einen Knoten der nächsten Ebene. Neben den eigentlichen

Objekten besitzt auch jeder Knoten, ob interner oder Blattknoten, eine Signatur (Knotensignatur). Diese wird im Gegensatz zur einer Objektsignatur nicht durch die Anwendung einer Hash-Funktion gebildet, sondern indem alle Signaturen des Knotens Bit-weise oder-verknüpft werden. Aufgrunddessen und weil zwei Objekte durchaus dieselbe Signatur haben können, kann eine Signatur mehrfach im Baum auftreten. Die Indexeinträge in den Knoten sind nicht geordnet. Das Gewicht einer Signatur $\gamma(s)$ entspricht der Anzahl von Bits mit dem Wert Eins.

Knotensignatur

Signaturgewicht

Die Knoten eines Signaturbaumes werden durch zwei Werte M und m charakterisiert. Der Wurzelknoten enthält wenigstens 2 und maximal M Indexeinträge, es sei denn, er ist der einzige Knoten und damit gleichzeitig ein Blattknoten. Dann kann er auch weniger Einträge enthalten. Alle anderen Knoten enthalten wenigstens m und maximal M Knoten, wobei $1 \leq m \leq M/2$ gilt.[2] Abbildung 9.3 zeigt einen Signaturbaum der Ordnung $M = 4$ und $m = 2$. Die Höhe eines Signaturbaumes mit n Objektsignaturen ist $\lceil \log_m n - 1 \rceil$.

Suchen Um Objekte anhand einer Anfrage zu finden, wird in einem ersten Schritt die Signatur der Anfrage in gleicher Art und Weise wie für ein Objekt durch Anwendung der Hash-Funktion ermittelt. Die Signatur wird mit allen Signaturen des Wurzelknotens verglichen. Für alle Signaturen, die mindestens in den gleichen Positionen wie die gesuchte Signatur eine Eins enthalten, wird den Verweisen auf die Kinder gefolgt. Diese Suche wird rekursiv bis auf die Ebene der Blattknoten fortgesetzt. Da potenziell eine Menge von Knotensignaturen auf eine gesuchte Signatur passen können, wird die Suche entlang mehrerer Wege auf verschiedene Blattknoten verzweigt.

Bei erfolgreicher Suche erhält man auf der Ebene der Blattknoten eine Menge von Objektsignaturen, die die eventuell gesuchten Objekte beschreiben. Ob ein Objekt das gesuchte ist, kann erst entschieden werden, wenn den Verweisen auf der Blattebene gefolgt und die Objekte selbst untersucht wurden.

Wenn es keine Objekte gibt, die der Anfrage genügen, kann dies unter Umständen schon auf höheren Baumebenen als der Blattebene festgestellt werden. Dies passiert genau dann, wenn nur noch Knotensignaturen gefunden werden, die mindestens eine Null an Positionen enthalten, an denen die Anfragesignatur eine Eins enthält.

Die Abbildung 9.4 zeigt eine Suche nach Objekten mit der Signatur 00100001. Die Suche liefert auf dem Knoten mit der Signatur 00110001 zwei Treffer, schlägt aber auf dem Knoten 01110011 fehl.

Der Aufwand im Idealfall, wenn genau einem Pfad zu einem Blattknoten gefolgt werden muss, entspricht der Höhe des Baumes, also $O(\log_m n)$.

[2] Zur Erinnerung: Beim B^+-Baum galt $m = M/2$.

Abbildung 9.4
Suche nach der Signatur 00100001

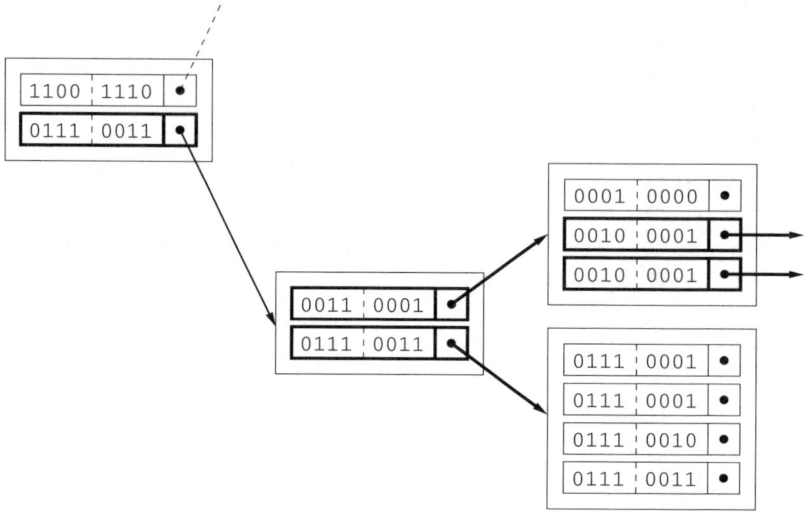

Partielle Suche Die Suche ist prinzipiell nicht nur nach vollständigen Signaturen sondern auch nach Teilfolgen des Bitstrings möglich. Dies bedeutet, wenn eine Objektsignatur z.B. aus drei Attributwerten des Objektes abgeleitet wird, kann jederzeit auch nur nach einem oder zwei der Attribute gesucht werden. Voraussetzung dafür ist jedoch, dass die zugrunde liegende Hash-Funktion die Werte unterschiedlicher Attribute auf unterschiedliche Teilbitfolgen der Signatur abbildet. Die Teilbitfolgen für nicht gegebene Attribute werden einfach auf Null gesetzt.

Der eigentliche Suchvorgang läuft nach dem bereits beschriebenen Verfahren ab. Da die Suchsignatur jedoch eine Reihe von Teilbitfolgen mit dem Wert Null enthalten kann, müssen wesentlich mehr Pfade durchmustert werden.

Die Komplexität bei der partiellen Suche wird einerseits durch die Anzahl der Pfade im Baum, die zu durchsuchen sind, bestimmt ($k^{1-p/k}$) und auf der anderen Seite von der Länge eines Pfades ($\log_m n$) beeinflusst. Der Aufwand ist $O(k^{1-p/k} \log_m n)$. Für den Fall, dass der Schlüssel vollständig gegeben ist ($p = k$ Anteile von k Schlüsselbestandteilen), ist er genau $O(\log_m n)$. Der Aufwand geht gegen $O(k \log_m n)$ für nur einen gegebenen Schlüsselanteil ($p = 1$).

Baumabstieg

Einfügen Im Gegensatz zum Suchen wird beim Einfügen nur einem Pfad zu den Blattknoten gefolgt, um dort die neue Objektsignatur einzutragen. Bei jedem Schritt des Abstiegs im Baum wird darum der Knoten ausgewählt, dessen Signatur die geringste Zunahme an Einsen nach der $\vee$-Verknüpfung zur Folge hat. Ziel ist hierbei, für eine spätere Suche die Zahl der möglichen Suchpfade zu minimieren.

Die neue Signatur wird in den Blattknoten am Ende des Abstiegs eingefügt. Wird durch die eingefügte Objektsignatur die Knotensignatur geändert, wird diese Änderung an die darüberliegenden Knoten beim abschließenden Aufstieg verbreitet.

Überlaufbehandlung Ist ein Blattknoten vor dem Einfügen bereits voll, wird der Blattknoten in zwei Knoten aufgeteilt (engl. Splitting). Ergebnis des Splitting sollen zwei Knoten mit einer Signatur sein, für die Folgendes gelten soll: *Splitting*

- Die Signaturen haben ein geringes Gewicht $\gamma(s)$, d.h., sie enthalten wenig Einsen.
- Die Signaturen unterscheiden sich wesentlich.

Als Kriterium für die Verschiedenheit kann z.B. die Hamming-Distanz verwendet werden. Sie ergibt sich für Signaturen aus der Differenz der Gewichte für die $\wedge$- bzw. die $\vee$-Verknüpfung zweier Signaturen: $\delta(s_1, s_2) = \gamma(s_1 \vee s_2) - \gamma(s_1 \wedge s_2)$. *Verschiedenheit* *Hamming-Distanz*

Als Ausgangspunkt für die Aufteilung der Signaturen auf zwei Knoten wird je ein Anfangswert für die Knotensignatur, α und β, durch eine einfache Heuristik bestimmt: Für α wird die Signatur mit dem höchsten Gewicht gewählt, für β die Signatur, die die meisten Einsen an Positionen hat, an denen in α Nullen stehen. Die restlichen Signaturen werden jeweils mit α und β verknüpft. Anschließend wird die Gewichtserhöhung ermittelt und die Signatur im Knoten mit der geringsten Gewichtserhöhung gespeichert.

9.2 Volltextindex

Bevor ausgewählte Indizierungstechniken und Zugriffsstrukturen für Volltextinformationen betrachtet werden sollen, werden wesentliche Grundbegriffe im Zusammenhang mit der Volltextsuche und dem Information Retrieval allgemein dargelegt.

Vom Dokument zum indizierten Text Volltextdokumente werden aus den Worten einer Sprache gebildet. Die Menge aller Worte werden als Vokabular bezeichnet. Sie sind wiederum aus Zeichen eines Alphabets aufgebaut und mit bestimmten Zeichensätzen, etwa dem ASCII-Alphabet, dem ISO-Latin1 oder wie im XML-Umfeld dem Unicode-Zeichensatz, kodiert. Ein Dokument besteht neben dem Volltext weiterhin aus Strukturinformationen, z.B. einem logischen Markup in Form von XML. *Vokabular* *Alphabet*

Um den Volltext eines Dokumentes zu indizieren, ist eine Reihe von Bearbeitungschritten (Normalisierungsprozess) notwendig: *Normalisierung*

- Separierung von Text- und Strukturanteilen, um Volltextsuche auf Dokumenteinheiten wie Absatz, Titel, Paragraph zu ermöglichen,
- Erkennung von Interpunktionszeichen, um logische Texteinheiten für eine Phrasensuche zu erhalten,
- Eleminierung von häufig autretenden Worten mit geringer Bedeutung, so genannte Stoppworte,
- linguistische Normalisierung, Grundformbildung (Substantiv: Nominativ, Singular; Verben: ungebeugte Form), Komposita auf Stammform abbilden.

Die Worte eines so bereinigten Volltextes werden dann in die Indexstruktur mit entsprechenden Hinweisen auf die Stellen im Originaldokument, wo sie auftraten, eingetragen. Wie die separierte Strukturinformation indiziert werden kann, wird in Abschnitt 9.4 beschrieben.

Volltextsuche Anfragen an den Volltext kann man grob in drei Formen unterteilen:

- stichwortbasierte Suche,
- Mustersuche und
- strukturierte Anfragen.

Während die Stichwortsuche auf den Worten des Volltextes operiert, erlaubt die Mustersuche, Teilzeichenketten in den Worten zu suchen. Strukturierte Anfragen operieren auf der Dokumentstruktur. Die in diesem Abschnitt beschriebenen Indexstrukturen erlauben die ersten beiden Anfrageformen. Da die Dokumentstruktur durch die XML-Struktur gebildet wird, findet man zugehörige Techniken im nächsten Abschnitt beschrieben.

Stichwortsuche und boolesches Retrieval Die Retrievalanfragen bestehen aus Suchtermen (Stichworten), Konjuktionen ($\wedge$) und Disjunktionen ($\vee$). Ein Dokument d ist Ergebnis einer konjunktiven Anfrage $t_1 \wedge \ldots \wedge t_n$, wenn es jeden Term t_i für $1 \leq i \leq n$ enthält. d ist Ergebnis eine disjunktiven Anfrage $t_1 \vee \ldots \vee t_n$, wenn es einen der Terme t_i enthält. Konjunktive und disjunktive Anfragen können beliebig ineinander geschachtelt werden.

Konjunktionen werden benutzt, um Konzepte zusammenzufassen, die in einem Dokument vorkommen sollen. Disjunktionen hingegen stehen jeweils für eine Menge von äquivalenten Termen, von denen eines im Dokument vorkommen soll. Sie repräsentieren somit ein einzelnes Konzept. Die äquivalenten Suchterme können aus einem initialen Suchbegriff, z.B. mit Hilfe eines Thesaurus oder Synonymwörtebuches, erzeugt werden. Weiterhin ist es üblich, initiale Suchbegriffe auf ihre

Grund- und Stammform zu reduzieren und so genannte Stoppworte, sehr häufig vorkommende, jedoch wenig Bedeutung tragende Worte einer Sprache, zu entfernen. Dieser Normalisierungsprozess muss natürlich auf die Suchbegriffe genauso wie auf die Worte des zu indizierenden Volltextes angewandt werden.

Ranking Im Gegensatz zum booleschen Retrieval, bei dem ein Dokument entweder relevant oder nicht relevant bezüglich einer Suchanfrage sein kann, wird beim Ranking ein Ähnlichkeitsmaß zwischen der Anfrage und jedem Dokument berechnet. Zu den Modellen, die solch ein Ähnlichkeitsmaß unterstützen, zählen etwa das Vektorraummodell und das Probabilistische Retrievalmodell. Ersteres basiert auf dem Abstand zwischen Vektoren, die die Suchterme einer Anfrage und die Begriffe eines Dokumentes repräsentieren. Beim Probabilistischen Retrieval fußt die Ähnlichkeit auf den geschätzten Vorkommenshäufigkeiten von Suchbegriffen in der Anfrage und einzelnen Dokumenten. Das Ergebnis eines Ranking sind die n Dokumente, die die besten Werte für dieses Ähnlichkeitsmaß aufweisen.

Ähnlichkeitsmaß

Kontextanfragen Im Zusammenhang mit Indizierungstechniken für Volltexte sind Anfragen interessant, die eine Phrasensuche oder allgemein eine so genannte Proximity-Suche unterstützen, d.h., unter Beachtung eines bestimmten Wortabstands der Suchbegriffe suchen. Bei der Phrasensuche sind der Wortabstand 1 und die Reihenfolge der Worte vorgegeben.

Phrasensuche

Proximity-Suche

Mustersuche Während die Stichwortsuche mit ganzen Worten arbeitet, sind bei der Suche nach bestimmten Mustern auch Wortbestandteile und Zeichengruppen interessant. Muster können neben ganzen Worten auch Wortanfänge (Präfixe) oder Endungen (Suffixe) und beliebige Teilzeichenketten beschreiben. Auch lassen sich bestimmte Abweichungen in der Schreibweise (Tippfehler) bei der Suche tolerieren. Im allgemeinen Fall sind Muster reguläre Ausdrücke, die aus literalen Zeichenketten, alternativen Teilmustern, Folgen von verschiedenen Teilmustern, Teilmusterwiederholungen, Zeichenklassen, Jokerzeichen und Kombinationen von Teilmustern bestehen.

regulärer Ausdruck

Strukturierte Anfragen Wichtig ist weiterhin, ob die Volltextsuche unter Beachtung der Dokumentstruktur erfolgen soll wie etwa die Beschränkung der Suche auf Titel, Kapitel, Abschnitte, Paragraphen, Sätze oder Satzteile. Im Kontext von XML zur Beschreibung der Dokumentstruktur bedeutet dies, dass eine XML-sensitive Volltextsuche in der Lage sein soll, die Suche nach Begriffen auf spezifische Subelement-

XML-sensitive Volltextsuche

strukturen zu beschränken. In vielen Implementierungen werden zur Eingrenzung XPath-Ausdrücke verwandt.

Bewertungskriterien In der Betrachtung der wichtigsten Volltextindizierungstechniken spielen diese Bewertungskriterien eine wichtige Rolle:

- Wie hoch ist der Aufwand für die Erstellung der Indexstruktur?
- Dynamik: Machen häufige Änderungsoperationen einen Neuaufbau der Indexstruktur notwendig, oder passt sie sich dynamisch an?
- Wie ist der Aufwand für die Suche nach einzelnen Stichworten, Kombinationen oder Wortanfängen. Ist eine Ähnlichkeitssuche, das Auffinden von Phrasen, die Beschränkung der Suche auf Teile der Dokumentstruktur möglich?
- Wie ist der Speicherbedarf der Zugriffsstrukturen? Nicht alle Indexstrukturen erlauben etwa eine Komprimierung der Inhalte.

Heutzutage werden in Information-Retrieval-Systemen im Wesentlichen drei Indizierungstechniken neben dem vollständigen Durchmustern des Volltextes eingesetzt: invertierte Dateien, Suffixbäume oder Suffixarrays und Signaturbäume. Es schließt sich eine Darstellung dieser Verfahren an.

9.2.1 Invertierte Datei

Die meist benutzte Technik zur Indizierung großer Volltextdatenbanken ist der invertierte Datei-Index (engl. inverted file; invertierte Listen ist eine verkürzende Bezeichnung, die man ebenfalls häufig findet), kurz invertierte Datei genannt. Sie besteht aus zwei Hauptbestandteilen:

Vokabular

- Eine Zugriffsstruktur repräsentiert das Vokabular. Sie enthält alle eindeutigen Werte oder Worte, die zu indizieren sind.

invertierte Listen

- Je Wert speichern invertierte Listen Identifikatoren oder Referenzen der Vorkommen des Wertes im indizierten Text.

Die invertierten Listen (engl. Posting Lists) selbst bestehen wieder aus Paaren von Dokumentidentifikatoren und Listen von Positionen innerhalb des Dokumentes. Generell gibt es zwei Techniken, Positionen anzugeben:

Wortposition

- Die Angabe der Wortposition zählt die zu indizierenden Worte innerhalb des Dokumentes auf.

Zeichenposition

- Die Indizierung der Zeichenposition des ersten Zeichens eines Wortes erlaubt einen unmittelbaren, exakten Zugriff auf entsprechende Teile des Originaldokumentes.

Die Verwendung von Zeichenpositionen ermöglicht etwa das Highlighting von Trefferstellen im Dokument und damit eine aussagekräftige Ergebnisdarstellung von Retrieval-Anfragen.

Hingegen erlaubt die Benutzung von Wortpositionen es, relativ einfach Wortabstände zu bestimmen. Damit sind Anfrageformen möglich, wie die Phrasensuche oder die Vorgabe von Wortabständen, die gesuchte Stichworte haben sollen, d.h., die so genannte Proximity-Suche. Exakte Positionen im Originaldokument können durch die Ermittlung einer genäherten Position aus der Wortnummer und einer mittleren Wortlänge mit einer anschließenden lokalen Suche im Dokument bestimmt werden.

Das Prinzip der invertierten Datei soll am folgenden Fragment eines XML-Dokumentes gezeigt werden, wobei Element-Tags als Worte aufgefasst werden.

Beispiel 9.2 Ein XML-Dokument enthält einen beschreibenden Text zum Hotel »Am Leuchtturm«, der als Mixed Content Type des Elementes `beschreibung` sowohl aus Textpassagen und einem eingebetteten Subelement `hotel` besteht. Die Indizierung, durch hochgestellte Zahlen angedeutet, erfolgt mittels Wortposition.

```
<hotel[1]>
  <name[2]>Am[3] Leuchtturm[4]</name[5]>
  <beschreibung[6]>
    Das[7] Hotel[8] befindet[9] sich[10] gegenüber[11] dem[12] Hotel[13]
    <hotel[14]><name[15]>Neptun[16]</name[17]></hotel[18]>.[19]
  </beschreibung[20]>
</hotel[21]>
```

Fasst man die gleichen Vorkommen der Worte im Text zusammen, erhält man pro Wort die Liste mit Wortpositionen aus Abbildung 9.5.

Sollen nicht nur Einzeldokumente betrachtet werden, sondern ganze Dokumentkollektionen, muss natürlich zur Wortposition noch ein Dokumentidentifkator hinzugefügt werden.

Der Vorteil der Wortposition wird am Beispiel von »`Am Leuchtturm`« deutlich, aus der Wortposition 3 und 4 ist die Zugehörigkeit zu einer Phrase direkt ablesbar. □

Der Text im Beispiel 9.2 wurde zur Indizierung etwas »aufbereitet«, vom XML-Markup sind nur die Elementbezeichner der Start- und Ende-Tags erhalten geblieben. Die Bezeichner werden genauso wie Interpunktionszeichen mit in den Index aufgenommen. Dass es günstiger wäre, die Element- und Attributnamen separat zu indizieren, wird im Zusammenhang mit der XML-Speicherung eingehender behandelt. Ein XML-sensitiver Volltextindex würde die Trennung vornehmen.

XML-sensitiver Volltextindex

Abbildung 9.5
Worte und invertierte Listen für ein Einzeldokument

Word	Vorkommen
`.`	$\{19\}$
`am`	$\{3\}$
`befindet`	$\{9\}$
`beschreibung`	$\{6, 20\}$
`das`	$\{7\}$
`dem`	$\{12\}$
`gegenüber`	$\{11\}$
`hotel`	$\{1, 8, 13, 14, 18, 21\}$
`leuchtturm`	$\{4\}$
`name`	$\{2, 5, 15, 17\}$
`neptun`	$\{16\}$

Der Begriff invertierte Datei geht darauf zurück, dass durch eine vollständige Indizierung die eigentliche Datei überflüssig wird, denn eine Sortierung aller indizierten Worte nach der Wortposition macht eine Rekonstruktion des Originaldokumentes möglich[3].

Speicherung mittels B$^+$-Baum Bisher wurde von der eigentlichen Speicherungsstruktur abstrahiert. Zur Realisierung können Verfahren Anwendung finden, die auch in Datenbanksystemen zur Werteindizierung eingesetzt werden. In Frage kommen Verfahren, die neben exakter Suche auch Bereichsanfragen und eine Präfixsuche, etwa nach Wortanfangen, unterstützen. Dies sind Techniken wie die index-sequenzielle Speicherung oder der besprochene B$^+$-Baum, die eine Ordnung auf den Suchschlüsseln unterstützen.

Das Verhalten, die Komplexität der Zugriffe und die Suchvorgänge sind bereits besprochen worden. Im Gegensatz zum Werteindex werden zu den Suchschlüsseln nicht Verweise auf Datensätze gespeichert, sondern es werden die invertierten Listen abgelegt. Die Abbildung 9.6 zeigt die Speicherung mittels B$^+$-Baum für die invertierte Datei aus Beispiel 9.2.

Da ein Zugriff über die Suchschlüsselwerte erfolgt, kann die Menge der invertierten Listen pro Suchwort zusätzlich komprimiert abgelegt werden. Untersuchungen haben gezeigt, dass durch eine Komprimierung der invertierten Listen ein derartiger Platzgewinn erfolgt, dass etwa eine Stoppworteleminierung überflüssig wird.

Komprimierung der invertierten Listen

Anfragen an Volltexte werden häufig in Form von Stichwortanfragen gestellt. Am Beispiel boolescher Anfragen, wie sie in einer `CON-`

[3] Wenn darauf verzichtet wird, dass alle Zwischenräume wie im Original erhalten bleiben.

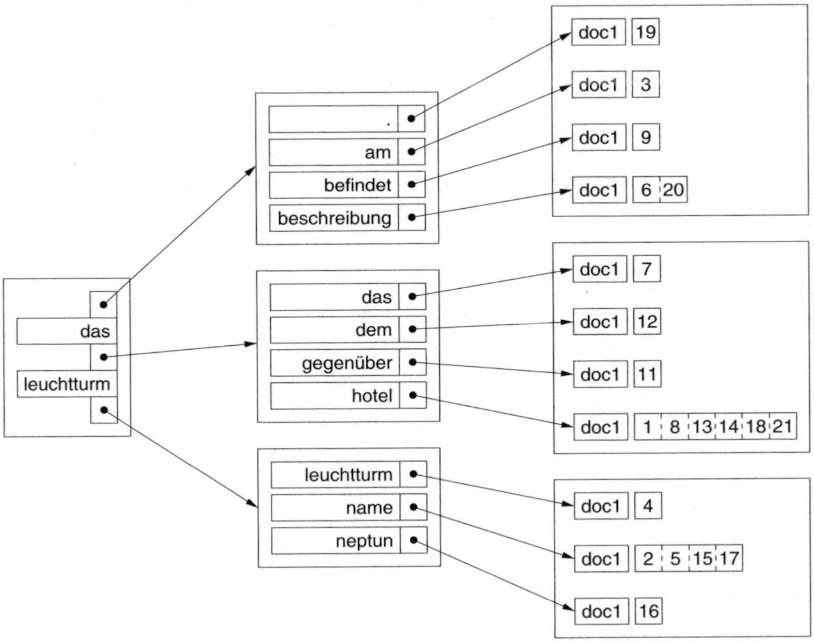

Abbildung 9.6 *invertierte Datei auf Basis B$^+$-Baum der Ordnung $M = 4$*

TAINS-Klausel in SQL/MM Fulltext möglich sind, wird die Auswertung mittels invertierter Dateien gezeigt.

Stichwortsuche Die Auswertung einer Stichwortsuche erfolgt, indem die invertierten Listen für die einzelnen Suchbegriffe mittels der B$^+$-Baum-Struktur extrahiert werden. Sind die Begriffe konjunktiv verknüpft, wird der Durchschnitt der Listen gebildet, bei disjunktiver Verknüpfung erfolgt eine Vereinigung. Zur Ermittlung relevanter Dokumente ist es dabei ausreichend, pro Stichwort nur die Menge der Dokumentidentifikatoren zu betrachten, die wesentlich kleiner als die Menge aller Wortpositionen ist.

Phrasensuche Wird bei Suchanfragen neben der booleschen Verknüpfung etwa noch eine Einschränkung bezüglich des Wortabstandes oder des Vorkommens innerhalb eines Satzes gewünscht, muss für die ermittelten relevanten Dokumente noch eine Filterung vorgenommen werden. Für die ermittelten Dokumente und die enthaltenen Stichworte werden die zugehörigen Listen mit den Wortpositionen extrahiert. Stichworte, die in einer Phrase auftauchen sollen (Phrasensuche), müssen eine Sortierung bezüglich der Wortposition aufweisen. Sollen zwei Stichworte in einem Satz auftauchen, darf das entsprechende Interpunktionszeichen nicht zwischen den Stichworten stehen, was leicht anhand der Wortpositionen zu überprüfen ist.

Mustersuche Retrieval-Operatoren, die Abweichungen zwischen Stichwort und Wort im Dokument erlauben (Mustersuche), machen bei einer invertierten Datei eine Untersuchung des gesamten Index notwendig, sofern die Suche nicht durch ein gegebenes Wortpräfix eingeschränkt werden kann. Eine Suche nach Teilzeichenketten, die an beliebiger Position im Wort stehen können, ist normalerweise nicht effizient möglich, da der zugrunde liegende B^+-Baum nur eine Präfixsuche und Bereichsanfragen erlaubt. Eine Indizierung von Suffixen, n-Grammen oder Rotationen eines Wortes bieten einen Ausweg auf Kosten von Speicherplatz.

Werden für das Retrieval andere Modelle als das boolesche zugrunde gelegt, erfolgt keine Vereinigung oder Durchschnittsbildung der Listen. Vielmehr gehen Stichworte mit ermittelten Dokumentidentifikatoren und Wortvorkommen als Parameter in die Ergebnisermittlung entsprechend des benutzten Modelles ein. Hinweise auf detaillierte Darstellungen dieser Modelle sind in Abschnitt 9.6 zu finden.

Aktualisierung Die Indizierung mittels invertierter Dateien geht von einem statischen Dokumentbestand aus. Wird ein Dokument geändert und neu indiziert, zieht dies in der Regel Änderungen im gesamten Index nach sich. Darum werden Volltextindizes oftmals nur zu bestimmten Zeitpunkten erstellt und sind darum nicht immer genau.

Einen Ausweg aus diesem Aktualisierungsproblem bieten Indexstrukturen, die einen mehrdimensionalen Zugriff gestatten — hier nach zwei Dimensionen, dem Suchschlüssel und dem Dokumentidentifikator. Bei einem geänderten Dokument können über den Dokumentidentifikator dann alle zugehörigen Einträge aktualisiert werden. Das Problem, dass ein sehr großes Dokument den Großteil aller Stichworte auf sich vereint, wird jedoch damit nicht gelöst.

9.2.2 Tries, Patricia- und Suffixbäume

Für die Speicherung von Zeichenketten oder Worten über einem Alphabet gibt es eine Reihe von spezialisierten Datenstrukturen, meist in Form von Baumstrukturen, die etwa in Programmen zur Verarbeitung von natürlicher Sprache oder zur Rechtschreibkontrolle mit Wörterbüchern eingesetzt werden. Neben der Speicherung von Wörtern aus einem Wörterbuch sind diese Strukturen genauso für spezielle Sprachen wie Begriffe aus einer Ontologie oder einem Klassifikationsschema geeignet. Das Vokabular kann aber auch durch die Element- und Attributnamen eines XML-Dokumentes gebildet werden.

Auf drei wesentliche Baumstrukturen, den Trie, den Patricia-Baum und den Suffixbaum, wird anhand eines einfachen Vokabulars, das aus den Worten »`Hotel`«, »`Leitung`«, »`Leuchten`« und »`Leuchtturm`« be-

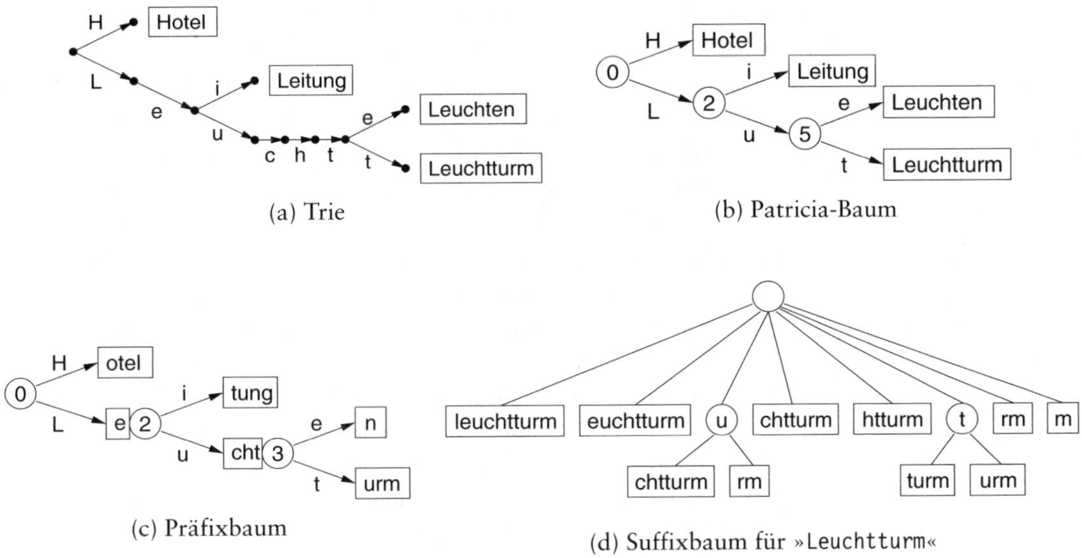

(a) Trie
(b) Patricia-Baum
(c) Präfixbaum
(d) Suffixbaum für »`Leuchtturm`«

Abbildung 9.7
Datenstrukturen zur Suche in Zeichenketten

steht, eingegangen. Die Baumstrukturen sind in Abbildung 9.7 abgebildet.

Tries Ein Trie (von Re*trie*val, gesprochen wie *try*) ist ein Mehrwegebaum zur Speicherung von Zeichenketten über einem Alphabet. Die Grundidee besteht darin, dass alle Zeichenketten, die ein gemeinsames Präfix besitzen oder einen Stamm haben, sich an einem gemeinsamen Knoten befinden. So haben »`Leuchten`« und »`Leuchtturm`« das gemeinsame Präfix »`Leucht`« in Abbildung 9.7(a).

Von einem Knoten aus können maximal soviele Kanten ausgehen, wie Buchstaben im Alphabet enthalten sind. Die Tiefe des Baumes hängt von der Länge des längsten Schlüssels oder Wortes im Trie ab. Alle Zeichenketten eines Trie können durch eine Tiefensuche des Baumes rekonstruiert werden.

Eine wesentlich kompaktere Speicherungsform stellt der Patricia-Baum dar.

Patricia-Bäume Der Name Patricia-Baum stammt von Donald R. Morrison und steht für *Practical Algorithm To Retrieval Information Coded In Alphanumeric*. Patricia-Bäume beheben den Nachteil von Tries, die Platzkomplexität. Wenn die in einem Trie gespeicherten Schlüssel eine kleine Teilmenge der potenziell möglichen Kombinationen über dem Alphabet ausmachen, wie es etwa beim deutschen Alphabet und den Worten der deutschen Sprache der Fall ist, dann gibt es sehr viele Knoten, die nur genau einen Nachfolger haben.

Patricia-Bäume speichern anstelle dieser Folge nur die als nächste zu benutzende Position des Schlüssels, um die Verzweigung im Baum vorzunehmen. In Abbildung 9.7(b) ist der zum Trie in Abbildung 9.7(a) korrespondierende Patricia-Baum abgebildet. Zur Verzweigung auf die Zeichenkette »`Leuchten`« und »`Leuchtturm`« sind nur die Position (5) und zwei Kanten für die sich unterscheidenden Zeichen »`e`« und »`t`« gespeichert. Die Positionen der Zeichen eines Schlüssels werden hier mit null beginnend nummeriert.

Präfixbaum

Eine Variation des Patricia-Baumes stellt der Präfixbaum dar. Er speichert als Präfix bei jedem Knoten die im Patricia-Baum übersprungene Zeichensequenz ab. Als Position wird der Index des ersten Zeichens des Präfix im Knoten abgelegt. Die Blätter enthalten dann nur noch das verbleibende Suffix. Der Präfixbaum für das laufende Beispiel ist der Abbildung 9.7(c) zu entnehmen.

Sind Trie und Patricia-Bäume gut geeignet, um eine exakte Suche in einer großen Menge von Wörten zu unterstützen, so schneiden sie bei einer Suche nach Teilzeichenketten, die nicht mit einem gemeinsamen Präfix beginnen, schlecht ab. Die Präfixsuche ist jedoch einfach mit einem Baumabstieg und der Extraktion des betreffenden Teilbaumes möglich. So repräsentiert etwa der Knoten 5 in obiger Abbildung das Präfix »`Leuch`« und der Teilbaum entsprechend alle Worte mit diesem Präfix, also »`Leuchten`« und »`Leuchtturm`«.

Suffixbäume Ein Suffixbaum ist eine Baumstruktur, ähnlich dem Patricia-Baum, die aber nicht ganze Worte, sondern vielmehr alle Suffixe eines Wortes aufzählt. Der Übersichtlichkeit halber ist in Abbildung 9.7(d) nur der Suffixbaum für »`Leuchtturm`« dargestellt. Der Aufwand für die Suche nach einer Teilzeichenkette ist linear abhängig von der Länge m des gesuchten Musters. Für eine Zeichenkette der Länge n gibt $n(n+1)/2$ Teilzeichenketten. Der Aufwand zur Konstruktion des Suffixbaumes $O(n)$ ist jedoch linear abhängig von der Länge der Zeichenkette.

Da Baumstrukturen einen gewissen Speicheraufwand darstellen, soll nachfolgend eine speichereffiziente Form der Suffixbäume vorgestellt werden.

9.2.3 Suffix Arrays

Ein Suffix Array ist eine Datenstruktur, die besonders effizient die Suche nach einer Teilzeichenkette *S* in einer Zeichenkette *T* erlaubt. Für eine Zeichenkette *T* wird dazu ein lexikographisch sortierter Vektor mit allen Suffixen von *T* konstruiert. Ein Suffix Array für die Zeichenkette »`leuchtturm`« ist in Abbildung 9.8 dargestellt.

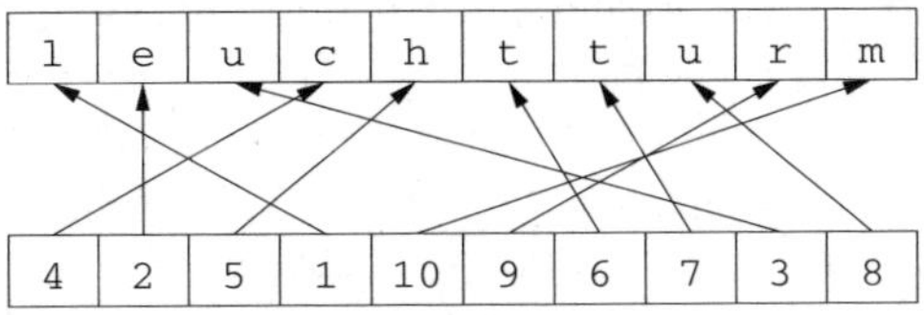

Abbildung 9.8
Suffix Array für die Zeichenkette »`leuchtturm`«

Ein Vektor enthält die Verweise auf die Wortpositionen und damit auf die Suffixe. Die Einträge sind lexikographisch sortiert, etwa verweist der erste Vektoreintrag auf die Wortposition 4 und damit den Suffix »`chtturm`«, an Position 6 im Vektor wird auf den Suffix »`rm`« verwiesen.

Suchen Da jede Teilzeichenkette ein Präfix eines Suffixes ist, beschränkt sich die Teilzeichenkettensuche auf eine binäre Suche im Suffix Array. Wenn untersucht werden soll, ob »`euch`« eine Teilzeichenkette von »`leuchtturm`« ist, werden alle Suffixe untersucht, bis der gefunden ist, der mit »`euch`« beginnt, also »`euchtturm`«. Tritt eine Teilzeichenkette mehrfach auf, ist sie ebenfalls mit binärer Suche in unmittelbarer Nähe des ersten Auftretens zu finden. Im Beispiel ist eine Teilzeichenkette, die mehrfach auftritt, »`t`« an der Position 7 und 8 im Vektor zu finden.

Gespeichert werden jedoch nicht alle Suffixe von T, sondern nur T selbst und die sortierten Startpositionen der Suffixe von T. Das k-te Zeichen des i-ten Suffix ergibt sich dann als $T[V[i] + k]$, mit V als Vektor der sortierten Startpositionen, dem so genannten Suffix Array.

Wenn der Suffix Array aufgebaut ist, dann beträgt der Aufwand für die Suche $O(\log n + m)$ mit m der Länge von T und m der Länge von S.

Konstruktion Der Aufwand für die Konstruktion des Suffix Array ist sowohl bezüglich der Zeit als auch des Platzbedarfs linear. Zur Konstruktion wird ein Suffixbaum (engl. Suffix Tree) aufgebaut. Der Aufwand hierfür ist $O(n)$ und für die Suche einer Teilzeichenkette $O(m)$. Eine lexikographische Tiefensuche im Suffixbaum liefert ein Suffix Array. Der Platzbedarf für ein Suffix Array ist jedoch wesentlich günstiger als für einen Suffixbaum.

Wenn auch nur einzelne Worte zum Aufbau eines Suffix Array im Beispiel betrachtet wurden, kann das Verfahren jederzeit auf ganze Vokabulare einer Sprache übertragen werden.

Einsatzmöglichkeiten Datenstrukturen wie Tries, das Suffix Array oder auch der Suffixbaum sind zwar primär als Hauptspeicherstruktur gedacht, mit Index Fabric (siehe Abschnitt 9.4.4) wird aber ein auf Patricia-Bäumen bauendes Verfahren vorgestellt, das nicht nur mit

Wörtern einer Sprache, sondern auch mit XML-Strukturen umgehen kann und eine externe Speicherung erlaubt.

Bei der Indizierung von XML-Strukturen kann ein Suffix Array etwa über einem Alphabet, das aus allen XML-Elementnamen besteht, und einem Vokabular, das alle in XML-Dokumenten auftretenden Element-Subelementbeziehungen in Form von Pfaden enthält, aufgebaut werden.

Abschließend sollen die Anwendungsmöglichkeiten eines Suffix Array zusammengefasst werden:

- Die Suche nach einer Teilzeichenkette ist in $O(m)$, m Länge der Teilzeichenkette, möglich.
- Die längste sich wiederholende Teilzeichenkette kann in $O(n)$, n Länge der Zeichenkette, gefunden werden.
- Die längste gemeinsame Teilzeichenkette zweier Zeichenketten T_1 und T_2 kann durch die Konstruktion eines verallgemeinerten Suffixbaumes für T_1 und T_2 ermittelt werden.

Sind Trie und Patricia-Baum für die Suche in einer großen Menge kurzer Zeichenketten geeignet, können Suffixbäume und die darauf aufbauenden Suffix Arrays besonders für die Mustersuche in sehr langen Texten eingesetzt werden.

9.2.4 Unterstützung von Mustersuche

Die bisher vorgestellten Techniken unterstützen nur vollständige Suchterme bzw. eine Präfixsuche, d.h., eine Übereinstimmung der Teilzeichenkette, mit der der Indexeintrag als auch der Suchterm beginnt. Allein der Suffixbaum ist eine Datenstruktur, die eine Suche nach Teilzeichenketten mit beliebiger Startposition erlaubt.

Teilzeichenkettensuche

Mustersuche

Einschließlich der Indizierung aller Suffixe eines Wortes gibt es drei Erweiterungsmöglichkeiten eines Indexes, die im Zusammenhang mit Teilzeichenkettensuche oder Mustersuche (Pattern Matching) benutzt werden können. Sie nehmen pro Wort im Dokument mehrere Zeichenketten in den Index auf:

- alle Suffixe,
- alle n-Gramme oder
- alle Rotationen eines Wortes.

n-Gramm

Ein n-Gramm ist eine n-buchstabige Teilzeichenkette eines Wortes. Nimmt man das Zeichen »`$`« zur Kennzeichnung des Wortanfangs und des Wortendes hinzu, erhält man für das Wort »`Leuchtturm`« etwa diese Digramme[4]:

[4] n-Gramme aus zwei Zeichen werden auch Digramme und welche aus drei Zeichen Trigramme genannt.

»`$l`«, »`le`«, »`eu`«, »`uc`«, »`ch`«, »`ht`«, »`tt`«, »`tu`«, »`ur`«, »`rm`« und »`m$`«

Die Suche nach dem Muster »`l*urm`« wird auf die Suche nach folgenden Digrammen abgebildet:

```
'$l' AND 'ur' AND 'rm' AND 'm$'
```

Abgewandelt werden kann das Verfahren dadurch, dass nicht nur zwei unmittelbar aufeinander folgende Zeichen ein Digramm bilden, sondern zusätzlich Digramme unter Auslassung eines, zweier oder mehrerer dazwischen liegender Zeichen gebildet werden. Beispielsweise lassen sich zusätzlich folgende Digramme unter Auslassung eines Zeichens aus dem Wort »`Leuchtturm`« bilden:

»`lu`«, »`ec`«, »`uh`«, »`ct`«, »`tr`«, »`um`« und »`r$`«.

Im Ergebnis erhält man Suchmöglichkeiten, die Treffer auch bei einer gewissen Anzahl unterschiedlicher Zeichen liefern, etwa wenn man Tippfehler im gesuchten Wort tolerieren möchte.

Tippfehler

Rotation

Die Rotationen eines Wortes werden ähnlich zu den Suffixen gebildet: Am Wortende wird ein Zeichen zur Kennzeichnung (»`$`«) und die am Wortanfang abgeschnittene Teilzeichenkette angefügt. Die Rotationen für »`Leuchtturm`« sind:

»`$leuchtturm`«, »`m$leuchttur`«, »`rm$leuchttu`«, »`urm$leuchtt`«, »`turm$leucht`«, »`tturm$leuch`«, »`htturm$leuc`«, »`chtturm$leu`«, »`uchtturm$le`« und »`euchtturm$l`«.

Werden alle Rotationen eines Wortes indiziert, lassen sich alle Muster, die ein Jokerzeichen »`*`« enthalten ebenso effizient wie eine Präfixsuche ausführen. Soll etwa nach obigen Muster »`l*urm`« gesucht werden, wird das Muster so rotiert, dass das Jokerzeichen »`*`« sich am Ende befindet, anschließend wird dann nach dem sich ergebenden Präfix »`urm$l`« gesucht. Im Gegensatz dazu hätte bei Verwendung von Digrammen, wie oben angedeutet, nach vier Indexeinträgen gesucht werden müssen.

Aufwand

Der Nachteil, wenn man alle Suffixe, n-Gramme oder Rotationen eines Wortes in den Index aufnimmt, besteht im erhöhten Speicherplatzbedarf. Z.B. ergibt ein m-buchstabiges Wort $m + 1$ n-Gramme. Wird bei n-Grammen die maximale Anzahl der Indexeinträge durch die maximale Anzahl der Zeichen pro Alphabet Z auf Z^n begrenzt, so gibt es bei der Indizierung von Suffixen oder Rotationen $n*m$ Einträge, mit n Größe des Vokabulars und m als der durchschnittlichen Wortlänge.

Der Hauptgrund, der für die Inkaufnahme erhöhten Aufwand bei der Indexerzeugung sprechen, sind der geringe Zeitaufwand bei der Suche nach einfachen Mustern, der dem Zeitaufwand für die Präfixsuche entspricht.

Der Vorteil, der mit dem Mehraufwand an Speicherplatz erkauft wird, besteht in der geringen Zeitkomplexität bei der Mustersuche. Die

Suche nach beliebigen Teilzeichenketten oder Mustern mit einem Jokerzeichen wird auf eine Präfixsuche abgebildet. Weiterhin kamm man mit n-Grammen gewisse Schreibvarianten oder Tippfehler tolerieren und auch komplexere Mustersuchen umsetzen.

Alle drei Techniken können mit externen Speicherungsverfahren wie B^+-Bäumen oder invertierten Dateien kombiniert werden. Speziell die Technik der n-Gramme kann aufgrund der konstanten Länge der zu indizierenden Worte auch mit Signaturbäumen verbunden werden.

9.2.5 Vergleich Volltextindizierung

Neben den in diesem Abschnitt beschriebenen Verfahren zur Volltextindizierung werden die bereits zuvor dargestellten Signaturbäume auch zur Volltextindizierung eingesetzt. Die Objektsignatur repräsentiert dabei den Volltext eines Dokumentes. Die Idee ist, dass Dokumente mit ähnlichen Inhalten auch eine ähnliche Signatur haben.

Abschließend sollen ein paar ausgewählte Eigenschaften bezüglich unterstützter Anfragearten für die beschriebenen Verfahren verglichen werden.

Tabelle 9.1 *Volltextindizes und unterstützte Anfrageformen*

Kriterium	invertierte Datei	Suffix Array	Signaturbaum
exakte Suche	√	√	√
Bereichsanfragen	√	√	–
Präfixsuche	√	√	–
Teilzeichenketten	–	√	–
partielle Anfragen	–	√	√

Invertierte Dateien sind das meistbenutzte Verfahren. Dies liegt daran, dass sie aufgrund der verwendeten B^+-Baumstrukturen eine skalierbare Indexstruktur darstellen, die auch für große Dokumentmengen mit vielen zu indizierenden Suchschlüsseln effizient arbeitet. Nachteile gibt es bei der partiellen Suche und bei der Suche nach Teilzeichenketten.

Auf die zuletzt genannte Form von Anfragen und besonders auf große Zeichenketten sind Suffixbäume und Suffix Arrays spezialisiert. Diese Indexformen sind primär als Hauptspeicherstruktur entworfen worden. Sie können jedoch nicht nur für die Volltextsuche eingesetzt werden, sondern dienen auch zur Speicherung von Element-Subelementbeziehungen und Pfaden eines XML-Dokumentes.

Ein Signaturbaum erlaubt im Gegensatz zu invertierten Dateien auch partielle Anfragen nach Teilen eines zusammengesetzen Schlüssels. Aufgrund der mangelnden Unterstützung einer Ordnung auf den Suchschlüsseln werden Bereichsanfragen aber nicht unterstützt.

Die Mustersuche kann durch erhöhten Speicheraufwand, z.B. durch Indizierung aller n-Gramme, Suffixe oder Rotationen, beschleunigt werden, indem sie auf eine Präfixsuche abgebildet wird.

9.3 Dokumentspeicherung

Bei der Betrachtung von physischen Speicherungsstrukturen, die auf die Speicherung von XML spezialisiert sind, muss man generell unterscheiden zwischen

- der kompletten physischen Speicherung von XML-Dokumenten und
- der Indizierung der Baum- oder Graphenstruktur eines XML-Dokumentes.

Bevor im Weiteren Verfahren zur Indizierung der XML-Struktur eingehender betrachtet werden, sollen zunächst zwei Techniken vorgestellt werden, die in der Lage sind, komplette Dokumentstrukturen zu speichern.

9.3.1 Überblick

Die einfachste physische Speicherungsform ist die vollständige Speicherung des originalen XML-Dokumentes als Datei oder in einer Datenbank als großes Zeichenkettenobjekt, einem so genannten Character Large Object (CLOB). Die Dokumentstruktur geht jedoch als separate Struktur verloren. Eine Verarbeitung macht ein komplettes Einlesen des gesamten Dokumentes und den Aufbau von entsprechenden Hauptspeicherstrukturen notwendig. Darum ist diese Form mit der zusätzlichen Indizierung der Dokumentstruktur zu verbinden.

Entsprechend der im Abschnitt 8 vorgestellten Techniken, die XML-Dokumente auf verschiedene physische Speicherungsformen abbilden, kann man auch eine direkte Speicherung der Baumstruktur vornehmen, dort als Persistentes DOM bezeichnet. Zwei Verfahren, die XML-Dokumente vollständig und unter Beachtung der Dokumentstruktur speichern, werden exemplarisch vorgestellt.

9.3.2 Persistentes DOM in Infonyte-DB

Die persistente Speicherung von DOM-Strukturen soll an dieser Stelle am Beispiel von Infonyte-DB vorgestellt werden. Die Grundidee ist, als Objekte zur Speicherung genau die Objekte und Knotentypen einzusetzen, die von der DOM-API zur Navigation und Manipulation von XML-Dokumenten verwandt werden.

PDOM

Die DOM-API erlaubt es, XML-Dokumentbäume im Hauptspeicher über eine einheitlich Schnittstelle zu manipulieren. Mit dem Persistenten DOM () werden diese Strukturen dauerhaft gespeichert. Dabei ist es nicht notwendig, komplette Dokumente im Hauptspeicher zu halten. So können sehr große Dokumente, die sich nur zum Teil im Speicher befinden, bearbeitet werden.

Abbildung 9.9
Aufbau einer PDOM-Datei

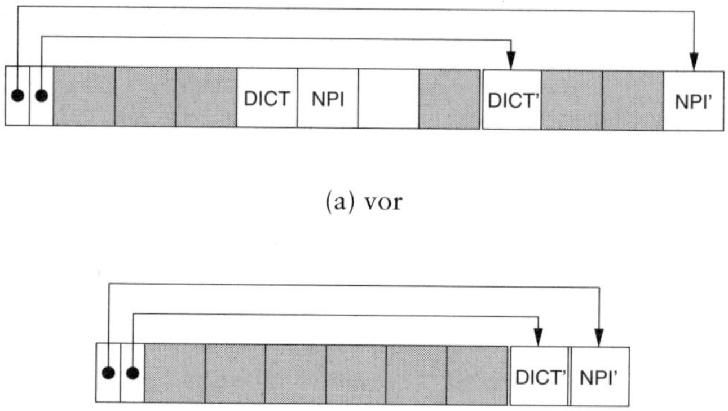

(a) vor

(b) nach der Reorganisation

PDOM-Struktur

Die physische Speicherorganisation der PDOM-Struktur ist in Abbildung 9.9 dargestellt. Die Speicherungsstruktur weist folgende Bestandteile und Charakteristika auf:

- Pro XML-Dokument erfolgt eine Ablage in einer separaten Datei.
- *Knotenseite* Die Grundeinheit ist eine so genannte Knotenseite, die jeweils 128 DOM-Objekte in einer externen Datenrepräsentation enthalten kann. Die Anzahl der Objekte auf einer Seite ist fix, jedoch nicht die Größe einer Seite oder der einzelnen Objekte. Am Beginn einer Seite steht die physische Längenangabe.
- *Komprimierung* Die Knotenseiten können komprimiert gespeichert werden. Die Komprimierung erfolgt mit dem GZIP-Algorithmus der `zlib`-Bibliothek und soll bis zu 60% Platzersparnis bringen.
- *NPI* Der Knotenindex (NPI, engl. Node Page Index) stellt einen Vektor von Verweisen auf die aktuell belegten Knotenseiten dar.
- *DICT* Ein Verzeichnis (DICT, engl. Dictionary) bildet Element- und Attributname auf Ordinalzahlen zur eindeutigen Identifikation ab. In den Element- und Attributknoten werden diese Identifikatoren und nicht die Namen selbst abgelegt.
- Im Dateikopf selbst sind zwei Verweise auf den aktuell gültigen Knotenindex NPI und das aktuelle Verzeichnis DICT untergebracht.

Abbildung von transienten auf persistente DOM-Objekte Jedes transiente DOM-Objekt im Hauptspeicher besitzt einen Objektidentifikator (OID), der auf ein persistentes Objekt in der Datei abgebildet werden kann. Dies erfolgt nach einer festen Abbildungsvorschrift:

OID

$$OID = PI * 128 + I$$

Eine OID besteht aus zwei Anteilen: einer logischen Adresse für die Knotenseite und einem logischen Index innerhalb dieser Seite. Der NPI verweist auf Knotenseiten mit jeweils 128 Objekten, PI gibt den Index innerhalb dieses NPI für das gesuchte Objekt an. Zu der so addressierten Knotenseite wird noch der Index, eine 8 Bit große Zahl, innerhalb der Knotenseite für das gesuchte Objekt addiert. Diese Objektidentifikatoren sind auch die Basis für Verweise von einem DOM-Objekt auf andere DOM-Objekte, etwa auf die Subelemente eines Elementknotens.

Clustering

Bei der Speicherung von DOM-Objekten eines Dokumentes wird ein Clustering auf Seitenebene entsprechend einer Preorder Traverse vorgenommen.

Änderungsoperationen Die Ausführung von Änderungsoperation und ein entsprechendes Transaktionskonzept werden durch eine Journaling-Technik unterstützt. Journaling bedeutet, dass die durch Änderungsoperationen aktualisierten Kontenverzeichnisse NPI und Verzeichnisse DICT gemeinsam mit neuen oder veränderten Knotenseiten an das Dateiende angefügt werden.

Die Abbildung 9.10(a) zeigt solch eine aktualisierte Struktur. Wichtig für die Konstistenzwahrung bei Änderungsoperationen ist die Reihenfolge des Durchschreibens von Seiten. Zuerst werden neue Knotenseiten, dann NPI und/oder DICT an das Dateiende geschrieben. Abschließend werden die Verweise am Dateianfang aktualisiert.

Reorganisation

Der Nachteil, dass nach vielen Änderungen alte Versionen von DICT und NPI und leere Knotenseiten (nichtschraffiert dargestellt) zu einer Verschwendung von Speicherplatz führen, wird durch einen separaten Reorganisationsprozess ausgeglichen. Durch diesen Vorgang, der unbenutzte Seiten entfernt, wird wieder eine kompakte Speicherung erreicht (siehe Abbildung 9.10(b)).

Strukturindex

Elementsignatur

Objektzugriffe Die typischen Navigationsoperationen der DOM-API werden durch direkte Zugriffe über die OID unterstützt. Darüber hinaus wird in Infonyte-DB ein Strukturindex auf der Basis von Signaturbäumen (siehe Abbildung 9.3) aufgebaut. Dieser Strukturindex indiziert alle Elemente eines Dokumentes aufgrund des Pfades von der Wurzel zum Element im Dokument. Die Objektsignatur des Signaturbaumes wird durch eine Elementsignatur gebildet. Dies ist ein Bitstring fester Länge, der aus folgenden Anteilen besteht: dem Elementnamen, der Namensraumangabe, den zugehörigen Attributennamen und dem aktuellen Pfad zum Element. Element- und Attributnamen sowie die Komponenten des Pfades, die wiederum Elementnamen darstellen, werden durch entsprechende Identifikatoren aus dem Verzeichnis DICT repräsentiert. Durch die Eigenheiten des Signaturbaumes können auch partielle Anfragen nur nach Pfad- oder Namensraumangaben erfolgen.

Volltextindex

invertierte Datei

Weiterhin existiert ein Volltextindex auf der Basis einer invertierten Datei, die im System Konkordanzlisten genannt werden. Die Indizierung erfolgt automatisch und transparent.

Ein allgemeiner Überblick zu unterstützten Schnittstellen und der Systemarchitektur allgemein erfolgt in Abschnitt 11.6.

9.3.3 Hybride Speicherung in Natix

Natix ist aus Forschungsarbeiten der Universität Mannheim hervorgegangen und wird mittlerweile durch ein Spin-Off als Produkt vermarktet. Es ist ein XML-Datenbanksystem, das die Speicherung von XML-Dokumenten mit oder ohne Schemainformationen in speziellen Speicherungtsstrukturen erlaubt.

Der Zugriff auf die Dokumente kann über die DOM- oder SAX-API erfolgen. Das System basiert auf einer Dreiebenenarchitektur, die aus Anwendungsebene, Datenbankdienstebene und Speicherungsebene besteht. Vom System werden Eigenschaften wie Datenunabhängigkeit, Transaktionen oder Anfrageoptimierung geboten. Die Anfrageauswertung arbeitet mit einer Algebra, die eine Implementierung von Anfragesprachen auf der Basis von XPath, etwa XQuery, erlaubt. Die Isolation parallel ablaufender Operationen auf Dokumentknotenebene wird durch spezielle Sperrprotokolle unterstützt.

Abbildung 9.10
Dokument aus Teilbäumen in Natix

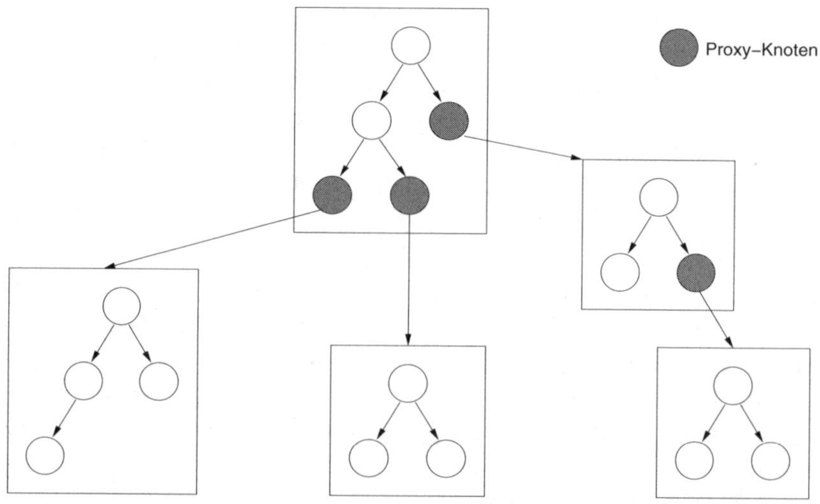

Speicherstruktur Die Ablage von XML-Dokumenten auf dem Hintergrundspeicher erfolgt mit einer seitenorientierten Speicherung. Die verwendete Speicherstruktur wird in Abbildung 9.10 dargestellt. Die Struktur lässt sich wie folgt charakterisieren:

seitenorientierte Speicherung

- Der Hintergrundspeicher ist in Seiten fester Größe (maximal 69K) eingeteilt. Jede Seite kann mehrere Teilbäume oder ganze Dokumente aufnehmen. *Seiten*
- Ein Teilbaum besteht aus einer Kopfinformation und einer zugehörigen Menge von Knoten. *Teilbaum*
- Die Kopfinformation enthält einen Verweis auf den übergeordneten Teilbaum und das Dokument, zu dem der Teilbaum gehört. *Kopfinformation*
- Die Knoteninformation besteht aus einem Knotenkopf und einem Knoteninhalt. Der Knotenkopf besteht aus einem Knotentyp ähnlich den DOM-Knotentypen, Element- und Attributnamen, einem Verweis auf den übergeordneten Vaterknoten und einer Längenangabe des Knoteninhaltes. *Knotenkopf*
- Der Knoteninhalt besteht etwa bei Attribut- und Text aus Zeichenketten oder wiederum aus einer Folge von Kinderknoten, wenn es sich um einen Elementknoten handelt.
- Eine Symboltabelle nimmt Element- und Attributnamen auf. Knoteninformationen speichern diese Namen nicht direkt, sondern verweisen nur auf entsprechende Symboltabelleneinträge auf Seitenebene. *Symboltabelle*

lokale Verweise innerhalb einer Seite

Da Verweise auf übergeordnete oder untergeordnete Knoten mit einer Ausnahme nur innerhalb einer Seite möglich sind, reichen für diese Verweise genauso wie für Symboltabellenverweise zwei Byte aus. Der Knotenkopf ist damit sehr kompakt in einer acht Byte langen Struktur untergebracht.

globale Verweise über Seitengrenzen

Eine Ausnahme bilden Verweise, die über Seitengrenzen gehen. Dies sind einerseits Verweise auf den übergeordneten Teilbaum, die in der Kopfinformation eines Teilbaumes auftreten. Auf der anderen Seite verweisen spezielle Proxy-Knoten innerhalb eines Teilbaumes auf untergeordnete Teilbäume, die nicht mehr auf die aktuelle Seite passten.

Proxy-Knoten

Änderungsoperationen Das Einfügen von neuen Knoten eines Dokumentes erfolgt zuerst im Teilbaum auf derselben Seite. Ist jedoch auf der aktuellen Seite kein Platz mehr vorhanden, wird der Teilbaum, in den er eingefügt werden sollte, in mehrere Teilbäume zerlegt. An den Zerlegungsstellen werden Proxy-Knoten mit globalen Verweisen auf die verschobenen Teilbäume gespeichert. Der Zerlegungsvorgang (engl. Splitting) ist sehr ähnlich zur Überlaufbehandlung im B^+-Baum, auch wenn die resultierende Baumstruktur in Natix nicht höhenbalanciert ist. Bei Löschoperationen wird analog eine Unterlaufbehandlung mit der Verschmelzung von Teilbäumen vorgenommen.

Überlaufbehandlung

Unterlaufbehandlung

Zugriffsoperationen Soll das gespeicherte Dokument wiederhergestellt werden, erfolgt ausgehend vom Wurzelknoten des Dokumentes eine Traverse durch die Baumstruktur. Trifft man dabei auf einen Proxy-Knoten, wird dieser durch den referenzierten Teilbaum ersetzt. Durch die gespeicherten Verweise auf übergeordnete Knoten kann jederzeit die Baumstruktur nicht nur von der Wurzel aus, sondern auch in der umgekehrten Richtung navigiert werden.

Zugriffe können im Extremfall für jede Element-Subelementbeziehung einen Übergang auf einen Teilbaum und damit einen neuen Seitenzugriff zur Folge haben. Darum werden neben der hier vorgestellten, vollständigen Speicherung der Dokumentstruktur von Natix auch Zugriffstrukturen wie Werteindizes in Form von B-Bäumen, Volltextindex auf der Basis invertierter Dateien und Strukturindizierung mit XASR (engl. eXtended Access Support Relations) angeboten.

Persistentes DOM (PDOM)

Sowohl Infonyte mit PDOM als auch Natix speichern die hierarchische Struktur eines XML-Dokumentes in speziellen Speicherstrukturen. Natix jedoch benutzt im Gegensatz zu PDOM eine kompakte Knotenspeicherung und unterstützt eine geclusterte Speicherung von Teilbäumen.

9.4 XML-Struktur- oder Pfadindizes

Bisher wurden Techniken zur Speicherung kompletter XML-Dokumente vorgestellt. Strukturierte Anteile, die als Elementinhalt oder Attribute dargestellt werden können und meist mit einer Typinformation (implizit oder explizit angegeben durch ein Schema) verbunden sind, können mit den Verfahren für Werteindizes zugreifbar gemacht werden. Beispiele wären die Indizierung aller Hotelnamen `Hotel/Name` mit einer Hash-Struktur oder der Zimmerpreise `Zimmertyp/@Preis` mit einem B^+-Baum. Große Mengen an textueller Information, etwa `#PCDATA`-Elementinhalte, lassen sich mit Volltexttechniken durchsuchbar machen. So kann beispielsweise die textuelle Beschreibung eines Hotels (`Hotel/Beschreibung`) mit einer invertierten Datei durchsuchbar gestaltet werden.

Über die Speicherungsstruktur, wie bei PDOM oder Natix vorgestellt, ist eine direkte Navigation von Elementen zu Subelementen oder auch das Folgen anderer Navigationsachsen möglich. Der Einstiegspunkt ist für jeden Zugriff der Wurzelknoten des jeweiligen Dokumentes. Die Strukturindizierung löst darum das Problem, auf beliebige Teilstrukturen eines Dokumentes direkt und effizient zuzugreifen. Die Suchanfragen, die unterstützt werden sollen, sind allgemeine Pfadausdrücke. Darum wird ein Strukturindex oftmals als Pfadindex bezeichnet.

Pfadindex

Pfadausdrücke Im Zusammenhang mit XPath wurde bereits eine eingeschränkte Form von Pfadausdrücken vorgestellt. Neben einer beliebigen Pfadkomponente (»*«) oder einer Folge von beliebigen Pfadkomponenten (»//«) lassen allgemeine Pfadausdrücke Muster in Pfadkomponenten zu, gestatten die Aufzählung alternativer Komponenten (»*p1*|*p2*«), Wiederholungen in Teilausdrücken (»*p*+«, »*p**«) oder optionale Elementbezeichner (»*e*?«). Das Problem mit allgemeinen Pfadausdrücken ist, dass sie im Gegensatz zu den einfachen Pfadausdrücken nicht so effizient[5] auszuwerten sind, speziell, wenn die generelle Dokumentstruktur nicht über ein Schema oder eine DTD bekannt ist.

allgemeine Pfadausdrücke

Eigenschaften von Pfadindizes Bei der Betrachtung unterschiedlicher Formen von Pfadindizes spielen folgende Aspekte eine wichtige Rolle:

- Wird beim zugrunde liegenden Modell von einer Baumstruktur oder einer Graphstruktur ausgegangen? Graphenstrukturen werden meist gebildet, wenn die Link-Struktur eines Dokumentes mit in die Auswertung einbezogen wird. Sollen etwa `ID/IDREF`-Verweise in Anfragen ausgewertet werden, wird aus der Baumstruktur ein Graph, der eventuell Zyklen enthalten kann. Diese müssen erkannt und behandelt werden. *Baumstruktur* *Graphstruktur*
- Ist ein Schema für ein Dokument gegeben? Wenn ja, zeigt ein Schemagraph an, welche Pfade im Dokument vorhanden sein dürfen. Bei einem bekannten Schema können ähnliche Indexstrukturen wie für Komponentenhierachien, die den Element-Subelement-Beziehungen ähneln, in objektorientierten Datenbanksystemen eingesetzt werden. *Schema*
- Wird vom Pfadindex ein Zugriff auf die Vorwärts- und Rückwärtsachsen der Dokumentstruktur erlaubt? Vorwärtsachsen werden meist direkt durch die zugrunde liegende Speicherungsstruktur abgebildet, Rückwärtsachsen oftmals nicht. Sie sind jedoch wichtig für die Pfadauswertung. *Vorwärtsachse* *Rückwärtsachse*
- Ist der Pfadindex akkurat, d.h., tritt jeder Pfad im Index auch in der Form im Dokument auf, und wird jeder im Dokument vorzufindende Pfad auch im Index abgebildet? *akkurat*
- Ist der Pfadindex eindeutig, d.h., wird jeder existierende Pfad genau einmal beschrieben? *eindeutig*

Wie bereits erläutert, können bei einem bekannten Schema Techniken für die Speicherung von Komponentenhierarchien in OODBMS herangezogen werden. Die existierenden Indexformen für Komponentenpfade sind in Tabelle 9.11 zusammengefasst. Die Komponentenhierarchie

[5] Die Auswertung macht die Konstruktion eines NFA bzw. DFA für den regulären Ausdruck, den ein Pfadausdruck darstellt, und einen Test gegen die existierende Dokumentstruktur notwendig.

im objektorientierten Datenmodell gestattet es, Beziehungen zwischen Objekten in dem Sinne zu modellieren, dass Objekte verschiedener Objekttypen Bestandteil (Komponenten) eines Objektes sein können.

Üblicherweise kann vom Objekt über Referenzen direkt auf die Komponentenobjekte zugegriffen werden. Hingegen wird durch den Komponentenpfadindex der Zugriff vom Komponentenobjekt auf das Objekt gestattet, in dem es Komponente ist. Dies korrespondiert zur Navigation von Subelementen, die zum übergeordneten Element in einer XML-Baumstruktur gehören.

Abbildung 9.11
Pfadindexformen bei bekanntem Schema

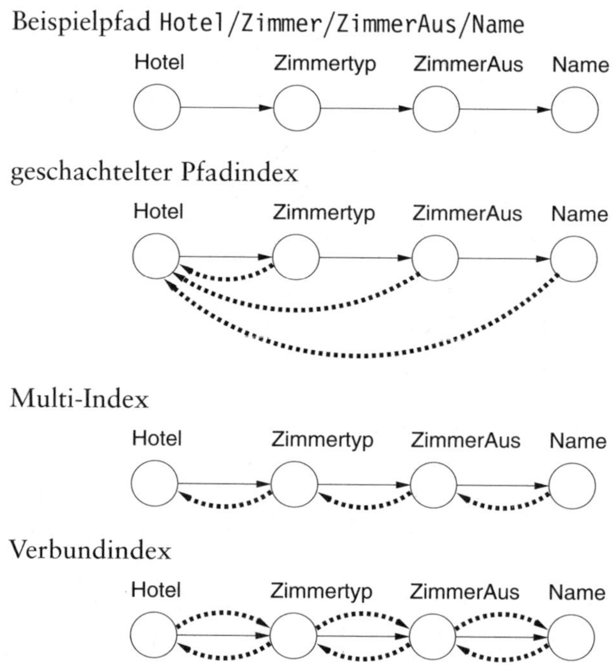

Zugriffsunterstützungsrelation (ASR)

Name	ZimmerAus	Zimmertyp	Hotel
Telefon	α_1	τ_1	θ_1, θ_2
Dusche	α_2	τ_1, τ_2, τ_3	θ_1, θ_2
Minibar	α_3	τ_1, τ_2	$\theta_1, \theta_2, \theta_3$
Fernseher	α_4	τ_1, τ_3	θ_1, θ_3

Mögliche Indexformen zur Navigation von Komponenten oder Subelementen zu den übergeordneten Objekten oder Elementen werden am Beispiel des Pfades Hotel/Zimmer/ZimmerAus/Name erklärt. Ein geschachtelter Index erlaubt von jedem Element aus den Zugriff auf das Wurzelemement, also von Name, ZimmerAus und Zimmertyp jeweils auf Hotel.

geschachtelter Index

Ein Multi-Index gestattet den Zugriff vom Subelement auf den unmittelbaren Vorgänger, also von `Name` auf `ZimmerAus`, von `ZimmerAus` auf `Zimmertyp` und von `Zimmertyp` auf `Hotel`. Ein Verbundindex unterstützt zusätzlich zum Multi-Index Verweise in beide Richtungen, also auch vom Element zum Subelement.

Multi-Index

Verbundindex

Eine Verallgemeinerung aller genannten Pfadindexarten stellt die so genannte Zugriffsunterstützungsrelation (ASR, engl. Access Support Relation) dar, sie zählt alle existierenden Pfad in einer Tabelle auf. So gehört z.B. die Zimmerausstattung Telefon zum Zimmertyp τ_1 und dieser ist in den Hotels θ_1 und θ_2 vorhanden. Die griechischen Symbole sollen hier für die Identifikatoren entsprechender Dokumentknoten stehen.

ASR

Nachfolgend werden verschiedene Pfadindexstrukturen vorgestellt und bezüglich ihrer Eigenschaften sowie der unterstützten Indexform und Pfadanfragen untersucht.

9.4.1 XML-sensitiver Volltextindex

Eine einfache Form, um die Volltextsuche auf bestimmte Dokumentstrukturen einzuschränken, ist der XML-sensitive Volltextindex. Er indiziert neben dem Volltext auch die Element-Subelement-Struktur eines XML-Dokumentes.

Wie in Abschnitt 9.2.1 beschrieben, werden alle Worte des Dokumentes durchnummeriert. Dies passiert auch mit den Elementnamen, die in den Beginn- und Ende-Tags auftreten. Werden diese Elementnamen nun separat in einer Struktur wie folgt abgelegt, können Volltextanfragen auf bestimmte Subelementstrukturen eingeschränkt werden.

Element	Vorkommen
`beschreibung`	$\{(6, 20)\}$
`hotel`	$\{(1, 21), (14, 18)\}$
`name`	$\{(2, 5), (15, 17)\}$

Abbildung 9.12 *Elementindizierung im XML-sensitiven Volltextindex*

Der Elementindex in Abbildung 9.12 speichert für jeden Elementnamen Mengen von Paaren, die aus der Wortposition des Beginn- und des Ende-Tags bestehen.

Beispiel 9.3 Dieser Elementindex kann relativ einfach mit einer flachen Relation `element`, bestehend aus den Attributen `name` für den Elementnamen, `beginn` und `ende` für die Beginn- und Endposition, implementiert werden.

Man kann bereits mit dieser sehr einfachen Struktur Pfade der Form `hotel//name` abfragen, etwa mit folgender SQL-Anweisung:

```
SELECT sub.*
FROM element e, element sub
WHERE e.beginn < sub.beginn AND sub.ende < e.ende
  AND e.name = 'hotel' AND sub.name = 'name'
```

Ergebnis sind alle Subelemente `name` des Elements `hotel`. □

XML-Suchmaschine

Haupteinsatzgebiet der XML-sensitiven invertierten Datei sind so genannte XML-Suchmaschinen und die Eingrenzung der Volltextsuche auf bestimmte Elementinhalte. Es ist leicht zu zeigen, dass Anfragen wie

`hotel[contains(beschreibung, 'Seeblick')]`,

die alle Hotels ermitteln sollen, in deren Beschreibung das Wort »Seeblick« auftaucht, einfach durch Filterung aller ermittelten Wortpositionen aus dem Volltextindex mit den in Frage kommenden Bereichen aus dem Elementindex erfolgen können. Wie Strukturen ähnlich zum Elementindex für die Pfadindizierung eingesetzt werden können, wird im Weiteren deutlich.

9.4.2 Nummerierungsschemata

Ein Teilproblem bei der Strukturindizierung von XML-Dokumenten ist die geschickte Darstellung der Knotenanfolge im Dokumentbaum.

Nummerierungsschema

Ein so genanntes Nummerierungsschema kodiert die Abfolge der Knoten eines XML-Dokumentes so, dass ein darauf aufbauendes Speicherungsverfahren Anfragen bezüglich der Knotenbeziehungen effizient beantworten kann.

Ein optimales Nummerierungsschema sollte folgenden Anforderungen genügen:

Achsennavigationen

- Die wichtigsten Achsennavigationen für Pfadausdrücke sollten einfach umsetztbar sein. Speziell die Vor- und Nachfahren eines Knoten müssen einfach zu bestimmen sein (`ancestor`, `descendant`).

Volltextoperationen

- Eine Kombination von Strukturabfragen und Volltextoperationen sollte unterstützt werden, etwa Phrasensuche auf dem mehrere Elemente überspannenden Volltext.

Manipulationen

- Manipulationen an der Dokumentstruktur, z.B. das Einfügen neuer Knoten, sollen ohne vollständige Reorganisation oder Durchnummerierung auskommen.

Ziel aller Strukturindizes, die auf einem Nummerierungsschema aufbauen, ist es, pro Schritt eines Pfadausdrucks genau eine Zugriffsoperation nur zu benötigen. Diese Zugriffsoperation sollte etwa in einem relationalen Datenbanksystem maximal einen Verbund erfordern.

Im Weiteren wird sich auf folgende wesentliche Pfadoperationen bezogen:

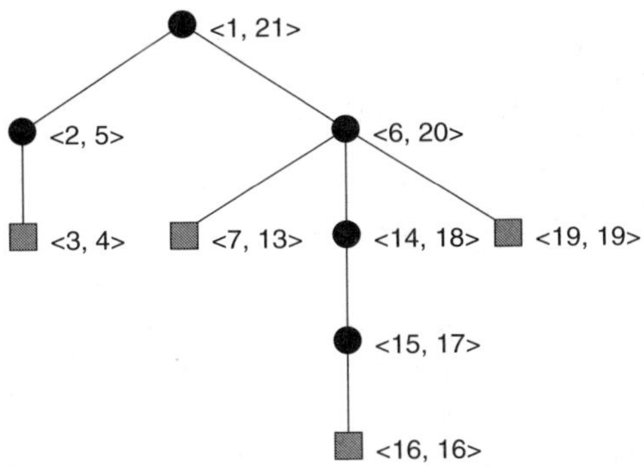

(a) Dietz (Pre-Post-Order)

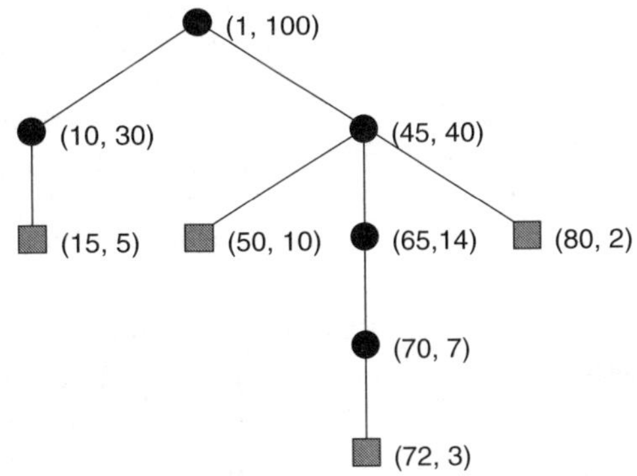

(b) Ordnung-Größe (Order-Size)

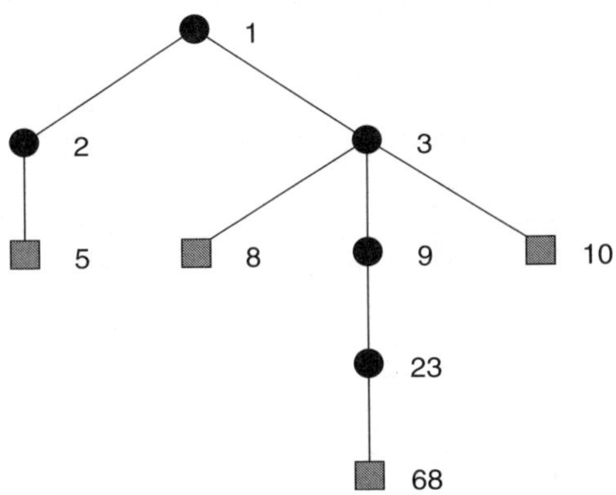

(c) Ebenen (Level)

Abbildung 9.13
Varianten der Nummerierung von Knoten

- `Element/Subelement`: die direkte Abbildung der Eltern-Kindbeziehung oder Element-Subelement-Beziehung.
- `Element//Descendant`: Test auf einen beliebigen Nachfahren `Descendant` eines Elements.
- `Element/..`: direkter Zugriff auf das Elternelement.

Wie mit Knoten der Attribut-, Namensraum- und anderen nicht elementbezogenen Achsen umgegangen wird, soll hier aus Gründen der Vereinfachung nicht weiter betrachtet werden.[6]

Folgende Nummerierungsschemata sollen bezüglich ihrer Eigenschaften eingehender untersucht werden:

[6] Eine Variante wäre, Attribute in einer separaten Dimension zu betrachten und dem entsprechenden Start-Tag eines Elementes zuzuordnen. So gäbe es keine Probleme mit der Dokumentordnung und spannenden Volltext bei einer Phrasensuche oder Wortabstandsfunktionen (Proximity-Suche).

1. Dietzsches Nummerierungsschema, auch Pre-Post-Order-Nummerierung genannt,
2. Ordnung-Größe-Nummerierung (engl. Order Size) und
3. Ebenen-Nummerierung (engl. Level).

Für das XML-Fragment aus Beispiel 9.2 wurden die verschiedenen Nummerierungstechniken in Abbildung 9.13 dargestellt.

Dietzsches Nummerierungsschema

Dietzsches Nummerierungsschema Ein einfaches Nummerierungsschema, das so genannte Dietzsche Nummerierungsschema oder Pre-Post-Order-Nummerierung, haben wir bereits mit dem XML-sensitiven Volltext kennengelernt. Dabei werden die Start- und Ende-Tags zusätzlich zu den Worten des eingeschlossenen Volltextes fortlaufend nummeriert.[7]

Pro Knoten eines XML-Dokumentes wird beim Dietzschen Nummerierungsschema ein 4-Tupel $< D_i, S_i, E_i, L_i >$ bestehend aus Dokument-Id, Start-, Endposition und Schachtelungsebene gespeichert. Das Bestimmen der Start- und Endposition erfolgt durch zählen der Wortposition von Dokumentanfang. Start- und Ende-Tag werden dabei genauso wie die Worte des Volltextes mitgezählt. In Abbildung 9.13(a) ist vereinfachend nur die Start- und Endposition $< S_i, E_i >$ abgebildet.

Abbildung 9.14 *Elementschachtelung als Intervalle im eindimensionalen Raum*

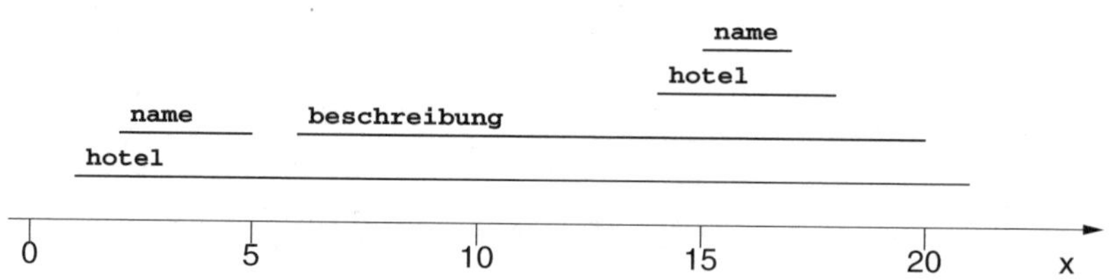

Die Elemente der `ancestor`- und `descendant`-Achse lassen sich einfach bestimmen, da Folgendes gilt: Ein Knoten N_i mit $\langle D_i, S_i, E_i, L_i \rangle$ ist Subknoten von N_j mit $\langle D_j, S_j, E_j, L_j \rangle$ genau dann, wenn $D_i = D_j$, $S_j < S_i$ und $E_i < E_j$ gilt. Wenn es sich bei einem Knoten um einen unmittelbaren Kindsknoten handelt, gilt zusätzlich $L_i = L_j - 1$. Abbildung 9.14 verdeutlicht die Element-Subelement-Beziehung als Intervall im eindimensionalen Raum.

Eine Variation ([FM00]) speichert für einen Knoten N_i ein 4-Tupel $\langle D_i, S_i, E_i, P_i \rangle$ mit P_i gleich S_j des unmittelbar übergordneten Knotens N_j (Vaterknoten). Der Vorteil: Es sind sehr schnell Element-Subelement-Tests über einen direkten Verbund möglich, d.h., Pfadausdrücke der Form N_j/N_i sind effizient umsetzbar.

[7] Es gibt eine Variante, die Worte des Volltextes mit ganzzahligen und Tags mit gebrochenen Werten nummeriert. Diese hat Vorteile bei Wortabstandsfunktionen und Volltextoperationen.

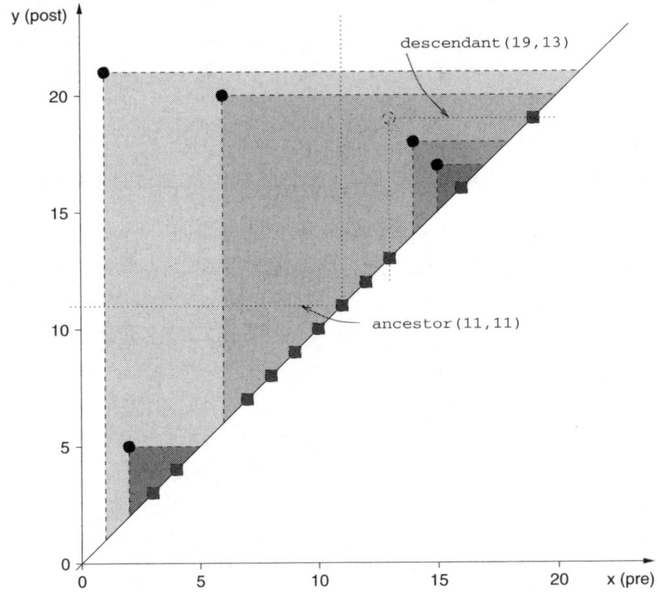

Abbildung 9.15
Elementschachtelung als Punkt im zweidimensionalen Raum

Die Abbildung 9.15 soll zeigen, dass durch geeignete Abbildung der beim Dietzschen Nummerierungsschema vorliegenden Intervalle auf Punkte in einem zweidimensionalen Raum Indexstrukturen, die zweidimensionale Strukturen unterstützen, auch für die Strukturindizierung eingesetzt werden können. Die Wortposition des öffnenden und schließenden Tags stellen die Intervallgrenzen im eindimensionalen Raum dar. Durch geeignete Transformation[8] — die Startposition wird zur x- die Endposition zur y-Koordinate — erhalten wir Punkte in einem zweidimensionalen Raum. Es gibt Speicherungsstrukturen, wie R-Bäume, die eine effektive Suche in solchen Räumen erlauben.

Pfadanfragen entlang der `ancestor`- und `descendant`-Achse lassen sich sehr gut mit der Pre-Post-Order-Nummerierung umsetzen. Im zweidimensionalen Raum entspricht dies der Suche nach Punkten links oberhalb bzw. rechts unterhalb eines gegebenen Knotens. In Abbildung 9.15 sind die Anfragen durch eine gepunktete Linie angedeutet.

Das Verfahren hat jedoch einen Nachteil: Ein Einfügen von neuen Knoten macht eine Neunummerierung aller Knoten des Dokumentes notwendig.

Ordnung-Größe-Nummerierung Ein Verfahren, das ähnlich zum Dietzschen Nummerierungsschema vorgeht, ist die Ordnung-Größe-Nummerierung (siehe Abbildung 9.13(b)). Jeder Knoten wird beim traversierenden Abstieg mit einer Ordnung versehen. Im Gegensatz zum

[8]Hier handelt es sich um eine so genannte Eckentransformation, alternativ kann man auch eine Mittentransformation einsetzen [Fal96].

vorhergehenden Verfahren, wird aber nicht die Endposition beim Aufstieg sondern ein Werte größer als die Anzahl der untergeordneten Knoten pro Knoten abgelegt. Dies geschieht, um Raum für zukünftige Einfügeoperationen frei zu halten.

Jeder Knoten bekommt eine Wertepaar $< order, size >$ bestehend aus einer Ordnung und Größe so zugewiesen, dass Folgendes gilt:

- für einen Knoten N_i und seinen Vaterknoten N_j gilt: $order(N_j) < order(N_i)$ und $order(N_i) + size(N_i) <= order(N_j) + size(N_j)$
- für zwei Geschwisterknoten N_i, N_j, wenn N_i Vorgänger von N_j bezüglich der Dokumentordnung ist, gilt $order(N_i) + size(N_i) < order(N_j)$

Die `ancestor-descendant` Beziehung kann bestimmt werden durch diese Bedingung: N_i ist ein übergeordneter Knoten von N_j genau dann, wenn $order(N_i) < order(N_j) <= (order(N_i) + size(N_i))$

Der Vorteil dieses Nummerierungsschemas besteht in der konstanter Zeit für Element-Subelement-Test und gleichzeitiger Unterstützung von Änderungsoperationen ohne Neunummerierung der Knoten des Dokumentbaumes.

Ebenen-Nummerierung Die Ebenen-Nummerierung (engl. Level Numbering), wie in Abbildung 9.13(c) dargestellt, geht davon aus, dass das XML-Dokument als k-Wege-Baum betrachtet wird. Die Ordnung k sagt aus, dass ein Knoten immer genau k Kindsknoten enthält. k wird für ein reales XML-Dokument durch den Knoten mit den meisten Kindsknoten bestimmt.

k-Wege-Baum

Bei der Nummerierung wird so vorgegangen, dass die Knoten ebenenweise im Sinne einer Breitensuche nummeriert werden. Enthält ein Knoten weniger als k Subknoten, werden die nicht vorhandenen Knoten trotzdem als Platzhalter mitgezählt.

Der Vorteil dieser Vorgehensweise besteht zum einen in der einfachen Bestimmung der Eltern-Kind-Beziehung für einen Knoten N_i in einem k-Wege-Baum. Der Identifikator des Elternknoten eines Knoten N_i ergibt sich zu:

$$parent(i) = \lceil (i-2)/k + 1 \rceil$$

Der j-te Kindsknoten eines Knoten N_i ergibt sich dann, wie folgt:

$$child(i, j) = k(i-1) + j + 1$$

Der zweite Vorteil des Verfahrens besteht darin, dass mit den Platzhaltern Freiräume zum Einfügen neuer Knoten existiert. Nachteilig an der Ebenen-Nummerierung ist der eventuell sehr hohe Verschnitt an

Platzhaltern, da die Anzahl der ausgehenden Kanten (Fan-Out) im Dokumentbaum je nach Dokumentschachtelungstiefe sehr unterschiedlich sein kann.

Alle Nummerierungstechniken finden Anwendung in verschiedenen Systemen. Während das Dietzsche Nummerierungsschema sehr gut mit Information-Retrieval-Anfragen wie Phrasensuche umgehen kann, ist der Aufwand bei Änderungsoperationen erheblich. Die Ebenen- und Ordnung-Größe-Nummerierung halten für Einfügeoperationen Platz vor, jedoch erfordern Volltextoperationen eine Nachbearbeitung auf den eigentlichen Inhalten, wenn etwa Wortabstände ein Selektionskriterium sind.

9.4.3 XASR

eXtended Access Support Relation (XASR)

Der Begriff XASR steht für eXtended Access Support Relation (XASR). XASR basieren auf einer Verallgemeinerung der Zugriffsunterstützungsrelation (ASR). ASR materialisiert alle interessierenden Pfade in Komponentenhierarchien, basierend auf einem objektorientierten Schema. ASRs erlauben keine Muster in Pfaden und keine allgemeinen Pfadausdrücke. Mittels XASR können beliebige XML-Dokumente ohne Schema indiziert werden. Durch die Zugriffsstruktur werden Anfragen von XPath-Ausdrücken unterstützt.

Lexikon

Eine XASR besteht aus einem Lexikon `lexikon`, das Elementnamen `ename` auf einen Elementtyp `etype` abbildet, und der eigentlichen Zugriffsstruktur mit folgenden Bestandteilen:

Dietzsches Nummerierungsschema

- Eine Knotennummerierung nach dem Dietzschen Nummerierungsschema versieht jeden Knoten mit einer Nummer beim Eintritt `dmin` und beim Austritt `dmax` während einer Depth-First-Traverse des Dokumentbaumes.
- Ein Dokumentidentifikator `docid` identifiziert gemeinsam mit der Eintrittsnummer eindeutig einen Knoten im Baum.
- Der Elementtyp `etype` verweist auf den zugehörigen Elementnamen.
- Ein Verweis `parent_dmin` referenziert den Vaterknoten. Für den Wurzelknoten ist der Verweis `NULL`.

XASR verwendet eine Variation des Dietzschen Nummerierungsschemas und es korrespondiert zu der Elementnummerierung bei der XML-sensitiven invertierten Datei.

XPath-Anfragen Zur Auswertung von XPath-Anfragen werden diese in Folgen von Verbundoperationen über der XASR übersetzt. Dabei werden spezielle Teilanfragen für folgende Teilausdrücke generiert:

- Für Elementnamen (oder Attributname) wird ein Verbund über den Elementtyp etype zwischen dem Lexikon lexikon und der XASR hergestellt und nach dem Elementnamen ename selektiert. Für beliebige Elementnamen »*« kann dieser Schritt entfallen.
- Für den Pfadkonnektor »/«, der einen unmittelbaren untergeordneten Knoten selektiert, wird eine Verbundbedingung in der Form »e.docid = s.docid AND e.dmin = s.parent_dmin« erzeugt.
- Für den Pfadkonnektor »//«, der einen beliebigen untergeordneten Knoten selektiert, wird eine Verbundbedingung in der Form »e.docid = s.docid AND e.dmin < s.dmin AND s.dmax < e.dmax« erzeugt.
- Werden in den Pfadausdrücken Konstanten selektiert, erfolgt ein Verbund mit weiteren Indexstrukturen, einem Volltextindex oder einem Zahlenindex.

Beispiel 9.4 Es sollen alle Identifikatoren von Dokumenten über Hotels, in deren Name »Leuchtturm« vorkommt, ermittelt werden. Das Wort »Leuchtturm« muss im Inhalt der Elemente //hotel/name vorkommen.

```
SELECT h.docid
FROM XASR h, XASR n, FTI f, lexikon lh, lexikon ln
WHERE f.docid = n.docid
  AND f.word = 'Leuchtturm'
  AND f.dmin BETWEEN n.dmin AND n.dmax
  AND n.etype = ln.etype AND ln.ename = 'name'
  AND h.etype = lh.etype AND lh.ename = 'hotel'
  AND h.dmin = n.parent_dmin
```

Neben der Auswahl der entsprechenden Elementtypen für »hotel« und »name« über das Lexikon wird über die Gleichheit von n.parent_dmin und h.dmin getestet, ob das Element n ein Kindselement von h ist. Der Volltextindex FTI soll hier aus indizierten Worten word und deren Wortposition dmin aufgebaut sein. □

Bei den Folgen von erzeugten Verbundoperationen wird davon ausgegangen, dass diese in einem Datenbanksystem effizient durch eine entsprechende Anfragebearbeitung mit Optimierung umgesetzt werden können.

XASR wurden für die XML-Suchmaschine Mumpits entworfen und können in Natix für die Pfadindizierung eingesetzt werden.

9.4.4 Index Fabric

Eine Indexstruktur, die auf Patricia-Bäumen basiert, ist Index Fabric. Zur Beantwortung von Pfadanfragen werden die Pfade eines Dokumentes in Zeichenketten kodiert. Dabei werden zwei Arten von Pfaden unterschieden: Vollständige oder »rohe« Pfade (engl. Raw Paths) indizieren alle in einem Dokument vorkommenden Pfade, verfeinerte Pfade (engl. Refined Paths) erlauben einen effizienten Zugriff bei häufig gestellten Pfadanfragen.

Die Speicherung der Indexdaten genauso wie der semistrukturierten Daten an sich erfolgt in einem Relationalen Datenbanksystem. Die Anfrageauswertung besteht im Kodieren der Anfrage als Suchzeichenkette und einem Zugriff über die Indexstruktur auf den eigentlichen Pfad. Die Indizierungstechnik setzt dazu kein Wissen über ein Schema voraus.

Zugriffsstruktur Index Fabric ist eine Zugriffsstruktur, die auf im Abschnitt 9.2.2 beschriebenen Patricia-Bäumen basiert. Die Abbildung 9.7(b) zeigt ein Beispiel. Die Größe eines Patricia-Baumes ist unabhängig von der Länge eines Schlüssels, vielmehr erweitert ein neu eingefügter Schlüssel maximal den Baum um einen Knoten.

Patricia-Bäume jedoch sind unbalanciert. Darum verbindet Index Fabric die Vorteile von balancierten Baumstrukturen wie dem B^+-Baum mit der Komprimierung der Patricia-Bäume. Die Grundidee von Index Fabric besteht im Hinzufügen neuer Zugriffsebenen (Ebenen 1 und weitere) zu einer normalen Patricia-Struktur (Ebene 0). Der eigentliche Patricia-Baum wird auf Datenbankseiten aufgeteilt.

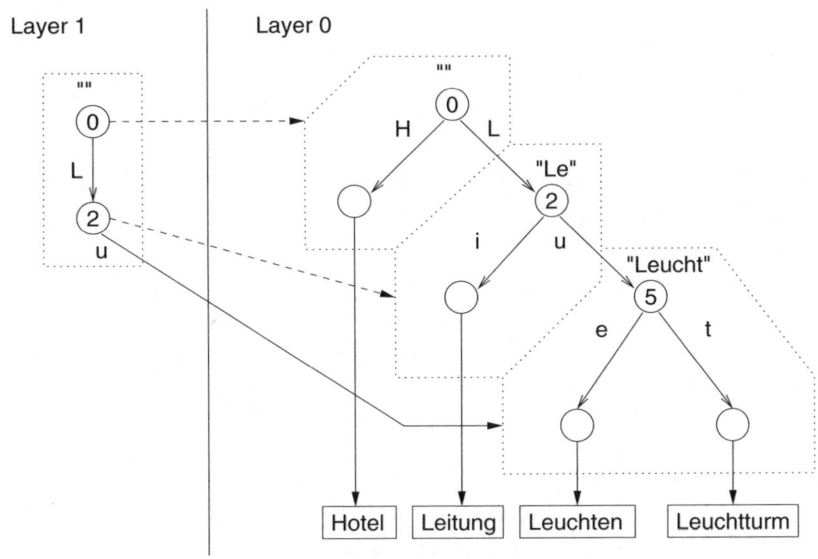

Abbildung 9.16
Index Fabric — eine Mehrebenen-Struktur basierend auf Patricia-Bäumen

In Abbildung 9.16 ist der geschichtete Index für den Patricia-Baum aus Abbildung 9.7(b) dargestellt.

- Auf Ebene 0 befindet sich der ursprüngliche Baum mit der Ausnahme, dass alle Blätter nicht direkt im Baum abgelegt werden, sondern sich auf einer separaten Speicherungsebene befinden.
- Die Baumstrukturen sind in Teilbäume zerlegt, die genau auf eine Seite passen.
- Die Baumstruktur auf der Ebene 1 stellt einen Index über den Präfixen der Blöcke auf der Ebene 0 dar. Diese Präfixe sind in der Abbildung in Hochkommata gesetzt.
- Alle Teilbäume einer Ebene werden anhand ihres Präfixes beschrieben und auf der darüberliegenden Ebene referenziert.
- Es gibt zwei Arten von Verweisen, die Ebenen verbinden.
- *entfernter Verweis* Markierte entfernte Verweise sind mit einer durchgehenden Linie dargestellt. Sie haben dieselbe Bedeutung wie in einem normalen Patricia-Baum und verbinden Knoten.
- *Direktverweis* Nichtmarkierte Direktverweise sind mit einer gestrichelten Linie dargestellt. Sie verbinden einen Knoten einer Ebene mit einem Block, der diesen Knoten auf der nächsten Ebene enthält.

Ein nichtmarkierter Direktverweis in Abbildung 9.16 ist der Verweis von Knoten 0 auf der Ebene 1 zum Teilbaum mit dem gleichen Präfix. Genauso verweist der Knoten 2 der Ebene 1 mit einer markierten Kante auf den Knoten 5 und mit einem Direktverweis auf den Teilbaum der Ebene 0, der den Knoten 2 enthält.

Suchoperationen Das Auffinden von Suchschlüsseln erfolgt ähnlich wie bei einem B^+-Baum ab. Beginnend in der Wurzelseite der höchsten Ebene wird innerhalb einer Seite wie in einem Patricia-Baum gesucht, d.h., beginnend im Wurzelknoten werden die Zeichen des Suchschlüssels, deren Position der Knoten vorgibt, mit den ausgehenden Kanten verglichen. Es wird der Kante gefolgt, die mit dem entsprechenden Zeichen markiert ist.

Handelt es sich bei der zu folgenden Kante um einen entfernten Verweis, wird diesem gefolgt und der referenzierte Block auf der nächsten Ebene untersucht. Wird keine markierte Kante gefunden, wird einer unmarkierten Kante auf einen Block der nächste Ebene gefolgt.

Beispiel 9.5 Der Suchprozess nach der Zeichenkette »`Leitung`« läuft im Mehrebenen-Patricia-Baum aus Abbildung 9.16 so ab, dass am Knoten 0 auf der Ebene 1 begonnen wird. Es wird der mit »`L`« markierten Kante zum Knoten 2 gefolgt. Hier gibt es nur eine mit »`u`« markierte Kante, an der dritten Zeichenposition (Offset 2) steht aber im Suchschlüssel ein »`i`«. Darum wird der nichtmarkierte Direktverweis benutzt. Auf Ebene 0 setzt man die Suche auf der Seite mit dem Präfix »`Le`« fort. Dort kann über die Kante »`i`« das gesuchte Wort gefunden werden. □

Ein Treffer liegt dann vor, wenn der Suchschlüssel mit dem gespeicherten Wert erfolgreich verglichen wurde. Der Vergleich ist notwendig, weil ein Patricia-Baum nur eine verkürzte Form der Werte selbst enthält.

Der Suchprozess durchläuft auf jeder Ebene maximal eine Seite, da es keine Seiten gibt, die nicht über die darüberliegende Ebene erreichbar wären. Damit ist die Anzahl der Seitenzugriffe direkt von der Baumhöhe abhängig.

Der Vorteil des Patricia-Baumes besteht in der hohen Anzahl an Schlüsseln, die aufgrund der komprimierten Speicherung in einer Seite untergebracht werden können. So wird etwa für eine Milliarde Suchschlüssel bei 1000 Knoten pro Seite nur ein Baum von drei Ebenen benötigt[9].

Änderungsoperationen Einfüge-, Lösch- und Änderungsoperationen können ähnlich effizient wie das Auffinden eines Suchschlüssels implementiert werden. Das Einfügen in einen Patricia-Baum ist mit Hinzufügen eines einzelnen neuen Knotens oder einer Kante zu einem existierenden Knoten verbunden. Das Einfügen erfolgt immer auf der Ebene 0.

Überlauf

Tritt ein Überlauf ein, wird die aktuelle Seite auf zwei aufgeteilt und auf der nächst höheren Ebene ein Knoten eingefügt. Dieser Prozess setzt sich notfalls bis zum Einrichten einer neuen Ebene fort. Der umgekehrte Prozess läuft beim Löschen eines Suchschlüssels ab.

Indizierung von XML-Dokumenten Um die Pfade eines XML-Dokumentes zu indizieren, werden die Elementbezeichner auf Sonderzeichen eines erweiterten Alphabets abgebildet. Diese Kodierung der Elementbezeichner wird in einem speziellen Verzeichnis abgelegt. Beispielsweise wird dieses XML-Fragment

Kodierung der Elementbezeichner

```
<hotel> <name>Am Leuchtturm</name> </hotel>
```

so umgeformt, dass die Elementnamen `hotel` mit dem Sonderzeichen »**H**« und `name` mit »**N**« dargestellt werden. Die resultierende Zeichenkette wäre »**H N** `Am Leuchtturm`«. Gleichlautende Element- und Attributbezeichner werden auf unterschiedliche Sonderzeichen abgebildet.

Die auf diese Weise kodierten Pfade und Zeichenketten eines XML-Dokumentes werden anschliesßend in den Mehrebenen-Patricia-Baum eingefügt. Anfragen, die nach bestimmten Pfaden suchen, werden vor dem eigentlichen Suchprozess nach dem gleichen Schema kodiert.

vollständige Pfade

Präfixnotation

Generell unterscheidet Index Fabric zwei Arten von Pfaden: Vollständige Pfade kodieren alle Pfade eines Dokumentes von der Wurzel zu den Blattknoten in einer Präfixnotation; ein Beispiel ist die Kodierung

[9] Es sei daran erinnert, dass die Anzahl der Knoten eines Patricia-Baumes linear zur Anzahl der Suchschlüssel ist.

von »`<h>a<n>b</n><p>c</p>d</h>`« gleich »**H**a**H** **N**b**HP**c**H**d« in Präfixnotation. Mit vollständigen Pfaden können einfache Pfadausdrücke mit einem einfachen Zugriff über die Indexstruktur beantwortet werden.

verfeinerte Pfade

Um allgemeine Pfadausdrücke mit Mustern, Alternativen und anderen Operatoren zu unterstützen, werden in Index Fabric benutzt. Sie dienen der Beantwortung häufig auftretender Anfragemuster. Verfeinerte Pfade werden im selben Index wie vollständige Pfade abgelegt, sie erfordern jedoch einen speziellen Indizierungsvorgang und eine bestimmte Kodierung.

Zugriffsmuster

Verfeinerte Pfade sind immer mit einem Zugriffsmuster verbunden. Dieses Zugriffsmuster erhält ein Sonderzeichen zugewiesen. Beim Indizieren eines Dokumentes wird für jedes Vorkommen des Suchmusters das Sonderzeichen mit den vorgefundenen Werten in den Index aufgenommen. Suchanfragen unter Verwendung dieses Suchmusters können wie einfache Pfadanfragen ausgewertet werden.

Beispiel 9.6 Es werden häufig Anfragen nach Hotels mit einem Einzelbettzimmer unter 50 Euro gestellt. Darum werden alle Zimmerpreise mit dem zugehörigen Zimmertyp zusätzlich indiziert.

Das Muster, welches Zimmertyp und Preis gemeinsam als Geschwisterknoten darstellt, wird mit dem Sonderzeichen »**P**« kodiert. Bei der Indizierung werden nun für jedes Hotel die Zimmertypen gemeinsam mit den Preisen unter diesem Sonderzeichen in den Index aufgenommen.

Anfragen nach den Preisen von Doppelzimmern können nun direkt mit der Suche nach »**P** DZ« im Index beantwortet werden. □

Der Nachteil der verfeinerten Pfade besteht darin, dass zum Zeitpunkt der Indizierung bekannt sein muss, welche Anfragen zu beantworten sind. Ist dies nicht in jedem Fall möglich, sind die Anfragen zwar prinzipiell noch mittels der vollständigen Pfade zu realisieren, haben aber in der Regel eine Vielzahl von Indexzugriffen zur Folge.

Allgemeine Pfadausdrücke mit Alternativen der Form »A/(B|C)/D« können z.B. durch zwei separate Zugriffe über »A/B/D« und »A/C/D« umgesetzt werden. Anfragen mit Jokerzeichen können zumindest durch Zugriff über ein eventuell vorhandenes, konstantes Präfix im Muster bei der Suche eingeschränkt werden.

9.4.5 Pfadindizierung in SphinX

In SphinX wird ein persistenter Index eingeführt, der Schemainformationen, die auf einer DTD basieren, mit B^+-Bäumen verbindet. Ziel ist eine effiziente Aufwertung von Pfadausdrücken. Im Gegensatz zum schemalosen Vorgehen wird nur eine Indizierung von XML-Dokumenten, die konform zu einer DTD sind, unterstützt.

Hauptbestandteile eines SphinX-Indexes sind ein Dokumentgraph, ein DTD-Graph und B^+-Bäume je indiziertem Pfad. Der DTD-Graph sollte in den Hauptspeicher passen; er bestimmt, welche Pfade in einem Dokument relevant für einen Pfadausdruck sind und welche nicht. Es werden neben einfachen Pfadausdrücken wie in XPath auch allgemeine Pfadausdrücke unterstützt.

Dokument-Graph

XML-Dokumente werden als hierarchische Graphstruktur dargestellt, deren Aufbau analog zu Lore ist. Die Knoten korrespondieren zu Elementen und Attributen, Kanten stellen die Element-Subelement-Beziehung dar und Blätter beinhalten die atomaren Werte der Attribute oder Elemente (#PCDATA). Die Ordnung der Elemente im Dokument (Dokumentordnung) bleibt durch eine entsprechende Speicherung der Subelementbeziehung bewahrt.

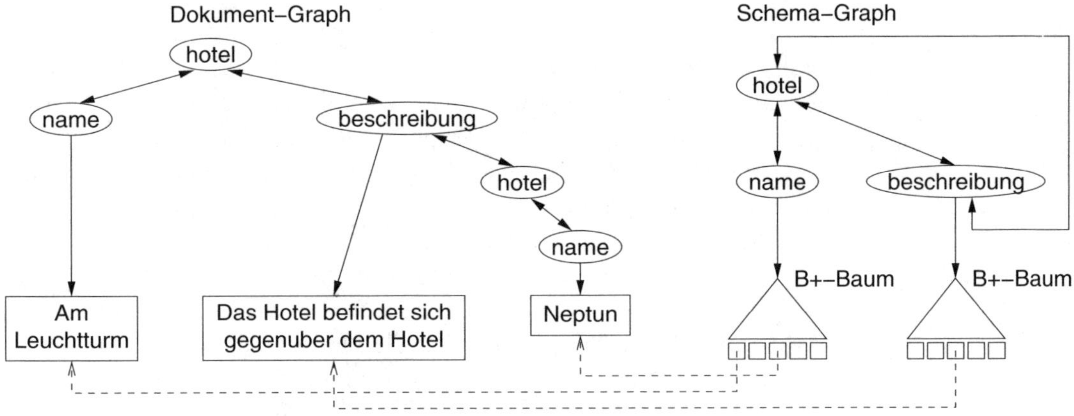

Abbildung 9.17
SphinX Indexstruktur

Der Graph ist gerichtet und kann bidirektional navigiert werden. Er ist normalerweise ein Baum, jedoch wird durch ID/IDREFs, die Verweise von einem Knoten zu einem oder mehrerer anderen Knoten erlauben, allgemein ein Graph gebildet. In Abbildung 9.17 ist der Dokument-Graph für den Dokumentausschnitt aus Beispiel 9.2 dargestellt.

Schema-Graph

DTD-Graph

Die Knoten des Schema-Graphen (entspricht dem so genannten DTD-Graph) repräsentieren entweder Elemente oder Attribute, die in einer DTD definiert sind. Die Kanten beschreiben das Inhaltsmodell der zugehörigen Elemente und sind gerichtet. Die normale Baumstruktur wird durch in der DTD vorhandene, rekursive Inhaltsmodelle auf eine allgemeine Graphstruktur erweitert wie etwa das Element `beschreibung`, das wiederum ein `hotel`-Element enthalten kann.

Bei der Abbildung der DTD auf den entsprechenden DTD-Graphen werden folgende Vereinfachungen vorgenommen:

- Elemente mit Quantifikatoren (»`a*`«, »`a+`«, »`a?`«) werden wie ein Element, das genau einmal auftritt (»`a`«), behandelt.
- Alternativen »`(a|b)`« werden in Sequenzen »`(a, b)`« umgewandelt.

Diese Vereinfachungen sorgen dafür, dass der Graph mit linearem Aufwand konstruiert werden kann. Dies wird durch einen Verlust an Genauigkeit erkauft, denn der Graph repräsentiert eine DTD, die eine Generalisierung der Ausgangs-DTD ist. Sie beschreibt zwar alle bezüglich der ursprünglichen DTD gültigen Dokumente, leider aber auch darüber hinausgehende.

B^+-Baum

Für jeden interessierenden Pfad im DTD-Graph wird ein B^+-Baum zur Indizierung des Inhaltes des zugehörigen Elementes oder Attributes angelegt. Die Blätter des DTD-Graphen enthalten dann Verweise auf die zugehörigen B^+-Bäume. Nicht alle vom Wurzelelement des Graphen ausgehenden Pfade müssen indiziert sein, der zugehörige Elementknoten enthält dann einen Nullverweis.

Da SphinX auf DTDs basiert, sind die Werte vom Typ Zeichenkette. Bei Verwendung von XML Schema wäre eine Untersetzung des Typs möglich. Im Beispiel wurden die Pfade `//hotel/name` und `//hotel/beschreibung` mit einem B^+-Baum-Index versehen.

Auswertung von Pfadausdrücken

Die Bearbeitung von Anfragen in Form allgemeiner Pfadausdrücke erfolgt in drei Schritten:

1. Bestimmung von Indexpfaden
2. Knotenselektion
3. Dokumentextraktion

einfacher Pfad

Im ersten Schritt wird der allgemeine Pfadausdruck in eine Menge von so genannten einfachen Pfaden konvertiert und ermittelt, für welchen dieser einfachen Pfade ein Index existiert. Ein einfacher Pfad ist ein vollständig angegebener Pfad, der keine Muster o.ä. enthält. Ergebnis des ersten Schrittes ist die relevante Menge von Indexpfaden, d.h., der Durchschnitt aller einfachen Pfade des gegebenen Pfadausdruckes und aller einfachen Pfade, für die ein Index im DTD-Graphen existiert. Umgesetzt wird der erste Schritt dadurch, dass ein nichtdeterministischer, endlicher Automat (NFA, engl. Non-deterministic, Finite Automaton) für den Pfadausdruck konstruiert und mittels Breitensuche gegen den DTD-Graphen ausgewertet wird.

Ausgangspunkt für die Knotenselektion sind die B^+-Bäume, die sich aus der relevanten Menge von Indexpfaden ergeben, und die Selektionsprädikate aus dem Pfadausdruck. Die Selektionsprädikate werden mittels der B^+-Baumstrukturen ausgwertet. Im Ergebnis erhält man eine Menge von Verweisen auf Knoten des Dokumentgraphs.

Das Ergebnis wird im letzten Schritt konstruiert. Ausgehend von der selektierten Knotenmenge werden aus dem Dokumentgraph die gewünschten Teildokumente herausgelöst. Da der Dokumentgraph bidirektional ist, kann dies durch einfache Navigation entlang der Achsen erfolgen.

Fazit

Der Aufwand zur Konstruktion des Dokument- und des DTD-Graphen ist linear zur Anzahl der entsprechenden Dokument- bzw. DTD-Bestandteile. Die Größe korrespondiert ebenfalls zur Dokument- bzw. DTD-Größe. Der Aufwand für die Indizierung besteht je DTD-Pfad im linearen Lesen der n Dokumentelemente und Einfügen in den B^+-Baum. Wenn jede der p DTD-Komponenten indiziert wird, ist der Gesamtaufwand somit $O(n \times \log_m n \times p)$, mit m Ordnung des Baumes.

Bezüglich der Auswertung von Pfadausdrücken wird der Aufwand durch die Konstruktion des NFA für den Pfadausdruck $O(n)$, die Breitensuche im DTD-Graph $O(n^2)$ und die Suche in der Menge der resultierenden B^+-Bäume $O(\log_m n)$ bestimmt. Das Zeitverhalten ist sowohl für einfache als auch allgemeine Pfadausdrücke gleich.

9.5 Zusammenfassung

In diesem Kapitel erfolgte eine Darstellung von Zugriffsverfahren für

- Werteindizes,
- Volltextindizes sowie
- Struktur- oder Pfadindizes.

Alle drei Indexarten kommen bei der Speicherung von XML-Dokumenten zum Einsatz. Der Werte- sowie der Volltextindex werden zur Indizierung der Inhalte eines XML-Dokumentes verwendet. Der Struktur- oder Pfadindex wird, wie der Name schon angibt, benutzt, um die Struktur von XML-Dokumenten allgemein oder speziell Element-Subelementbeziehungen in Form von Pfaden zu indizieren. Es gibt eine Vielzahl weiterer Techniken. Speziell zur Indizierung von XML-Strukturen existieren zahlreiche Vorschläge für Speicherungs- und Indexstrukturen, deren Darstellung den Rahmen dieses Buches sprengen würde. Ein paar Namen sollen aber genannt werden: Dataguides, Toxin, 1-index, 2-index, AST/TA und T-index. Der interessierte Leser wird auf weiterführende Literatur [RV02] verwiesen.

Auf die verschiedenen Indizierungsverfahren wird in vielen der in Kapitel 11 vorgestellten Datenbanksysteme und XML-Server Bezug genommen.

9.6 Literatur

Werteindizes Dateiorganisationsformen und Indexstrukturen in herkömmlichen Datenbanksystemen werden u.a. ausführlich von Peter C. Lockemann und anderen in [LS87] sowie Gunter Saake und Andreas Heuer in [SH99] untersucht. Die verschiedenen Variationen der B-Baumstruktur, die auf Rudolf Bayer [BM72] zurückgeht, werden etwa von Theo Härder und Erhard Rahm in [HR99] behandelt.

Erweiterbares Hashing [FNPS79] wurde zuerst von Ronald Fagin beschrieben. Eine weitere dynamische, auf Hashing basierende, Zugriffsstruktur, das Lineare Hashing, wurde unabhängig voneinander von Witold Litwin [Lit80] und Per-Åke Larson [Lar80] eingeführt. Partielle Anfragen sind mit speziellen Verfahren, etwa dem Mehrdimensionalen Hashing [SH99, HR99], möglich.

Indexstrukturen in Form eines Signaturbaumes wurden von Uwe Deppisch zum ersten Mal in [Dep86] beschrieben. Eine eingehende Untersuchung dieser Struktur findet von Yannis Manolopoulos und anderen in [MTT99] statt. Diese Datenstruktur wird z.B. in Infonyte (siehe Abschnitt 11.6) zur Indizierung der Knoten einer DOM-Baumstruktur verwandt.

Volltextstrukturen und Information Retrieval Invertierte Dateien, Tries und Patricia-Bäume sowie Suffixbäume werden von Ricardo Baeza-Yates und Berthier Ribeiro-Neto im Standardwerk [BYRN99] dargestellt und eingehend untersucht. Ebenda findet man eine Einführung in die Techniken des Information Retrieval, die unterliegende Theorie und Implementierung von IR Systemen bespricht Gerald Kowalski [Kow97].

Einen Überblick zum Information Retrieval und Filterungsmethoden findet man von Christos Faloutsos und Doug Oard in [FO95]. Algorithmen werden von David A. Grossman und Ophir Frieder beschrieben [GF98].

Speziell die Indexstrukturen für Nichtstandard-Datentypen und damit unter anderem auch für Volltext werden von Yannis Manolopoulos, Yannis Theodoridis und Vassilis J. Tsotras in [MTT99] betrachtet.

Der effizienten Umsetzung von Information-Retrieval-Verfahren widmen sich Ian Witten, Alistair Moffat und Timothy C. Bell in *Managing Gigabytes* [WMB99]. Wie der Name nahelegt, werden speziell große Datenmengen einschließlich optimaler Komprimierungs- und Suchverfahren behandelt.

Alistair Moffat und Kotagiri Ramamohanarao vergleichen in [ZMR98] invertierte Dateien und Signaturdateien. Sie kommen zu dem Schluß, dass invertierte Dateien in den meisten Fällen die bessere Wahl sind. Lediglich in einer parallelen Ausführungsumgebung haben Signaturbäume Vorteile. Die Performanz paralleler Signaturbäume wird in [TNM00] detailliert untersucht.

Die Trie-Struktur [Fre60] wurde bereits sehr früh von Edward Fredkin 1960 vorgestellt. Die Patricia-Struktur [Mor68] stammt von Donald R. Morrison aus dem Jahr 1968.

Eine kompaktere Speicherung von Patricia-Bäumen in Form von Vektoren, den so genannten PAT-Arrays, wird u.a. von Ricardo Baeza-Yates und Berthier Ribeiro-Neto in [BYRN99] beschrieben.

Die Idee des Suffixbaumes stammt von Peter Weiner, sie wurde von Edward M. McCreight in [McC76] effizient umgesetzt. Ein Algorithmus, der im Gegensatz zu Edward M. McCreight den Baum nicht von rechts nach links, sondern kontinuierlich von links beginnend aufbauen kann, wird von Esko Ukkonen in [Ukk95] präsentiert.

XML-Speicherungsstrukturen und Pfadindizes Infonyte-DB ist ein Produkt der Infonyte GmbH, einer Ausgründung des Fraunhofer Instituts IPSI (Institut für integrierte Publikations- und Informationssysteme) Darmstadt. Es baut auf den dortigen Arbeiten von Gerhard Huck, Ingo Macherius und Peter Fankhauser zu einer persistenten DOM-Implementierung [HMF99] und zahlreichen Arbeiten zu XML-Basistechnologien auf.

Natix ist aus Forschungsarbeiten der Universität Mannheim hervorgegangen und wird mittlerweile durch eine Ausgründung als Produkt vermarktet. Ein Systemüberblick wird von Torsten Fiebig, Carl-Christian Kanne und Guido Moerkotte in [FKM01] gegeben, die Speicherungstrukturen von Carl-Christian Kanne und Guido Moerkotte sind in [KM99] im Einzelnen beschrieben.

Die Grundlagen von Pfadausdrücken und zugehörige Begriffe sowie Techniken wie die Kleene'sche Hülle, gemeinsamer Teilausdruck, regulärer Ausdruck, Mustererkennung in Bäumen, NFA und DFA werden von Alfred V. Aho, Ravi Sethi und Jeffrey D. Ullman in [ASU88a, ASU88b] sowie von John E. Hopcroft und Jeffrey D. Ullman in [HU90] erschöpfend dargelegt.

Die Techniken der Pfadindizes für Komponentenhierarchien in objektorientierten Datenbanksystemen wie Multi-Index, Verbundindex und ASR können bei Andreas Heuer in [Heu97] nachgelesen werden.

XASR wurden von Torsten Fiebig und Guido Moerkotte in [FM00] vorgeschlagen und werden u.a. im System Natix eingesetzt.

Zur Kodierung der Knotenabfolge in einem XML-Dokument wird sehr häufig das Dietzsche Nummerierungsschema eingesetzt. Die Idee geht auf Paul Dietz und seine Artikel [Die82, DS87] zurück. Diese Technik findet in der einen oder anderen Form Anwendung in [FM00], [ZND+01] und [SAKJ+02].

Neben dieser Prefix-Postfix-Nummerierung gibt es in weiteren Systemen Vorschläge für abgewandelte Nummerierungen, z.B. mit der Ordnung-Größe-Nummerierung in XISS [LM01b], der Ebenen-Nummerierung bei Yong Kyu Lee et al. [LYYB96] oder der Bit-Struktur-Kodierung in Xyleme. Weitere Nummerierungstechniken sind in [SJJ98], [CKM02] und [CTZZ02] zu finden.

Von Quanzhong Li und Bongki Moon werden im Zusammenhang mit XISS Grundoperationen, z.B. ein Element-Element-Verbund, zur Auswertung von Pfadindizes angegeben.

Techniken wie die Eckentransformation zur Abbildung von Intervallen in einem eindimensionalen auf Punkte im zweidimensionalen Raum werden etwa von Christos Faloutsos in [Fal96] vorgestellt. Darauf aufbauend benutzt Torsten Grust R-Bäume um Schritte von Pfadausdrücken effizient auszuwerten.

Mit Index Fabric [CSF+01] stellen Brian F. Cooper, Neal Sample, Micheal J. Franklin, Gisli R. Hjaltason und Moshe Shadmon eine Indexstruktur vor, die auf Mehrebenen-Patricia-Bäumen basiert. Sie erlaubt die effiziente Auswertung einfacher Pfadausdrücke und kann auch mit allgemeinen Pfadausdrücken umgehen.

Das System SphinX gestattet die gleichzeitige Speicherung und Indizierung von XML-Strukturen. Sheela Krishna Poola und Jayant R. Haritsa beschreiben dies ausführlich in [PH01].

10 XML-Anfragesprachen

Dieses Kapitel soll sich mit Anfragen an XML-Dokumente befassen. Zuerst werden in Abschnitt 10.1 allgemeine Kriterien an Anfragesprachen erläutert und auf spezielle Anforderungen bezüglich XML eingegangen. Dazu zählt ein minimal zu unterstützender Satz an Grundoperationen. Wie diese Basisoperationen in den einzelnen Sprachen verwirklicht werden, wird anhand des Szenarios in Abschnitt A verdeutlicht.

Beginnend im Abschnitt 10.2 bis hin zu Abschnitt 10.4 wird auf wesentliche Sprachvorschläge eingegangen. Nach jeweils einem allgemeinen Sprachüberblick werden die Grundoperationen und anschließend die Sprachbesonderheiten behandelt.

Mit XPath (Abschnitt 10.2) steht ein allgemeiner Mechanismus zum selektierenden Zugriff auf XML-Dokumente zur Verfügung, der an vielen Stellen im XML-Umfeld Verwendung findet (Stylesheets, Hyperlinks). In Verbindung mit XSLT können schon vielfältige Extraktions- und Transformationsoperationen realisiert werden. Die Anfragesprache XQL (Abschnitt 10.4.2) basiert auf diesen Techniken und hat wiederum selbst Einfluss auf die Normierung von XPath und XSLT ausgeübt.

XML-QL (Abschnitt 10.4.1) stammt aus dem akademischen Bereich. Diese Sprache findet Anwendung in einer Reihe weitergehender Vorschläge und hat neben Lorel, SQL und XQL Einfluss auf den Entwurf von XQuery (Abschnitt 10.3) gehabt. XQuery ist die XML-Anfragesprache des W3C.

Ein Überblick zu weiteren Vorschlägen, Ansätzen und Forschungsarbeiten folgt in Abschnitt 10.4. Ein Vorschlag zur Erweiterung von XQuery um Änderungsoperationen in Abschnitt 10.4.3 zählt dazu.

Hinweise auf weiterführende Literatur (Abschnitt 10.5) schließen dieses Kapitel ab.

10.1 Kriterien für Anfragesprachen

Dieser Abschnitt stellt eine Reihe von Anforderungen an XML-Anfragesprachen auf. Dies sind zum einen allgemeine Forderungen, wie sie an Anfragesprachen für Datenbanksysteme gestellt werden. Zum anderen ergeben sich zusätzliche, spezielle Anforderungen, die XML-spezifisch sind. Abschließend folgen Grundoperationen, die minimal von einer Anfragesprache realisiert werden sollten. Diese Basiskonstrukte könnten Fundament einer XML-Algebra sein.

10.1.1 Allgemeine Anforderungen

Folgende Kriterien wurden von Andreas Heuer und Marc Scholl allgemein für Anfragesprachen aufgestellt.

Ad-hoc-Formulierung Anfragen können vom Nutzer direkt ohne Erstellung kompletter Programme gestellt werden.

Deskriptivität Der Benutzer umschreibt das gewünschte Ergebnis und nicht einen prozeduralen Weg zur Konstruktion.

Kompaktheit Die Anfragesprache sollte eine kompakte Notation verwenden, damit sie z.B. in URLs Anwendung finden kann.

Mengenorientiertheit Operationen sollen auf Mengen der zu verarbeitenden Objekte arbeiten und nicht auf einzelnen Objekten navigieren. Das heißt, Anfragen sollen nicht nur mit einzelnen XML-Dokumenten oder -fragmenten operieren, sondern Dokumentmengen behandeln können.

Adäquatheit Von der Anfragesprache werden alle Konstruktoren des zugrunde liegenden Daten- bzw. Dokumentmodells unterstützt.

Orthogonalität Konstrukte der Anfragesprache sollten uneingeschränkt miteinander kombinierbar sein.

Abgeschlossenheit Das Ergebnis der Anfrage kann wieder als Eingabe einer nächsten Anfrage dienen. Das heißt, das Resultat einer Anfrage an eine XML-Dokumentkollektion ist wieder eine Menge von XML-Dokumenten.

Vollständigkeit Alle gemäß dem verwendeten Datenmodell gespeicherten Informationen lassen sich verlustfrei durch die Anfragesprache wiedergewinnen. Es wird mindestens der Umfang einer Standardsprache wie einer Algebra unterstützt.

Optimierbarkeit Die Anfragesprache baut auf einer überschaubaren Menge von Grundoperationen auf, für die Optimierungsregeln existieren.

Effizienz Für jede dieser Grundoperationen gibt es einen oder mehrere Algorithmen, die die Operation bei geringer Komplexität effizient umsetzen. In der relationalen Algebra etwa ist sie maximal $O(n^2)$ mit n Anzahl der Tupel einer Relation.

Sicherheit Syntaktisch korrekte Anfragen müssen ein endliches Ergebnis liefern und terminieren.

Eingeschränktheit Um Optimierbarkeit, Effizienz und Sicherheit zu garantieren, darf es sich bei der Anfragesprache nicht um eine vollständige Programmiersprache handeln.

Sicher decken nicht alle XML-Anfragesprachen diese Anforderungen in vollem Umfang ab. Für einen wesentlichen Teil sollte dies aber geschehen. Eine Reihe von Kriterien lassen sich in einer generellen Forderung nach einer algebraischen Grundlage zusammenfassen. Eine Anfragealgebra als Basis einer deskriptiven Anfragesprache würde die Eigenschaften Vollständigkeit, Abgeschlossenheit, Orthogonalität, Optimierbarkeit und Implementierbarkeit abdecken.

10.1.2 XML-Anforderungen

Weitergehende Forderungen ergeben sich aus einer Vielzahl von XML-Anwendungen und sind eher untypisch für Datenbanksysteme und darum nicht bei den vorherigen Kriterien zu finden. In der Regel werden sie nicht gut von Datenbanksystemen unterstützt und stellen damit eine Herausforderung dar.

Einbettung Anfragen müssen sich in XML einbetten lassen. Oder man kann sie direkt in XML formulieren. Weiterhin sollten auch XML-Fragmente in Anfragen enthalten sein können, z.B. um Ergebnisse mit unveränderlichen XML-Anteilen zu ergänzen und sie damit automatisch in das resultierende XML-Dokument einzufügen.

Server-Verarbeitung Die Anfragesprache sollte für eine Verarbeitung auf Server-Seite geeignet sein (*Server-side Processing*). Das setzt Abgeschlossenheit und Kontextfreiheit bei der Verarbeitung von XML-Daten voraus. Somit darf keine Abhängigkeit vom Ort der Verarbeitung gegeben sein, z.B. müssen alle notwendigen XML-Bestandteile wie System-Entities auch auf dem Server verfügbar sein. Damit sind eventuell Verarbeitungstechniken nötig, die mit Datenströmen anstatt Daten aus dem lokalen Dateisystem operieren.

Ordnungserhaltung Für eine große Menge von XML-Anwendungen ist es wichtig, dass die Ordnung des ursprünglichen XML-Dokumentes erhalten bleibt (*Order preserving*). Dies kann sich sowohl auf die Abfolge der einzelnen Elemente als auch auf die Schachtelungsreihenfolge beziehen. Speziell ist für Folgen von Textpassagen, d.h. Elementinhalt vom Typ #PCDATA, die mit eingebetteten Subelementen wechseln, die Reihenfolge des gesamten eingebetteten Textes zu erhalten. Hingegen ist eine Ordnung auf den Attributen schon durch den XML-Standard selbst ausgeschlossen.

Es kann Anwendungen geben, die diese Ordnung nicht benötigen. Dann sollte aus Effizienzerwägungen heraus die Ordnungserhaltung »abschaltbar« sein.

Datenbanksysteme, die auf dem relationalen Datenbankmodell beruhen, haben ein Problem mit dieser Eigenschaft, da sie mit Mengen arbeiten und keine Ordnung unterstützen. Eine einfache Abbildung der Elementordnung setzt aber mindestens einen Datentyp voraus, der geordnete Elemente enthält, also z.B. eine Liste. Ein Grund, warum Datenbanksysteme auf die Ordnungserhaltung oftmals verzichten, ist darin zu sehen, dass Operationen auf Mengen sich wesentlich effizienter implementieren und optimieren lassen, da sie unabhängig von der Reihenfolge der einzelnen Elementzugriffe sind.

Hyperlinks Essenziell für XML ist die Unterstützung von Hypertextstrukturen. Darum sollte eine Anfragesprache für XML das Ausnutzen und Verfolgen von Hyperlinks erlauben. XML sieht dafür mehrere Techniken vor. Innerhalb eines Dokumentes kann der Referenzmechanismus mittels ID/IDREF, der in XML selbst definiert ist, benutzt werden. Für Hyperlinks zwischen verschiedenen Dokumenten gibt es den XLink- und den ergänzenden XPointer-Standard.

Flexible Typen Der Inhalt von XML-Elementen ist oftmals von unbekanntem oder häufig wechselndem Typ. Die Anfragesprache muss nicht nur mit der Verwendung unterschiedlicher Datentypen für gleiche Elemente umgehen und flexibel auf unbekannte Typen reagieren können, sondern sie sollte auch Mechanismen zur expliziten Typkonvertierung vorsehen. Denkbar wäre eine Unterstützung eines erweiterbaren und robusten (fehlertoleranten) Typkonzeptes.

Leider bietet XML selbst im Wesentlichen nur einen Zeichenkettentyp. Mit XML Schema existieren schon wesentlich mehr Grunddatentypen und auch ein Erweiterungsmechanismus. Weitere Konzepte für den Umgang mit flexiblen Typen sind in objektorientierten und objektrelationalen Systemen zu finden.

Weitere Forderungen im XML-Kontext sind die Unterstützung des Zugriffes auf Metadaten und Schemainformationen sowie die Unterstützung von Namensräumen. Die Anfragesprache sollte möglichst mit den gleichen Mitteln wie für den Zugriff auf normale XML-Daten auch den Zugriff auf beschreibende Informationen erlauben; ob dies DTD-Informationen oder XML Schema-Daten sind, kann anwendungsabhängig sein. XML-Namensräume sind ein Mittel, Namensräume zu modularisieren, Namenskonflikte zu vermeiden und Typdefinitionen wiederzuverwenden.

Die Unabhängigkeit von unterliegenden Protokollen und ein robuster Fehlerbehandlungsmechanismus sind im Zusammenhang mit Webanwendungen weitere wünschenswerte Eigenschaften einer XML-Anfragesprache.

10.1.3 Grundoperationen

Sämtliche Grundoperationen sollen sowohl auf allen XML-Datentypen innerhalb eines Dokumentes als auch auf Kollektionen von XML-Dokumenten angewandt werden können. Darüber hinaus müssen sie mit Hyperlinks bzw. Referenzen umgehen können. Dies betrifft den XML-Basismechanismus mit `ID/IDREF` genauso wie erweiterte Hyperlink-Mechanismen in der Art, wie sie durch den XPointer-Vorschlag definiert werden.

Es soll mit einer minimalen Menge an Operationen begonnen werden, die benötigt wird, damit die Sprache vollständig ist. Diese Operationen können miteinander im Sinne einer Algebra kombiniert werden, um komplexere Operationen zu realisieren. Illustriert wird dies anhand des Beispieldokumentes in Abbildung 10.2(a).

Selektion Mit der Selektion erfolgt die Auswahl eines Dokumentes oder einzelner Elemente anhand des Inhaltes, der Struktur oder der Attribute eines Elementes. Analog zur Selektionsoperation in Datenbanksystemen können komplexere Bedingungen unter Verwendung boolescher Operatoren (AND, OR und NOT) gebildet werden. Die Selektion bildet Teilmengen unter Beibehaltung der existierenden Elementstrukturen.

Werteselektion

Strukturselektion

Im Gegensatz zur relationalen Algebraoperation werden nicht nur Bedingungen an Inhalte und Werte geknüpft (so genannte Werteselektion). Vielmehr kann auch das Vorhandensein bestimmter Elementstrukturen ein Selektionskriterium sein (so genannte Strukturselektion). In Abbildung 10.2(b) werden alle Dokumente selektiert, die im Element `E` genau eine Sequenz von einem oder mehreren `F` gefolgt von einem oder mehreren `G`-Elementen enthalten.

Extraktion bzw. Reduktion Die gezielte Extraktion von Subelementen eines Dokumentes bzw. das Löschen ausgewählter Subelemente eines Elementes ist eine weitere Grundoperation. Sie ist vergleichbar mit der Projektion in relationalen Datenbanksystemen. Mit dieser Operation wird die Elementstruktur durch gezieltes Herauslösen oder Aus-

Abbildung 10.1
Operationen auf XML-Strukturen

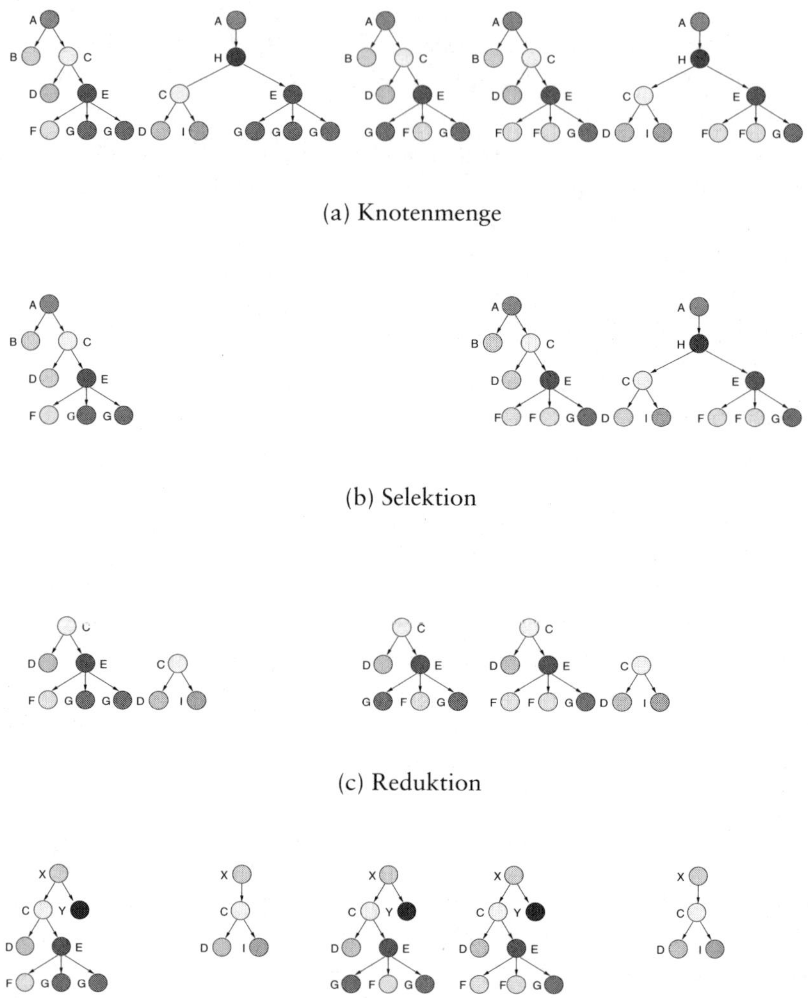

(a) Knotenmenge

(b) Selektion

(c) Reduktion

(d) Restrukturierung

blenden einzelner Subelementstrukturen verändert, genauer gesagt eingeschränkt. In Abbildung 10.2(c) werden alle Elemente `C` herausgelöst.

Kombination bzw. Verbund Diese Operation erlaubt das Zusammenfassen zweier oder mehrerer Elemente in einem neuen Element. Es werden Elemente aus unterschiedlichen Quellstrukturen miteinander kombiniert und damit neue Elementstrukturen erzeugt. Sie hat ihre Analogie im Datenbankbereich mit der Verbundoperation, auch Join genannt.

Restrukturierung Mit ihr soll die Erzeugung einer neuen Elementmenge, die das Anfrageergebnis aufnimmt, möglich sein. Ziel der Restrukturierung kann dabei auch die Transformation von Elementstrukturen einer Quell-DTD in Strukturen eines neuen Types (Ziel-DTD) sein. Wesentlich für die Restrukturierung ist die Neuanordnung bzw. die Erzeugung vollkommen neuer Elemente und Element-Subelementstrukturen. In Abbildung 10.2(d) werden alle Elemente `C` herausgelöst. Wenn sie ein Element `E` enthalten, werden sie gemeinsam mit `Y`, andernfalls alleine, in `X` eingefügt. `X` und `Y` sind neu zu konstruieren.

Da hier neue Dokumenttypen konstruiert werden können, ist eine Verwandtschaft mit der Anwendung von Typkonstruktoren und objekterzeugenden Anfragen in objektorientierten Datenbanksystemen zu sehen.

Weitere Operationen Dazu zählen Aggregation, Gruppierung, Sortierung und Operationen auf Mengen oder Listen von Elementen.

Aggregation

Bei der Aggregation werden Werte aus verschiedenen Elementen zu einzelnen neuen Werten zusammengefasst. Dies kann die Anwendung arithmetischer oder datentypanhängiger Operatoren sein und die Zählung, Summierung, Minimum-, Maxmimum- und Mittelwertbildung beinhalten. Die Anwendung von Aggregationsoperationen ist meistens mit einer Gruppierung nach ein oder mehreren Elementen verbunden. Dabei werden Gruppen anhand gleicher Werte für die Gruppierungselemente gebildet und die Aggregation dann jeweils über die Komponenten der Gruppe ausgeführt.

Gruppierung

Bei der Gruppierung erfolgt eine Schachtelung von Elementstrukturen. In Umkehrung zu dieser Nestung-Operation kann auch explizit oder implizit eine Entschachtelung (Entnestung) erfolgen. Die Nestung und Entnestung wird z.B. im NF2-Modell als Operation unterstützt; SQL realisiert diese Operationen implizit, lässt die Nestung aber nicht nach außen sichtbar werden.

Natürlich muss eine Anfragesprache auch eine Menge von Operationen auf den literalen Daten, Elementnamen und Bezeichnern allgemein und auf den Schemainformationen bereitstellen.

Volltextoperation

Besonders wichtig erscheinen Operationen auf dem Volltext, d.h. dem verketteten Inhalt aller Elemente. Die Anfragesprache muss es erlauben, diesen Volltext abzufragen und dabei nicht nur `#PCDATA` innerhalb eines Elementes, sondern über Elementgrenzen hinweg auszuwerten. Auch sollte es gestattet sein, Text literal, also ohne jegliche Beachtung von Elementen und Markup allgemein, zu durchmustern. Neben einfacher Mustersuche wäre eine Unterstützung von Volltextoperationen wie Phrasensuche, Wortabstandsfunktionen, Stammform- und Grundformreduktion sowie Stoppworteleminierung aus dem Information Retrieval sinnvoll.

Änderungsoperation

Bestandteil vieler Datenbankanfragesprachen sind Möglichkeiten zur Datenmanipulation. Die meisten XML-Anwendungen werden XML-Daten umformen oder transformieren. Eine Manipulation der XML-Dokumente erfolgt oftmals über spezielle APIs wie den DOM- oder SAX-Standard. Eine XML-Anfragesprache sollte Änderungsoperationen wie `INSERT`, `DELETE`, `UDATE` in SQL aber nicht von vornherein ausschließen, wenn auch im Weiteren erst einmal nicht darauf eingangen wird.

10.2 XPath 1.0

Die Sprache XPath 1.0 ist eine Empfehlung des W3C aus dem Jahre 1999. Sie ist ein wesentlicher Bestandteil der XML-Anfragesprache XQuery und der XML-Transformationssprache XSLT und wurde durch die Entwicklung von XQL stark beeinflusst. Darüber hinaus findet XPath als Komponente in anderen Empfehlungen und Vorschlägen des W3C wie XPointer Verwendung.

XPath 1.0 ist eine Sprache zur Adressierung von Teildokumenten. Der Kern besteht aus Ausdrücken zur Selektion von Teilen eines XML-Dokumentes sowie Operatoren und Funktionen, die mit den extrahierten Werten arbeiten. XPath definiert einen Grundstock an Funktionen, der jeweils um spezifische Anteile in XSLT, XPointer und XQuery ergänzt wird.

Als Sprache hat XPath eine kompakte Nicht-XML-Syntax, die einen Einsatz etwa in Attributwerten von XML-Dokumenten erlaubt. Da XPath in Bezug auf das zugrundeliegenden Datenmodell von einer abstrakten Baumstruktur des XML-Dokumentes ausgeht, weist es einige Gemeinsamkeiten mit dem Document Object Model (DOM-Prozessor) auf. Die Achsenbezeichnungen zur Navigation in der Dokumentstruktur etwa sind identisch.

XPath ist keine vollständige Anfragesprache, sondern dient der Adressierung und Auswahl von Dokumentbestandteilen, bietet also die Selektion und Extraktionsoperation.

Im Folgenden werden das zugrundeliegende Datenmodell und die einzelnen Elemente eines XPath-Ausdrucks genauer vorgestellt. Anschließend wird auf wesentliche Funktionen eingegangen.

10.2.1 Dokument- und Datenmodell

Das Datenmodell basiert auf einem abstrakten Baum. Dessen Knoten stellen im Wesentlichen die Element eines XML-Dokumentes dar. Die Kanten repräsentieren die Subelementbeziehungen.

Knotenarten Die Baumstruktur kennt sieben Knotenarten, die ähnlich zu DOM (siehe Abschnitt 4.2) sind und auf dem *XML Information Set* basieren.

- Der *Wurzelknoten* repräsentiert auf der obersten Ebene den Dokumentknoten und enthält im Wesentlichen das Startelement des XML-Dokumentes.
- Die *Elementknoten* verzweigen zu Subelementen, *Attributknoten*, eventuellen *Namensraumangaben* oder *Textknoten*, die den `#PCDATA`-Inhalt eines Elementes darstellen.
- Weitere Knotentypen sind *Kommentarknoten* und Knoten für *Verarbeitungshinweise* (Processing Instruction).

Das ursprüngliche Markup bleibt in XPath jedoch nicht erhalten, genausowenig wie die logische oder physische Modularisierung, z.B. durch die Benutzung von Entities, nicht erhalten bleibt. XPath setzt nicht das Vorhandensein einer Dokumenttypbeschreibung in Form einer DTD oder einer XML Schema-Instanz voraus.

Datentypen Das Typsystem von XPath kennt vier Datentypen:

- Atomare Werte in Form von booleschen Werten, Fließkommazahlen und Zeichenkettenwerten, basierend auf Unicode (`boolean`, `number`, `string`).
- Knotenmengen (`node-set`) stellen eine ungeordnete Menge von Knoten des Dokumentbaumes dar, die selbst wieder Knoten oder andere Werte enthalten können.

Auch wenn Knotenmengen keine doppelten Werte und eine Ordnung kennen, gibt es Operationen und Ausdrücke, die sich auf eine Ordnung beziehen — die Dokumentordnung. Sie wird durch die Abfolge der Elemente im XML-Dokument anhand der Start-Tags der Elemente definiert. Die Namensraumangaben für ein Element werden von den Attributknoten und dann von den Subelementen gefolgt. Die Abfolge der Namensraumangaben und der Attribute ist implementierungsabhängig. *Dokumentordnung*

Der Typ eines XPath-Ausdrucks ergibt sich aus der Form des Anfrageausdruckes, den Elementen, über die operiert wird, und bestimmten Regeln zur Typableitung, die im Zusammenhang mit den verschiedenen Funktionen, Operatoren und XPath-Ausdrucksarten behandelt werden.

Kontext eines Ausdrucks XPath-Ausdrücke werden immer relativ zu einem Kontext ausgewertet. Zu diesem Kontext zählen: *Kontext*

Kontextknoten

- ein aktueller Knoten, der Kontextknoten,
- die Position dieses Knoten innerhalb des Kontextes,
- die Größe des Kontextes (Anzahl der Knoten),
- verfügbare Funktionen einer Bibliothek,
- wirksame Variablenbindungen und
- Namensraumangaben.

Einzig die Variablenbindungen sind nicht Bestandteil von XPath 1.0. XPath ist lediglich in der Lage, in Ausdrücken Variablen durch Angabe von $\$var$ einzelne Variablen *var* zu referenzieren. Vereinbart und an Werte gebunden werden Variablen durch die Umgebung, die XPath benutzt, etwa XSLT oder XQuery.

10.2.2 Sprachüberblick

XPath definiert die Syntax und Semantik für die Adressierung von Teilen eines einzelnen Dokumentes. Die hierarchische Position in der Baumstruktur wird aufgrund der Elementabfolge, die sich bei einer Depth-First-Traverse (Tiefensuche) des Baumes ergibt, bestimmt.

Nach der Positionsbestimmung und Extraktion der interessierenden Bestandteile kann eine Selektion von Knotenmengen aufgrund ihrer Struktur und in ihnen enthaltener Werte vorgenommen werden. Weiterhin ist eine Formulierung von Bedingungen an diese Knotenmengen möglich.

Das grundlegende Konstrukt sind XPath-Ausdrücke, die sich in drei Grundformen unterteilen lassen:

- Pfadausdrücke (engl. Location path),
- logische und mathematische Verknüpfungen und
- Funktionsaufrufe.

Es werden diese XPath-Ausdrucksarten im Einzelnen behandelt.

10.2.3 Pfadausdrücke

Schritt

/

Ein Pfadausdruck in XPath kann aus mehreren Teilausdrücken, so genannten Bausteinen oder Schritten (engl. Steps), bestehen. Eine Kopplung von Schritten erfolgt, wie aus Dateisystemen bekannt, über den Schrägstrich »/«.

Ein Schritt liefert jeweils im Ergebnis eine Knotenmenge oder einen einzelnen Wert. Über dem Ergebnis eines Schrittes können wieder neue Ausdrücke formuliert werden. Die Abarbeitung zusammengesetzter Ausdrücke aus mehrern Schritten erfolgt »von links« beginnend.

leere Knotenmenge

Knotenmengen können auch leer sein. Wie mit diesen leeren Knotenmengen umgegangen wird, hängt von der Art des Ausdrucks ab und davon, in welcher Umgebung XPath benutzt wird. Oftmals wird keine Ausnahmebehandlung veranlasst, sondern stillschweigend die leere Menge weitergereicht. Dies illustriert folgender einfacher Pfadausdruck:

```
pension/hotelfoto/beschreibung
```

Wenn es im Ausdruck bereits keine Elemente vom Typ `hotelfoto` unterhalb des Elementes `pension` gibt, ist auch die Beschreibung eine leere Menge. Sind im gesamten XML-Dokument keine Elemente vom Typ `hotelfoto` vorhanden, stellt dies jedoch keinen Fehler dar. Es führt lediglich zu einem leeren Anfrageergebnis.

absoluter Pfad

Es lassen sich absolute und relative Pfadausdrücke angeben. Ein wird von der Wurzel ausgehend ausgewertet. Er beginnt stets mit einem Schrägstrich »/«.

```
/hotel/adresse/ort
```

bezeichnet z.B. alle Ortsnamen aus der Hoteladresse.

relativer Pfad

Der relative Pfad wie im obigen Beispiel zu den Beschreibungen von Hotelfotos kann nicht losgelöst von der Umgebung, in die er eingebettet ist, betrachtet werden. Er wird immer relativ zu einem so genannten Kontextknoten ausgewertet. Dieser Kontextknoten repräsentiert die einzelnen Werte, die durch den vorangehenden XPath-Ausdruck gebildet werden.

Kontextknoten

Schritte

Ein Schritt (engl. Location Step) enthält drei Teile, die syntaktisch wie folgt dargestellt werden:

```
axis::node-test[predicate]
```

Diese sind im Einzelnen:

- Die Achsenangabe *`axis`* stellt die Beziehung zwischen den Kontextknoten und den zu selektierenden Knoten her.
- Ein Knotentest *`node-test`* legt den Knotentyp und den Namen der zu selektierenden Knoten fest.
- Kein, ein oder mehrere Prädikate schränken die Knotenmenge weiter ein.

Navigationsachsen

Die Navigationsachsen stellen die Beziehung zwischen einem Kontextknoten und den zu selektierenden Knoten her. Abbildung 10.2 zeigt, welche Möglichkeiten dabei bestehen, von einem Knoten im Dokument ausgehend andere Knoten zu adressieren.

Das Dokument wird logisch durch die fünf Achsen in übergeordneten `ancestor`, untergeordneten `descendant`, vorangehenden `following`,

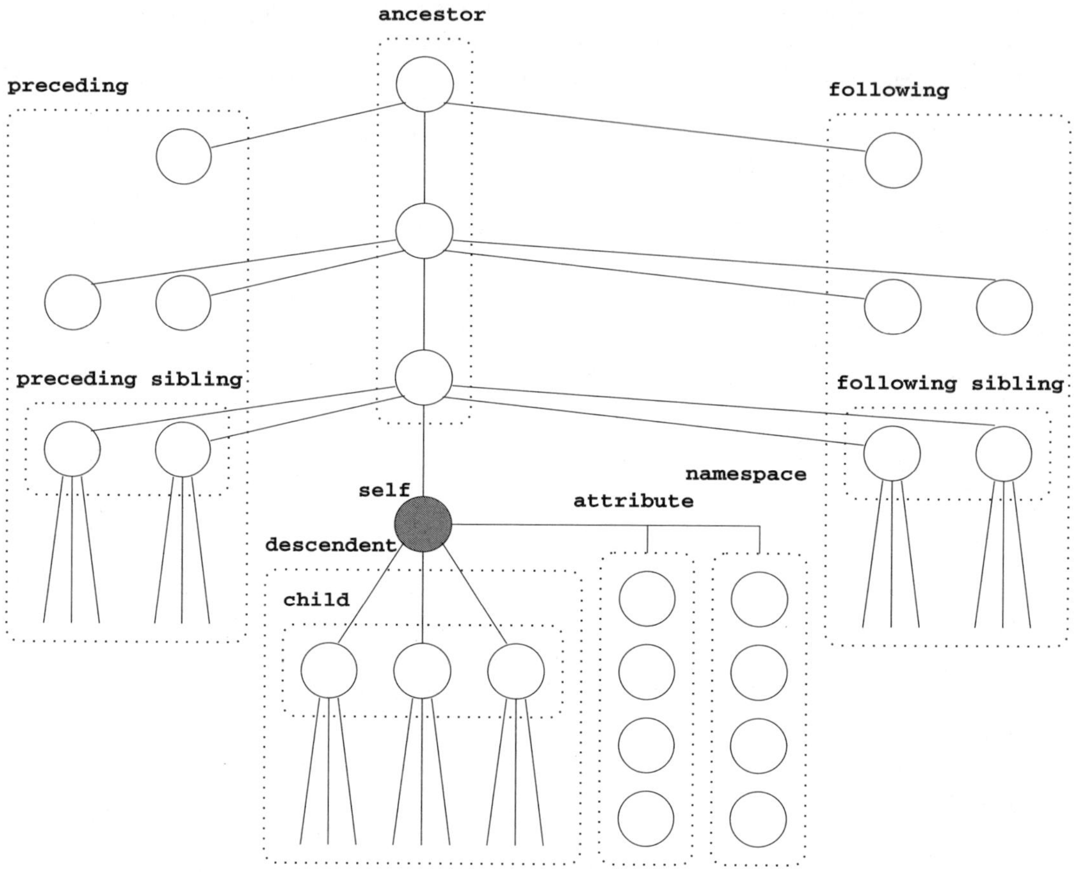

Abbildung 10.2 Bezeichnungen der Navigationsachsen in XPath

nachfolgenden `preceding` Knoten und den Kontextknoten `self` partitioniert.

Diese fünf Achsen enthalten mit Ausnahme von Attributen und Namensraumangaben alle Knoten des Baumes ohne Überlappung. Speziell heißt dies, ein übergeordneter Knoten (`ancestor`) gehört nicht zu den Vorgängerknoten (`preceding`), und ein untergeordneter Knoten (`descendant`) nicht zu den Nachfolgerknoten (`following`). Bei der Umkehrung von Achsennavigationen ist stets darauf zu achten, dass die Attribute und Namensräume ausgenommen sind.

Neben den in Abbildung 10.2 dargestellten Achsen gibt es noch eine Zusammenfassung des Kontextknotens `self` mit den untergeordneten Knoten `descendant` zu `descendant-or-self` und mit den übergeordneten Knoten `ancestor` zu `ancestor-or-self`. Ist der Kontextknoten ein Attribut- oder Namensraumknoten, enthalten sowohl die `following`-

`sibling`, die `preceding-sibling` als auch die `descendant` Achsen keine Knoten.

Knotentests

Jede Achse hat einen speziellen Typ. Dieser kann durch den Knotentest überprüft werden, und die ausgewählte Knotenmenge kann auf diese Weise eingeschränkt werden, indem das Vorhandensein bestimmter Typen verlangt wird, etwa die Beschränkung auf Kommentarknoten der Kindsknoten durch die Angabe `child::comment()`.

Ist die angegebene Eigenschaft erfüllt, dann wird der jeweilige Knoten in die Ausgabemenge übernommen. Mögliche Eigenschaften sind:

- `node()` liefert wahr für alle Knoten.
- `text()` liefert wahr für alle Textknoten.
- * liefert wahr für alle Elementknoten.
- `comment()` liefert wahr für alle Kommentarknoten.
- `processing-instruction([`*name*`])` liefert wahr, wenn es sich um Processing Instructions allgemein bzw. um die Instruktionen mit dem Namen *name* handelt.
- *qname* liefert wahr, wenn der expandierte Knotenname des aktuellen Knoten mit dem expandierten Knotennamen *qname* übereinstimmt. Die Expansion erfolgt unter Nutzung des angegebenen Namensraumes oder des Standardnamensraumes der aktuellen Umgebung. Normalerweise ist *qname* ein Elementname. Im Fall der `attribute`-Achse jedoch steht *qname* für einen Attributnamen und bei der `namespace`-Axis für den Namensraum.

Knotentests haben bis auf `processing-instruction` keine Parameter. Ein paar Beispiele zeigen die Achsenauswahl und Knotentests im Zusammenhang:

- `descendant::*` selektiert alle untergeordneten Elemente des Kontextknotens.
- `child::href` selektiert alle Elemente vom Typ `href`.
- `attribute::id` stellt das Attribut `id` des Kontextknotens dar.
- `parent::*` repräsentiert den Vaterknoten des Kontextknotens.
- `namespace::*` steht für alle wirksamen Namensräume des Kontextknotens.

Da die vollständige Achsenangabe sehr »gesprächig« ist, gibt es eine verkürzte Schreibweise der Pfadangabe, die in der Tabelle 10.1 dargestellt ist.

verkürzte Schreibweise

Tabelle 10.1 *Abkürzende und häufig benutzte Schreibweisen in Pfadausdrücken*

Kürzel	Langform	Bedeutung
	`child::`	`child` ist die Standardachse
`.`	`self::node()`	bezeichnet den aktuellen Knoten, den Kontextknoten
`..`	`parent::node()`	bezeichnet den Vaterknoten
`/`		bezeichnet den Wurzelknoten oder trennt Pfadkomponenten
`//`	`/descendant-or-self::node()/`	bezeichnet Nachkommen des Kontextknotens
`@`	`attribute::`	bezeichnet Attribute des Kontextknotens
`*`		bezeichnet einen Knoten mit einem beliebigen Namen
`@*`		bezeichnet alle Attribute des Kontextknotens
[*expr*]		bezeichnet ein Prädikat für den aktuellen Teilpfad, *expr* ist ein boolescher Ausdruck
[*n*]		wenn das Prädikat aus einer natürlichen Zahl *n* besteht, bezeichnet es das *n*-te Element aus der Liste von Knoten, für die der aktuelle Teilpfad gilt

10.2.4 Selektionsprädikate

Neben den Knotentests können auch bestimmte Prädikate überprüft werden. Sind diese erfüllt, so wird der jeweilige Knoten in die Ausgabemenge übernommen. Ist der Typ des Prädikates `number`, dann wird der Knoten der ensprechenden Kontextposition übernommen. Somit nehmen Prädikate eine Filterfunktion ähnlich der `SELECT`-Klausel in SQL wahr.

Filterfunktion

Mögliche Prädikate sind:

- `and`, `or` als logische Operatoren bei Wahrheitsausdrücken sind selbst vom Typ her boolesche Ausdrücke.
- Die Vergleichsoperatoren »`<`«, »`<=`«, »`>`«, »`>=`«, »`=`«, und »`!=`«[1] liefern ebenfalls wahr oder falsch.
- Operationen auf numerischen Werten: »`+`«, »`-`«, »`*`«, »`mod`« und »`div`« habe als Ergebnis einen numerischen Wert.

[1] Achtung: bei der Einbettung in XML-Dokumenten muss eine Kodierung von »`<`« und »`>`« mit `<` und `>` vorgenommen werden.

- Der Operator »|« dient zur Vereinigung von Knotenmengen und hat eine Knotenmenge zum Resultat.
- Durch die Klammerung von Teilausdrücken mit »(« und »)« kann die Auswertreihenfolge, die normalerweise nach üblichen Vorrangregeln erfolgt, beeinflusst werden.

Die Wirkungsweise von Prädikaten hängt davon ab, welchen Typ ein Ausdruck liefert. Dies kann entsprechend dem Typsystem ein boolescher oder numerischer Wert, eine Knotenmenge oder eine Zeichenkette sein. Es sollen jetzt die verschiedenen Fälle betrachtet werden.

Boolesche Ausdrücke Wird der Audruck wie ein Vergleichsausdruck zu wahr oder falsch ausgewertet, wird der korrespondierende Knoten in das Ergebnis übernommen (wahr) bzw. ausgelassen (falsch). Der Ausdruck selbst kann wiederum u.a. die später behandelten Funktionen enthalten, aber auch numerische Werte oder weitere XPath-Ausdrücke. Folgendes Beispiel selektiert das zweite Lied jedes Albums. `position` gibt dabei die aktuelle Position bezüglich der Dokumentordnung des Kontextknoten zurück:

```
//album/song[position() = 2]
```

Numerische Ausdrücke Liefert ein Ausdruck einen ganzzahligen numerischen Wert *n*, dann gilt dieser Ausdruck nur für den *n*-ten Knoten. Wenn der Wert 3 ist, wird nur der dritte Knoten in das Ergebnis übernommen, im Beispiel also der dritte Songtitel[2]:

```
//album/song[3]/title
```

Der numerische Wert kann auch Ergebnis einer Berechnung oder eines Funktionsaufrufes wie `last` sein, die die Position des letzten Knotens in der Knotenmenge des Kontextknoten liefert, im Beispiel das vorletzte Lied eines Albums:

```
//album/song[last() - 1]/title
```

Positionsangaben, die effektiv das *n*-te Element bezüglich der Dokumentordnung aus einer Knotenmenge selektieren, beginnen mit dem Wert 1.

[2] Genau genommen liefert es *alle* `titel`-Elemente des dritten `song`-Elementes.

Knotenmengen Ist das Ergebnis eines Ausdrucks eine Knotenmenge und diese nicht leer, so wird der aktuelle Kontextknoten in das Ergebnis übernommen. Ist die Knotenmenge leer, wird der Kontextknoten nicht in das Ergebnis übernommen. Der Ausdruck selbst kann wieder ein XPath-Ausdruck sein, der relativ, d.h., im Kontext des umgebenden Ausdrucks, ausgewertet wird. Damit werden Unterabfragen möglich. Dieses Beispiel selektiert alle Hotels, die Doppelzimmer habe:

```
//hotel[zimmertyp/attribute::type = 'Doppelzimmer']
```

Anzumerken ist, das alle `hotel`-Elemente in das Ergebnis übernommen werden, die über ein Subelement `zimmertyp` mit dem Attribut `typ` verfügen, das den Wert »`Doppelzimmer`« hat, d.h., die Knoten in der Ergebnismenge stellen Hotelknoten mit der gesamten Subelementstruktur dar.

Zeichenkettenwert In vielen Pfadausdrücken, in Prädikaten und bei der Typumwandlung spielt der Zeichenkettenwert eine zentrale Rolle, z.B. wenn der Inhalt eines Elementes mit einer konstanten Zeichenkette verglichen werden soll. Die Berechnung erfolgt nicht immer intuitiv, darum an dieser Stelle eine Zusammenfassung der Regeln zu seiner Bestimmung.

- Die booleschen Werte für wahr und falsch werden in die Zeichenkette »`true`« und »`false`« umgewandelt.
- Numerische Werte werden in Zeichenkettenrepräsentationen ohne führende Nullen (eine führende Null vor dem Dezimalpunkt ausgenommen) und Pluszeichen umgewandelt. Negative Werte erhalten ein führendes Minuszeichen. Ganzzahlige Werte werden ohne Dezimalpunkt dargestellt. Nichtdefinierte Zahlen (engl. Not a Number, `NaN`), Null, positiv und negativ unendliche Werte werden entsprechend in »`NaN`«, »`0`«, »`Infinity`« und »`-Infinity`« konvertiert.

Achtung: Der Zeichenkettenwert einer Knotenmenge in XPath 1.0 ergibt sich aus dem Zeichenkettenwert des ersten Elementes!

- Eine Knotenmenge `node-set` wird in eine Zeichenkette konvertiert, indem der Zeichenkettenwert des ersten Elementes bezüglich der Dokumentordnung aus der Knotenmenge zurückgegeben wird. Für eine leere Knotenmenge wird eine leere Zeichenkette erzeugt.
- Objekte, die einen anderen Typ als einen der vier Grunddatentypen haben, werden entsprechend der Regeln für dieses Objekt umgewandelt. Diese Regeln sind jedoch nicht Gegenstand von XPath 1.0, sondern der Empfehlung, die diese Datentypen definiert, etwa der XML Schema-Empfehlung.

Der Zeichenkettenwert eines Ausdrucks kann explizit mit der Funktion `string([object])` ermittelt werden. Fehlt das optionale Argument *`object`*, wirkt die Funktion auf den aktuellen Kontextknoten.

`string([object])`

Typumwandlungsregeln Werden Werte unterschiedlichen Typs miteinander verglichen oder über Operatoren verknüpft, gelten folgende Regeln:

Knoten

Zeichenkettenwert

Wird ein Knoten mit einer Zeichenkette verglichen, so wird der Zeichenkettenwert des Knotens ermittelt und mit der Zeichenkette verglichen. Die entspricht der Anwendung der Funktion `string` auf den Knoten (siehe Anhang C).

Handelt es sich um einen numerischen Wert, wird der Zeichenkettenwert des Knotens in einen numerischen Wert umgewandelt und dann verglichen. Dies entspricht der aufeinander folgenden Anwendung der Funktion `string` und `number` auf einen Knoten (siehe Anhang C).

Knotenmenge

Existenzsemantik

Wird eine Knotenmenge mit einem einfachen Wert verglichen, so genügt es, wenn für einen Knoten aus der Menge der Vergleich positiv ist. Man spricht von der so genannten Existenzsemantik. Werden zwei Knotenmengen miteinander verglichen, ist es ausreichend, wenn ein beliebiges Paar aus beiden Mengen die Bedingung erfüllt.

Einfache Werte, von denen einer einen numerischen Wert darstellt, werden untereinander verglichen, indem der andere Wert in einen numerischen Wert gewandelt wird. Die Konvertierung erfolgt nach den Regeln der Funktion `number` (siehe Anhang C).

Für Zeichenketten untereinander wird ein lexikographischer Vergleich durchgeführt.

Verlangt ein Ausdruck einen booleschen Wert, erfolgt die Typanpassung nach den Konvertierungsregeln der Funktion `boolean` (siehe Anhang C).

10.2.5 Funktionsbibliothek

XPath verfügt über eine umfangreiche Funktionsbibliothek, die allgemeine Funktionen auf Knotenmengen (`node-set`) und `string`, `boolean`, `number`-Funktionen enthält. Einige wesentliche Funktionen sollen hier vorgestellt werden:

- `boolean contains(`*`string`*`, `*`string`*`)` gibt wahr zurück, wenn das zweite Argument eine Teilzeichenkette des ersten ist.
- `boolean not(`*`boolean`*`)` bildet die logische Negation des angegebenen Wertes.
- `string string([`*`object`*`])` berechnet den Zeichenkettenwert, wie in Abschnitt 10.2.4 beschrieben.
- `number sum(`*`node-set`*`)` summiert die zu Zahlen gewandelten Zeichenkettenwerte der Argumentknoten auf.

- `number last()` liefert die Position des letzten Elementes im aktuellen Kontext. Dies entspricht der Kontextgröße.
- `number postion()` gibt einen numerischen Wert zurück, der der aktuellen Kontextposition entspricht.
- `node-set id(`*`object`*`)` liefert als Knoten oder Knotenmenge den oder die referenzierten Elemente mit der gegebenen `ID`. Ist das Argument eine Knotenmenge, wird die Funktion `id` auf die Zeichenkettenwerte der Elemente der Menge angewandt und das vereinigte Ergebnis als Funktionswert zurückgegeben. Ist das Argument von einem anderen Typ, wird dessen Zeichenkettenwert ermittelt und dieser in einzelne Token zerlegt, die wiederum als Identifikatoren interpretiert werden. Es erfolgt somit eine Auflösung von `IDREF` bzw. `IDREFS`.

Eine umfangreiche Auflistung findet sich in Anhang C.

10.3 XQuery 1.0

10.3.1 Sprachüberblick

Quilt

Der Sprachvorschlag XQuery[3] geht im Wesentlichen aus der Sprache Quilt hervor. Diese kann man als einen inoffiziellen Vorschlag aus dem Personenkreis der W3C XML Query Group ansehen. Die Sprache basiert auf XPath 1.0 und ist durch Sprachen wie SQL, Lorel, XML-QL und YATL beeinflusst worden. XPath selbst wurde wiederum durch Anfragesprachen wie XQL mitgeformt.

Orthogonalität

Die Orthogonalität der Sprache, die Möglichkeit alle Sprachkonstrukte uneingeschränkt miteinander kombinieren zu können, ist der objektorientierten Anfragesprache der ODMG OQL entlehnt. Grundbausteine von XQuery sind Ausdrücke, die beliebig ineinander geschachtelt werden können. Unterstützt werden folgende Formen von Ausdrücken:

- Elementkonstruktoren zur Erstellung oder Ableitung neuer XML-Elemente, genauso wie literales XML, in das XQuery-Ausdrücke eingebettet werden können oder das in XQuery-Ausdrücken enthalten sein kann,
- Pfadausdrücke, wie sie aus XPath bekannt sind, zur Selektion von Dokumentbestandteilen,
- Anwendung von datentypspezifischen Operatoren,
- Funktionsaufrufe; neben eingebauten Standardfunktionen können nutzerdefinierte Funktionen realisiert werden,
- FLWR-Ausdrücke, die Anfragen ähnlich zu SQL SFW-Blocke (`SELECT-FROM-WHERE`) erlauben,

[3] Grundlage ist der XQuery 1.0 Draft vom 20. Dezember 2001.

- bedingte Anweisungen zur Steuerung der Auswertung von Ausdrücken,
- quantifizierte Ausdrücke unter Verwendung der Quantoren ALL und ANY,
- Test von Datentypen oder Typumwandlung.

Immer dann, wenn einer dieser Ausdrücke selbst einen oder mehrere Teilausdrücke enthält, kann wiederum eine beliebige Form der genannten XQuery-Ausdrücke an den jeweiligen Stellen eingesetzt werden.

XQuery-Ausdrücke haben genauso wie XPath-Ausdrücke (siehe Abschnitt 10.2.1) einen bestimmten Typ. Normalerweise gibt es keine Beschränkung des Ergebnistyps eines Ausdrucks. Bei den Sonderfällen wie der `IF`-Anweisung, die einen booleschen Ausdruck erwartet oder Ausdrücke unter Verwendung numerischer Operatoren, die entsprechende Operanden verlangen, wird darauf hingewiesen.

10.3.2 Das Datenmodell

XPath 2.0

Im XPath-Standard 1.0 werden Dokumente als Baumstrukturen modelliert. Der XQuery-Vorschlag und auch der zukünftige XPath-2.0-Standard verwenden ein Modell [FMN01], das auf XPath 1.0 aufbaut, es aber in einigen Punkten erweitert. Durch das Datenmodell können neben einzelnen XML-Dokumenten wohlgeformte Fragmente eines Dokumentes, aber auch Sequenzen von Dokumenten und Dokumentfragmenten dargestellt werden.

Sequenz

Eine Instanz oder ein Objekt entsprechend dieses Datenmodells ist eine geordnete Menge von Knoten. Im XQuery-Entwurf wird diese geordnete Knotenmenge Sequenz genannt. Da Knoten selbst wiederum geschachtelte Knoten enthalten können, kann eine Sequenz eine geordnete Menge von Bäumen darstellen. Die Sequenz existiert nur auf der obersten Ebene, Sequenzen können selbst keine Sequenzen mehr enthalten, sie sind also flach. Weiterhin können Sequenzen Duplikate enthalten. Dies unterscheidet sie von den Knotenmengen in XPath 1.0:

- Sequenzen sind flach.
- Eine Sequenz ist geordnet.
- Duplikate können in einer Sequenz auftreten.

Die Knoten einer Sequenz können sowohl nutzerdefinierte Datentypen sein, als auch auf den Grunddatentypen, etwa `xs:string`, `xs:boolean`, `xs:decimal`, `xs:float`, `xs:anyURI`, `xs:QName`, `xs:NOTATION`, usw., aus XML Schema Teil 2 basieren. Knoten können selbst wiederum andere Knoten enthalten.

Im Datenmodell erfolgt keine Unterscheidung zwischen einem einzelnen Knoten und einer Sequenz der Länge 1, d.h. einer einelementigen Menge. Damit kann an allen Stellen in XQuery-Ausdrücken, an denen

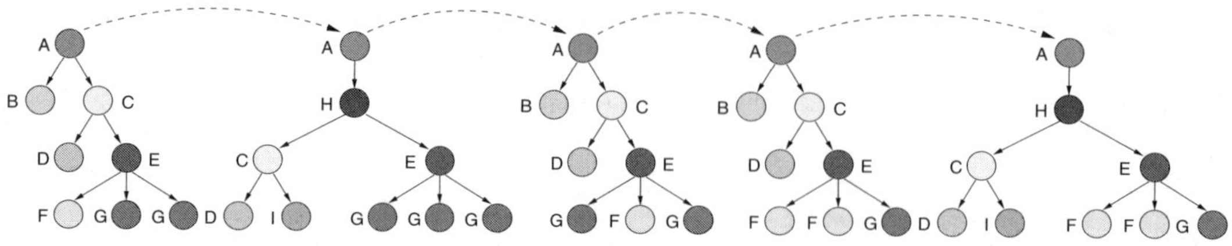

Abbildung 10.3
Sequenz als geordnete Knotenmenge

eine Sequenz stehen darf, vereinfachend auch ein einzelner Knoten direkt erscheinen.

Ordnung
Dokumentordnung
`unordered()`

Die Elemente einer Sequenz sind immer sortiert, d.h., es existiert eine bestimmte Abfolge oder Ordnung der Elemente einer Sequenz. Diese Anordnung leitet sich aus der ursprünglichen Dokumentordnung her. Sie kann jedoch im Rahmen der Auswertung von Teilausdrücken einer XQuery-Anfrage umorganisiert werden. Eine spezielle Funktion `unordered` erlaubt, dazu die Reihenfolge der Elemente einer Sequenz beliebig neu anzuordnen. Durch Verwendung dieser Funktion wird vom Anfragesteller signalisiert, dass ihm die Ordnung der Elemente des betreffenden Ausdrucks unerheblich erscheint.

XPath 2.0

Unterschiede zwischen XPath 2.0 und XPath 1.0 Die wichtigsten Unterschiede zwischen dem XQuery-1.0- und XPath-2.0-Datenmodell sowie XPath 1.0 lassen sich wie folgt zusammenfassen:

- XPath 2.0 benutzt das Typsystem von XML Schema, XPath 1.0 kennt nur Knotenmengen, boolesche, numerische und Zeichenkettenwerte.
- XPath 1.0 ist mengenorientiert, XPath 2.0 basiert auf Sequenzen. Mengen kennen keine Duplikate, Sequenzen können Duplikate enthalten.
- XPath 2.0 unterstützt Referenzen und kennt Dokumentkollektionen.
- In XPath 2.0 kann man Pfadausdrücken `document` und andere Funktionen sowie Variable voranstellen.
- In XPath 1.0 basieren Vergleiche auf Wertegleichheit, XPath 2.0 und XQuery kennen verschiedene Arten von Vergleichen.
- XPath 2.0 kennt eine wesentlich umfangreichere Funktionsbibliothek und führt eine Reihe weiterer Ausdrucksarten ein, etwa Bereichsausdrücke und die Anwendung von Operationen auf Knotenmengen auf beliebiger Ebene.

Auf die genannten Neuerungen und Erweiterungen wird im weiteren Verlauf noch detailliert eingegangen.

10.3.3 Einfache Ausdrücke

Konstanten oder Literale stellen Werte für einfache numerische und Zeichenkettenwerte da. Zeichenkettenkonstanten werden entweder in einfache Hochkommas »'« oder doppelte »"« eingeschlossen und enthalten Zeichen aus dem Unicode-Alphabet. Sie haben den Typ `xs:string`.

Numerische Konstanten, die keinen Dezimalpunkt ».« und »e« oder »E« für einen Exponenten enthalten, sind vom Typ `xs:integer`. Festkommazahlen sind vom Typ `xs:decimal` und Zahlen in Exponentialdarstellung vom Typ `xs:double`. Dies sind ein paar Beispiele für Konstanten:

```
'Hotel Neptun', "12.34", "Minibar"  {-- xs:string --}
123, -24, 0, +7                     {-- xs:integer --}
-24.0, 123.45, +.23                 {-- xs:decimal --}
-123.5e3, 200e6                     {-- xs:double --}
```

Werte weiterer Basisdatentypen, die in XML Schema definiert sind, können durch Konstruktoren erzeugt werden.

```
xf:date("1962-528"), xf:true(), xf:integer("12345")
```

Variablen liefern in XQuery-Ausdrücken entsprechend ihrer aktuellen Bindung Werte, die mit einem Typ verbunden sind. Nach erfolgter Bindung sind Variableninhalte nicht änderbar, sie können jedoch durch erneutes Binden überschrieben werden. Variablen werden im Zusammenhang mit verschiedenen XQuery-Ausdrücken noch genauer betrachtet. Im folgenden `LET`-Ausdruck, wird die Variable `$hotel` an das Ergebnis der Auswertung eines Pfadausdruckes gebunden.

```
LET $hotel := //hotel[typ = 'Pension']
RETURN $hotel
```

Der Ausdruck liefert durch die `RETURN`-Klausel den Inhalt von `$hotel`, eine Sequenz von Elementen vom Typ `hotel`, genauer alle Pensionen, zurück.

Kommentare können an beliebiger Stelle stehen und haben keine Bedeutung für die Auswertung von Ausdrücken.

```
{-- hier steht ein Kommentar --}
```

Arithmetische Ausdrücke können unter Verwendung der üblichen arithmetischen Operatoren wie der Addition »+«, der Subtraktion »-«, der Multiplikation »*«, der Division DIV und dem Modulo-Operator MOD gebildet werden. Operationen sind nur mit einfachen Werten oder Sequenzen der Länge 1 erlaubt. Ist ein Operand eine leere Sequenz, so ist in der Regel das Ergebnis auch eine leere Sequenz.

```
($preis - 10) DIV 100
```

Durch Klammerung von Teilausdrücken, kann die Auswertereihenfolge beeinflusst werden, andernfalls gelten die üblichen Vorrangregeln.

Vergleichsausdrücke erlauben den Vergleich zweier Operanden. In XQuery werden vier Arten von Vergleichsoperatoren unterschieden:

- allgemeine Vergleichsausdrücke mit Sequenzen: »=«, »!=«, »<«, »<=«, »>«, »>=«,
- *Wertevergleich* einfache Wertevergleiche zwischen elementaren Werten: EQ (gleich), NE (ungleich), LT (kleiner), LE (kleiner gleich), GT (größer), GE (größer gleich),
- *Knotenidentität* Vergleich der Knotenidentität: »==« (identisch), »!==« (nicht identisch) sowie
- *Dokumentordnung* Vergleiche der Abfolge von Knoten bezüglich der Dokumentordnung mit »<<« und »>>« und in Bezug auf die Vorgänger- und Nachfolgerbeziehung mit FOLLOWS und PRECEDES (entspricht following und preceding-Achse)[4].

Beispiel 10.1 Für zwei selektierte Knoten soll geprüft werden, ob es sich um ein und denselben Knoten handelt.

```
$hotel[name = 'Hotel am Leuchtturm'] == $hotel[@id = '4711']
```

Die linke Seite des Vergleiches selektiert aus der Knotenmenge, die an $hotel gebunden ist, den Knoten mit dem Namen »Hotel am Leuchtturm«, die rechte den Knoten mit der id 4711. Repräsentieren beide Ausdrücke denselben Knoten, d.h., dasselbe Element im Quelldokument, nur dann liefert der Vergleich wahr als Ergebnis. □

Logische Ausdrücke werden durch Und- sowie Oder-Verknüpfung mit AND und OR gebildet. Die logische Negation steht mit der Funktion not bereit. Sie gibt für eine Sequenz den effektiven booleschen Wert (siehe Abschnitt 10.3.10) zurück.

```
not($hotel/name EQ $restaurant/name)
```

[4] Im XQuery Draft vom August 2002 sind FOLLOWS und PRECEDES entfallen.

Funktionsaufrufe liefern einen Wert, den Funktionswert, der mit einem bestimmten Typ je Funktion festegelegt ist. Funktionen können überall dort eingesetzt werden, wo auch andere Werte mit gleichem Typ (wie der Funktionswert) stehen können. Neben vordefinierten Funktionen kann der Nutzer eigene Funktionen einsetzen.

Funktionen werden über ihren qualifizierten Namen aufgerufen und es werden Werte in der notwendigen Anzahl und entsprechenden Typs als Parameter übergeben. Die Parametervereinbarung genauso wie die Festlegung des Funktionstyps erfolgt in Funktionsdeklarationen.

```
preis($hotel, "Vorsaison"), xf:date("5/28/1962")
```

Pfadausdrücke in XQuery basieren im Wesentlichen auf XPath 1.0 (siehe auch Abschnitt 10.2). Erweiterungen gegenüber XPath 1.0, die XQuery 1.0 und XPath 2.0 vorgenommen haben, sind:

XPath 2.0

- Grunddatentypen auf der Basis von XML Schema Teil 2,
- Unterstützung von Referenzen und Dokumentkollektionen,
- Unterscheidung von Wertegleichheit (XPath 1.0) und Knotenidentität
- Bereichausdrücke in Prädikaten, *expr* `TO` *expr*,
- die Vereinigung (`UNION`, »|«), die nicht nur auf oberster Ebene benutzt werden kann und
- das Voranstellen von Variablen oder speziellen Funktionsaufrufen wie `document` vor Pfadausdrücken.

Folgender Ausdruck ermittelt z.B. alle Hotels mit Zimmern, die einen Preis unter 100 Euro haben und zu deren Ausstattung ein Wasserbett gehört:

```
$hotel/zimmertyp[@preis <= 100 AND ausstattung/name = "Wasserbett"]
```

10.3.4 FLWR-Ausdrücke

Neben XPath-Ausdrücken sind FLWR-Ausdrücke ein wesentliches Grundkonstrukt einer XQuery-Anfrage. Sie haben eine ähnliche Bedeutung wie `SELECT-FROM-WHERE`-Anfragen in SQL. FLWR[5] steht für die vier Grundklauseln `FOR`, `LET`, `WHERE` und `RETURN`.

FLWR

Folgendes Fragment der XQuery-Grammatik gibt den syntaktischen Aufbau wieder:

```
FLWR-Ausdruck ::=
    (FOR-Ausdruck | LET-Ausdruck)+
    WHERE-Ausdruck? RETURN-Ausdruck
```

[5] »Experten« sprechen es wie das englische Wort *Flower* aus.

```
FOR-Ausdruck ::=
    FOR $Variable IN Ausdruck (, $Variable IN Ausdruck)*
LET-Ausdruck ::=
    LET $Variable := Ausdruck (, $Variable := Ausdruck)*
WHERE-Ausdruck ::= WHERE Ausdruck
RETURN-Ausdruck ::= RETURN Ausdruck
```

Ein FLWR-Ausdruck besteht aus einer Folge von FOR und LET-Ausdrücken gefolgt von einer optionalen WHERE-Bedingung. Abgeschlossen wird der Ausdruck durch einen RETURN-Ausdruck.

FOR und LET binden eine oder mehrere Variablen an die Ergebnisse der Auswertung von Ausdrücken. Ist eine WHERE-Klausel vorhanden, kann eine weitere Einschränkung der Ergebnismengen vorgenommen werden. Mit RETURN wird das Ergebnis des FLWR-Ausdrucks konstruiert. Dies erfolgt in der Regel unter Nutzung von Elementkonstruktoren und der Werte, die an die Variablen gebunden sind.

Da die Definition der Teilausdrücke in XQuery wiederum unter Verwendung allgemeiner Ausdrücke erfolgt, kann an allen Positionen, an denen *Ausdruck* steht, ein beliebiger XQuery-Ausdruck eingesetzt werden. Dies gilt natürlich auch für den FLWR-Ausdruck selbst. Damit steht uns in Analogie zu geschachtelten SFW-Blöcken in SQL ein Verzahnungsmechanismus zur Realisierung komplexer Anfrageausdrücke zur Verfügung.

Die Kopplung der verschiedenen Teilausdrücke erfolgt durch die Bindung von Variablen an Werte oder Wertemengen, die von Ausdrücken geliefert werden, und die Verwendung dieser Variablen in anderen Ausdrücken. Die Bindung von Variablen erfolgt in FOR- und LET-Klauseln, die nun genauer betrachten werden sollen.

Variablen

In XQuery werden Variablen durch einen Namen eindeutig benannt und durch das Dollarzeichen »$« ausgezeichnet, um eine Unterscheidung gegenüber Element- oder Attributnamen vorzunehmen. Die Namen bzw. Identifikatoren können nach den gleichen Regeln gebildet werden wie Element- und Attributnamen in XML allgemein. Die Groß- und Kleinschreibung wird im Gegensatz zu den XQuery-Schlüsselworten unterschieden.

Variablenbindung

Im Gegensatz zu imperativen Programmiersprachen können Variablen in XQuery keine Werte zugewiesen werden. Vielmehr werden Ausdrücke ausgewertet und das Ergebnis an die Variablen gebunden. Für die Variablenbindung von Werten an Variablen gelten eine Reihe von Bedingungen:

- ❑ Nach der erfolgten Bindung sind die Werte nicht mehr änderbar. So werden Seiteneffekte durch z.B. nicht einsehbare Programmteile oder Funktionen verhindert.
- ❑ Die Variablenbindung ist nur innerhalb des aktuellen und aller eingeschlossenen Anfrageausdrücke sichtbar.
- ❑ Wird der aktuelle Ausdruck verlassen, ist die Variable anschließend ungebunden.
- ❑ Ein Zugriff auf ungebundene Variablen führt zu einer Ausnahme.
- ❑ Wird hingegen eine Variable mehrfach gebunden, ist immer die unmittelbar zuvor erfolgte Bindung sichtbar.
- ❑ Der Typ einer Variablen ergibt sich aus seiner Bindung.
  Wird ein Ausdruck zu einer Sequenz ausgewertet, ist der Wert der Variablen auch eine Sequenz. Liefert ein Ausdruck einen einzelnen Elementknoten, dann stellt die Variable auch einen einfachen Knoten dar.

In XQuery kann eine Variablenbindung in `FOR`- und `LET`-Ausdrücken erfolgen.

LET-Ausdruck

Der `LET`-Ausdruck bindet eine Menge von Werten, die bei der Auswertung eines Ausdrucks *`Ausdruck`* entstehen, geschlossen an eine Variable *`$var`*.

```
LET $var := Ausdruck [, $var := Ausdruck ...]
```

Nach dem Schlüsselwort `LET` kann nicht nur eine Variablenbindung erfolgen, sondern eine Liste solcher Bindungen durch Komma getrennt aufgezählt werden. Diese Bindungen sind für den gesamten verbleibenden FLWR-Ausdruck gültig.

Im einfachsten Fall folgt nach der `LET`-Klausel ein `RETURN`-Ausdruck, der den Variableninhalt als Ergebnis liefert.

```
LET $z := //zimmertyp
RETURN
    $z
```

Dieses einfache Beispiel wird in drei Schritten abgearbeitet:

1. Werte den XPath-Ausdruck `//zimmertyp` aus.
2. Weise die resultierende Knotenmenge an die Variable `$z` zu (Variablenbindung).
3. Gib die gesamte Sequenz von Knoten zurück.

Anmerkung: Da die Variable `$z` nicht weiter benutzt wurde, sondern nur ihr Inhalt nach `RETURN` verwendet wurde, hätte die alleinige Angabe des Pfadausdruckes »`//zimmertyp`« denselben Effekt gehabt.

FOR-Klausel

Im Gegensatz zu LET erfolgt bei der FOR-Klausel für jedes Element der Ergebnismenge von *Ausdruck* eine Bindung an die Variable $var. Genauso wie bei LET können mehrere Variablen nach FOR gebunden werden. Die Variablen sind für alle untergeordneten Ausdrücke sichtbar.

```
FOR $var IN Ausdruck [, $var IN Ausdruck ...]
```

Folgende Anfrage liefert dasselbe Ergebnis wie das vorhergehende Beispiel unter Verwendung von LET.

```
FOR $z IN //zimmertyp
RETURN
    $z
```

Die Abarbeitung ist jedoch eine andere.

- Die Variable $z wird jeweils an die einzelnen Elemente der Knotenmenge, die die Auswertung von //zimmertyp liefert, gebunden. Das Binden erfolgt mehrfach, für jeden Zimmertyp genau einmal.
- Nachfolgende Klauseln werden für jede Iteration und Bindung einmal ausgewertet.
- RETURN wird für jeden Schritt ausgewertet, das Resultat zu einem Zwischenergebnis hinzugefügt.
- Das aufsummierte Gesamtergebnis von RETURN wird am Schleifenende zurückgegeben.

In einem FOR-Ausdruck wird pro Iterationsschritt immer ein einzelner Wert an die Iterationsvariable gebunden. Bei LET wird hingegen in Abhängigkeit von der Auswertung des Ausdrucks ein einzelner Wert oder eine Sequenz insgesamt einmal gebunden.

Die Auswertung der RETURN-Klausel erfolgt zwar für jeden Schleifendurchlauf bei FOR, muss aber nicht zwangsläufig immer ein Resultat liefern. Die einzelnen Resultate für RETURN werden aneinander gefügt und bilden insgesamt das Ergebnis eines FLWR-Ausdrucks.

Beispiel 10.2 Die Auswertung eines FLWR-Ausdrucks soll an einem Beispieldokumentfragment gezeigt werden. Zu drei Hotels gibt es Informationen, jedoch nur zwei, »Hotel Neptun« und die »Pension Dräger«, besitzen Fotos.

```
...
<hotel name="Hotel Neptun">
   <zimmertyp typ="EZ" preis="180" währung="DM"/>
   <foto href="neptun01.jpeg"/>
</hotel>
```

```
<hotel name="Hotel Hübner">
   <zimmertyp typ="EZ" preis="150" währung="DM"/>
   <zimmertyp typ="DZ" preis="180" währung="DM"/>
</hotel>
<hotel name="Pension Dräger">
   <foto href="bild-pd01.jpeg"/>
   <foto href="bild-pd02.jpeg"/>
</hotel>
...
```

Aus dem Dokument sollen alle Fotos ermittelt werden. Das kann mit dieser XQuery-Anfrage erfolgen.

```
<hotelfotos> {
  FOR $hotel IN //hotel
  RETURN $hotel/foto
} </hotelfotos>
```

Die Variable `$hotel` wird im Laufe der Bearbeitung dreimal gebunden, jeweils an die Knoten vom Typ `<hotel>`. Für jede Bindung wird der zugehörige `RETURN`-Ausdruck evaluiert. Nur für die Bindung an »Hotel Neptun« und »Pension Dräger« liefert die Auswertung von `$hotel/foto` ein nicht leeres Ergebnis, in diesem Fall eine Knotenmenge mit einem und eine Knotenmenge mit zwei Elementen.

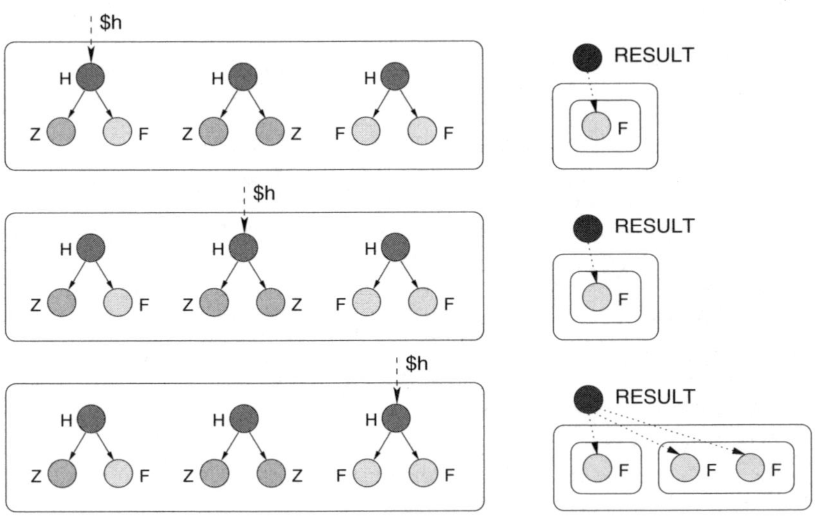

Abbildung 10.4 *Konstruktion des Ergebnisses mit* RETURN

Nach der schrittweisen Auswertung, die in Abbildung 10.4 schematisch dargestellt ist, liefert die Anfrage dieses Resultat:

```
<hotelfotos>
  <foto href="neptun01.jpeg"/>
  <foto href="bild-pd01.jpeg"/>
```

```
  <foto href="bild-pd02.jpeg"/>
</hotelfotos>
```

Die Evaluierung des RETURN-Ausdrucks fügt dem Gesamtresultat im ersten Schritt einen Knoten und im dritten Schritt eine Menge von zwei Knoten hinzu. $hotel bindet zwar in jedem Schritt genau einen Knoten. $hotel/foto wird jedoch im Fall von »Pension Dräger« zu einer Sequenz, für »Hotel Neptun« zu einem Knoten und für »Hotel Hübner« zur leeren Menge ausgewertet. □

geschachtelte FOR-*Klausel*

Im folgenden Beispiel soll die Auswirkung von unterschiedlicher Schachtelung und Gruppenbildung im Zusammenhang von geschachtelten FOR-Klauseln mit einer unterschiedlicher Plazierung von RETURN demonstriert werden.

Beispiel 10.3 Diese XQuery-Anfrage

```
<billighotels> {
FOR $h IN //hotel
    FOR $z IN $h/zimmertyp
    WHERE $z/@preis <= 100
    RETURN <hotel>
        <name>{ $h/@name }</name>
        <preis>{ $z/@preis }</preis>
    </hotel>
} </billighotels>
```

produziert folgendes Ergebnis:

```
<billighotels>
  <hotel><name>...</name><preis>...</preis></hotel> ...
</billighotels>
```

Je Zimmertyp werden der Preis und der Name des Hotels in ein Hotelelement geschachtelt.

```
<billighotels> {
FOR $h IN //hotel
RETURN <hotel name={ $h/@name }> {
    FOR $z IN $h/zimmertyp
    WHERE $z/@preis <= 100
    RETURN <preis>{ $z/@preis }</preis>
} </hotel> } </billighotels>
```

liefert hingegen diese Ergebnis:

```
<billighotels>
  <hotel name="Hotel Hübner">
    <preis>...</preis>...
  </hotel>...
</billighotels>
```

Das Hotelelement erscheint einmal mit einem Namensattribut und einer Menge von Preissubelementen. □

10.3.5 Elementkonstruktoren

XQuery-Anfragen können XML-Fragmente enthalten. Sie können aber auch in XML eingebettet sein. Mit Elementkonstruktoren werden diese XML-Fragmente erzeugt. Sie haben zwei Aufgaben. Zum einen kann das Ergebnis von Anfragen konstruiert oder ergänzt werden. RETURN stellt hierfür einen Platzhalter bereit. Zum anderen können auch gesuchte XML-Dokumentinhalte durch XML-Fragmente beschrieben werden.

In XQuery werden drei Formen von Elementkonstruktoren unterschieden:

- Literales XML wird in das Ergebnis übernommen, ohne modifiziert zu werden.
- XML mit geschachtelten Ausdrücken erlaubt es, Element- und Attributinhalte durch XQuery-Ausdrücke berechnen zu lassen.
- XML mit berechneten Element- und Attributnamen bietet die Möglichkeit, die Bezeichner von XML-Elementen und Attributen durch XQuery-Ausdrücke zu berechnen.

literales XML

berechnete Element- und Attributwerte

berechnete Element- und Attributnamen

Reines, so genanntes literales, XML wird so ausgegeben, wie es ist. Nachfolgendes XML-Fragment stellt eine gültige XQuery-Anfrage dar und erzeugt ein Ergebnis gleichen Inhalts:

```
<hotel name="Pension Ostseeblick">
  <foto img="http://www.ostseeblick.de/start.jpg"/>
</hotel>
```

Dabei stellt sich natürlich die Frage, was mit Elementinhalten oder Attributwerten passiert, die eine besondere Bedeutung innerhalb von XQuery-Ausdrücken haben, z.B. Variablen. Sie werden ebenfalls als literaler Inhalt übernommen, ohne eine Interpretation vorzunehmen.

Nur XQuery-Ausdrücke, die innerhalb geschweifter Klammern (»{«, »}«) stehen, werden ausgewertet und durch die resultierenden Elementstrukturen ersetzt. Dies bedeutet, immer wenn auszuwertende XQuery-Ausdrücke in Elementkonstruktoren eingebettet werden sollen, müssen sie mit »{« und »}« eingeschlossen werden. Literales XML hingegen kann an allen gültigen Positionen in Ausdrücken auftauchen, ohne dass es gesondert kenntlich gemacht werden muss.

Berechnete Element- und Attributkonstruktoren Berechnete Element- und Attributkonstruktoren erlauben nicht nur, den Inhalt eines Elementes oder Attributes dynamisch zu bestimmen, vielmehr ist es möglich, Element- und Attributbezeichner selbst zu berechnen. Effektiv besteht damit eine Möglichkeit, durch Teilergebnisse einer XQuery-Anfrage neue Strukturen erst zur Laufzeit zu bestimmen.

Beispiel 10.4 Mit folgendem Ausdruck werden Elemente erzeugt, die den Zimmertyp als Tagbezeichner haben. Der Zimmertyp ergibt sich aus dem Attribut `name` des Elementes, an den die Variable `$zimmertyp` gebunden ist. Das neue Element erhält ein Attribut `preis`, dessen Wert sich aus dem Attributinhalt von `preis` ergibt.

```
ELEMENT { $zimmtertyp/@name } {
  ATTRIBUTE preis { $zimmertyp/@preis }
  { $zimmertyp/node() }
}
```

Der Elementinhalt ergibt sich aus dem Elementinhalt (`node()`) der Variablen `$zimmertyp`. Im Unterschied zu `$zimmertyp` selektiert `$zimmertyp/node()` nur alle Kindsknoten von `$zimmertyp`, da `node()` eine Abkürzung von `./child::node()` ist und Wurzel-, Namensraum- und Attributknoten nicht Kinder eines anderen Knotens sind.

veraltete Form

In einer Reihe von XQuery-Implementierungen wird eine alternative Form der berechneten Konstruktoren benutzt. Sie stammt aus älteren Versionen des XQuery-Draft. Obiges Beispiel würde so in der »alten« Syntax lauten:

```
<{$zimmtertyp/@name} preis={$zimmertyp/@preis}>
  { $zimmertyp/node() }
</{$zimmtertyp/@name}>
```

Die alte Syntax kann Probleme mit der Wohlgeformtheit der Dokumente bereiten. Wie soll z.B. sichergestellt werden, dass die Berechnung für öffnende und schließende Element-Tags das gleiche Ergebnis liefert? □

Werden Namensraumangaben benutzt, muss das entsprechende Präfix im Prolog der Anfrage vereinbart worden sein.

Anmerkung: Für das Typprüfungssystem eines XQuery-Prozessors stellen Konstruktoren im Allgemeinen und berechnete Element- und Attributbezeichner im Speziellen eine Herausforderung dar, besonders wenn eine Validierung gegenüber einem gegebenen Zielschema erfolgen soll. Prinzipiell lassen sich zwar alle möglichen Element- und Attributnamen eines Quellschemas, welches das angefragte XML-Dokument beschreibt, ermitteln. Im Falle der berechneten Bezeichner ergeben diese sich aber aus den Werten von Elementen oder Attributen, die erst im Laufe der Anfragebearbeitung ermittelt werden. In wenigen Fällen sind die möglichen Werte zum Zeitpunkt der Typprüfung bekannt, z.B. bei Aufzählungstypen. Ob generell eine statische Typprüfung im Zusammenhang mit Konstruktoren möglich ist, muss bezweifelt werden.

Weitere Konstruktoren Neben der Generierung von Tagbezeichnern und Attributnamen durch Anfragen selbst ist es manchmal notwendig, weitere Knotentypen in einer Anfrage erzeugen zu lassen. Dazu können Funktionen wie `xf:comment` und `xf:pi` eingesetzt werden, die z.B. Kommentar- oder Processing instruction-Knoten unter Verwendung übergebener Funktionsparameter erzeugen.

```
<![CDATA[ $string ]]>
<? $PITarget $string ?>
<!-- $Kommentar -->
```

Geschweifte Klammern werden benutzt, um literales XML in XQuery-Ausdrücke und umgekehrt einzubetten. Sollen sie selbst als Zeichen im Ergebnis erscheinen oder im Quelldokument nach ihnen gesucht werden, sind sie wie in XSLT jeweils zweimal als »`{{`« oder »`}}`« anzugeben.

Durch die Benutzung getrennter Namensräume sind generell unterschiedliche Quell- und Zielschemata anwendbar. So wäre es denkbar, für das Quelldokument einen Standardnamensraum zu definieren und für die Ergebniskonstruktion ein völlig anderes Schema über einen zusätzlich vereinbarten Namensraum zu verwenden. Die Deklaration von Namensräumen erfolgt im Anfrageprolog (siehe 10.3.13).

10.3.6 Verbünde

Eine wesentliche Operation, um über verschiedene Strukturen verteilte Informationen zusammenzuführen, ist in Datenbanksystemen der Verbund. Er führt in Form des natürlichen Verbundes Objekte, die in Beziehung zueinander stehen, über gleiche Werte für gemeinsame Eigenschaften zusammen.

Verbünde in XQuery können wie in relationalen Datenbanken über gleichen Inhalten in ähnlichen Strukturen erfolgen. In XML können aber auch Referenziermechanismen angewandt werden. Ob dies mit `ID/IDREF` innerhalb eines Dokumentes oder mit XLink/XPointer zwischen unterschiedlichen Dokumenten modelliert wird, hängt von der Anwendung ab.

Dereferenzierung mit `id()` oder »`=>`«

Leider bietet XQuery nur bedingt Unterstützung für das Auflösen solcher Referenzen. Die Verwendung des Dereferenzieroperators »`=>`« ist nur auf Elementen und Attributen vom Typ `IDREF/IDREFS` möglich. Der Operator hat die gleiche Wirkung wie die XPath-Funktion `id` (siehe Anhang C.1)[6]. Dies setzt voraus, dass dieser Typ bestimmbar ist, d.h., ein Schema für die Dokumente vorliegt. Eine Anwendung findet man in Beispiel 10.10. Wie globale Referenzen in XQuery benutzt werden können, ist zurzeit noch offen. Daher wird gezeigt, wie die klassischen

[6]Im XQuery Draft vom August 2002 ist der Operator darum nicht mehr enthalten.

Verbundoperationen, die auf einen direkten Wertevergleich aufbauen, in XQuery realisiert werden können.

Verbundanfragen formuliert man nach folgendem Muster: Für jedes zu verbindende Element vereinbart man eine Variable im FOR-Ausdruck. Erfolgt die Vereinbarung unabhängig voneinander, wird effektiv ein karthesisches Produkt zwischen den einzelnen Variablenbindungen realisiert. Die resultiernde Ordnung ergibt sich aus der Ordnung der einzelnen Sequenzen und der Reihenfolge der Variablenvereinbarung.

Die Verbundbedingung wird direkt als Prädikat in der Pfadangabe bei der Variablenvereinbarung angegeben. Dies ist natürlich nur möglich, wenn die zu vergleichenden Elemente oder Attribute im Pfad bereitstehen. Andernfalls formuliert man die Verbundbedingung in der WHERE-Klausel. Dies ist auch notwendig, wenn eine der Verbundvariablen noch nicht vereinbart werden konnte.

Beispiel 10.5 Die Hotelanwendung präsentiert Informationen zu Hotels in einem XML-Dokument hotels.xml. Darin sind pro Hotel allgemeine Angaben, eine Beschreibung sowie die angebotenen Zimmertypen — ebenfalls mit einer Beschreibung — erfasst.

Im Dokument fotos.xml findet sich eine Auflistung von Fotos nach Hotels gruppiert. Die Fotos zeigen entweder das Hotel allgemein oder sie stellen Zimmerfotos dar. Dann beschreiben sie beispielhaft das Interieur eines Zimmertyps.

Für einen Prospekt sollen alle beschreibenden Informationen zu einem Hotel und seinen Zimmern zusammengefasst werden. Diese Anfrage verbindet dazu über den Hotelnamen und den Zimmertyp die Zimmerinformationen mit den vorhandenen Fotos.

```
<prospekt> {
  FOR $h IN document("hotels.xml")//hotel,
      $z IN $h/zimmertyp,
      $f IN document("fotos.xml")
          //hotel[name = $h/name]/zimmerfoto,
  WHERE
    $f/zimmertyp = $z/typ
  RETURN
    <hotelzimmer> {
      $h/name, $z/typ, $z/beschreibung, $f/foto
    } </hotelzimmer>
  SORT BY (name, typ)
} </prospekt>
```

Im Ergebnis wird eine Liste von Hotelzimmern mit Angaben zum Hotel, dem Zimmertyp, einer Beschreibung des Zimmers und zugehörigem Foto ausgegeben. □

Das Ergebnis ist nicht perfekt, denn wenn für ein Hotel keine Informationen zu den Zimmern vorliegen oder das zugehörige Foto fehlt, ist das Ergebnis des Verbundes für dieses Hotel leer. Wenn diese Hotels trotzdem in das Ergebnis übernommen werden sollen, kann dies mit einem Außenverbund geschehen.

Dazu muss man in XQuery zwei ineinander geschachtelte FOR-Ausdrücke verwenden. In einer äußeren Schleife werden alle allgemeinen Angaben zu einem Hotel ausgegeben. Wenn es Detailinformationen zu Zimmern gibt, werden diese in einer inneren Schleife optional ausgegeben.

Beispiel 10.6 Es sollen auch Hotels, die keine Detailinformation zu den Zimmern haben, mit in den Prospekt übernommen werden. Dies geschieht nach dem beschriebenen Muster mit dieser Anfrage:

```
<prospekt> {
  FOR $h IN document("hotels.xml")//hotel
  RETURN
    <hotel> {
      $h/name, $h/beschreibung,
      FOR $z IN $h/zimmertyp,
          $f IN document("fotos.xml")
              //hotel[name = $h/name]/zimmerfoto
      WHERE
        $f/zimmertyp = $z/typ
      RETURN
        <hotelzimmer>
          $z/typ, $z/beschreibung, $f/foto
        </hotelzimmer>
      SORT BY (typ)
    } </hotel>
    SORT BY (name)
} </prospekt>
```

Für Hotels, die keine Informationen zu Zimmern haben, liefert der innere FOR-Ausdruck eine leere Sequenz. Der Hotelname und die Beschreibung erscheinen trotzdem im Resultat. Es erfolgt eine Sortierung nach Hotelname und Zimmertyp. □

10.3.7 Gruppierung

In Verbindung mit einer Gruppierung erfolgt oftmals die Anwendung von Aggregatfunktionen auf die gebildeten Gruppen. Ähnlich wie in SQL stehen in XQuery Aggregatfunktionen wie `count`, `min`, `max`, `sum` und `avg` bereit. Sie operieren nicht auf einzelnen Werten, sondern auf Sequenzen.

Anfragen, die eine kombinierte Anwendung von Gruppierung und Aggregatfunktionen enthalten, stellt man nach folgendem Muster: Mit einer FOR-Klausel bindet man eine Variable an die Elemente, nach denen gruppiert werden soll. In einer anschließenden LET-Klausel werden Variablen an die Sequenzen gebunden, auf die im Nachfolgenden die Aggregatfunktion angewandt werden soll.

Zu beachten ist, dass Sequenzen prinzipiell Duplikate enthalten können. Durch Anwendung der Funktion distinct-values können diese aber eliminiert werden, z.B. in der Variablenvereinbarung nach FOR.

Beispiel 10.7 In unserer Hoteldatenbank gibt es eine Auflistung der Zimmerbelegung mit Angabe des Hotels, des Typs und des Belegungsstatus in dem Dokument zimmer.xml.

Pro Hotel soll eine Auflistung aller Zimmertypen mit der zugehörigen Anzahl der Zimmer geschehen. Dabei sollen nur Hotels mit mehr als zehn Zimmern im Ergebnis erscheinen.

```
FOR $h IN document("hotels.xml")//hotel
LET $z := document("zimmer.xml")//zimmer[hotel = $h/name]
WHERE count($z) > 10
RETURN
  <hotel> {
    $h/name,
    FOR $zt IN $h/zimmertyp
    LET $ztz := $z/[typ = $zt/typ]
    RETURN
      <zimmerzahl> {
        $zt/typ, <anzahl>{count($ztz)}</anzahl>
      } <zimmerzahl>
  } </hotel>
```

Im äußeren FLWR-Ausdruck erfolgt die Gruppierung nach Hotel ($h) und die Beschränkung auf Hotels mit mehr als zehn Zimmern (count($z) > 10). Im inneren Ausdruck erfolgt nochmals eine Gruppierung nach Zimmertyp ($zt). Die Menge der Zimmer pro Zimmertyp $ztz kann aus der Menge der Zimmer je Hotel $z ermittelt werden. □

10.3.8 Sortierung mit SORT BY

Die SORT BY-Klausel erlaubt es, die Elemente einer Sequenz *expr* nach einem oder mehreren Bestandteilen *expr_i* sortieren zu lassen.

```
expr [STABLE] SORT BY ( expr_i [ASCENDING | DESCENDING] ... )
```

Mit ASCENDING oder DESCENDING kann die Reihung pro Bestandteil als aufsteigend bzw. absteigend festgelegt werden. Sind mehrere Sortierbedingungen angegeben, wird links, beginnend nach den Werten der angegeben Ausdrücke *expr_i*, sortiert.

Beispiel 10.8 Es sollen alle preiswerten Zimmer eines Hotels mit einem Preis unter 100 Euro aufsteigend nach dem Preis sortiert werden.

```
$hotel/zimmer[preis < 100] SORT BY (preis ASCENDING)
```

Die Angabe der austeigenden Sortierung mittels ASCENDING hätte entfallen können, denn ist die Sortierreihenfolge nicht angegeben, wird immer aufsteigend sortiert. □

Mit der Angabe von STABLE ist es möglich, zwei oder mehr Elemente mit gleichem Wert in der vorliegenden Dokumentordnung erscheinen zu lassen. Fehlt STABLE, ist die Reihenfolge von Elementen mit gleichem Inhalt von der konkreten Implementierung abhängig.

10.3.9 Verwendung von Quantoren

XQuery erlaubt die Verwendung eines Existenz- und eines All-Quantors. Der Ausdruck wird immer zu einem booleschen Wert, also TRUE bzw. FALSE ausgewertet. Quantifizierende Ausdrücke haben diesen allgemeinen Aufbau:

```
[ SOME | EVERY ] var IN expr_1 SATISFIES expr_2
```

Sie beginnen mit dem Schlüsselwort SOME für den Existenzquantor und EVERY für den ALL-Quantor, gefolgt von einer Variablen *var*, die nacheinander an die Elemente der Sequenz *expr_1* gebunden wird.

Der Ausdruck liefert TRUE, wenn bei SOME für mindestens eine Bindung der nach SATISFIES angegebene Testausdruck *expr_2* TRUE liefert. Beim All-Quantor EVERY muss für jede Bindung von *var* der Testausdruck *expr_2* wahr liefern. In allen anderen Fällen liefert der Gesamtausdruck FALSE. Dies gilt auch, wenn die nach IN angegebene Sequenz leer ist.

Der Testausdruck *expr_2* muss sich direkt in einen booleschen Wert auswerten lassen oder eine Sequenz liefern. Ist Letzteres der Fall, ist der Wert des Testausdruckes TRUE, wenn die Sequenz mindestens einen Knoten enthält. Liegen kein boolescher Wert und keine Sequenz vor, wird ein Typfehler ausgelöst.

Beispiel 10.9 Zwei Anfragen an die Hoteldatenbank sollen die Verwendung von Quantoren zeigen. Die erste liefert alle Hotelnamen derjenigen Hotels, die unter anderem auch Einzelzimmer anbieten. Damit ein Hotel in das Ergebnis aufgenommen wird, reicht es, wenn eines der angebotenen Zimmer vom Typ »EZ« ist, also die Variable $z mindestens einmal für das jeweilige Hotel den entsprechenden Wert annimmt.

```
FOR $hotel IN document("hotels.xml")//hotel
WHERE SOME $z IN $hotel/zimmer/typ
  SATISFIES $z = "EZ"
RETURN $hotel/name
```

In der zweiten Anfrage werden so genannte Appartementhotels ermittelt. Das sind Hotels, die ausschließlich Appartements anbieten.

```
FOR $hotel IN document("hotels.xml")//hotel
WHERE EVERY $z IN $hotel/zimmer/typ
   SATISFIES $z = "Appartement"
RETURN $hotel/name
```

In der `WHERE`-Klausel wird die Variable `$z` an alle angegebenen Zimmertypen gebunden. Da es sich um einen `FOR`-Ausdruck handelt, erfolgt dies separat für jedes gefundene Hotel im Dokument `hotels.xml`.

Genau genommen werden durch diese Anfrage Hotels ausgegeben, die neben den Appartements auch noch Zimmer anbieten, für die kein Typ angegeben ist. Sollen nur Hotels im Ergebnis erscheinen, für die bei jedem Zimmer der Typ angegeben und genau »`Appartement`« ist, dann muss die `WHERE`-Klausel folgendermaßen formuliert werden:

```
FOR $hotel IN document("hotels.xml")//hotel
WHERE EVERY $z IN $hotel/zimmer
   SATISFIES $z/typ = "Appartement"
RETURN $hotel/name
```

Die Unterscheidung erfolgt durch die Bindung von `$z`: einmal an die vorhandenen Zimmertypangaben, im zweiten Fall an alle Zimmer eines Hotels. □

10.3.10 Bedingte Ausdrücke

Der bedingte Ausdruck erlaubt es, in Abhängigkeit des effektiven booleschen Wertes eines Ausdrucks *expr* entweder den Wert von *expr_1* (`THEN`-Zweig) bei `TRUE` oder den von *expr_2* (`ELSE`-Zweig) bei `FALSE` als Ergebnis zu liefern.

```
IF (expr) THEN expr_1 ELSE expr_2
```

Beispiel 10.10 Es soll ein Nachlass von 10% gewährt werden, wenn ein Hotelzimmer länger als fünf Tage belegt wird. Wir nehmen an, dass die Variable `$r` in einem umgebenden Ausdruck an ein Element vom Typ Rechnung gebunden wurde.

```
LET $tage :=  ($r/abreise - $r/anreise),
    $zimmer := $r=>zimmertyp
RETURN
    IF ($tage > 5)
    THEN $tage*$zimmer/preis*0.9
    ELSE $tage*$zimmer/preis
```

Mit der LET-Klausel werden zwei Variablen eingeführt. `$tage` nimmt pro Rechnung die Dauer des Aufenthaltes auf, die sich aus der Differenz von Ab- und Anreisetag ergibt.

Die Variable `$zimmer` soll auf den belegten Zimmertyp verweisen. Über den an die Variable `$r` gebundenen Knoten erfolgt eine Dereferenzierung mittels des Operators »=>« oder alternativ mit der Funktion `id`. Dieser Zugriff ist nur erfolgreich, wenn der Knoten einen Elementknoten darstellt und zusätzlich ein Attribut enthält, welches Elementknoten vom Typ `zimmertyp` referenziert. Beides setzt voraus, dass ein Schema zum Zeitpunkt der Auswertung bekannt ist und der XQuery-Prozessor dieses auch auswerten kann. □

Dereferenzierung

Effektiver boolescher Wert eines Ausdrucks Um den effektiven booleschen Wert eines Ausdrucks zu bestimmen, gelten folgende Regeln:

1. Der Ausdruck muss sich direkt in einen booleschen Wert auswerten lassen oder eine Sequenz liefern.
2. Man erhält FALSE bei einer leeren Sequenz und TRUE bei einer Sequenz mit mindestens einem Knoten.
3. Handelt es sich um einen einfachen Wert vom Typ `xs:boolean`, wird er übernommen.
4. Kann der Ausdruck nicht direkt in einen booleschen Wert ausgewertet werden und liegt keine Sequenz vor, wird ein Typfehler ausgelöst.

Der effektive boolesche Wert eines Ausdrucks wird z.B. bei bedingten Ausdrücken oder in WHERE und SATISFIES-Ausdrücken ermittelt.

10.3.11 Typsystem

XQuery ist eine streng typisiert Sprache, die auf statischer Typprüfung basiert.[7] Die Basisdatentypen sind aus XML Schema entlehnt.

Statische Typprüfung bedeutet, dass bei der Verarbeitung einer XQuery-Anfrage in einer statischen Typprüfungsphase zuerst der Typ eines XQuery-Ausdrucks bestimmt wird. In der sich anschließenden dynamischen Auswertungsphase wird dann sichergestellt, dass der Wert eines Ausdruckes eine Instanz des zuvor bestimmten Types ist.

Auf Anwendungsebene kann es verschiedene Konformitätsebenen bezüglich des Typsystems geben. Die statische Typprüfung muss nicht zwangsweise durch einen XQuery-Prozessor vorgenommen werden. Genauso kann der Import von XML-Schemata nicht in jedem Fall unterstützt werden. Eventuell dürfen dann nur die vordefinierten (*built-in*) Datentypen benutzt werden.

[7] Wie die Typprüfung bei der Auswertung von Ausdrücken genau erfolgt, ist in *XQuery Formal Semantics* nachzulesen.

Sequenz

XQuery-Ausdrücke Der Wert eines Ausdrucks ist immer eine Sequenz. Eine Sequenz ist eine geordnete Menge von null, eins oder mehreren Elementen. Elemente dieser Menge können entweder einfache Werte oder Knoten sein.

Einfache Werte

Einfache Werte bestehen aus einem Wert des Wertebereiches, der durch einen der Basisdatentypen von XML Schema definiert wird, und einem Verweis auf die Schemabeschreibung dieses Datentyps.

Knoten

Knoten sind von einem der sieben Knotentypen (Element-, Attribute-, Namensraumknoten, ...) und können einen typisierten Wert, einen Zeichenkettenwert und Namen haben. Der typisierte Wert eines Knotens ist eine Sequenz von null oder mehr einfachen Werten. Der Zeichenkettenwert eines Knotens ist vom Typ `xs:string`, der Name ein gültiger Bezeichner vom Typ `xs:QName`.

Datentypangaben In Funktionsdefinitionen und in verschiedenen Anfrageausdrücken ist es notwendig, auf einfache Datentypen über den qualifizierten Bezeichner (QName) zuzugreifen. Zum Beispiel kann durch die direkte Angabe von `xs:string` auf den XML Schema-Basisdatentyp `string` verwiesen werden. Für die Spezifikation von Typen und den Zugriff auf entsprechende Informationen existieren eine Reihe von Klauseln:

```
DataTypeSpec ::= DataType Quantifier?

DataType
::= ELEMENT OF TYPE QName
  | ELEMENT QName
  | ATTRIBUTE QName
  | NODE
  | ITEM
  | QName

Quantifier ::= '*' | '?' | '+'
```

Auf Element- und Attributdeklarationen, die in einem XML-Schema erfolgt sind, kann über die Schlüsselworte `ELEMENT` und `ATTRIBUTE`, gefolgt vom qualifizierten Bezeichner, verwiesen werden.

Für den Zugriff auf alle aus einem Typ abgeleiteten Elemente kann `ELEMENT OF TYPE` eingesetzt werden, z.B. wenn aus einem Obertyp eine Menge von Untertypen abgeleitet wurde.

Mit jeweils einem einzelstehenden `ELEMENT`, `ATTRIBUTE`, `NODE` oder `ITEM` kann man auf die entsprechenden Typen verweisen. `NODE` verweist dabei auf alle möglichen Knotentypen wie Element-, Attribut-, Namensraum- und Textknoten. `ITEM` umfasst `NODE` und alle einfachen Datentypen.

Durch eine Kardinalitätsangabe kann zusätzlich die Auftretenshäufigkeit eines Datentyps angegeben werden. Wie aus der XML DTD (siehe Abschnitt 3.2) bekannt, zeigt »+« ein- oder mehrfaches Auftreten, »*« null-, ein- oder mehrfaches Auftreten und »?« null- oder einmaliges Vorkommen an.

```
ATTRIBUTE?   {-- ein optionales Attribut --}
ITEM*        {-- eine Sequenz von Knoten
                 und/oder einfachen Werten --}
NODE*        {-- eine Sequenz von Knoten --}
xs:decimal {-- der Basisdatentyp decimal --}
ELEMENT OF TYPE hotel:ausstattung
                {-- ein Element vom Typ ausstattung,
       auch zimmerAus und hotelAus --}
ATTRIBUTE preis
```

Ausdrücke zur Typprüfung und Typwandlung Die wesentlichen XQuery-Ausdrücke, die mit Datentypen arbeiten, sind nachfolgend aufgelistet:

```
expr INSTANCE OF ONLY? type

TYPESWITCH (expr)
CASE type_i RETURN expr_i
...
DEFAULT RETURN expr_d

CAST AS type (expr)

TREAT AS type (expr)
```

Mit dem `INSTANCE OF`-Operator wird der Typ eines Ausdrucks *expr* überprüft. Das Ergebnis ist `TRUE`, wenn der Wert des Ausdrucks vom spezifizierten Typ *type* oder einem Untertyp ist. Durch die Angabe `ONLY` kann exakt auf den Typ eingeschränkt werden. Untertypen sind dann nicht zugelassen.

Dieser Ausdruck liefert den Wahrheitswert `TRUE`, wenn die Variable `$hotel` einen Elementknoten enthält:

```
$hotel INSTANCE OF ELEMENT
```

Ein `TYPESWITCH`-Ausdruck gestattet es, den Typ zu testen und in Abhängigkeit vom vorliegenden Typ unterschiedliche Werte zurückzuliefern. Eine oder mehrere `CASE`-Klauseln nehmen den Test auf Typ *type_i* vor und liefern bei Erfolg den durch *expr_i* berechneten Wert zurück. Ist keiner der `CASE`-Zweige erfolgreich, wird der nach `DEFAULT` angegebene Ausdruck berechnet und sein Wert zurückgeliefert.

Beispiel 10.11 Abhängig davon, ob die Variable `$aus` eine Zimmer-, Hotel- oder allgemeine Ausstattung enthält, werden verschiedene beschreibende Zeichenketten vom Ausdruck geliefert.

```
TYPESWITCH ($aus)
CASE zimmeraus RETURN "Zimmereinrichtung"
CASE hotelaus RETURN "Hotelausstattung"
CASE ausstattung RETURN "allgemeine Ausstattung"
DEFAULT RETURN "keine Ausstattung"
```

Liegt kein Ausstattungsgegenstand vor, wirkt der `DEFAULT`-Zweig, und die Zeichenkette »keine Ausstattung« wird vom Ausdruck zurückgegeben. □

Explizite Typumwandlung In manchen Situationen ist es notwendig, explizit eine Typumwandlung vorzunehmen. Dies kann mit `CAST` erfolgen.

Der Wert des Ausdrucks *expr* wird in einen Wert vom Typ *type* umgewandelt. Mit `CAST` ist eine Konvertierung zwischen den elementaren Datentypen von XML Schema möglich. Welche konkreten Umwandlungen unterstützt werden, ist in *XQuery 1.0 and XPath 2.0 Functions and Operators* nachzulesen. Da nutzerdefinierte Datentypen nicht automatisch gewandelt werden, sind hierfür vom Anwender selbst Funktionen zu implementieren, die die gewünschten Umwandlungen vornehmen.

Ein `TREAT`-Ausdruck ist genauso aufgebaut wie `CAST`. Im Gegensatz zu `CAST` nimmt `TREAT` aber keine Umwandlung vor, sondern überprüft lediglich, ob der Wert des Ausdrucks *expr* vom Typ *type* oder einem Untertyp ist. Ist dies nicht der Fall, bricht der `TREAT`-Ausdruck mit einem Fehler ab. Damit ist er besonders für Anfragebestandteile geeignet, in denen das Vorliegen eines bestimmten Types sichergestellt werden muss. `TREAT` ermittelt den Typ von *expr* dynamisch und vergleicht ihn mit dem statischen Typ *type*.

Implizite Typanpassungen Eine Typanpassung erfolgt immer dann, wenn ein Ausdruck, ein Funktionsparameter oder ein Operator einen bestimmten Typ verlangen. Dieser Zieltyp kann als Basisdatentyp, Sequenz von Basistypen oder eine Sequenz von Knoten vereinbart sein. Wird für den entsprechenden XQuery-Ausdruck kein Zieltyp vorgegeben, kann der Wert eine beliebige Sequenz sein. Ist der übergebene Wert nicht vom verlangten Zieltyp, werden Typkonvertierungsregeln angewandt. Schlagen diese fehl, wird eine Typfehler-Ausnahme ausgelöst und die Bearbeitung abgebrochen.

Typkonvertierungsregeln

Für nachfolgende Zieltypen gelten diese Regeln:

- **Basisdatentyp:** Ist der vorliegende Wert eine Sequenz, wird überprüft, ob sie nur genau ein Element enthält und dessen Typ extrahiert. Ist der gegebene Wert ein Knoten, muss dessen Inhalt auch einem einfachen Typ entsprechen.
  Ist der Typ eines einfachen Wertes nicht bekannt, z.B. wenn kein Schema für das Dokument gegeben ist, wird versucht, eine Standardkonvertierung vom Typ `xs:string` auf den Zieltyp vorzunehmen.
  Enthält eine Sequenz mehrere nichtleere Elemente oder ein Knoten nicht nur einen einfachen Wert, ist eine Sequenz leer oder lässt sich der einfache Wert nicht in den Zieltyp wandeln, wird ein Typfehler ausgelöst.
- **Sequenz von Basisdatentypen:** Ist der gegebene Wert eine Sequenz, die ein oder mehrere Knoten enthält, werden die Knoten durch ihre getypten Werte ersetzt. Anschließend werden die einzelnen Werte der Sequenz nach den Regeln für einfache Typen umgewandelt.
- **Sequenz von Knoten:** Enthält die Sequenz ein Element, das kein Knoten ist, wird ein Typfehler ausgelöst.

10.3.12 Vergleichsoperationen

Es wird hier im Wesentlichen Gleichheit und Ungleichheit betrachtet. Das Gesagte kann aber auf andere Vergleichsoperatoren wie »`>=`« oder »`<`« übertragen werden.

Regeln zum Vergleich einfacher Werte Beide Operanden eines Vergleichsausdruckes sollen einfache Werte sein, d.h., sie sind boolesche, numerische oder Zeichenkettenwerte bzw. Werte eines davon abgeleiteten Datentyps. Besitzen dann die beiden Operanden unterschiedliche Typen, erfolgt die Typanpassung vor dem Vergleich nach diesen Regeln:

1. Ist ein Operand vom Typ `boolean`, wird der andere in einen booleschen Wert gewandelt.
2. Ist andernfalls ein Operand ein numerischer Wert, wird der andere in einen numerischen Wert gewandelt.
3. In allen anderen Fällen werden die Operanden als Werte vom Typ `string` verglichen.

Ein numerischer Wert wird in den booleschen Wert `FALSE` gewandelt, wenn er gleich Null oder ein nicht darstellbarer Wert (`NaN`, engl. Not a Number) ist. Besitzt er einen gültigen Wert ungleich Null, wird er in `TRUE` konvertiert. Alle nicht leeren Zeichenketten liefern `TRUE`, die leere Zeichenkette FALSE. Zeichenketten werden in einen numerischen Wert anhand der Regeln der XPath-Funktion number konvertiert, d.h., sie müssen einen gültigen Wert entsprechend dem IEEE 754-Format darstellen.

Beispiele für Gleichheit:

```
10 = "+1.0e+1"
"Hotel am Leuchtturm" = true
"Heuer" = "Heuer"
```

Beispiele für Ungleichheit:

```
7 != "sieben"
false != "Moin"
"Heuer" != "heuer"
```

Regeln zum Vergleich mit Sequenzen Ist einer der Operanden eines Vergleiches eine Sequenz, egal welcher Operand, dann werden je nach Typ des anderen Operanden diese Regeln angewandt:

1. Gleichheit mit booleschen Operanden ist gegeben, wenn der Operand TRUE ist und die Sequenz mindestens ein Element enthält, oder der Operand FALSE und die Sequenz leer sind.
2. Ungleichheit mit booleschen Operanden gilt, wenn der Operand FALSE ist und die Sequenz nicht leer oder der Operand TRUE und die Sequenz leer ist.
3. Gleichheit mit einem numerischen Wert liegt vor, wenn der numerische Wert der Stringrepräsentation eines Elementes der Sequenz gleich dem numerischen Operanden ist.
4. Ungleichheit mit einem numerischer Wert besteht, wenn der numerische Wert der Stringrepräsentation eines Elementes der Sequenz ungleich dem numerischen Operanden ist.
5. Gleichheit mit einem Zeichenkettenoperanden gilt, wenn die Zeichenkettenrepräsentation eines Elementes der Sequenz identisch ist mit dem Zeichenkettenoperanden.
6. Ungleichheit mit einer Zeichenkette besteht, wenn die Zeichenkettenrepräsentation eines Elementes der Sequenz nicht identisch mit der Zeichenkette ist.
7. Zwei Sequenzen sind gleich, wenn es ein Paar von Elementen (eines aus jeder Sequenz) gibt, deren Zeichenkettenwert gleich ist.
8. Zwei Sequenzen sind ungleich, solange es ein Paar von Elementen (eines aus jeder Sequenz) gibt, deren Zeichenkettenwert ungleich ist.

Unabhängig davon, welcher Vergleichsoperator im Ausdruck benutzt wird, wenn eine oder beide Sequenzen leer sind, wird der Ausdruck zu FALSE ausgewertet.

Die siebte und achte Regeln zeigen deutlich, dass man es beim Vergleich mit Sequenzen mit einer Existenzsemantik zu tun haben. Dies bedeutet, es ist ausreichend, wenn ein Paar von Elementen der Sequenzen existiert, welches gleich, ungleich, größer als usw. ist. Wenn also ein Knoten in beiden Sequenzen vorkommt, sind damit auch die Sequenzen gleich. Analog gilt, solange nicht alle Elemente zweier Sequenzen identisch und auch keine leer ist, ist immer Ungleicheit gegeben.

Beispiel 10.12 Die Regeln zum Vergleich mit Sequenzen sollen am folgenden XML-Fragment verdeutlicht werden. Das Fragment enthält eine Liste von Hotels mit Namen und Unterkunftsart.

```
<hotellist>
  <hotel>
    <name>Hotel am Leuchtturm</name>
    <typ>Hotel</typ></hotel>
  <hotel>
    <name>Baltic</name>
    <typ>Hotel</typ></hotel>
  <hotel>
    <name>Ferienhof Ostseeblick</name>
    <typ>Pension</typ></hotel>
</hotellist>
```

Die Variable `$h` soll an eine Sequenz von Hotel-Elementen gebunden werden, etwa durch diese Anweisung:

```
FOR $h IN //hotel
```

□

Die folgende Aussagen ergeben sich aus den obigen Regeln, sie sind aber nicht unbedingt offensichtlich. Dafür fassen sie aber nochmal die wesentlichen »pathologischen« Fälle der Vergleichsausdrücke zusammen.

- `$h = $h` ist nur wahr, wenn `$h` keine leere Sequenz ist.
- `$h != 'Baltic'` bedeutet nicht `not($h = 'Baltic')`. Wenn `$h` eine Sequenz ist, gilt der erste Ausdruck, wenn irgendein Element von `$h` nicht gleich `'Baltic'` ist. Der zweite gilt, wenn kein Element von `$h` gleich `'Baltic'` ist.
- Wenn `$h = $i` und `$i = $j` gilt, muss nicht `$h = $j` gelten.

Wertevergleich

Wird beim Vergleich mit Sequenzen die Existenzsemantik nicht gewünscht, ist der reine Wertevergleich in XQuery zu benutzen. Die Operatoren sind dann `EQ` für Wertegleichheit, `NE` (ungleich), `LT` (kleiner als), `LE` (kleiner gleich), `GT` (größer als) und `GE` (größer gleich).

10.3.13 Statischer und dynamischer Kontext eines Ausdrucks

Kontextinformation

Die Auswertung eines Ausdrucks kann durch bestimmte statische und dynamische Kontextinformation beeinflusst werden.

statischer Kontext

Anfrageprolog

Der statische Kontext wird in der Regel durch spezielle Anweisungen, die vor der eigentlichen Anfrage stehen, dem so genannten Anfrageprolog, definiert oder ergibt sich aus der Systemumgebung, in der die Anfragebearbeitung erfolgt.

Zum statischen Kontext zählen Namensraumdeklarationen, ein Standardnamensraum für Element-, Attribut- und Funktionsbezeichner ohne Präfix, Typdefinitionen, Funktionsdeklarationen und Basis-URI in Form einer absoluten URI, zu der relative Pfade als Parameter der `document`-Funktion wirken. Weiterhin zählen Variablendefinitionen, bestehend aus Variablenname und Typ, zum statischen Kontext. Sie werden aber nicht im Prolog definiert, sondern aus der statischen Analyse von Ausdrücken abgeleitet.

dynamischer Kontext

Kontextknoten

Zum dynamischen Kontext sind der aktuell zu verarbeitende Wert oder Knoten zu zählen. Bei letzterem spricht man auch vom Kontextknoten. Z.B. ist im Pfadausdruck `hotel[`*`expr`*`]` jedes Element der Sequenz, d.h., die Menge der XML-Elemente `hotel`, Kontextknoten für die Auswertung von *`expr`*. Weiterhin gehören zum dynamischen Kontext die Größe, im Beispiel die Anzahl der `hotel`-Elemente, und die aktuelle Position, also das aktuelle `hotel`-Element. Die aktuelle Position kann durch die Funktion `position` ermittelt werden. Für das erste Element einer Sequenz liefert sie 1. Bestandteil des dynamischen Kontextes sind außerdem die aktuellen Werte der einzelnen Variablen und das aktuell bearbeitete Dokument.

10.3.14 Anfrageprolog

Vor der eigentlichen Anfrage können im so genannten Anfrageprolog Namesraumdeklarationen und Schemaimporte stehen sowie Funktionsdefinitionen erfolgen.

```
SCHEMA "http://www.w3.org/1999/xhtml at http://www.w3.org/1999/xhtml.xsd"

NAMESPACE xhtml = "http://www.w3.org/1999/xhtml"

document("aspects.xhtml")//xhtml:table

DEFAULT ELEMENT NAMESPACE = "http://www.baltic.de/hotel-schema"
DEFAULT FUNCTION NAMESPACE = "http://www.baltic.de/hotel-function"
```

In der Beschreibung von XQuery wurde z.B. vorausgesetzt, dass folgende Namensraumvereinbarungen gelten:

```
NAMESPACE xs = "http://www.w3.org/2001/XMLSchema"
NAMESPACE xf = "http://www.w3.org/2001/12/xquery-operators"
```

Funktionen werden mit dem Präfix `xf` und die Basisdatentypen von XML Schema mit dem Namensraumpräfix xs als qualifizierte Namen angegeben.

10.3.15 Nutzerdefinierte Funktionen

Neben der Verwendung von Standardfunktionen, die gemeinsam von XQuery und XPath benutzt werden, können eigene Funktionen definiert werden. Die Definition nutzerdefinierter Funktionen erfolgt nach folgendem Schema:

```
DEFINE FUNCTION Name ( Parameter_i ... )
[RETURNS Typ]
{ expr }
```

Neben einem Funktionsnamen *`Name`* können Parameter *`Parameter_i`* mit Namen und Typ sowie der Typ des Funktionswertes (Rückgabewert) angegeben werden. Fehlt die Typangabe bei einem Parameter, wird für ihn ein beliebiger Typ akzeptiert. Fehlt die `RETURNS`-Klausel, ergibt sich der Typ des Funktionswertes erst zur Laufzeit.

Beispiel 10.13 Unter Verwendung der Standardbibliotheksfunktion `xf:substring` soll eine Funktion `prefix` definiert werden, die die ersten n Zeichen einer Zeichenkette extrahiert. Die Funktion hat zwei Paramater: `$str` ist die zu untersuchende Zeichenkette und `$len` die Länge des gewünschten Präfixes.

```
NAMESPACE xf = "http://www.w3.org/2001/08/xquery-operators"

{-- returns the 'len' first characters of a string --}
DEFINE FUNCTION prefix(xs:string* $seq, xs:integer $len)
RETURNS xs:string*
{
  FOR $i IN $seq
  RETURN
    xf:substring($i, 1, $len)
}
```

Da `prefix` sowohl auf eine Sequenz als auch auf eine einzelne Zeichenkette (eine Sequenz der Länge 1) angewandt werden soll, ist sowohl der Parameter `$seq` als auch der Funktionswert vom Typ `xs:string*`. Die Kardinalitätsangabe »*« steht für null-, ein- oder mehrfaches Auftreten. □

10.3.16 XQuery-Standardisierung

Der XQuery Standard umfasst sieben Dokumente, die alle Working Draft Status haben. Die aktuellste Version von XQuery 1.0 ist der Draft vom 20. Dezember 2001.

XQuery enthält XPath 2.0 als Teilmenge und hängt von folgenden weiteren W3C-Spezifikationen ab oder wird durch sie ergänzt:

- Grundlegende Anforderungen an eine XML-Anfragesprache wie XQuery werden in *XML Query 1.0 Requirements*[8] aufgestellt.
- *XQuery 1.0 and XPath 2.0 Data Model* definiert das zugrundeliegende Datenmodell, das XML-Dokumentinhalte beschreibt, so wie sie von einem XQuery-Prozessor verarbeitet werden können.
- Die Semantik von XQuery wird formal in *XQuery 1.0 Formal Semantics* [9] definiert. Dazu erfolgt zuerst eine Abbildung der vollständigen XQuery-Sprache auf eine minimal notwendige Teilmenge, für die dann die Semantik definiert wird.
- Das Typsystem von XQuery basiert auf *XML Schema*. Dies betrifft vor allem die Standardtypen. Der Zugriff auf Typdefinitionen aus einem nutzerdefinierten Schema ist zurzeit noch nicht vollends geklärt.
- Eine umfangreiche Bibliothek mit Operatoren und Funktionen, die von XQuery und XPath 2.0 unterstützt werden, wird in *XQuery 1.0 and XPath 2.0 Functions and Operators* festgeschrieben.
- Zur Verarbeitung durch XML-Prozessoren gibt es eine XML-basierte Syntax der Anfragesprache, die in der Spezifikation *XQueryX 1.0* zu finden ist.

fünf Stufen zur W3C Recommendation

Generell ist anzumerken, dass alle Spezifikationen bis auf XML Schema den Status eines *Working Draft* haben und sich damit erst auf der ersten Stufe zu einer W3C-Empfehlung befinden. Die fünf zu durchlaufenden Stufen sind *Working Draft*, *Last Call Working Draft*, *Candidate Recommendation*, *Proposed Recommendation* und *W3C Recommendation*. Dementsprechend können sich Details in naher Zukunft noch ändern.

[8] Dies war der erste Draft, der beim W3C zu einer XML-Anfragesprache erschien, die zu diesem Zeitpunkt noch XML Query heißen sollte.

[9] Irreführenderweise hieß der erste Draft *XQuery Algebra*, obwohl er nicht das leistete, was man von einer Algebra erwartet, es fehlten Transformationsregeln und einfache algorithmische Umsetzungen der Operationen. Folgerichtig erfolgte eine Umbenennung in *Formale Semantik*.

10.3.17 XQuery-Implementierungen

Es existieren mittlerweile eine Reihe von prototypischen Implementierungen von XQuery, die im Wesentlichen von Datenbankherstellern und Forschungseinrichtungen realisiert wurden. Hier eine beispielhafte Auflistung, die keinen Anspruch auf Vollständigkeit erhebt:

- »Kweelt« von der University of Pennsylvania, Arnaud Sahuguet, `db.cis.upenn.edu/kweelt/`
- Fatdog Software, Howard Katz, `www.fatdog.com`
- »XML Query Demo«, Microsoft, Michael Rys, `msdn.microsoft.com/xml/`
- Software AG, QuiP,Jonathan Robie, `www.softwareag.com/developer/downloads/default.htm`
- Lucent Bell Labs, Jérôme Siméon, `XMLDevConSpring2001`
- GMD Darmstadt, Peter Fankhauser, `XMLDevConSpring2001`
- Universität Rostock, Guido Rost, `www.xml-and-databases.com`

Eine aktuelle Liste von Implementierungen wird bei der XQuery Group des W3Cs geführt.

10.4 Übersicht zu weiteren Anfragesprachen

10.4.1 XML-QL

Die Sprache XML-QL ist im Rahmen eines Projektes der AT&T Labs unter der Beteiligung von Alin Deutsch, Mary F. Fernandez, Daniela Florescu, Alon Levy, Dan Suciu entstanden. Sie war die erste »SQL-ähnliche« Anfragesprache für XML und hat starken Einfluss auf die XML-Anfragesprache XQuery des W3C und deren Vorgänger Quilt gehabt[10]. XML-QL benutzt ein graphbasiertes XML-Datenmodell und ist sowohl Anfrage- als auch Transformationssprache, die alle geforderten Operationen unterstützt.

Datenmodell

Graphenmodell

XML-QL geht ähnlich wie XML-Lorel von einem Graphenmodell aus. Das heißt, XML-Dokumente werden auf einen Graphen abgebildet, dessen Knoten die Elemente dastellen. Kanten repräsentieren Subelementbeziehungen. Aus dieser Baumstruktur wird dann ein Graph, wenn im Dokument `ID`/`IDREF`-Beziehungen existieren. Jedes Element, das über Attribute vom Typ `IDREF` verfügt, wird mit den Elementen über zusätzliche Kanten verbunden, die referenziert werden. Diese Elemente besitzen bei einem gültigen XML-Dokument ein Attribut vom Typ `ID`.

Baumstruktur plus `ID`/`IDREF`-Kanten

[10] Was nicht verwundert, wenn man den beteiligten Personenkreis betrachtet.

Die Knoten des Graphen werden mit den Elementnamen und die IDREF-Kanten mit den Namen der IDREF-Attribute beschriftet. Es handelt sich um einen gerichteten Graph, die Kanten gehen vom Element zum Subelement und vom IDREF-Attribut zum Element mit dem korrespondierenden ID-Attribut. Um das Mixed-Content-Type-Inhaltsmodell adäquat darstellen zu können, werden #PCDATA-Abschnitte ebenfalls mit einem Knoten dargestellt und vom zugehörigen Element über eine Kante verbunden. Attribute werden direkt beim Elementknoten mit abgelegt.

Durch das Datenmodell von XML-QL lassen sich sehr gut semistrukturierte Daten modellieren. Ein Nachteil ist sicher, dass XML-QL nicht zwischen Subelementkanten und IDREF-Kanten unterscheidet. Anders als in Baumstrukturen, in denen nur ein Pfad von der Wurzel zu einem konkreten Element führt, können in einem Graphen mehrere Pfade zu einem Element führen. Die Sprache muss dann sicherstellen, dass bei der Auswertung von Pfadausdrücken jedes Element nur genau einmal in das Ergebnis übernommen wird. Aufgrund der fehlenden Unterscheidung kann die Dokumentordnung verloren gehen. Diese bleibt nur bei einer Beschränkung auf die Baumstruktur ohne IDREF-Kanten erhalten.

Anfrageausdrücke

Mit XML-QL ist man in der Lage,

- SQL-ähnliche Anfragen an XML-Dokumente zu stellen,
- Baum- oder Graphenstrukturen als Ergebnis zu liefern,
- neue Elemente zu erzeugen,
- durch den IN-Operator Zugriff auf verschiedene Dokumente auszuführen,
- eine Restrukturierung vorzunehmen sowie
- Gruppierungen und Verbünde zu realisieren.

Das Grundmuster einer XML-QL-Anfrage besteht aus einer WHERE- und einer CONSTRUCT-Klausel in dieser Struktur:

```
WHERE pattern IN source, ...
CONSTRUCT output
```

Eine oder mehrere Muster *pattern* werden über der Graphenstruktur, die durch *source* beschrieben wird, ausgewertet. *source* kann eine URI eines Dokumentes sein oder eine Sicht bzw. Variable darstellen. Mit *output* kann die gewünschte Ergebnisstruktur konstruiert werden.

WHERE

Ein Muster der WHERE-Klausel im Sinne von XML-QL ist eine Menge von geschachtelten Element-Tags, in die Variablen eingebettet sind.

Variablen

Um den generellen Ablauf der Auswertung von XML-QL-Anfragen zu zeigen, wird dieses Beispiel betrachtet:

```
WHERE <rechnungen>
    <rechnung><betrag>$b</betrag></rechnung>
    <gast>$g</gast>
  <rechnungen> IN "rechnungen.xml"
CONSTRUCT <zuzahlen>
    <gast>$g</gast>
    <betrag>$b</betrag>
  </zuzahlen>
```

Mit der WHERE-Klausel wird eine Struktur von Pfadausdrücken gebildet, in deren Auswertung Variablen gebunden werden. Im obigen Beispiel wird die Variable $b an alle Knoten des Dokumentes rechnungen.xml, in diesem Fall alle Rechnungsbeträge, gebunden, die durch den Pfad /rechnungen/rechnung/betrag bestimmt werden. Die Variable $g hingegen wird an alle Knoten /rechnungen/gast, also an die Information zu den Gästen, gebunden.

Bei der Auswertung wird nun jede mögliche Kombination von $b- und $g-Werten gebildet. Im Beispiel werden keine weiteren Einschränkungen vorgenommen. Im Speziellen werden keine Verknüpfungen zwischen den Werten der Variablen $b und der Variablen $g hergestellt, sodass ein karthesisches Produkt entsteht.

Erscheint eine Variable mehrfach in einer Anfrage, kann man davon ausgehen, dass alle Vorkommen jeweils den gleichen Wert aufweisen, also eine Art Gleichverbund zwischen den entsprechenden Anteilen realisiert wird.

Durch die CONSTRUCT-Klausel wird ein Teilbaum erstellt, der dem Ergebnis hinzugefügt wird. Für jede Variable, die in der Klausel erscheint, wird der entsprechende Wert aller möglichen Bindungen eingesetzt. Bezogen auf das Beispiel heißt dies, für $g werden alle Gast-Knoten und für $b alle Beträge ersetzt.

Neben allen Knoten, die zum Muster der Variable passen, werden alle weiteren vom Knoten ausgehenden Kanten und die damit verbundenen Knoten übernommen. Somit repräsentiert jede Bindung einer Variablen den gesamten Subgraphen, der über vorwärts gerichtete Kanten erreichbar ist. Auf diese Art und Weise werden aus Datenbanksystemen bekannte Operationen wie Gruppierungen und Verbünde möglich. Der Nachteil ist jedoch, dass die Dokumentordnung verloren geht.

Typische Anfragekonstrukte in XML-QL sollen nun anhand der Plattenkritiksammlung aus Anhang B vorgestellt werden.

Beispiel 10.14 Zuerst soll eine Liste der Albumtitel, bei denen Eric Clapton mitspielte, erzeugt werden.

```
WHERE
  <album>
    <musician>Eric Clapton</musician>
```

```
    <title>$t</title>
  </album> IN "www.abb.com/music/discs.xml"
CONSTRUCT
  <album-title>$t</album-title>
```

Das Beispiel selektiert aufgrund des Inhaltes des Elementes `musician` den Albumtitel, dessen Inhalt an die Variable `$t` gebunden wird (Selektion). Mit der `CONSTRUCT`-Klausel werden dann Albumtitelelemente erzeugt, in die der Inhalt von `$t` eingesetzt wird. □

Beispiel 10.15 Ein zweites Beispiel nimmt eine Gruppierung der Albumtitel pro Band vor.

```
WHERE
  <album>$a</album> IN "www.abb.com/music/discs.xml",
  <band><name>$b</name></band> IN $a
CONSTRUCT
  <result>
    <name>$b</name>
    {
      WHERE <title>$t</> IN $a
      CONSTRUCT <title>$t</>
    }
  </result>
```

In einem ersten Schritt werden an die Variable `$b` alle Bandnamen gebunden, für die im zweiten Schritt in einer Unterabfrage in der `CONSTRUCT`-Klausel dann alle Albumtitel aufgelistet werden. Die Schachtelung von Bandnamen in die Albumelemente wird umgekehrt, indem für alle ermittelten Bandnamen die Alben aufgelistet werden, aus denen die Namen entstammten. □

Beispiel 10.16 Ein weiteres Beispiel berechnet alle Platten von Bands mit Musikern, die vor 1935 geboren wurden.

```
WHERE
  <album>
    <band><name>$b</name></band>
  </album>
    CONTENT_AS $a IN "www.cdnow.com/records.xml",
  <musician>
    <band><name>$b</name></band>
    <born>$y</born>
  </musician>
    IN "www.bands-online.com/musicians.xml",
  $y < 1935
CONSTRUCT
  <old-album>$a</old-album>
```

Zur Beantwortung der Anfrage wird der Inhalt zweier unterschiedlicher Dokumente ausgewertet, indem ein Verbund über den Namen der Gruppe (`$b`) , in der ein Musiker spielt und die ein Album eingespielt hat, vorgenommen wird.

Durch die `CONTENT_AS`-Klausel wird der Inhalt des Elementes, auf den sie folgt, an eine Variable, hier `$a`, gebunden. Dies geschieht, weil nicht nur der Bandname in `$b` von Interesse ist. Vielmehr soll die gesamte Information zum Album in das Ergebnis übernommen werden. Anders als die normale Variablenbindung wird bei `CONTENT_AS` nur der Elementinhalt, nicht aber das Element selbst als Wert gebunden. So wird eine Umbenennung möglich, bei der aus `album` `old-album` wird.

Neben dem Verbund, der hier ausgeführt wird, erfolgt noch eine Selektion anhand der Bedingung, der Inhalt des Elementes `born` — das Geburtsjahr des Musikers — solle vor 1935 liegen. □

Referenzen

Das Verfolgen von Referenzen geschieht in XML-QL sehr einfach. Das Datenmodell stellt `ID/IDREF`-Beziehungen in Form von Kanten dar, die mit dem Namen des `IDREF`-Attributes beschriftet werden. Dadurch können diese mit in die Pfadauswertung einbezogen werden. Der XPointer-Mechanismus wird wie in vielen anderen XML-Anfragesprachen nicht direkt unterstützt.

Skolem-Funktion

Abschließend soll noch ein wesentliches Konstrukt von XML-QL vorgestellt werden, die Skolem-Funktion. Sie wird in XML-QL benutzt, um Gruppierungen vorzunehmen, Aggregatfunktionen zu berechnen, Duplikate zu eleminieren oder `ID/IDREF`-Beziehungen im Ergebnis aufzubauen.

Eine wesentliche Eigenschaft von XML-QL ist die der Knotenidentität im Ergebnisgraphen. Wird versucht, einen Ergebnisknoten mit der gleichen `ID` eines bereits existierenden zu erzeugen, wird dies verhindert. Das kann etwa für die Erweiterung eine Elementes um weitere Subelement ausgenutzt werden. Eine so genannte Skolem-Funktion ist eine Funktion, die einen perfekten Hash-Wert aus ihren Funktionsargumenten berechnet. Es wird sichergestellt, das keine andere Funktion und kein Funktionsaufruf mit anderen Argumenten den gleichen Wert liefert.

Anhand einer Gruppierung soll die Anwendung der Skolem-Funktion demonstriert werden.

Beispiel 10.17 Für ein Album ist jeweils der Produzent vermerkt. Es soll je Produzent eine Liste der von ihm produzierten Alben erstellt werden. Jedes Album soll ein Attribut `produced-by` erhalten, das auf den Produzenten verweist.

```
WHERE <records>
    <album id=$i>
      <title>$t</title>
```

```
      <producer>$p</producer>
    </album>
  <records> in "records.xml"
CONSTRUCT <produced>
    <producer id=sk($p)>
      <album id=$i produced-by=sk($p)>$t</album>
    </producer>
  </produced>
```

Alle Albumelemente werden mittels der Skolem-Funktion `sk` neu gruppiert. Für jeden neuen Produzenten `$p` wird ein `producer`-Knoten erzeugt. Für jeden bereits existierenden Wert von `$p` werden alle Subelemente, in diesem Fall `album`, in den bereits existierenden `procuder`-Knoten eingefügt. Die Albumelemente erhalten einen Verweis `produced-by`, dessen Wert auf ihr Vaterelement zeigt. □

Einordnung

XML-QL als Sprache unterstützt alle Grundoperationen, die von einer XML-Anfragesprache zu fordern sind. Auch werden alle Konstrukte des XML-Datenmodells unterstützt, etwa der `ID`/`IDREF`-Referenzmechanismus. Ein wesentliches Manko von XML-QL ist im Verlorengehen der Dokumentordnung und den damit verbundenen Problemen zu sehen. Zumindest gibt es mit einer `ORDER BY`-Klausel die Möglichkeit, die Ergebnisse explizit nach einem anzugebenden Kriterium sortieren zu lassen.

10.4.2 XQL

Die Sprache XQL ist ein Vorschlag von Jonathan Robie (Texcel Inc, jetzt Software AG), Joe Lapp (webMethods Inc) und David Schach (Microsoft). Diese Sprache ist das Vorbild des W3C XPath-Standards und die Basis von XSLT. XQL hat in der letzten Zeit einige Erweiterungen erfahren, die nicht in den Nachfahren zu finden sind, etwa eine eingeschränkte Form des Verbundes.

Anfragen in XQL sind sehr einfach:

- Sie extrahieren Knoten und Teilbäume aus einem einzelnen Dokument.
- Aus den selektierten Anteilen wird ein XML-Dokument konstruiert.
- Diese Dokument wird als Anfrageergebnis geliefert.

Datenmodell

Das Datenmodell von XQL ist ein Baummodell, welches den XML Document Object Model-Baum (DOM-Baum) als Basis verwendet. Diese Art Parse-Baum repräsentiert

DOM-Baum

- Elemente als Knoten,
- in einem Element enthaltene Subelemente als Kanten zu den Subelementen und
- alle Attribute als Datenfelder, auf die vom zugehörigen Element aus zugegriffen werden kann.

In Anfrageergebnissen erscheinen Elemente und Subelemente in der gleichen Reihenfolge, in der sie im Eingabedokument auftraten. Das heißt, XQL erhält die Dokumentordnung und ist damit gut geeignet, XML-Fragmente zu finden und zu extrahieren. Das Datenmodell ist jedoch nicht so flexibel und ausdrucksstark wie das Graphenmodell von Lorel oder XML-QL.

Dokumentordnung

Anfrageausdrücke

Eine XQL-Anfrage besteht aus zwei Teilen: einem Pfadausdruck und einem Filterausdruck in der Form *path*[*filter*].

Pfadausdruck

- Der Pfadausdruck *path* definiert, welche Knoten ins Anfrageergebnis übernommen werden sollen. Üblicherweise ist *path* eine Folge von Elementnamen, die durch einen Schrägstrich QCode/ separiert werden.

Filterausdruck

- Der Filterausdruck *filter* nimmt eine Selektion der Knoten vor, die bestimmten Bedingungen genügen. Die Bedingung ist normalerweise eine Folge von booleschen Ausdrücken, etwa der Test auf einen speziellen Attributwert oder die Existenz eines Subpfades.

Subpfad

Der Subpfad ist wie Pfad eine Folge von Elementen, eventuell gefolgt von einer Attributangabe. Attributnamen werden mit einem vorangestellten »@« von Elementnamen unterschieden. XML- und Subpfade werden relativ zur *aktuellen Position* ausgedrückt. Der Initialwert zu Beginn einer Anfrage für diese Position ist die Wurzel des Gesamtdokumentes. Ein führender Schrägstrich in einem Pfad (*/path*), lässt diesen bei der Dokumentwurzel wieder beginnen. Zwei Arten von Mustern sind in Pfadangaben erlaubt:

Muster

- »*« ist ein Jokerzeichen (engl. Wildcard), das für eine beliebige Kante steht.
- »//« repräsentiert eine beliebige Anzahl solcher Jokerzeichen und damit eine beliebige Serie von Kantenverfolgungen.

Nachdem ein oder mehrere Knoten anhand ihres Pfades selektiert wurden, können sie als Anfrageergebnis geliefert oder eine Anzahl weiterer Methoden und Filter auf sie angewandt werden. Pfadausdrücke in XQL sind keine allgemeinen Pfadausdrücke (engl. General Path Expression, GPE), dazu fehlen mindestens ein Operator für die Kleene'sche Hülle[11] und ein Auswahloperator.

allgemeiner Pfadausdruck

Beispiel 10.18 Anhand zweier XQL-Ausdrücke werden die Selektion und die Reduktion gezeigt. Die Dokumentstrukturen beziehen sich wieder auf das Hotelbeispiel.

```
/hotels/hotel[zimmertyp/@preis < 80]
```

liefert die Menge aller Hotels, die Zimmer anbieten, die unter 80 Euro kosten. Es werden Hotelelemente einschließlich aller Subelemente zurückgeliefert. Der Filterausdruck in den eckigen Klammern nimmt eine Selektion vor, beeinflusst aber nicht den ausgewählten Pfad.

```
/hotels/hotel{name | zimmertyp[@preis < 80]}
```

übernimmt alle Hotelelemente in das Ergebnis und nimmt eine Reduktion vor. Durch den Gruppierungsoperator (»`{`«, »`}`«) und die Vereinigung (»`|`«) werden nicht alle Subelemente, sondern nur der Hotelname `name` und, wenn vorhanden, Zimmerangebote `zimmertyp` unter 80 Euro mit deren Subelementen pro Hotel in das Ergebnis übernommen. Alle anderen Subelemente von Hotel werden entfernt. □

Weitere Konstrukte, die XQL bietet, sind:

- der Zugriff über die Dokumentordnung mittels Subskriptoperator; `/album/song[2]` selektiert dabei den jeweils zweiten Song eines Albums;
- die Anwendung von Aggregatfunktionen wie `avg` oder `sum`,
- die Verwendung des All-Quantors `ALL` und der Negation mit `NOT` in Filterausdrücken,
- die Dereferenzierung von `IDREF`-Attributen über eine Methode `id` (leider nicht auf `IDREFS`-Attributen), und
- die Umbenennung von Elementnamen mit »`->`«.

Verbünde in XQL Verbundoperationen sind nicht Gegenstand des ursprünglichen Sprachvorschlages gewesen, stellen aber eine wesentliche Erweiterung dar. Mit Hilfe so genannter Korrelationsvariablen können Verbundbedingungen innerhalb von Teilpfaden in XQL formuliert werden.

Korrelationsvariablen

[11] Die transitive Hülle stellt in diesem Kontext eine beliebige Verknüpfung oder Abfolge von ein oder mehreren Elementen dar. Die Kleene'sche Hülle darf im Gegensatz zur transitiven Hülle auch kein Element enthalten.

Beispiel 10.19 Der folgende Ausdruck fügt alle Informationen über den Produzenten dem Album hinzu.

```
/records/album[$p=producer] { * | /records/producer[@id=$p] }
```

In der Variablen `$p` werden die Produzenten von Alben eingesammelt und dann die Werte für alle passenden Produzenten unter `/records/producer`, mit in das Ergebnis eingepasst. Genau genommen ist dies ein linker Außenverbund, denn im Ergebnis erscheinen auch Alben ohne Produzent. □

Eine weitere Verbundform, die in XQL unterstützt wird, ist der Semi-Verbund. Alle diese Verbundformen lassen sich jedoch nur innerhalb eines Dokumentes anwenden.

Unterschiede zu XPath 1.0 Auch wenn XQL sehr ähnlich zu XPath 1.0 ist, gibt es ein paar Unterschiede. Diese XQL-Ausdrücke gibt es beispielsweise so nicht in XPath 1.0:

```
//foto/titel = "Ansicht eines Doppelzimmers"
//hotel/fotos[0,-1]/foto
//hotel/fotos[-2 to -1]/foto
```

Der direkte Vergleich muss in XPath 1.0 etwas umständlicher formuliert werden:

```
//foto/title[. = "Ansicht eines Doppelzimmers"]
```

Der zweite und dritte XQL-Ausdruck verwenden den Subskriptoperator, um das erste und letzte bzw. die beiden letzten Fotos, die es zu einem Hotel gibt, zu extrahieren.

Einordnung der Sprache

XQL mangelt es an einem Mechanismus, Elemente zu identifizieren. Sie werden vielmehr durch Muster beschrieben. Dadurch ist es möglich, dass ein Element mehrfach im Ergebnis auftauchen kann. Pfadausdrücke können keine regulären Ausdrücke, sondern nur eine Teilmenge davon enthalten. Element- und Attributinhalten können nicht durch reguläre Ausdrücke beschrieben werden.

Leider gibt es im ursprünglichen Vorschlag keine Möglichkeiten für den Verbund und sie sind in Erweiterungen nur eingeschränkt nutzbar. Die Anfragen beziehen sich auch nur auf Einzeldokumente, wobei durchaus logische Dokumente aus vielen Millionen Elementen aufgebaut sein können.

Die Vorteile von XQL sind in der kompakten Syntax zu sehen. Sie ist damit gut für Web-Anwendungen geeignet. In der Kombination mit

XSLT ergeben sich vielfältige Restrukturierungs- und Transformationsmöglichkeiten. Als Sprache ist sie in einer Vielzahl von Systemen, etwa Tamino, Infonyte, eXcelon, implementiert. Aufgrund der genannten Einschränkungen der Sprache wurden von vielen Herstellern XQL-Spracherweiterungen zur Behebung der Defizite vorgenommen. Damit gibt es heute eine Reihe von XQL-Dialekten.

10.4.3 XML und Updates

In vielen XML-Anwendungen wird aktuell eine Manipulation von XML-Dokumenten über Programme mittels der DOM-API umgesetzt. Diese API erlaubt, wie bereits dargestellt, einen rein navigierenden Zugriff. Weiterhin werden Dokumenttransformationen, die jedoch das ursprüngliche Dokument belassen, wie es ist, mittels XSLT realisiert.

Momentan gibt es keinen Standard, XML-Dokumente mit einer deskriptiven Manipulationssprache zu verändern. Eine solche deskriptive Manipulationssprache sollte Eigenschaften wie die für Anfragesprachen besitzen. Speziell sollte sie eine knappe Beschreibung von Änderungen auch auf Mengen ermöglichen. Das Ziel soll die Abkopplung von der Speicherungsebene und damit eine physische und logische Datenunabhängigkeit sein.

Natürlich sollten Änderungsoperationen Bestandteil einer vollständigen XML-Anfragesprache sein. Auch zählen Konzepte wie Transaktionen, Sichten, Datenschutz und Datensicherheit zu einer vollständigen Anfrage- und Manipulationssprache.

Zu den existierenden Ansätzen im Bereich XML-Update-Sprachen zählen folgende Möglichkeiten und Sprachen:

- Die DOM-API ist der aktuell am meisten eingesetzte Weg, XML-Dokumente zu manipulieren. Der Zugriff ist navigierend.
- XUpdate, SiXDML sind zwei aufeinander aufbauende Vorschläge, die ähnlich zu XSLT, in XML selbst Änderungen an Dokumenten beschreiben.
- MMDOC-QL ist ein logikbasierter Ansatz, der auf dem Pfad-Prädikaten-Kalkül basiert.
- XML Lorel bietet mit den Möglichkeiten der Anfragesprache OQL Änderungsoperationen auf semi-strukturierten Dokumenten an.
- Es gibt mehrere Vorschläge, Updates in XQuery zu integrieren.

Da mit Sicherheit zukünftige Versionen von XQuery Änderungsoperationen unterstützen werden, soll nachfolgend einer der existierenden Vorschläge, der XQuery um Operationen zur Manipulation von XML-Daten erweitert, vorgestellt werden.

10.4.4 XQuery-Updates mit SUNFLWR

Zwar ist es bereits absehbar, dass die erste Version von XQuery keine Änderungsoperationen unterstützen wird, eine deskriptive Manipulationssprache wird trotzdem auf XQuery basieren müssen, um auf breite Akzeptanz zu stoßen. Die Integration von Änderungsoperationen in XQuery soll darum am Beispiel der Manipulationssprache SUNFLWR angedeutet werden.

Die Ausgangsbasis für die Manipulation von XML-Dokumentbestandteilen in SUNFLWR ist, genauso wie in XQuery FLWR-Ausdrücken, die Bindung von Variablen an Objekte. Den Rahmen für Manipulationen im Sinne von XQuery bildet also der Kontextknoten. Änderungen werden durch die `UPDATE`-Klausel realisiert. Sie tritt in FLWR-Ausdrücken an die Stelle der `RETURN`-Klausel:

Kontextknoten

`UPDATE`

```
FOR | LET ...
WHERE ...
UPDATE $v { update-op ... }
```

Nach der Variablenbindung in `FOR` oder `LET`-Klauseln und einer weiteren Selektion mit `WHERE` werden in der `UPDATE`-Klausel im Kontext der Bindungen der Variable `$v` eine oder mehrere Änderungsoperationen *`update-op`* ausgeführt.

Folgende Manipulationen stellen eine Minimalmenge an Operationen dar, die durch *`update-op`* zu unterstützen sind:

- `INSERT` *`content`* `(BEFORE | AFTER)` *`child`*
  Es wird *`content`* vor oder nach dem Subknoten *`child`* des aktuellen Kontextknoten eingefügt. *`content`* kann unter Verwendung der Element- und Attributkonstruktoren von XQuery erzeugt werden.
- `DELETE` *`child`*
  Der Subknoten *`child`* des Kontextknoten wird entfernt.
- `RENAME` *`child`* `TO` *`name`*
  Der Subknoten *`child`* wird in *`name`* umbenannt.
- `REPLACE` *`child`* `WITH` *`content`*
  Der Subknoten *`child`* des Kontextknotens wird mit *`content`* ersetzt.
- `MOVE` *`source`* `(BEFORE | AFTER)` *`dest`*
  Der Subknoten *`source`* wird vor oder nach den Subknoten *`dest`* bewegt.

Die Operationen `REPLACE` und `MOVE` können auch durch eine kombinierte Ausführung von `DELETE` und `INSERT` ersetzt werden, sollten aber aus Effizienzgründen direkt umgesetzt werden.

Beispiel 10.20 Die Anwendung von XQuery-Updates soll an zwei Beispielen gezeigt werden. Zuerst soll zu allen Beschreibungen von Hotels der Hotelkette »Ibis« ein Attribut `xml:lang` hinzugefügt werden, das die verwendete Sprache anzeigt.

```
FOR $h IN //hotel[@kette = 'Ibis']
UPDATE $h/beschreibung { INSERT ATTRIBUTE xml:lang "de" }
```

Das Attribut `xml:lang` und der Wert »`de`« für die deutsche Sprache wird mit dem Attributkonstruktor `ATTRIBUTE` generiert.

Weiterhin sollen für die Hotelkette »Ibis« alle Eintragungen für Doppelzimmer entfernt werden.

```
FOR $zt IN //hotel[@kette = 'Ibis']/zimmertyp
WHERE $zt/@typ = 'DZ'
UPDATE $zt { DELETE . }
```

Nach der Bindung aller `zimmertyp`-Knoten für die Hotelkette »Ibis« an die Variable `$zt` wird auf die Knoten mit `typ` gleich »`DZ`« eingeschränkt. Dann werden alle ausgewählten Knoten gelöscht. »`.`« steht dabei für die `self`-Achse, also den Kontextknoten selbst. □

10.5 Weiterführende Literatur

Sprachanforderungen Die allgemeinen Anforderungen an Datenbanksprachen stammen von Andreas Heuer und Marc Scholl [HS91] und sind auch in [HS00] zu finden.

Die Anforderungen an eine XML-Anfragesprache stammen von David Maier [Mai98] und dem ersten Workshop des W3C zu Anfragesprachen von 1998 [W3C98]. Diese Anforderungen mündeten in die *W3C XML Query Requirements* [CFMR01].

Pfadausdrücke Die Basis vieler XML-Anfragesprachen ist XPath 1.0 [W3C99], das als Empfehlung vom W3C verfügbar ist. Die Anfänge von XPath gehen auf die W3C XSL-Mustersprache [ABC+01] und XPointer [W3C01a] zurück. Die W3C-Recommendation XPath und XSLT kann man auch in aufbereiteter Form bei Michael Kay in [Kay01] nachlesen.

XPath

Die formale Semantik von XPath kann man bei Philip Wadler [Wad] nachlesen. Basis war die Semantik von XSLT-Mustern [Wad99]. Eine Reihe von Arbeiten befassen sich mit der Optimierung von XPath-Ausdrücken. So formt etwa François Bry et al. in [OMFB02] XPath-Ausdrücke, die Navigationen auf Vor- und Rückwärtsachsen enthalten, in Ausdrücke um, die nur noch eine Vorwärtsnavigation enthalten.

Die Grundlagen von Pfadausdrücken und die zugehörigen Techniken wie regulärer Ausdruck, Mustererkennung in Bäumen, NFA,

DFA werden von Alfred V. Aho, Ravi Sethi und Jeffrey D. Ullman in [ASU88a, ASU88b] sowie von John E. Hopcroft und Jeffrey D. Ullman in [HU90] erschöpfend dargelegt.

Vassilis Christophides, Sophie Cluet, Guido Moerkotte und Jérôme Siméon zeigen in [CCMS98], wie allgemeine Pfadausdrücke (GPE) mit Hilfe von Volltextindizes optimiert werden können.

Mit den Anfragesprachen XPath und XQuery müssen Elemente und Attribute exakt adressiert werden. Exakte Anfragen sind für viele XML-Dokumente aufgrund ihrer unregelmäßigen Struktur jedoch ungeeignet. Teilweise sind auch die Element- und Attributnamen nicht genau bekannt.

Ein gegenwärtiges Forschungsgebiet ist momentan die Entwicklung von Anfragesprachen und die Realisierung von Anfragen, die kein exaktes Matching zwischen der Anfrage und den XML-Dokumenten durchführen, sondern hier vage Verfahren einsetzen. Das Ergebnis sind gerankte Ergebnisdokumente.

Es gibt ein Verfahren von Anja Theobald und Gerhard Weikum [TW02], das Pfadausdrücke mit Wildcards erlaubt und Ontologien einsetzt, um nicht nur exakte, sondern auch synonym verwendete und ähnliche Strukturinformationen auszuwerten.

Andere Verfahren verwenden approximative Verfahren, um ein Matching zwischen einem in der Anfrage spezifizierten Pfad und den XML-Dokumenten herzustellen. Dabei werden kostenbasierte Methoden verwendet, die eine Sortierung der Ergebnismenge bewirken. Stellvertretend für diese Forschungsansätze seien Artikel von Simer Amer-Yahia, SungRan Cho und Divesh Srivastava [AYCS02] sowie Torsten Schlieder [Sch02a] genannt.

Anfragesprachen Informationen zur XML-Anfragesprache des W3C, XQuery, findet man direkt beim W3C selbst [W3C01e]. Aufbereitete Darstellungen des Sprachvorschlages sind in [Kat02] und [CR02] zu finden. An gleicher Stelle findet man auch den neuen Vorschlag zu XPath 2.0 [BBC+01], dessen Datenmodell [FMN01] und die Funktionsbibliothek [MMRW01]. Ein erstes Buch [MCS+02] zu XQuery ist bei Wrox erschienen.

XQuery

Die Formale XQuery-Semantik definiert eine Teilmenge von XQuery, XQuery Core, und bildet die volle Sprache auf diesen Kern ab. Peter Fankhauser [Fan01] beschreibt diesen Kern und ein mögliches Verarbeitungsmodell.

XQuery Core

Der unmittelbare Vorläufer von XQuery ist die Sprache Quilt [CRF00], [RCF00]. Grundkonstrukt der Sprache ist ebenfalls der FLWR-Ausdruck. Im Gegensatz zu XML-QL, auf die beide Sprachen zurückgehen, werden von Quilt und XQuery jedoch Pfadausdrücke und keine XML-Muster benutzt, um Variablenbindungen zu erzeugen. Auf Quilt basierende Implementierungen stammen von Arnaud Sahu-

Quilt

guet mit Kweelt [Arn00] und Justin Campbell, Daniel Grossmann und Ana-Maria Popescu [CGP00].

Lorel XML-Lorel ist eine Erweiterung der Anfragesprache Lorel [AQM+97] des Datenbanksystems für semistrukturierte Daten, Lore, [MAG+97], der Standford University. Die Erweiterungen und Anpassungen für XML werden von Jason McHugh und Jennifer Widom in [GMW99] dargelegt.

XQL Ein früher Vorschlag für eine XML-Anfragesprache stammt von Jonathan Robie, Joe Lapp und David Schach mit XQL [RLS98] und in überarbeiteter Form von Jonathan Robie [Rob]. Weitere Informationen (Tutorial [Rob99c], BNF [Lap98] und FAQ [Rob99b]) sind im Web zu finden. Jonathan Robie motiviert die Beweggründe hinter dem Entwurf der Sprache [Rob99a]. XQL hat XPath wesentlich mitgeprägt und wurde z.B. früh von Gerhard Huck und Ingo Macherius bei der GMD-IPSI implementiert [HM99].

XML-QL Der ursprüngliche Sprachvorschlag von XML-QL [DFF+98], [DFF+99] stammt von Alin Deutsch, Mary F. Fernandez, Daniela Florescu, Alon Levy und Dan Suciu. Der Entwurf von XML-QL wurde stark vom STRUDEL-Projekt [FFLS00] und dessen Anfragesprache StruQL [FFLS97] beeinflusst. XML-QL wurde ebenso wie XQL früh als Vorschlag beim W3C eingereicht [DFF+98].

Von SilkRoute [FTS00] und XPERANTO [CFI+00] wird XML-QL für die Konstruktion von XML-Daten aus relationalen bzw. objektrelationalen Datenbanken verwandt.

Algebren Leider gibt es zurzeit für XML-Anfragesprachen nicht wie in relationalen Systemen eine einheitliche, fundierte algebraische Grundlage. Jedoch sind eine Reihe von Anstrengungen unternommen worden, um eine effiziente Sprachimplementierung auf einer XML-Algebra zubauen. Jason McHugh und Jennifer Widom beschreiben Grundoperationen, wie Selektion und Projektion, die Bestandteil einer Algebra sein sollten [GMW99]. Vassilis Christophides, Sophie Cluet und Jérôme Siméon stellen in [CCS00] u.a. eine Algebra vor, die allgemein für semistrukturierte Daten geeignet sein soll. Für XQuery wurde von Mary F. Fernandez, Jérôme Siméon und Philip Wadler direkt eine Algebra [FSW00] vorgeschlagen. Von IBM, Microsoft und Oracle stammt ein Vorschlag eines formalen Datenmodells und einer Algebra [BMR99].

Weitere Sprachvorschläge XMAS, die Sprache des MIX-Mediatorsystems, ist grob gesehen eine Vereinfachung von XML-QL für baumstrukturierte Daten. Durch das vereinfachte Modell ist die Anfrageerzeugung und -verarbeitung weniger komplex und somit leicht zu realisieren.

YATL, die Anfragesprache des Systems YAT [CDSS98] (engl. Ye Another Tree Model), ist zwar keine direkte XML-Anfragesprache, da YAT mit SGML und DTDs arbeitet. Jedoch wurde YAT in neueren Arbeiten [CCS00] an XML angepasst.

YAXQL [Moe00] ist ein Sprachvorschlag von Guido Moerkotte und besitzt eine XML-basierte Syntax. Ähnlich zu XQuery und XML-QL werden Variablen an interessierende XML-Fragmente durch Angabe von Pfadausdrücken gebunden und zur Konstruktion von Ergebnisdaten benutzt.

XML-GL [CCF^{+}99] wählt einen völlig anderen Ansatz zur Anfrageformulierung. Es wird ein visueller Mechanismus ausgenutzt, der mit Diagrammen anstelle der kommandoorientierten Vorgehensweisen der anderen Sprachen arbeitet.

Eine Erweiterung des SQL:99-Standards und SQL/MM Fulltext ist XSQL von David Beech [Bee00], nicht zu verwechseln mit XSQL [KKS92], der objektorientierten Anfragesprache von Michael Kifer, Won Kim und Yehoshua Sagiv. XSQL führt eine `FOR`-Klausel ein, die Iterationen über Kollektionen ähnlich zu `FOR` in XQuery erlaubt. Über eine `AS`-Klausel können Ergebnisse von geschachtelten `SELECT`-Klauseln in XML-Elementstrukturen eingefügt werden. Mit SQL:99-Möglichkeiten wie der Dereferenzierung, rekursiven Anfragen oder Pfadangaben werden Anfragen an XML-Strukturen möglich. Durch die Verwendung von SQL/MM Fulltext werden darüber hinaus Information-Retrieval-Funktionalitäten geboten.

XML und Änderungsoperationen Änderungsoperationen werden traditionellerweise an XML-Dokumenten über die DOM-API realisiert oder durch Transformationen mittels XSLT umgesetzt. In XQuery 1.0 wird es keine Änderungsoperationen geben, dies wird jedoch für spätere Versionen nicht ausgeschlossen. Einen Vorschlag zur Erweiterung von XQuery, der von Igor Tatarinov und weiteren stammt, kann man in [TIHW01] nachlesen. Ein ähnlich gearteter Vorschlag [RCF01] stammt aus der W3C-Arbeitsgruppe, auch wenn er aktuell keine Beachtung in XQuery 1.0 findet. Die in diesem Kapitel vorgestellte Änderungssprache SUNFLWR stammt von Birger Hänsel, basiert zu Teilen auf [TIHW01] und wird in [Hä02] beschrieben.

XQuery Update

Das System eXcelon bietet mit XUL (engl. XML Update Language) eine eigene Änderungssprache an. XUL stellt eine Erweiterung von XSLT dar. Sogenannte »Updategrams« sind XML-Instanzen, die Folgen von Navigationen auf der Baumstruktur und Änderungsoperationen darstellen. Ein weiterer Vorschlag, ähnlich zu XUL, ist XUpdate [LM00].

XUL

XUpdate

Sprachvergleiche Einen Vergleich der XML-Anfragesprachen XQL, XML-QL und Lorel führen Zachary G. Ives und Ying Lu in [LZ00] durch. Angela Bonifati und Stefano Ceri stellen die fünf Sprachen Lorel, XML-QL, XML-GL, XSL und XQL einander in [BC00] gegenüber.

11 XML-Unterstützung in Datenbanksystemen

Die Forderung einer Vielzahl industrieller Anwendungen, XML in erheblichem Umfang zu speichern, anzufragen und weiter zu verarbeiten, führte zur Entwicklung kommerzieller XML-Verarbeitungssoftware. Die Möglichkeiten zur XML-Verwaltung soll an ausgewählten Beispielen in Datenbanksystemen genauso wie in dedizierten XML-Servern und Content Management-Systemen untersucht werden.

Neben IBM mit DB2 (Abschnitt 11.1) bieten auch Oracle*9i* (Abschnitt 11.2) und der Microsoft SQL Server 2000 (Abschnitt 11.3) die Speicherung mit einem XML-Datentyp sowie eine Abbildung von XML-Daten auf relationale oder objektrelationale Strukturen. Der Export von Anfrageergebnissen in XML-Form wird ebenfalls geboten. XML dient dabei als Behälter relationaler oder objektorientierter Strukturen. Seine eigenen Darstellungskonzepte bleiben eher ungenutzt.

Das logische Modell ist bei diesen traditionellen Datenbanksystemen das relationale oder objektrelationale Modell, die Anfragesprache weiterhin SQL. Wenn auch die direkte Speicherung von XML-Fragmenten oder ganzen Dokumenten in einem XML-Datentyp unterstützt wird und auch XPath-Anfragemöglichkeiten geboten werden, sind diese jedoch über Spracherweiterungen, neue Datentypen und zugehörige Funktionen von SQL realisiert.

Ein System, das auf dem objektorientierten Modell der ODMG basiert, ist POET. Hier erfolgt eine Abbildung von XML über Java-Klassen auf objektorientierte Strukturen, die mit den Mitteln von OQL abfragbar sind. Weitergehende Informationen sind in Abschnitt 11.7 zu finden.

Eine Klasse von weiteren Systemen verwendet XML direkt als logisches Datenmodell, auch wenn sie intern durchaus auf Datenbanksysteme zur Verwaltung aufsetzen. Diese Systeme werden oftmals als XML-Server, teilweise auch als native XML-Datenbank-Management-Systeme bezeichnet. Object Designs eXcelon (Abschnitt 11.4) bildet XML auf Objekte ab und erlaubt Anfragen mit XPath ähnlich wie Tamino der Software AG (Abschnitt 11.5), das wohl intern ein Netzwerk- oder hierarchisches Modell verwendet und mittlerweile neben XPath XQuery als Anfragesprache unterstützt. Neu entwickelte oder gezielt auf XML angepasste Speicherungstechniken verwendet der aus dem universitären Umfeld stammende XML-Server wie Infonyte (Abschnitt 11.6), welcher auf PDOM des GMD-IPSI fußt.

Zu nativen XML-Datenbanksystemen gehören meistens Werkzeuge zur Definition von XML-Schemata und zur Erstellung von XML-Dokumenten, so genannte XML-Editoren. Eine Integration mit Transformationssprachen wie XSLT ist eine weitere Eigenschaft dieser Systeme.

Anstatt eines Systemvergleichs werden verschiedene XML-Benchmarks in Abschnitt 11.9 vorgestellt. Sie können zur Bewertung und Auswahl eines geeigneten Systems herangezogen werden.

11.1 DB2 mit XML- und TextExtender

Das objektrelationale Datenbanksystem DB2 Universal Database (UDB) von IBM [Cha98] bietet vielfältige Unterstützung für die Speicherung von XML. Mittels des Extender-Mechanismus, der es gestattet, eigene Erweiterungen in das Datenbanksystem einzubinden, wurden Speicherungstechniken und Anfragemechanismen für Volltexte und XML-Dokumente in DB2 integriert.

DB2 Universal Database kann XML in drei Formen verwalten:

1. durch direkte Speicherung in einem XML-Datentyp, der eine Manipulation und Anfragen mit spezifischen Methoden unterstützt,
2. mittels Abbildung von XML- auf objektrelationale Strukturen und die Darstellung von Anfrageergebnissen als XML-Strukturen, sowie
3. durch die Speicherung als Volltext und die Realisierung von Information-Retrieval-Operationen unter Beachtung der XML-Dokumentstruktur.

Die ersten beiden Techniken werden vom XML Extender, die dritte vom TextExtender umgesetzt.

Darüber hinaus gibt es eine Menge an Werkzeugen und Zusätzen, die ebenfalls eine XML-Verarbeitung mit DB2 zum Ziel haben. Genannt seien XPERANTO zum Anfragen und Export über XML-Sichten und die Integration von DB2 in die Web-Server-Umgebung WebSphere und die zugehörige Skriptsprache Net.Data.

11.1.1 XML Extender — Überblick

Der XML Extender vereinigt die objektrelationale Datenbanktechnologie mit XML. Er ist integraler Bestandteil ab DB2 UDB V7.1 und für viele Plattformen verfügbar: IBM AIX, Windows NT, Linux, SUN Solaris, sowie für AS/400 und OS/390.

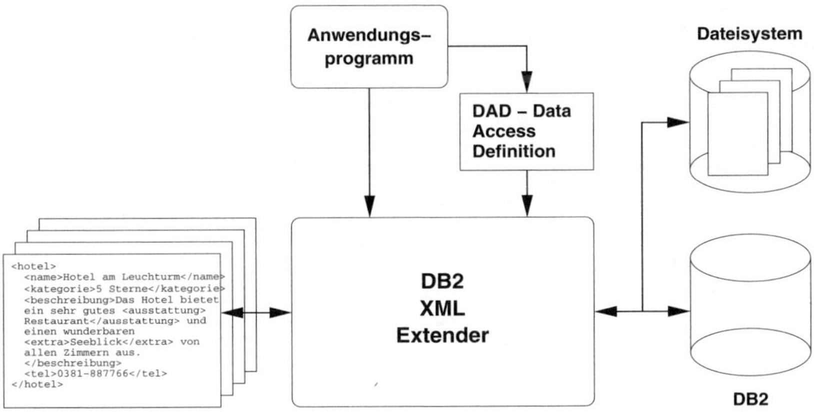

Abbildung 11.1
Überblick XML Extender

Realisiert werden vom XML Extender zwei Speicherungstechniken:

- Die XML Collection stellt einen Mechanismus zur Abbildung auf objektrelationale Strukturen dar.
- XML Column ist ein XML-Datentyp und wird zur Speicherung von ganzen XML-Dokumenten oder -Fragmenten eingesetzt.

Die genaue Form der Speicherung wird mit einer Data Access Definition, kurz DAD genannt, beschrieben. Die DAD kann dabei sowohl die Abbildung beim Importvorgang als auch die zu exportierenden XML-Strukturen spezifizieren. Zur Suche in den gespeicherten Dokumenten kommen die Anfragemöglichkeiten von SQL und in speziellen Extender-Methoden zusätzlich XPath-Ausdrücke zum Einsatz. Der TextExtender erlaubt Information Retrieval nach den in SQL/MM Fulltext festgelegten SQL-Spracherweiterungen.

Einen Überblick zum DB2 XML Extender gibt Abbildung 11.1. Anwendungsprogramme interagieren direkt mit DB2 über die SQL-Anfragesprache und das Aufrufen von Stored Procedures sowie nutzerdefinierten Funktionen (UDFs — User Defined Functions) des XML Extender. Sie beschreiben die gewünschten Abbildungsvorgänge beim Import und Export von XML-Dokumenten mit DAD-Dateien. Die Ablage von XML kann direkt in DB2 erfolgen. Dokumente können aber auch extern im Dateisystem abgelegt sein, wobei nur bestimmte Dokumentbestandteile in DB2 gespeichert und indiziert werden. Die Integration des Dateisystems und die Überwachung der Zugriffe erfolgt dann mit dem so genannten DataLink-Mechanismus.

Der XML Extender ist mit einem Erweiterungsmechanismus von DB2, der Extender-Technologie, implementiert worden. Diese erlaubt, neue nutzerdefinierte Datentypen (UDTs — User Defined Types) und nutzerdefinierte Funktionen, Stored Procedures, Indizierungstechniken und weitere Hilfsfunktionen zu einer Erweiterung, einem Extender, zu-

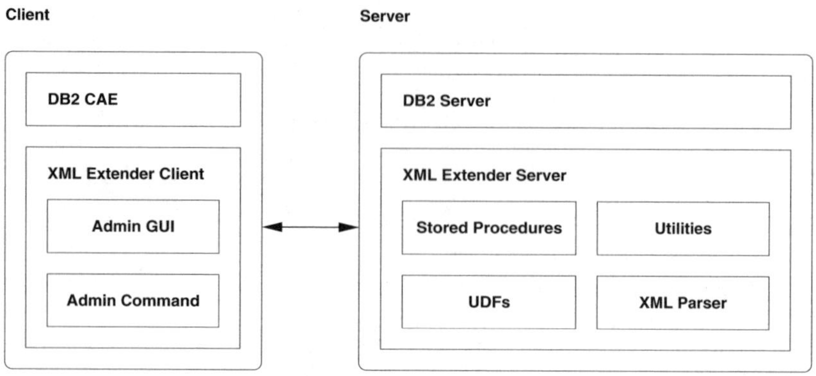

Abbildung 11.2 *XML Extender-Komponenten*

sammenzufassen. Zu diesen Komponenten auf Datenbank-Server-Seite, die Abbildung 11.2 darstellt, kommt neben der Extender-Registrierung und allgemeinen Einstellungen über den DB2-Administrator-Client (CAE) ein spezieller XML Extender-Client hinzu, der u.a. Mechanismen zur Arbeit mit DAD-Dateien bereitstellt.

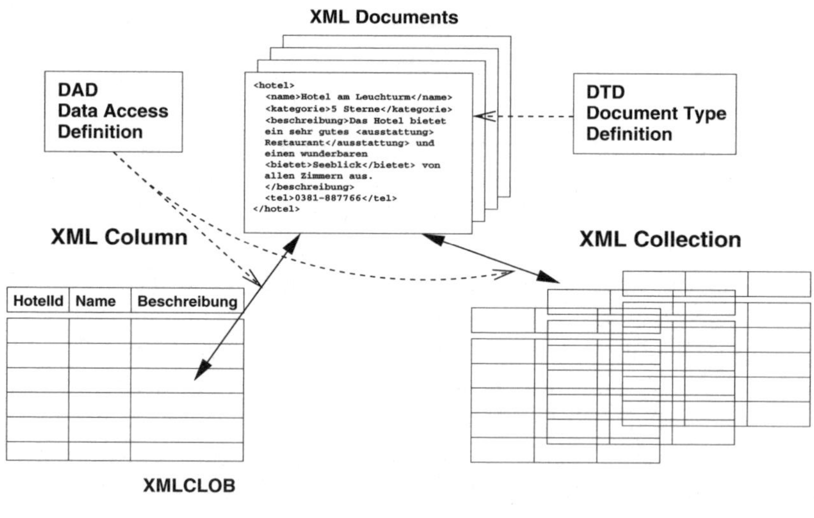

Abbildung 11.3 *Beschreibung der XML-Speicherung mit DAD-Datei*

11.1.2 Speicherungs- und Zugriffstechniken

Bevor die DAD-Datei zur Steuerung des Abbildungsprozesses von XML-Dokumenten auf Datenbankinhalte und umgekehrt vorgestellt wird, sollen die DB2-Techniken zur Speicherung und für den Zugriff betrachtet werden. In Abbildung 11.2 wird das Zusammenwirken von DAD und den Speicherungsformen zusammengefasst.

Im Folgenden werden die Speicherungsformen und zugehörigen Anfragemechanismen vorgestellt:

- *XML Column* stellt einen XML-Datentyp bereit. Dieser nutzerdefinierte Datentyp kann als Typ beliebiger Datenbankattribute eingesetzt werden. Begleitet wird dieser Datentyp von nutzerdefinierten Funktionen für den Zugriff auf und die Manipulation von gespeicherten Werten.
- *XML Collection* erlaubt eine relationale Speicherung von XML. Der Zugriff und die Manipulation erfolgt direkt mit SQL und Stored Procedures.

Darüber hinaus kann der *DB2 TextExtender* u.a. auch XML-Dokumente speichern und indizieren. Er bietet die für das Information Retrieval übliche Volltextfunktionalität an.

XML-Datentypen XML Column

XML Column stellt einen Abstrakten Datentyp (ADT) dar, dessen Struktur über einen UDT definiert und dessen Verhalten über UDFs implementiert wird. Eine Applikation kann ihn zur Speicherung als Datentyp von Datenbankattributen anwenden. Er besitzt folgende Eigenschaften:

- Der Datentyp verwendet das XPath-Datenmodell in Form von Knotenmengen zur Abbildung von XML-Strukturen auf Tabellenstrukturen.
- Die Identifikation von mehrfach auftretenden Elementen erfolgt über Sequenznummern, die die Dokumentordnung abbilden.
- XPath-basierte Anfragen an Einzeldokumente sind mit UDFs möglich.
- Es gibt weiterhin Update-Methoden für Elemente und Attribute mittels XPath-Ausdrücken.
- Für eine schnelle Suche kann eine Indizierung einzelner Elementinhalte oder Attributwerte über Zusatztabellen (Werteindizes), so genannte Side Tables, erfolgen. Die Angabe zu indizierender Elemente und Attribute erfolgt über Pfadangaben, verbunden mit der Angabe des verwendeten SQL-Datentyps in der DAD-Datei.

Von XML Column werden genau genommen drei UDTs (DB2 User Defined Types) bereitgestellt, die sich in der konkreten Ablageform des XML-Dokuments unterscheiden. Sie stellen die Struktur eines Abstrakten Datentyps dar.

- `XMLFile` stellt eine Referenz auf eine externe XML-Datei dar, die über den DB2 DataLink-Mechanismus verwaltet wird.
- `XMLVarchar` ist für interne, kurze Dokumente geeignet.
- `XMLCLOB` kann für interne, große Dokumente benutzt werden.

Das Verhalten des Abstrakten Datentyps wird durch UDFs umgesetzt. Es gibt Funktionen und Methoden für den Import, das Retrieval, für Update-Operationen und die Extraktion von XML-Bestandteilen.

So erlauben die `extract`-Funktionen die Extraktion von XML-Element- und Attributwerten aus Dokumenten. Dabei wird eine Konvertierung von Zeichenfolgen aus XML-Dokumenten in Werte entsprechender SQL-Datentypen vorgenommen. Vom Extender werden pro SQL-Datentyp entsprechende Funktionen bereitgestellt, etwa extrahiert die Funktion `extractDouble` einen SQL-Fließkommawert.

Für jeden Datentyp gibt es zwei Formen von UDFs:

- ❑ Skalare Funktionen liefern jeweils nur einen Wert zurück.
- ❑ Tabellen-Funktionen, so genannte Table Functions, liefern eine Menge von (komplexen) Werten in Form einer Tabelle als Ergebnis.

Beispiel 11.1 Die Anwendung der `extract`-Funktionen soll an zwei Beispielen gezeigt werden. Eine erste Anfrage extrahiert die Zimmerpreise mit der skalaren Funktion.

```
SELECT db2xml.extractDouble(zimmertyp, '/zimmertyp/preis')
FROM zimmertyp
WHERE hname = 'Hotel am Leuchtturm'

SELECT *
FROM table(db2xml.extractStrings(
  db2xml.XMLFile('/home/hme/hotel/hotels.xml'), '/hotel/*/name'))
  AS hotelname
```

In der zweiten Anfrage werden alle Hotelnamen in Form einer Tabelle extrahiert. □

Abbildung auf Tabellen mit XML Collection

Unter dem Begriff XML Collection werden alle Methoden zur Abbildung von XML-Strukturen auf normale objektrelationale Strukturen und umgekehrt zusammengefasst. Im Einzelnen sind dies:

- ❑ die Dekomposition von XML-Dokumenten in Tabellenstrukturen,
- ❑ die Speicherung der Elementinhalte und Attribute als Datenbankattribute sowie
- ❑ die direkte Abbildung von Relationen auf XML-Strukturen.

Die eigentliche Verarbeitung wird durch eine Menge von Stored Procedures realisiert, die alle Bezeichner mit dem Präfix `dxx` haben, wie etwa `dxxRetrieve`. Es gibt Prozeduren für verschiedene Aufgabenbereiche:

- die Zerlegung von XML-Dokumenten in neue oder existierende Tabellen mit `dxxShredXML` unter Verwendung einer DAD,
- die Generierung von XML-Dokumenten aus existierenden Daten oder zerlegten Dokumenten mit `dxxGenXML` und
- das Bereitstellen von Typspezifikation und Werten für dynamische Abbildungsvorschriften (DADs) mit `dxxRetrieve`.

11.1.3 Beschreibung der XML-Speicherung mit DAD

Die DAD-Datei, selbst in Form eines XML-Dokuments definiert, beschreibt die Abbildung zwischen XML-Dokumenten und Datenbanktabellen. Es kann eine Abbildung sowohl auf spezielle Attribute vom Typ XML als auch auf Attribute erfolgen, die von einem SQL-Standarddatentyp sind. Die erste Form ist die XML Column-, die zweite die XML Collection-Speicherung.

Für die Auswahl und Extraktion von Dokumentbestandteilen wie Elementen und Attributen werden von der DAD-Datei Pfadausdrücke in Form von XPath-Ausdrücken in verkürzter Schreibweise verwandt.

Die Abbildung auf existierende Tabellenstrukturen in der XML Collection verwendet das XPath-Datenmodell mit Knotenmengen als Basis, um komplette XML-Strukturen in Tabelleninhalte zu überführen. In einer DAD-Datei finden zwei Abbildungsmethoden Anwendung:

- Mit SQL kann eine Komposition von XML-Dokumenten erfolgen.
- Ein `RDB_node` kann sowohl zur Komposition als auch zur Zerlegung von Dokumenten eingesetzt werden.

Beide Methoden sollen vorgestellt werden.

SQL zur Komposition von XML-Dokumenten Eine einfache Technik, um Anfrageergebnisse als XML-Dokumente auszugeben, ist die Angabe von `SQL_stmt`-Elementen in einer DAD-Datei. Mit der Angabe von SQL `SELECT`-Anweisung kann eine Abbildung von Datenbankattributen auf XML-Daten als Attributwerte mit `attribut_node` und Elementinhalt mit `text_node` bestimmter XML-Elemente `element_node` erfolgen. Ein einfaches Beispiel wird in Beispiel 11.2 gezeigt.

Diese Technik hat eine Reihe von Einschränkungen, so ist etwa die Schachtelung von Elementinhalten oder die Extraktion von strukturierten Datenbankattributen nicht einfach umzusetzen.

Beispiel 11.2 Diese DAD-Datei demonstriert die Erzeugung von XML über die SQL-Methode. Das Element `SQL_stmt` enthält eine SQL-Anweisung zur Berechnung einer Relation. Die aus dem Ergebnis zu übernehmenden Werte werden mit dem Element column_name benannt und in das zu konstruierende Dokument übernommen.

```
<?xml version="1.0"?>
<!DOCTYPE DAD SYSTEM "/usr/lpp/db2/dxx/dtd/dad.dtd">
<DAD><validation>NO</validation>
<Xcollection>
  <SQL_stmt>
    select band.name, album.title, album.label, album.year
    from band, album
    where band.name = album.band
    order by band.name, album.title, album.year
  </SQL_stmt>
  <prolog>?xml version="1.0"?</prolog>
  <doctype>!DOCTYPE band-info SYSTEM "band-info.dtd"</doctype>
  <root_node>
    <element_node name="band">
      <attribute_node name="name">
        <column_name="band.name"/>
      </attribute_node>
      <element_node name="album">
        ...
    </element_node>
  <root_node>
</Xcollection>
</DAD>
```

Unter dem root_node-Element wird für jedes Ergebnistupel ein Elementknoten band mit element_node erzeugt. Es sind keine Gruppenbildungen oder tiefer geschachtelte Ergebnisdokumente möglich. □

RDB_node zur Komposition und Dekomposition Im Gegensatz zur SQL-Methode verwendet RDB_node eine reine XML-Syntax. Genaugenommen erfolgt eine Spezifikation von Tabellen und Beziehungen zwischen Tabellen und XML-Elementen mit speziellen Elementen, den RDB_node-Knoten. Diese RDB_node-Elemente müssen sowohl für das Wurzelelement, also das auf oberster Ebene spezifizierte element_node-Element, als auch für alle Text- und Attributknoten in einer DAD-Datei angegeben werden. Pro RDB_node können referenzierte Tabellennamen, Spaltennamen und wahlweise Bedingungen für Attribut- (attribute_node) und Textknoten (text_node) angegeben werden. Das bei der SQL-Methode eingesetzte SQL_stmt-Element entfällt.

Das oberste element_node-Element einer DAD-Datei repräsentiert den Wurzelknoten eines XML-Dokuments. Der zugehörige RDB_node enthält folgende Angaben:

- eine Aufzählung aller mit dem XML-Dokument verbundenen Tabellen,

- die Angabe des Primärschlüssels pro Tabelle, wenn die DAD-Datei zur Dekomposition mit `dxxShredXML` benutzt wird,
- eine Bedingung, die einen Verbund aller Tabellen über Schlüssel-Fremdschlüssel-Beziehungen erlaubt, und
- Datenbankattribute, anhand derer die XML-Elemente zu ordnen sind.

Für jeden einfachen, textuellen Elementinhalt (`#PCDATA`) und jedes Attribut eines Elementes ist ein `RDB_node` für die korrespondierenden `text_node`- und `attribute_node`-Elemente anzugeben. Der `RDB_node`-Knoten gibt im Einzelnen dann notwendige Abbildungsinformationen an:

- den Namen der zugehörigen Relation (Tabelle) und des Attributes (Spalte) in der Datenbank,
- eine optionale Bedingung, die eine Selektion von Attributwerten vornimmt, und
- eine Typangabe in Form eines SQL-Datentyps, wenn die DAD-Datei zur Dekomposition (engl. Shredding) eingesetzt wird, um ein passendes Relationsschema erzeugen zu können.

Die Nutzung der `RDB_node`-Methode zur Dekomposition und Komposition von XML-Dokumenten soll an einer vereinfachten DAD-Datei in Beispiel 11.3 gezeigt werden.

Beispiel 11.3 Es wird angenommen, dass XML-Dokumente Informationen zu Hotels und Zimmertypen enthalten. Diese Informationen sollen in zwei Datenbanktabellen `hotel` und `zimmertyp` abgelegt werden. Die Angabe der zugehörigen Relationen erfolgt in den `table`-Elementen. Eine Verbundbedingung wird ebenfalls festgelegt (`condition`).

Während der erste `RDB_node`-Knoten die Zuordnung zu Relationsschemata vornimmt, geben die weiteren `RDB_node`-Knoten die Zuordnung von Element- und Attributinhalten zu Datenbankattributen an. Der zweite Knoten bildet den Hotelnamen auf ein entsprechendes Schlüsselattribut der Relation `hotel` und der dritte den Zimmerpreis auf die Spalte `Preis` ab.

```
<DAD>
<Xcollection>
<root_node>
<element_node name="hotel">
  <RDB_node>
    <table name="hotel" key="hname"/>
    <table name="zimmertyp" key="hname, ztyp"/>
    <condition>hotel.hname = zimmertyp.hname</condition>
  </RDB_node>
  <attribute_node name="hname">
```

```
      <RDB_node>
        <table name="hotel"/>
        <column name="hname" type="VARCHAR(32)"/>
      </RDB_node>
    </attribute_node>
    <element_node name="zimmertyp">
...
      <element_node name="preis">
        <text_node>
          <RDB_node>
            <table name="zimmertyp"/>
            <column name="preis" type="DECIMAL(8,2)"/>
            <condition>preis &lt; 100</condition>
          </RDB_node>
        </text_node>
      </element_node>
...
    </element_node>
  </element_node>
  </root_name>
  </Xcollection>
  </DAD>
```

Neben der Angabe des SQL-Typs, einer Festkommazahl mit zwei Nachkommastellen (DECIMAL(8,2)), wird eine Bedingung formuliert, die Werte auf Preise unter 100 Euro einschränkt[1]. □

Während die Typ- und Primärschlüsselangaben nur für die Zerlegung mit der dxxShredXML-Funktion benötigt werden, um Relationsschemata mit CREATE TABLE zu erzeugen, werden alle anderen Angaben sowohl bei der Abbildung auf Datenbankinhalte als auch beim Export als XML-Dokument mit dxxGenXML verwandt.

Dynamische Erzeugung von DADs Die dynamische Erzeugung von DADs erlaubt es, den Abbildungsprozess zu flexibilisieren. Über eine spezielle Methode des XML Extender können sowohl Anteile der SQL-Anweisungen (SQL_stmt) als auch der XML-Elementkonstruktion und -dekomposition (RDB_node) in einer DAD-Datei zur Laufzeit ersetzt werden:

- Mit SQL_OVERRIDE kann der Inhalt des SQL_stmt-Elements einer DAD-Datei und damit die zu verwendende SELECT-Anweisung vollständig ersetzt werden.
- Durch XML_OVERRIDE können Bedingungen an Elemente und Attribute angegeben werden. Die Selektionsbedingungen verwenden

[1] Das Zeichen »<« muss hier aufgrund der Mehrdeutigkeit als Entity spezifiziert werden.

eine SQL-Syntax und ersetzen die Bedingungen des `RDB_node`-Knotens einer DAD-Datei.

Diese Parameter sind zusammen mit entsprechenden Selektionsbedingungen oder SQL-Anweisungen beim Aufruf einer speziellen Datenbankprozedur (Stored Procedure `dxxRetrieve`) des XML Extenders anzugeben, die zur dynamischen Konstruktion und Dekomposition von XML-Dokumenten dient.

11.1.4 TextExtender und Volltextsuche

Völlig orthogonal zur XML-Speicherung mit dem XML Extender kann der DB2 TextExtender zur Volltextindizierung und für das Information Retrieval eingesetzt werden.

Im Zusammenhang mit XML-Dokumenten erlaubt der TextExtender eine strukturierte Volltextsuche, basierend auf Textabschnitten. Diese Abschnitte sind durch Pfadausdrücke beschreibbar. Intern findet für die Indizierung ein XML-sensitiver Volltextindex (siehe Abschnitt 9.12) Anwendung. Die Nutzung des TextExtender ist unabhängig vom XML Extender und nicht zwingend notwendig.

Beispiel 11.4 Zur Extraktion aller Beschreibungen von Hotels, in denen das Wort »Seeblick« vorkommt, ist die `contains`-Funktion auf den unter `dscrHandle` abgelegten Volltext in der Relation `hotel` anzuwenden.

```
SELECT beschreibung
FROM hotel
WHERE contains(dscrHandle,
    'MODEL order SECTION(/beschreibung/feature) "Seeblick"') = 1
```

Die `contains`-Funktion hat in diesem Fall zwei Argumente. Das erste stellt einen Identifikator (Locator Handle) für den Volltext dar, der durchaus sehr groß werden kann und darum speziell verwaltet wird (Locator-Mechanismus). Das zweite Argument in Form einer Zeichenkette spezifiziert die Information Retrieval-Anfrage, bestehend aus dem Retrievalmodell, dem zu untersuchenden Abschnitt `/beschreibung/feature` und dem Stichwort »`Seeblick`«. □

11.1.5 Weitere Komponenten

Mit dem XML Extender sind eine Reihe weiterer Funktionen verbunden. Ein DTD Repository kann direkt in DB2 unterhalten werden. DTDs in diesem Repository werden über einen Identifikator DTDID referenziert. So kann durch die Angabe der DTDID in der DAD-Datei eine Validierung gegen eine DTD oder ein Schema beim Import von XML-Dokumenten verlangt werden. Außerdem ist die Angabe allgemeiner Integritätsbedingungen für einzulesende oder zu erzeugende XML-Dokumente über die DAD möglich.

Ein GUI-basiertes Administrationswerkzeug hilft beim Einrichten der XML-Unterstützung für Datenbanken, Tabellen, Spalten und Kollektionen. Es liefert weiterhin Unterstützung beim Erzeugen von DAD-Dateien.

Die Konsistenz der erstellten DAD-Dateien kann mit einem speziellen Werkzeug, dem DAD-Checker, überprüft werden. Neben der Untersuchung der syntaktischen Korrektheit erfolgt eine Validierung von DAD-Dateien, die u.a. fehlende Typangaben, mehrfaches Auftreten von Bezeichnern für Attribut- und Elementknoten und Fehler bei der Abbildung von Tabelleninhalten aufdeckt. Der DAD-Checker ist ein Kommandozeilenwerkzeug und benötigt nicht zwingend eine Datenbankverbindung.

Die Programmierung von XML Extender-Anwendungen kann wie generell alle DB2-Anwendungen mit Embedded SQL, ODBC, JDBC und SQLJ erfolgen. Speziell für Web-Anwendungen ist eine Integration des XML Extender mit DB2 Net.Data und der Web-Server-Umgebung WebSphere vorgesehen. Net.Data ist eine Skriptsprache zur Generierung dynamischer Web-Seiten aus DB2 oder anderen ODBC-konformen Datenquellen. Über einen Makromechanismus kann in Net.Data-Skripten das Ergebnis von SQL-Anfragen mit nutzerdefinierten Tags versehen und als XML-Dokument ausgegeben werden.

Das System XPERANTO [CFI$^+$00] von Carey, Florescu et al. realisiert die Ausgabe von Inhalten objektrelationaler Datenbanken mit XML-Syntax auf die folgende Weise: Zu existierenden Datenbanken wird eine XML-Sicht gebildet, die die Datenbankinformationen durch eine Schachtelung von Elementen darstellt. An die XML-Sicht werden XML-QL-Anfragen gestellt, die Datenbankausschnitte auswählen sowie durch die Spezifikation in der `CONSTRUCT`-Klausel die Syntax der Ausgabe definieren. Eine Umsetzung der Grundidee von XPERANTO, externe XML-Sichten auf objektrelationalen Datenbanken abzufragen, wird in die nächste DB2 Version einfließen. Als Sprache zur Abfrage der Sichten wird jedoch XQuery und nicht XML-QL Anwendung finden.

11.1.6 Einsatzmöglichkeiten

Tabelle 11.1 ordnet die Techniken, die DB2 UDB zur Speicherung von und zu Anfragen an XML-Dokumente bietet, in die Klassifikation des Buches ein.

Mit dem XML- und TextExtender bietet DB2 zahlreiche Speicherungsmöglichkeiten für XML an. Mit dem TextExtender können Voll-

XML-Speicherung	
Modell	objektrelationales Modell
Schemabeschreibung	Validierung bei Import (DTD, Schema)
Art der Speicherung	sowohl vollständig als auch fragmentierend
Ordnungserhaltung	nur XML-Datentyp (XML Column)
XML-Datentyp	√
Indizierung	
Pfade	nur TextExtender
Werte	√
Volltext	nur TextExtender
XML-Import, XML-Export	
Unterstützung von Im- und Export, Abbildung spezifiziert durch DAD-Dateien	
Anfrage- und Manipulationsschnittstellen	
Anfragen	SQL und XPath 1.0
Volltextfunktionalität	√ (Information Retrieval mit TextExtender)
Änderungsoperationen	SQL, spezielle Methoden
Transformationen	–
Werkzeuge, Besonderheiten	
XML-sensitiver Volltextindex	
Speicherung basiert auf dem objektrelationalen Modell	

Tabelle 11.1 *Eigenschaften der XML-Speicherung in DB2 UDB*

texte u.a. im XML-Dokumentmodell gespeichert werden. Der Zugriff erfolgt über SQL/MM Fulltext-Erweiterungen. Information-Retrieval-Operationen können durch XPath-Angaben auf Teildokumente eingeschränkt werden. Durch den TextExtender erfolgt eine XML-sensitive Indizierung.

Der XML Extender stellt einen XML-Datentyp mit XPath-Datenmodell und -methoden zur semistrukturierten Speicherung bereit. Ausgewählte Anteile können für strukturierte Zugriffe indiziert werden.

Mit XML Collections und DAD-Dateien kann eine Abbildung von XML-Dokumenten auf objektrelationale Strukturen und umgekehrt erfolgen. SQL-Anfrageergebnisse, Sichten und komplette Basisrelationen können als XML-Dokument exportiert werden.

11.2 Oracle 9i

Zum Datenbanksystem Oracle 9i wird ein Oracle XML Developer's Kit (Oracle XDK) bereitgestellt. Es enthält Grundbausteine zum Lesen,

Manipulieren, Transformieren, Anzeigen und Generieren von XML-Dokumenten. Im folgenden sollen einzelne Funktionen dazu detaillierter dargestellt werden. Die XML SQL Utility (XSU) umfasst die folgenden drei wesentlichen Komponenten:

- die Ausgabe von Datenbankinhalten als XML-Dokumente (XML-Export),
- die native Speicherung von XML als `XMLType` und Abfragen mit XPath sowie
- die strukturierte Abbildung von Inhalten aus XML-Dokumenten in Relationen und Attributen.

In den nächsten Abschnitten werden diese Varianten zur Unterstützung der XML-Verarbeitung detaillierter dargestellt.

11.2.1 Export von Datenbankinhalten mit XML-Syntax

Es ist möglich, Daten, die in Oracle Datenbanken gespeichert sind, als XML-Dokumente auszugeben und damit für andere Anwendungen bereitzustellen. Dabei können die Informationen aus einer Tabelle oder aus einer Sicht ausgegeben werden. Das Ergebnis können sowohl XML-Dokumente als auch flacher Text sein oder es können DOM-Bäume für andere Applikationen bereitgestellt werden.

Bevor die genaue Syntax eines solchen Exportes dargestellt wird, sollen zunächst Abbildungsregeln angegeben werden, denen die Bildung der XML-Dokumente folgt.

- Spalten werden auf Elemente der ersten Ebene (top level) abgebildet.
- Einfache Typen (mit skalaren Werten) werden als Elemente mit `#PCDATA` dargestellt.
- Strukturierte Typen und ihre Attribute werden auf Elemente mit Subelementen für die Attribute abgebildet. Damit werden komplexe Attribute als hierarchisch geschachtelte Elemente dargestellt.
- Aus Kollektionstypen werden Listen von Elementen.
- Objektreferenzen und referenzielle Integritätsbedingungen werden auf `ID/IDREF` innerhalb eines Dokuments abgebildet.

Zur Illustration der Abbildung soll ein etwas umfangreicheres Beispiel herangezogen werden. Dabei werden die nachfolgenden, erzeugten Tabellen verwendet.

Beispiel 11.5

```
CREATE TYPE Adresse_Type AS OBJECT (
    ort     VARCHAR2(30),
```

```
    plz     NUMBER,
    strasse VARCHAR2(40),
    nummer  CHAR(4)
);

CREATE TYPE preise_Type AS OBJECT (
    zimmertyp VARCHAR2(20),
    waehrung VARCHAR2(2),
    betrag REAL
);

CREATE TYPE preiseListType AS TABLE OF preise_Type;

CREATE TABLE hotel (
    hotel_name VARCHAR2(20),
    hotel_adr  Adresse_Type,
    preise preiseListType
) NESTED TABLE preise STORE AS nested_preise;
```

Für die Anfrage

```
SELECT * FROM hotel
```

wird durch die XML SQL Utility XSU das folgende XML-Dokument generiert.

```
<?xml version='1.0'?>
<ROWSET>
  <ROW num="1">
    <hotel_name>Strand Hotel Huebner</hotel_name>
    <hotel_adr>
      <ort>Rostock-Warnemuende</ort>
      <plz>18119</plz>
      <strasse>Strandstr.</strasse>
      <nummer>12</nummer>
    </hotel_adr>
    <preise>
      <preise_ITEM num="1">
        <zimmertyp>einzelzimmer</zimmertyp>
        <waehrung>EUR</waehrung>
        <betrag>99</betrag>
      </preise_ITEM>
      <!-- weitere Preise -->
    </preise>
  </ROW>
  <!-- weitere Hotels -->
  <ROW num="2"> ...
</ROWSET>
```

□

Mit dieser Vorgehensweise ist die Ausgabe von Datenbankinhalten als XML-Dokumente realisierbar. Die Ergebnisse von SQL-Anfragen (also die Inhalte von Relationen oder auch Views) können als XML-Dokumente ausgegeben werden. Die Syntax dabei ist vorgegeben und im oberen Beispiel dargestellt. Eine individuelle Anpassung der resultierenden XML-Dokumente ist insofern möglich, dass die Tags `<ROWSET>` und `<ROW>` sowie das Attribut `num` weggelassen oder verändert werden können. Die anderen Bestandteile lassen sich durch die SQL-Anfrage beeinflussen. Hier kann man zum Beispiel durch Selektion und Projektion beeinflussen, welche Informationen in das XML-Dokument aufgenommen werden sowie durch Umbenennung von Attributen die Tag-Namen verändern.

Reichen diese Veränderungsmöglichkeiten des Formates nicht aus, so können nachträglich Änderungen des XML-Dokuments durch Einsatz von XSLT realisiert werden. Ein XSLT-Prozessor wird ebenfalls von Oracle bereitgestellt.

11.2.2 XML-Speicherung mit XMLType

Ab der Version Oracle*9i* steht ein neuer Server-Datentyp `XMLType` bereit, der die Speicherung von XML-Dokumenten oder -fragmenten realisiert und Anfragen auf den so gespeicherten Daten ermöglicht. Das Erzeugen einer Instanz vom Typ `XMLType` erfolgt mit `sys.XMLType.createXML(`*`xml_as_string`*`)`.

Intern basiert die Speicherung auf CLOBs. Bei Anfragen an die gespeicherten XML-Dokumente können XPath-Funktionalitäten verwendet werden.

Beispiel 11.6 Im folgenden sollen Beispiele gegeben werden, wie ein solcher `XMLType` erzeugt werden kann, wie Werte eingegeben und Anfragen realisiert werden können.

```
CREATE TABLE hotels (
    name            VARCHAR2(40),
    ort             VARCHAR2(35),
    beschreibung    SYS.XMLTYPE,
    ausstattung     SYS.XMLTYPE,
    preise          SYS.XMLTYPE,
    telefonnr       VARCHAR(30)
);
```

Das Einfügen von Tupeln kann zum Beispiel so aussehen:

```
INSERT INTO hotels (name, ort, beschreibung, ausstattung,
  preise, telefonnr)
VALUES ('Hotel Neptun', 'Warnemuende',
  sys.XMLType.createXML('In Warnemuende ankommen
```

```
    und sich zu Hause fuehlen'),
  sys.XMLType.createXML('<schwimmbad>Original-
    Thalassozentrum. Wir haben fuer Sie frisches
    Ostseewasser in das Hotel geholt!</schwimmbad>'),
  sys.XMLType.createXML('<DZ waehrung="Euro">186</DZ>
    <EZ waehrung="Euro">135</EZ>'),
  '0381-54370');
```

□

Bei der Ausführung der INSERT-Anweisung wird getestet, ob die XML-Dokumente wohlgeformt sind. Die Gültigkeit der Dokumente wird nicht überprüft, weil im XML-Typ auch Fragmente eines XML-Dokuments gespeichert werden sollen.

Selektion und Extraktion von XMLType-Instanzen Für die Realisierung von Anfragen lassen sich XPath-Ausdrücke verwenden. Mit der Funktion extract lassen sie sich spezifizieren. Die Zugriffe können syntaktisch in SQL-Anfragen eingebettet werden. Anfragen an XML-Dokumente können damit wie im nächsten Beispiel angegeben erfolgen.

Beispiel 11.7

```
SELECT ausstattung.extract
  ('schwimmbad/text()').getStringVal()
  "Swimmingpool"
FROM hotels;

Swimmingpool
-----------------
Original-Thalassozentrum. Wir haben fuer Sie
frisches Ostseewasser in das Hotel geholt!
```

Anfragen können auch in Datenbankattributen gespeicherte Informationen und als XMLType gespeicherte XML-Dokumente gemeinsam anfragen:

```
SELECT name, ausstattung.extract
  ('schwimmbad/text()').getStringVal() "Swimmingpool",
  preise.extract('/DZ/text()').getNumberVal()
  "Doppelzimmer"
FROM hotels
WHERE ort = 'Warnemuende';

Name          Swimmingpool               Doppelzimmer
-----------------------------------------------------
Hotel         Original-Thalassozentrum   186
Neptun        Wir haben fuer Sie
              frisches Ostseewasser
              in das Hotel geholt!
```

Das Ergebnis ist ein Knoten oder eine Knotenmenge, die durch den XPath-Ausdruck beschrieben wird. Mit den Funktionen `getStringVal` oder `getNumberVal` kann man auch skalaren Inhalt als Zeichenkette oder numerischen Inhalt als Ergebnis erhalten. □

Der `XMLType` ist nicht für Änderungsoperationen auf Teilen geeignet. Müssen die gespeicherten XML-Dokumente verändert werden, so können sie nur vollständig ausgetauscht werden. Der Export der so gespeicherten Dokumente erfolgt mit den gleichen Techniken wie »normale Tabellenspalten«. Beide Varianten können auch kombiniert werden und als Ergebnis entsteht dann ein XML-Dokument.

11.2.3 Speicherung von XML-Dokumenten mit intermedia Text

Eine weitere Möglichkeit zur Speicherung dokumentzentrierter XML-Dokumente besteht durch Verwendung von intermedia Text. Im Datenbanksystem Oracle kann eine Verarbeitung von Volltext-Datentypen durch die ConText-Option erfolgen. Durch sie werden Information-Retrieval-Anfragen in Form von speziellen SQL-Anweisungen unterstützt.

Möglich sind Anfragen, die eine Stammwortdeduktion durchführen oder Wildcards verwenden. Zudem kann eine Ähnlichkeits- und Phrasensuche erfolgen und es lassen sich Synonyme ermitteln. Über die Context-Option erfolgt ein Ranking der Ergebnisse, ein Relevance Feedback durch den Anwender ist ebenfalls möglich. Anfrageterme können mit `AND`, `OR` und `NOT` verknüpft werden und es ist eine Wichtung der Anfrageterme möglich.

Beispiel 11.8 Eine Suche nach allen Texten, in denen der Wortstamm Strand auftritt, sieht wie im folgenden Beispiel dargestellt aus.

```
SELECT score(1) AS score, beschreibung
FROM hotels
WHERE CONTAINS(beschreibung, 'stem(Strand)', 1) > 0
ORDER BY score DESC;
```

Durch die `contains`-Funktion wird ein score-Wert im Bereich 0–99 gebildet, der Ranking-Werte der Ergebnisse für die Anfrage beinhaltet. □

Mit intermedia Text ist ebenfalls eine XML-Unterstützung gegeben, die bewirkt, dass Volltextanfragen und Anfragen zur Struktur der Dokumente kombiniert werden können. Seit der Version*9i* existiert die Möglichkeit, mit XPath auf die gespeicherten Dokumente zuzugreifen, sodass auch Anfragen an XML-Dokumente gestellt werden können, in denen das Markup ausgewertet wird. Die Speicherungsvariante ist für Anfragen geeignet, die sowohl Information-Retrieval-Anfragen als auch eine Auswertung des Markups einbeziehen.

11.2.4 Strukturierte Speicherung von XML

Neben den Varianten zur Speicherung von dokumentzentrierten XML-Dokumenten gibt es auch die Möglichkeit, Elemente und Attribute aus XML-Dokumenten direkt auf Datenbanktabellen und Spalten abzubilden. Die Variante wird auch als *Shredded Storage* bezeichnet. Die Abbildung der XML-Dokumente auf Datenbankattribute erfolgt, wenn die Syntax der XML-Dokumente der Syntax entspricht, die beim Export von XML-Dokumenten aus Datenbanken erzeugt wird, also der Syntax, die in Beispiel 11.5 angegeben ist. Der »Import« entspricht also der Umkehrung der Exportfunktion.

Liegen die XML-Dokumente nicht in dieser Syntax vor, so muss die Zerlegung und Modifikation der Originaldokumente mit XSLT durch den Anwender spezifiziert werden. Mit dieser Variante der Speicherung ist eine Speicherung von Teilen von XML-Dokumenten sowie von vollständigen XML-Dokumenten möglich. Wie die Abbildung erfolgt, wird durch die Transformationen der XML-Dokumente festgelegt, die vom Benutzer durch Verwendung von XSLT definiert werden müssen.

Seit der Version Oracle*8i* werden im XDK Bibliotheken bereitgestellt, die den Anwender bei der Verarbeitung von XML-Dokumenten unterstützen. Diese Bibliotheken enthalten unter anderem:

- XML Parser (DOM, SAX) für Java, C, C++, PL/SQL
- XSLT-Prozessoren
- XML Schema-Prozessoren
- XML Class Generator for Java (generiert Java Klassen)

Damit stehen Tools bereit, mit denen individuelle Applikationen erstellt werden können.

11.2.5 Kombination der Speicherungsvarianten

Es ist auf Basis von Oracle auch möglich, verschiedene Speicherungsvarianten zu kombinieren. Damit hat man Unterstützung bei der hybriden Speicherung von XML-Dokumenten. Datenzentrierte Anteile können direkt in Datenbanken gespeichert werden, für dokumentzentrierte Anteile eignet sich eine Speicherung als `XMLType`. Anfragen können dann auf beiden Speicherungsvarianten durchgeführt werden. Auch beim Export lassen sich die verschiedenen Speicherungsformen wieder zusammenführen, sodass die XML-Dokumente wiederhergestellt werden können.

11.2.6 Einsatz

Damit wurde durch den `XMLType` von Oracle eine Möglichkeit geschaffen, um dokumentzentrierte XML-Dokumente abspeichern zu können.

Die XML-Dokumente bleiben erhalten, können also auch verlustfrei wiederhergestellt werden. Eine Anfrage kann durch XPath erfolgen, diese Ausdrücke werden in SQL integriert. Damit ist es auch möglich, die Informationen aus den XML-Dokumenten und andere in Oracle gespeicherte Informationen (der gleichen oder einer anderen Relation) gemeinsam in Anfragen auszuwerten sowie `UPDATE`-, `INSERT`- und `DELETE`-Anweisungen durchzuführen, bei denen allerdings die Attribute vom Typ `XMLType` nur als Ganzes eingefügt, verändert oder gelöscht werden können. Eine andere Speicherungsmöglichkeit für XML-Dokumente ist durch den Import in Relationen gegeben. Hierbei erfolgt eine strukturierte Speicherung der Dokumente. Erforderliche Umwandlungsschritte sind durch Verwendung von XPath möglich, auf diese Weise wird ein benutzerdefiniertes Mapping ermöglicht. Tabelle 11.2 stellt die Methoden, die Oracle zur Speicherung und Anfrage von XML-Dokumenten bietet, noch einmal kompakt dar.

Hybride Speicherungsvarianten, bei denen Teildokumente als `XMLType` und andere Dokumentanteile in strukturierter Form gespeichert werden, werden durch die bei Oracle bereitstehenden Möglichkeiten ebenfalls ermöglicht. Ein Export von Daten aus Relationen oder Views in XML-Syntax ist möglich. Erfolgt ein Export für Ergebnisse, in denen Attribute vom Typ `XMLType` sind, so werden die entsprechenden gespeicherten XML-Fragmente in das resultierende XML-Dokument eingebettet. Als Ergebnis entsteht ein XML-Dokument, in dem sowohl Informationen, die strukturiert in der Datenbank gespeichert waren, als auch als `XMLType` gespeicherte XML-Fragemente zusammengeführt werden.

Weitere Informationen zu Oracle*9i* findet man auf der Webseite[2] der Firma.

11.3 Microsoft SQL Server 2000 und XML-Unterstützung

Microsoft bietet mit dem SQL Server 2000 (im weiteren kurz SQL Server genannt) verschiedenste Integrationsmöglichkeiten von XML in Datenbankanwendungen. Im Datenbanksysteme wird sowohl der Export als auch der Import von XML-Daten unterstützt. Es ist möglich, XPath-Ausdrücke über XML-Dokumente mit der `OpenXML`-Funktion in SQL-Anfragen einzubeziehen. Die Ergebnisse solcher Anfragen und die Ergebnisse von SQL-Anfragen können mittels einer speziellen `FOR XML`-Klausel als XML-Dokumente dargestellt werden.

Außerdem können relationale Daten über XML-Sichten abgefragt und über so genannte Updategramme von XML aus manipuliert wer-

[2] `http://www.oracle.com`

Tabelle 11.2 Eigenschaften der XML-Speicherung mit Oracle

XML-Speicherung	
Modell	objektrelationales Modell
Schemabeschreibung	nicht notwendig, Validierung möglich
Art der Speicherung	vollständige Speicherung als `XMLType`, fragmentierte Speicherung ist ebenfalls möglich
Ordnungserhaltung	bei `XMLType`
XML-Datentyp	`XMLType` mit Anfragemöglichkeit XPath 1.0
Indizierung	
Struktur, Pfade	–
Werte	√
Volltext	√
XML-Import, XML-Export	
Export in festes Format, Import aus feststehendem Format, weitere Anpassungen mit XSLT	
Anfrage- und Manipulationsschnittstellen	
Anfragen	XPath 1.0 auf `XMLType`, SQL bei Speicherung in Oracle
Volltextfunktionalität	√ (Information Retrieval mit Intermedia Text)
Änderungsoperationen	eingeschränkt über Löschen und Hinzufügen vollständiger Werte für `XMLType`
Transformationen	XSLT
Werkzeuge, Besonderheiten	
XSLT-Prozessor, XML-Prozessor (DOM, SAX), XML Schema Validator	

den. Die XML-Sichten werden dabei mit XDR definiert, einer speziellen, Microsoft-spezifischen Schemabeschreibungssprache.

Bei der Anwendungsentwicklung wird der Nutzer durch eine Integration von XML auf einer Middleware-Ebene unterstützt. Abbildung 11.4 veranschaulicht die XML-Unterstützung des SQL Server. Über einen so genannten SQLOLEDB-Provider wird auf Basis der ActiveX-Kommunikationsplattform der Zugriff auf die XML-Erweiterungen des SQL Server vom Internet Information Server (IIS) und von der Programmierumgebung ADO aus realisiert.

ADO steht für ActiveX Data Objects und ist eine Programmierschnittstelle zur Arbeit mit verteilten Datenobjekten, die u.a. in einem Datenbanksystem gespeichert sein können. Die Anbindung in IIS erfolgt über die Web-Server-Schnittstelle ISAPI.

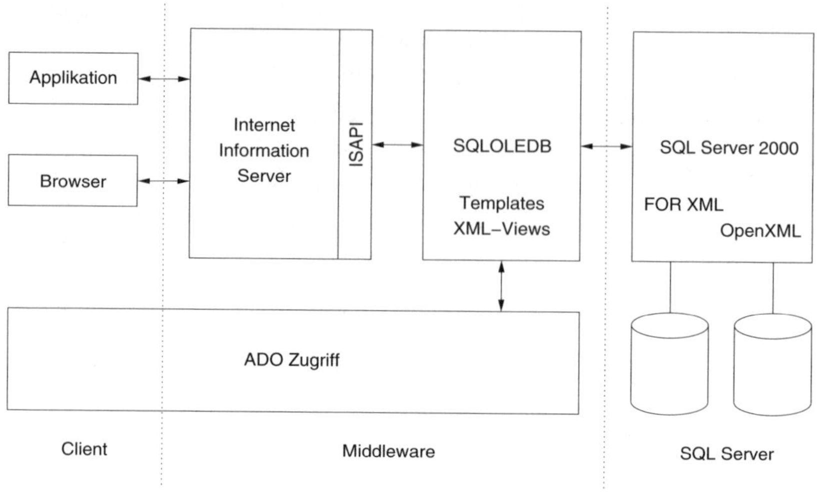

Abbildung 11.4
XML-Unterstützung und SQL Server 2000 (nach [Rys01])

Die Middleware stellt als zentrale Elemente XML-Sichten und Templates bereit. Ziel ist die Entkopplung von Web- und ADO-Anwendungen vom eigentlichen Datenbanksystem. Über XML-Sichten können relationale Daten mit XML-Techniken angefragt und aktualisiert werden. Templates können dazu

- Transact-SQL, Microsofts SQL-Dialekt für die Anwendungsprogrammierung,
- so genannte Updategramme, XML-Dokumente zur Beschreibung von Änderungsoperationen und
- XPath-Anfragen enthalten.

XML-Sichten werden etabliert, indem ein XML-Schema mit Abbildungsvorschriften versehen wird. Die Abbildung von XML-Hierarchien kann von und auf relationale Strukturen in Form einer Verbundsicht, genau genommen eines Außenverbundes, erfolgen.

11.3.1 Darstellung von SQL-Anfrageergebnissen als XML

Vom MS SQL-Server 2000 wird eine Erweiterung von SQL um eine `FOR XML`-Klausel vorgenommen. Mit dieser ist es möglich, SQL-Anfrageergebnisse als XML-Dokumente auszugeben. Dabei werden drei Modi unterschieden:

1. `RAW`: erzeugt für jedes Ergebnistupel ein XML-Element ohne Subelemente.
2. `AUTO`: erzeugt ein geschachteltes XML-Dokument mit dem Anfrageergebnis.

3. EXPLICIT: erlaubt, die Form und Schachtelung des Ergebnisdokumentes in der Anfrage selbst zu bestimmen.

Die FOR XML wird auf der obersten Ebene wie eine ORDER BY-Klausel einer SELECT-FROM-WHERE-Anfrage nachgestellt. Sie hat folgende Syntax:

```
FOR XML (RAW | AUTO [, ELEMENTS] | EXPLICIT) [, XMLDATA]
```

Mit XMLDATA kann dabei angegeben werden, ob zu dem generierten XML-Dokument auch ein XDR-Schema ausgegeben wird.

RAW-Modus

Der erste und einfachste Modus erzeugt ein flaches XML-Dokument zu einer SQL-Anfragen wie folgt: Zu jedem Ergebnistupel wird ein XML-Element mit dem Bezeichner row gebildet. Jeder Attributwert des SQL-Ergebnisses wird auf ein Attribut des XML-Elementes abgebildet. Der Spaltenname wird dabei zum Attributnamen. Ist ein Attributwert NULL, wird dieses fortgelassen.

Beispiel 11.9 Das folgende Beispiel stellt den RAW-Modus dar. Dabei wird zu der Anfrage:

```
SELECT Hotel.Name, Zimmertyp.Typ, Zimmertyp.Preis
FROM Hotel, Zimmertyp
WHERE Hotel.Name = Zimmertyp.HName
FOR XML RAW
```

vom SQL Server dieses XML-Fragment erstellt:

```
<row Name="Hotel Neptun" Typ="EZ" Preis="120"/>
<row Name="Hotel Neptun" Typ="DZ" Preis="170"/>
<row Name="Hotel Neptun" Typ="Suite" Preis="350"/>
```

□

AUTO-Modus

Der AUTO-Modus liefert als Ergebnis geschachtelte Elementstrukturen. Dabei wird jede Tabelle der FROM-Klausel als Element repräsentiert. Die Abfolge in der FROM-Klausel bestimmt die Schachtelung der Elemente. Die in der SELECT-Klausel angegebenen Spalten werden im XML-Dokument auf Attribute der zur Tabelle korrespondierenden Elemente abgebildet.

Die Umbenennung von Element- und Attributnamen des XML-Dokuments ist im begrenzten Rahmen mit SQL AS-Klausel möglich. Das kann etwa erforderlich sein, da ein unterschiedlicher Wertevorrat für Bezeichner in SQL und XML existiert.

Beispiel 11.10 Der AUTO-Modus soll am folgenden Beispiel dargestellt werden.

```
SELECT Hotel.Name, Zimmertyp.Typ, Zimmertyp.Preis
FROM Hotel, Zimmertyp
WHERE Hotel.Name = Zimmertyp.HName
FOR XML AUTO
```

erzeugt diese XML-Dokument.

```
<Hotel Name="Hotel Neptun">
  <Zimmertyp Typ="EZ" Preis="120"/>
  <Zimmertyp Typ="DZ" Preis="170"/>
  <Zimmertyp Typ="Suite" Preis="350"/>
</Hotel>
```

Im Gegensatz zum vorhergehenden Beispiel werden nicht der generische Elementname row, sondern aus dem Tabellennamen abgeleitete Elementnamen eingesetzt. □

Man kann in diesem Modus auch angeben, dass im resultierenden XML-Dokument keine Attribute, sondern Subelemente zur Darstellung der Spalten und ihrer Werte eingesetzt werden sollen. Dazu wird das Schlüsselwort ELEMENTS ergänzt.

Beispiel 11.11 In diesem Fall sehen die Anfrage und das Ergebnis aus Beispiel 11.10 wie folgt aus:

```
SELECT Hotel.Name, Zimmertyp.Typ, Zimmertyp.Preis
FROM Hotel, Zimmertyp
WHERE Hotel.Name = Zimmertyp.HName
FOR XML AUTO, ELEMENTS
```

Generiert wird dieses XML-Dokument:

```
<Hotel>
  <Name>Hotel Neptun</Name>
  <Zimmertyp><Typ>EZ</Typ><Preis>120</Preis></Zimmertyp>
  <Zimmertyp><Typ>DZ</Typ><Preis>170</Preis></Zimmertyp>
  <Zimmertyp><Typ>Suite</Typ><Preis>350</Preis></Zimmertyp>
</Hotel>
```

Die Attribute der Relation Zimmertyp sind nicht als XML-Attribute, sondern vielmehr als Subelemente dargestellt. □

EXPLICIT-Modus

Sowohl der RAW- als auch der AUTO-Modus sind nur in der Lage, Ergebnisse in einem festen Format zu liefern. Der dritte vom SQL Server angebotene EXPLICIT-Modus erlaubt die Ausgabe beliebiger XML-Dokumente. Dabei kann eine beliebige hierarchische Schachtelung erreicht werden, die unabhängig von der spezifizierten Folge von Basisrelationen ist. Es ist dabei möglich, Elemente mit Daten über verschiedene Tabellen zu konstruieren. Über spezielle Schlüsselworte können Schlüssel-Fremdschlüssel-Beziehungen auf ID/IDREFS-Attribute abgebildet werden.

Dieser Modus ist jedoch wesentlich aufwändiger für den Anwender, weil die Art der Abbildung genau spezifiziert werden muss.

Die Generierung der XML-Dokumente erfolgt in zwei Schritten,

1. der Bearbeitung einer Anfragesicht und
2. einem Serialisierungsprozess zur Ergebnisaufbereitung.

Der EXPLICIT-Modus erwartet das Ergebnis der Anfragesicht in einem speziellen Format, dem Universal-Relation-Format. Die Sicht muss zwei spezielle Spalten Tag, Parent sowie weitere Spalten mit kodierten Spaltennamen und einer bestimmten Ordnung im Ergebnis erzeugen. Die Anzahl der Spalten sowie deren Bezeichnungen und Inhalte beeinflussen das gewünschte Ergebnisdokument.

Universal Relation Eine Universal-Relation hat die folgenden Spalten:

- Tag stellt die Tag-Nummer und die Hierarchieebene des aktuell auszugebenden Elementes dar,
- Parent repräsentiert die Tag-Nummer des Elternknotens. Tupel mit einem Nullwert (NULL oder 0) werden auf der obersten Ebene angeordnet sowie
- weitere Spalten, deren Namen von Attribut-, Elementnamen, Hierarchieebene und Knotentyp kodiert werden.

Die Kodierung der Spaltennamen erfolgt nach einem festen Muster:

Name!*Ebene*!*Subname*[!*Type*]

Durch die Angabe von *Name* und *Ebene* erfolgt eine Zuordnung von Elementnamen und Hierarchieebene. Weiterhin wird mit *Subname* der Bezeichner des Attributes oder Subelementes festgelegt. Folgt eine Typangabe, wird nicht ein Attributknoten (Normalfall) erzeugt, sondern spezielle Knotentypen, etwa IDREFS, CDATA-Abschnitte oder Subelemente. Mit der Angabe von ELEMENT wird der Wert des Datenbankattributes als #PCDATA-Inhalt eines Elementes ausgegeben. Weiterhin kann z.B. durch XMLTEXT der Wert eines Datenbankattributes als literales XML interpretiert und literal in das Ergebnis übernommen werden.

Der Serialisierungsprozess geht davon aus, dass die Tupel, die einen bestimmten XML-Knoten repräsentieren, unmittelbar von den Tupeln der Kindsknoten gefolgt werden. Dies entspräche einer Depth-First-Traversierung des gewünschten XML-Dokumentbaumes. Erreicht wird dies durch explizit anzugebende `ORDER BY`-Klauseln.

Ob die Sicht wie im nachfolgenden Beispiel dynamisch erzeugt wird oder ob etwa eine temporäre Tabelle speziell dafür aufgebaut wird, ist unerheblich. Entscheidend für den `EXPLICIT`-Modus ist der einzuhaltende Tabellenaufbau einer Universal-Relation.

Beispiel 11.12 Zur Erzeugung eines Dokuments mit Angaben zum Hotel und den angebotenen Zimmerarten wird diese SQL-Anfrage unter Nutzung des `EXPLICIT`-Modus gestellt.

```
SELECT 1 AS Tag,
  NULL AS Parent,
  Hotel.Name AS "Hotel!1!Name",
  NULL AS "Zimmertyp!2!Typ"
FROM Hotels
UNION ALL
SELECT 2, 1, Hotel.Name, Zimmertyp.Typ
WHERE Hotel.Name = Zimmertyp.HName
ORDER BY [Hotel!1!Name], [Zimmertyp!2!Typ] FOR XML EXPLICIT
```

Im ersten Schritt der Bearbeitung entsteht folgende Tabelle:

Tag	Parent	Hotel!1!Name	Zimmertyp!2!Typ
1	NULL	Neptun	NULL
2	1	Neptun	EZ
2	1	Neptun	DZ
2	1	Neptun	Suite
1	NULL	Am Leuchtturm	NULL
2	1	Am Leuchtturm	EZ
2	1	Am Leuchtturm	DZ

Der Serialisierungsprozess erzeugt daraus dieses XML-Fragment:

```
<Hotel Name="Neptun">
  <Zimmertyp Typ="EZ"/>
  <Zimmertyp Typ="DZ"/>
  <Zimmertyp Typ="Suite"/>
</Hotel>
<Hotel Name="Am Leuchtturm">
  <Zimmertyp Typ="EZ"/>
  <Zimmertyp Typ="DZ"/>
</Hotel>
```

Durch die Angabe von z.B. »[Zimmertyp!2!Typ!element]« wird dabei erreicht, dass der Spalteninhalt von Zimmertyp.Typ als Elementinhalt anstatt eines Attributwertes ausgegeben wird. □

11.3.2 Relationale Sichten auf XML mit OpenXML

Mit der OpenXML Funktion ist der Zugriff von SQL-Anwendungen auf XML Daten möglich. Die Eingabe ist dabei ein XML-Dokument. Zu diesem wird eine interne Repräsentation mit der Funktion sp_xml_preparedocument erstellt. Der Zugriff auf Dokumentteile des XML-Dokuments erfolgt mit der Funktion OpenXML. Die interne Repräsentation kann mit sp_xml_removedocument wieder freigegeben werden.

Rowset Provider

OpenXML ist ein so genannter Rowset Provider, eine Funktion, die eine Tupelmenge in Tabellenform liefert. Diese Funktionen liefern nicht einen atomaren Funktionswert, sondern eine Menge von Tupeln. Diese können in SQL-Ausdrücken überall dort stehen, wo syntaktisch eine Relation erwartet wird, z.B. in der FROM-Klausel.

Die OpenXML hat folgende Parameter:

```
OpenXML(Docid INTEGER [in],
  Pfadausdruck NVARCHAR [in],
  Flags BYTE [in])
WITH (Schemadeklaration | Tabellenname)]
```

Das Schema der Ergebnisrelation von OpenXML kann zwei Formen haben:

1. die so genannte Edge Table, die eine Graphdarstellung der XML-Knotenhierarchie ist. Sie beinhaltet unter anderem Informationen über die Knoten und die jeweiligen Vorgängerknoten.
2. Shredded Rowset, das eine gezielte Extraktion von Elementen oder Attributen aus dem Dokument erlaubt. Das Ergebnisschema wird über *Flags* und die WITH-Klausel gesteuert.

Weiterhin ist *Docid* ein Verweis (engl. Handle) auf die interne Repräsentation des Dokuments. Er wird von sp_xml_preparedocument als Funktionswert geliefert.

Die anderen Parameter von OpenXML haben folgende Bedeutung:

- *Pfadausdruck* ist ein XPath-Ausdruck, der das zu extrahierende Dokumentfragment spezifiziert. XPath-Ausdrücke sind eine XPath 1.0-Teilmenge.
- Mit der WITH-Klausel kann eine Schemadeklaration wie in der SQL-CREATE TABLE-Klausel erfolgen. Spaltennamen in *Schemadeklaration* verweisen auf Attribut- oder Elementnamen der durch

den Pfadausdruck extrahierten Knotenmenge. Weiterhin gibt es eine Angabe des zu verwendenden SQL-Datentyps und eventuell einen Verweis auf den zu benutzenden XML-Knoten in XPath-Syntax.

- Durch *Flags* wird die Abbildung von Attribut- (*Flags* = 1) oder Elementnamen (*Flags* = 2) auf Spaltennamen gesteuert.

Edge-Table-Format Tabelle 11.3 zeigt das so genannte Edge-Table-Format. Wenn `OpenXML` im Ergebnis dieses Format liefert, erfolgt in der Regel eine Weiterverarbeitung in der Anwendung direkt oder mit geschachtelten SQL-Anfragen.

Tabelle 11.3
Format der Edge Table

Spaltenname	Bedeutung
`id`	bezeichnet eindeutig einen Knoten eines Dokuments, die Wurzel hat die `id`.
`parentid`	verweist auf den Vaterknoten bei einem Element, bei Textknoten z.B. auf das zugehörige Attribut oder Element.
`nodetype`	identifiziert den Knotentyp unter Verwendung des DOM-Nummerierungsschemas für Knotenarten.
`localname`	enthält den Element- oder Attributnamen.
`prefix`	stellt das Namensraumpräfix dar.
`namespaceuri`	falls vorhanden, ist die URI des zugehörigen Namensraumes.
`datatype`	gibt den Datentyp von Elementen und Attributen an. Er wird aus der DTD oder dem angegebenen Schema abgeleitet.
`prev`	enthält die Knotennummer des vorhergehenden Geschwisterknoten.
`text`	nimmt den Attributwert oder Elementinhalt auf.

Beispiel 11.13 Alle `Zimmertyp`-Elemente des durch »`@doc`« referenzierten Dokuments im Edge-Table-Format liefert diese SQL-Anfrage:

```
SELECT * FROM OpenXML(@doc, '/ROOT/Hotel/Zimmertyp')
```

Bei der interaktiven Verwendung wird eine Tabelle mit den in Tabelle 11.3 angegebenen Spalten ausgegeben. □

Shredded Rowset Bei diesem Format können zwei Abbildungen erzeugt werden:

- eine attributzentrierte Abbildung (*Flag* = 1) von Attributen auf Datenbankattribute sowie
- eine elementzentrierte Abbildung (*Flag* = 2) von Elementen verschiedener Hierarchieebenen auf Datenbankattribute.

Beispiel 11.14 Attributzentriert abgebildet wird etwa mit

```
SELECT *
FROM OpenXML(@doc, '/ROOT/Hotel', 1)
  WITH (
    Name VARCHAR(10),
    Sterne INTEGER
  )
```

Eine elementzentrierte Abbildung über verschiedene Hierarchieebenen wird mit dieser Anweisung erreicht:

```
SELECT *
FROM OpenXML(@doc, '/ROOT/Hotel/Zimmertyp', 2)
  WITH (
    Name VARCHAR(20) '../Name',
    Type VARCHAR(10) 'typ',
    Preis INTEGER '@preis'
  )
```

Ergebnis ist eine flache Relation, deren Werte aus unterschiedlichen Elementen `/Hotel/Name`, `/Hotel/Zimmertyp/Typ` und einem Attribut `/Hotel/Zimmertyp/@preis` des XML-Dokuments stammen. □

11.3.3 XML-Sichten auf relationale Daten

Der SQL Server bietet die Möglichkeit, XML als logisches Modell zu verwenden und auf diesem Anfragen sowie Änderungsoperationen vorzunehmen. Die physische Speicherung erfolgt im relationalen Modell des SQL Server.

Die Abbildung zwischen der XML-Sicht auf logischer Ebene und der physischen Speicherung in der Datenbank wird durch ein annotiertes Schema mit XDR beschrieben. Für die Schemadeklarationen selbst wird auch XML und üblicherweise der Namensraum `xml-data` benutzt.

Die Annotationen referenzieren das relationale Schema in der Regel über den `xml-sql` Namensraum. Die Verarbeitung der Sichten erfolgt durch XML-Tools, etwa in IIS und ADO. Intern erfolgt eine Abbildung auf SQL, die mit XSLT implementiert ist.

Sichtendefinition mit XDR Die Beschreibung der XML-Sichten erfolgt mit XML-Data Reduced (XDR), einer speziellen Schemabeschreibungssprache von Microsoft. Sie besitzt selbst eine XML-Syntax und unterstützt Namensräume. Es werden eine Vielzahl an Grunddatentypen geboten, die sprachlichen Möglichkeiten gehen ansonsten wenig über DTDs hinaus.

Beispiel 11.15 Es folgt eine einfache Schemadefinition in XDR:

```
<AttributeType name='hname' dt:type='string'/>
<AttributeType name='ztyp' dt:type='enumeration'
   dt:values='EZ DZ Suite'/>
<ElementType name='zimmertyp'>
   <attribute type='ztyp'/>
   <attribute type='hname'/>
</ElementType>
```

und ein Beispiel, wie die Abbildung auf ein relationales Schema erfolgen kann:

```
<schema xmlns="urn:schemas-microsoft-com:xml-data"
        xmlns:sql="urn:schemas-microsoft-com:xml-sql">
<ElementType name="zimmertyp" sql:relation="Zimmertyp">
  <attribute type="ztyp" sql:field="ZTyp"/>
  <attribute type="hname" sql:field="HName"/>
</ElementType>
</schema>
```

Die beiden Namensräume referenzieren zum einen die Grunddatentypen von XDR mit `dt` und zum anderen die Erweiterungen für die Annotationen zur Abbildung auf die relationalen Daten mit `sql`. □

Abfragen sind zurzeit mit XPath, zukünftig auch mit XQuery möglich. Neben diesen Anfragemöglichkeiten können auch Änderungen an den XML-Sichten vorgenommen werden, die an die relationale Datenbank propagiert werden. Dies erfolgt mit so genannten Updategrammen.

Laden von Massendaten (Bulk Load) Alternativ zu `OpenXML`, mit dem XML-Dokumente zerlegt und mit `INSERT` in die Datenbank eingefügt werden können, erlaubt ein spezielles Objekt `SQLXMLBulkLoad` das Laden von großen Mengen an XML-Daten (so genanntes Bulk Load) in die Datenbank. Über Eigenschaften dieses Objektes kann der Ladevorgang gesteuert werden, z.B. wird über ein annotiertes XDR-Schema der Abbildungsvorgang gesteuert. Weitere Eigenschaften beeinflussen das Transaktionsverhalten oder geben Integritätsbedingungen an, die beim Ladevorgang einzuhalten sind.

Auch wenn der Ladevorgang über XML-Sichten definiert wird, läuft er direkt im Datenbank-Server ab und nicht in der Middleware.

11.3.4 Zusammenfassung der Möglichkeiten

Der MS SQL Server 2000 bietet drei Möglichkeiten der Integration von XML in Datenbankanwendungen. Zwei im Datenbanksystem angelagerte Techniken erlauben es, von SQL aus auf XML-Inhalte zuzugreifen und dabei eingeschränkte Pfadausdrücke zu verwenden (`OpenXML`) sowie Anfrageergebnisse als XML zu präsentieren (`WITH XML`-Klausel).

Die dritte Variante ist ein Middleware-Ansatz und verwendet XML als logisches Modell. Über annotierte XDR-Sichten werden die relational gespeicherten Daten als XML dargestellt. Sowohl der Zugriff über XPath und zukünftig XQuery als auch die Manipulation mit Updategrammen erfolgt über das XML-Dokumentmodell.

Tabelle 11.4 ordnet die Techniken, die der SQL Server 2000 zur Speicherung von und Anfrage an XML-Dokumente bietet, in die Klassifikation des Buches ein.

Tabelle 11.4
Eigenschaften der XML-Speicherung im SQL Server 2000

XML-Speicherung	
Modell	relationales Modell
Schemabeschreibung	XDR für XML-Sichten, DTD oder Schema zur Typableitung in `OpenXML`
Art der Speicherung	fragmentierte Speicherung
Ordnungserhaltung	–
XML-Datentyp	–
Indizierung	
Struktur, Pfade	–
Werte	√
Volltext	–
XML-Import, XML-Export	
Import mittels `OpenXML`, Export durch annotiertes XDR-Schema	
Anfrage- und Manipulationsschnittstellen	
Anfragen	SQL + Erweiterungen, XPath
Volltextfunktionalität	–
Änderungsoperationen	an XML mit Updategrammen
Transformationen	XSLT 1.0
Werkzeuge, Besonderheiten	
Integration mit Web-Services über Middleware	
Laden von XML-Massendaten	
basiert auf relationalem Modell oder XML	

11.4 eXtensible Information Server von eXcelon

Die Firma eXcelon bietet zur Verwaltung und Speicherung von XML-Dokumenten den eXtensible Information Server (XIS) an, der eine ganze Sammlung von Tools bereitstellt. Der eXtensible Information Server wird verwendet, um Daten und Dokumente, die in verschiedenen Formaten vorliegen, zu integrieren, in andere Formate zu transformieren und verschiedenen Anwendungen bereitzustellen.

Abbildung 11.5 zeigt die Architektur des eXtensible Information Server.

Die Kernkomponente des eXtensible Information Server realisiert die Speicherung von XML-Dokumenten auf der Basis des objektorientierten Datenbanksystems ObjectStore. Dabei werden die XML-Dokumente vor der Speicherung in der Datenbank geparst und bezüglich der Gültigkeit gegenüber einer DTD oder einem XML Schema überprüft.

eXcelon realisiert eine native Speicherung von XML-Dokumenten auf der Basis der Klassenstruktur des Document Object Model (DOM). Das heißt, XML-Dokumente werden vollständig gespeichert, es kann auf alle Teile der Dokumente zugegriffen werden und die Dokumente können verlustfrei wiederhergestellt werden. Die DOM-Struktur der XML-Dokumente wird in einer objektorientierten Datenbank abgelegt.

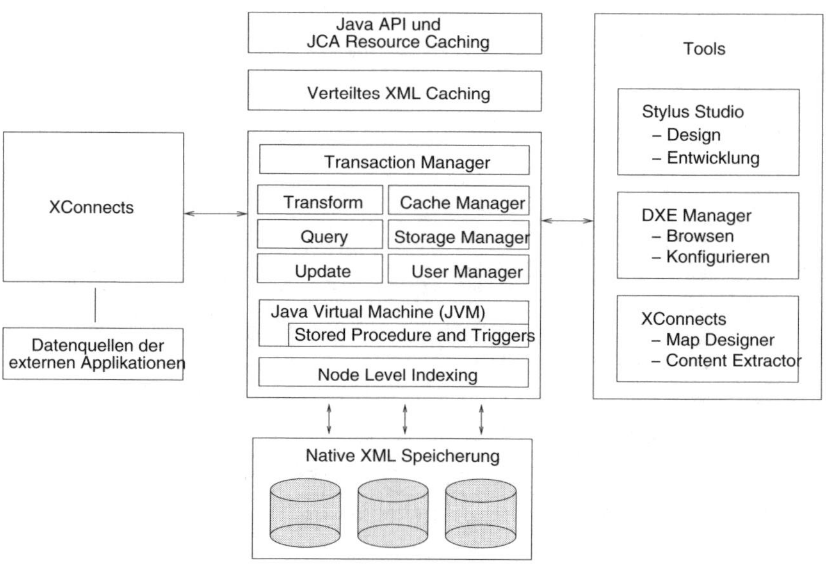

Abbildung 11.5
Architektur des eXcelon eXtensible Information Server

Dazu wird eine Datenbank eingesetzt, deren Struktur durch die Klassenstruktur des Document Object Model definiert wird. Die Struktur der Datenbank ist damit immer konstant und unabhängig vom Aussehen der konkreten XML-Dokumentkollektionen. Durch diese Speicherungsmethode lassen sich demzufolge Dokumente mit einer DTD, mit einem XML Schema oder auch ohne eine explizit dargestellte Struktur speichern. Das ist speziell für die Integration von Daten aus einer Vielzahl dynamischer Quellen sehr hilfreich.

Einzelne Elemente oder Attribute, die auf diese Weise gespeichert werden, können zusätzlich mit einem Index versehen werden, der den Zugriff auf die Dokumente beschleunigt. Der Index ist so aufgebaut, dass für die zu indizierenden Elemente oder Attribute ein direkter Verweis in die Datenbank mit den gespeicherten Informationen existiert. Es ist die Anlage von Struktur-, Text- und Werteindizes möglich. Weiterhin wird die Technologie von Verity eingesetzt, um Text-Retrieval in beliebigen Quellformaten zu unterstützen.

Als Anfragesprache zum Zugriff auf die gespeicherten XML-Dokumente wird XPath verwendet. Die Angabe von XPath-Ausdrücken ist dabei direkt möglich. Alternativ dazu existiert ein Tool, das eine graphische Unterstützung bei der Generierung von XPath-Anfragen bietet. Darüber hinaus ist zum Zeitpunkt des Erscheines des Buches ein initialer XQuery Support implementiert und im System vorhanden. XQuery ist gegenwärtig noch nicht als Empfehlung vom W3C verabschiedet worden.

Geparste und in der XML-Datenbank abgelegte Dokumente können verändert werden. Das wird ebenfalls über die Benutzerschnittstelle unterstützt und in eine von eXcelon entwickelte Update-Sprache übersetzt, die sich an SQL und XPath anlehnt. Die Update-Operationen werden auf der Datenbank, die die DOM-Informationen speichert, ausgeführt. Die interne Speicherungsstruktur speichert die einzelnen Nodes eines XML-Dokuments. Bei Updates müssen nur die Inhalte der Nodes eines XML-Dokuments geändert werden, die durch das Update verändert werden.

Auf den eXtensible Information Server kann durch eine API für Java zugegriffen werden.

Der eXtensible Information Server erlaubt den Im- und Export von über 80 verschiedenen externen Datenquellen. Dabei können nicht nur Daten aus anderen Datenbanken (wie Oracle und Paradox) importiert werden, sondern es können auch Datenformate aus anderen Systemen (zum Beispiel Excel, Lotus Notes, Messaging Systeme wie MQSeries) und Anwendungen (wie SAP) integriert werden. Bei der Verwendung von Informationen aus anderen Datenformaten ist es möglich (und notwendig), ein Mapping herzustellen, das die Zuordnung zwischen den Informationen aus den externen Quellen und den gespeicherten XML-Dokumenten realisiert. Im XIS ist dies durch die *XConnects* genannte Komponente möglich.

Ein Export der gespeicherten XML-Dokumente in beliebige Formate ist durch den Einsatz von XSLT möglich. Dabei kann vom Benutzer individuell bestimmt werden, in welcher Weise die Abbildung erfolgen soll.

eXcelon hat noch eine Reihe weiterer Produkte in den XIS integriert, zum Beispiel einen XML-Editor, einen XML Schema-Editor, einen XSLT-Editor sowie einen XML-to-XML-Transformator, der XSLT-Skripte als Ausgabe erzeugt.

Die Eigenschaften des nativen XML-Datenbanksystemes XIS fasst Tabelle 11.5 noch einmal zusammen.

Tabelle 11.5
Merkmale des eXtensibel Information Server von eXcelon

XML-Speicherungi	
Modell	Struktur des DOM, Basis für die Speicherung ist ObjectStore
Schemabeschreibung	Test auf Gültigkeit, Schema ist keine Voraussetzung für die Speicherung
Art der Speicherung	vollständige Speicherung
Ordnungserhaltung	√
XML-Datentyp	–
Indizierung	
Struktur, Pfade	√
Werte	√
Volltext	√
XML-Import, XML-Export	
Transformation in über 80 verschiedene Formate	
Spezifikation der Abbildung über Mapping-Vorschriften	
Anfrage- und Manipulationsschnittstellen	
Anfragen	XPath 1.0, Teilrealisierung von XQuery 1.0
Volltextfunktionalität	Volltext-Retrieval
Änderungsoperationen	eigene Updatesprache XUpdate (an XPath und SQL angelehnt)
Transformationen	XSLT 1.0
Werkzeuge, Besonderheiten	
Mehrnutzerbetrieb, Caching	
Editoren für XML-Dokumente, XML Schema, für Anfrage- und Update-Sprache sowie für Mapping-Angaben	

Das System eXcelon unterstützt eine native Speicherung von XML-Dokumenten, die auf logischer Ebene auf dem Document Object Model basiert, und auf physischer Ebene das objektorientierte Datenbanksystem ObjectStore einsetzt. Ebenfalls in das System integriert sind Werkzeuge, die eine konzeptuelle Modellierung von XML-Dokumenten und

Schemata ermöglichen, sowie eine graphische Unterstützung bei der Spezifikation von Anfragen und Updates bieten.

Genauere Informationen zum eXtensible Information Server von eXcelon findet man auf der Webseite[3] der Firma.

11.5 Tamino

Tamino ist der von der Software AG entwickelte XML-Server. Tamino stellt eines der bekanntesten nativen XML-Datenbanksysteme dar. Im Gegensatz zu den auf objektrelationalen oder objektorientierten Datenbanken aufsetzenden Lösungen wurde es vollständig für XML-Dokumente entwickelt. An allen Schnittstellen des Systems werden XML-Instanzen und -Schemata eingesetzt. Bei der Entwicklung wurden jahrelange Erfahrungen aus der Entwicklung des hierarchischen Datenbanksystemes Adabas genutzt.

Tamino hat eine Transaktionsverwaltung und ist für den Mehrnutzerbetrieb konzipiert. In Abbildung 11.6 ist der generelle Aufbau des Systems zu erkennen.

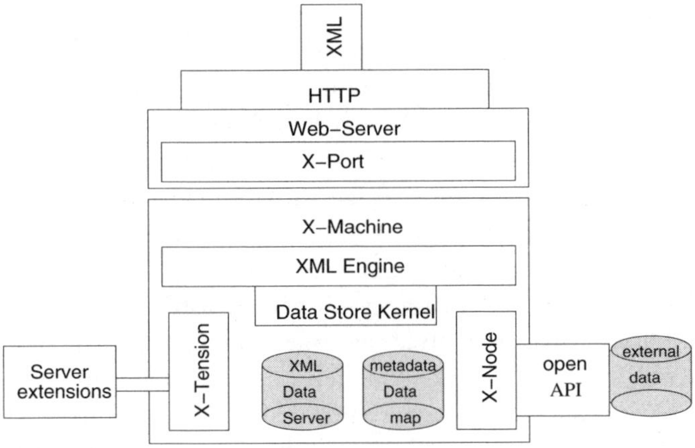

Abbildung 11.6
Architektur des XML-Server Tamino

Man sieht, dass der Zugriff auf den XML-Server durch das HTTP-Protokoll erfolgt. Damit werden Zugriffe über das Web ermöglicht. In der URL wird angegeben, welche Datenbank verwendet werden soll, wo das Dokument innerhalb der Datenbank lokalisiert ist, und die Anfrage selbst wird dort spezifiziert.

Die Basisfunktion des Systems ist die Speicherung und das Retrieval von XML-Dokumenten. Abbildung 11.7 stellt dar, wie beide Prozesse mit Tamino erfolgen.

Tamino speichert XML-Dokumente nativ, es erfolgt keine Dokumenttransformation. XML-Prozessoren mit DOM- und SAX-Schnittstelle stehen dazu innerhalb des Systems bereit. Tamino unterstützt ge-

[3] `http://www.excelon.com/`

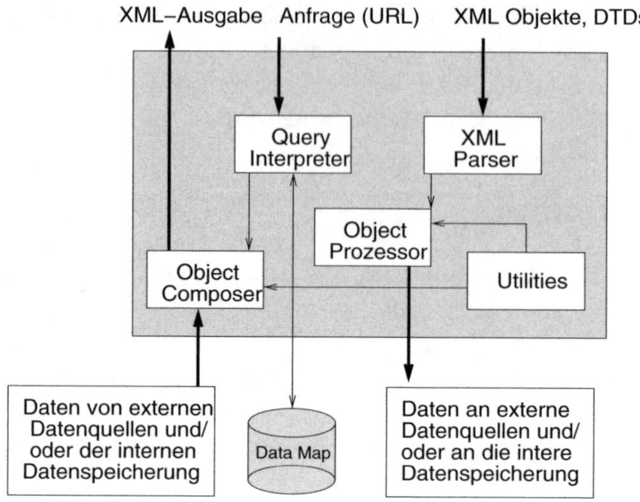

Abbildung 11.7 *Speicherung und Retrieval von XML-Dokumenten mit Tamino*

genwärtig die Speicherung von XML-Dokumenten mit oder ohne DTD, aus XML Schema werden bisher die vordefinierten Datentypen unterstützt. Weitere Anteile von XML Schema werden in Zukunft schrittweise ergänzt.

Die unterstützte Anfragesprache ist gegenwärtig XPath 1.0 mit speziellen Erweiterungen. Zukünftige Entwicklungen erfolgen in Richtung XQuery 1.0 auf der Basis von XPath 2.0. XQuery ist gegenwärtig noch keine Empfehlung des W3C, befindet sich also noch in der Entwicklung. Das Ergebnis zu einer Anfrage sind entweder die Originaldokumente oder Ausschnitte aus Dokumenten, die in der Anfrage spezifiziert werden. Die Komponente X-Maschine enthält einen Parser für die Anfragesprache. Die Anfragen können sowohl an nativ gespeicherte XML-Dokumente als auch an externe Datenquellen wie MS Office-Dokumente, Audio- und Videodateien oder PDF-Dateien gestellt werden. Die Komponente interagiert mit dem Object Composer, der die Ergebnisdokumente erstellt. Die Ergebnisse werden ebenfalls aus nativ gespeicherten oder externen Informationen zusammengesetzt.

Die Komponente X-Node stellt Verbindung zu anderen Datenbanken, z.B. relationalen Datenbanken, her und kann also den Import oder Export von Daten realisieren. Wie dabei die Zuordnung erfolgt, wird durch Metadaten, die im Data Map gespeichert sind, definiert. Data Map ist die Wissensbasis des Tamino Server. Es enthält XML-Metadaten wie Schemainformationen, Stylesheets und relationale Schemata. Die Abbildungsvorschriften, die beschreiben wie XML-Objekte gespeichert und zusammengesetzt werden, werden dort beschrieben. Auf diese Weise können heterogene, verteilte Datenquellen durch Einsatz von Tamino ausgewertet werden. Das Tamino XML Server Administration

Tool bietet eine einfache graphische Schnittstelle für die Festlegung des Mapping an.

Bei der Speicherung der XML-Dokumente ist eine Indizierung möglich. Es werden drei Arten von Indizes angelegt, ein wertbasierter, ein textbasierter und ein Strukturindex.

- Der wertbasierte Index kann eingesetzt werden, wenn das exakte Vorkommen bestimmter Suchbegriffe im XML-Dokument ermittelt werden soll. Der wertbasierte Index kann auch für andere Datentypen als Zeichenketten, zum Beispiel für numerische Datentypen, eingesetzt werden.
- Der textbasierte Index unterstützt demgegenüber den Zugriff auf Texte.
- Der Strukturindex erlaubt Anfragen über die Struktur des XML-Dokuments.

Anschließend erfolgt eine Anfrageoptimierung so, dass Indexinformationen und vorhandene Schemainformationen für die Anfragebearbeitung gezielt ausgenutzt werden.

Die Komponente XTension erlaubt benutzerdefinierte Funktionen, die Dokumentteile auslesen oder auf Dokumentteilen angewendet werden.

Die Vorteile von Tamino kommen besonders bei der Speicherung und beim Retrieval von dokumentzentrierten und semistrukturierten XML-Dokumenten zum Tragen. Durch die Möglichkeit, heterogene externe Datenquellen auszuwerten, eröffnen sich weitere Anwendungsfelder. Tabelle 11.6 fasst die Eigenschaften des Systems noch einmal zusammen.

Weitere Informationen zum System findet man in den Artikeln [SW00] und [Sch01], sowie auf der Webseite[4] der Software AG.

11.6 Infonyte-DB

Das System Infonyte verwendet zur Speicherung von XML-Dokumenten eine persistente Implementierung des Document Object Model. Jedes wohlgeformte XML-Dokument kann ohne weitere Schema- oder DTD-Informationen verarbeitet werden.

Das System enthält einen webfähigen Anfrageprozessor für die gegenwärtig gängigen XML-Anfragesprachen XQL und XPath 1.0. Eine weitere Schnittstelle ist das DOM Application Programmers Interface (API). Transformationen der XML-Dokumente werden mit XSLT durch die Integration von Apache Xalan ermöglicht.

[4] `http://www.softwareag.com/tamino/`

Tabelle 11.6
Merkmale des Tamino Server

XML-Speicherung	
Modell	native Speicherung, Basis adabas-Komponenten
Schemabeschreibung	DTD + Datentypen XML Schema, Test auf Gültigkeit, Schema ist zur Speicherung von XML-Dokumenten nicht erforderlich
Art der Speicherung	vollständige Speicherung
Ordnungserhaltung	√
XML-Datentyp	–
Indizierung	
Struktur, Pfade	√
Werte	√
Volltext	√
XML-Import, XML-Export	
Verarbeitung externer Informationen aus Datenbanken und Spezifikation von Zuordnungsvorschriften, Einbeziehung weiterer Formate	
Anfrage- und Manipulationsschnittstellen	
Anfragen	XPath 1.0, zukünftig XQuery auf XPath 2.0
Volltextfunktionalität	√
Änderungsoperationen	?
Transformationen	XSLT 1.0
Werkzeuge, Besonderheiten	
Transaktionsverwaltung, Mehrnutzerbetrieb	
graphische Unterstützung der Angabe des Mapping	

Infonyte-DB unterstützt damit die direkte, native Speicherung von XML und einen einfachen Zugriff auf die gespeicherten Informationen. Die Infonyte-DB bietet für XML-Anwendungen eine skalierbare und transparente Komponente zur Speicherung und Abfrage von XML-Daten.

Abbildung 11.8 zeigt die Architektur der Infonyte-DB.

Das System baut nicht auf existierende Datenbanken auf, sondern entwickelt eigene Komponenten zur physischen Speicherung, die an die Strukturen von XML-Dokumenten optimal angepasst sind. Bei der Speicherung erfolgt eine automatische und für den Anwender transparente Indizierung. XML-Anfragen werden algebraisch optimiert. Weiterhin wurde eine selbstoptimierende Cache-Strategie für die Speicherung von DOM-Informationen entwickelt. Die Details der Speicherung sind im Abschnitt 9.3.2 ausführlich dargestellt.

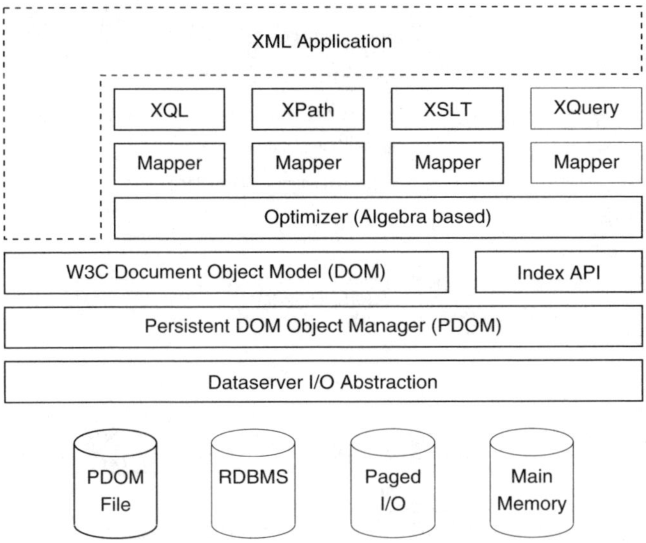

Abbildung 11.8
Architektur der Infonyte-DB

Durch die komplette Neuentwicklung für die Speicherung und Verwaltung von XML-Dokumenten handelt es sich bei der Infonyte-DB um eine schlanke und gleichzeitig leistungsfähige Implementierung.

Tabelle 11.7 stellt charakteristische Merkmale des Infonyte XML-Server zusammenfassend dar. Aktuelle Informationen sind auf der entsprechenden Webseite[5] zu finden.

11.7 POET Object Server Suite

Zum objektorientierten Datenbanksystem POET wird in Form einer Middleware eine Komponente angeboten, die der Speicherung von XML-Dokumenten in POET-Datenbanken dient. Dazu wird folgendes Vorgehen unterstützt:

- Aus einer XML-Schemabeschreibung werden spezielle Java-Klassen generiert.
- In einem zweiten Schritt wird für diese ein zugehöriger Datenbankentwurf generiert.

Komponenten, mit der Java-Klassen in POET-Datenbanken gespeichert werden, sind schon seit längerer Zeit verfügbar. Ziel dabei ist es, dem Entwickler den Zugriff auf das XML-Dokument über spezielle Methoden der Java-Klassen, die `marshal` und `unmarshal` heißen, bereitzustellen.

Alternativ können Anfragen an die objektorientierte Datenbank über OQL gestellt werden. Geeignet ist das Verfahren für datenzentrier-

[5] `http://www.infonyte.de/`

Tabelle 11.7
Merkmale der Infonyte-DB

XML-Speicherung	
Modell	Struktur des DOM
Schemabeschreibung	Schema ist keine Voraussetzung für die Speicherung
Art der Speicherung	vollständige Speicherung
Ordnungserhaltung	√
XML-Datentyp	√
Indizierung	
Struktur, Pfade	√
Werte	√
Volltext	√
XML-Import, XML-Export	
	nein
Anfrage- und Manipulationsschnittstellen	
Anfragen	XPath 1.0, Teilrealisierung von XQuery 1.0
Volltextfunktionalität	–
Änderungsoperationen	über DOM-Methoden
Transformationen	XSLT 1.0

te XML-Dokumente, die dann strukturiert in Datenbanken gespeichert werden und über Datenbankanfragen ausgewertet werden sollen.

Die Abbildung 11.9 zeigt im Überblick die Speicherung von XML in POET über Java-Klasssen. Dabei sind die Ebene der Abbildung (Mapping) und des Zugriffes (Access) zu unterscheiden. Der Abbildungsvorgang stellt einen zweistufigen Prozess dar:

1. Ausgehend von einem XML Schema werden Java-Klassen mittels eines Abbildungswerkzeuges erzeugt. Das XML Schema wird auf ein objektorientiertes Schema abgebildet.
2. Die generierten Java-Klassen werden persistent in einer POET-Datenbank gespeichert.

Zur Abbildung des XML Schema wird das freie Werkzeug Castor[6] benutzt. Die verwendeten Regeln sind sehr ähnlich zu der von Ronald Bourret beschriebenen Technik (siehe Abschnitt 8.4.2). Um Java-Klassen persistent zu speichern, werden die Java-Klassendateien mit einem speziellen Werkzeug (Enhancer genannt) auf Bytecode-Ebene erweitert. Die so modifizierten Klassen sind in der Lage, Instanzen explizit über Erreichbarkeit dauerhaft (persistent) in der POET-Datenbank abzulegen.

[6] `http://castor.exolab.org/`

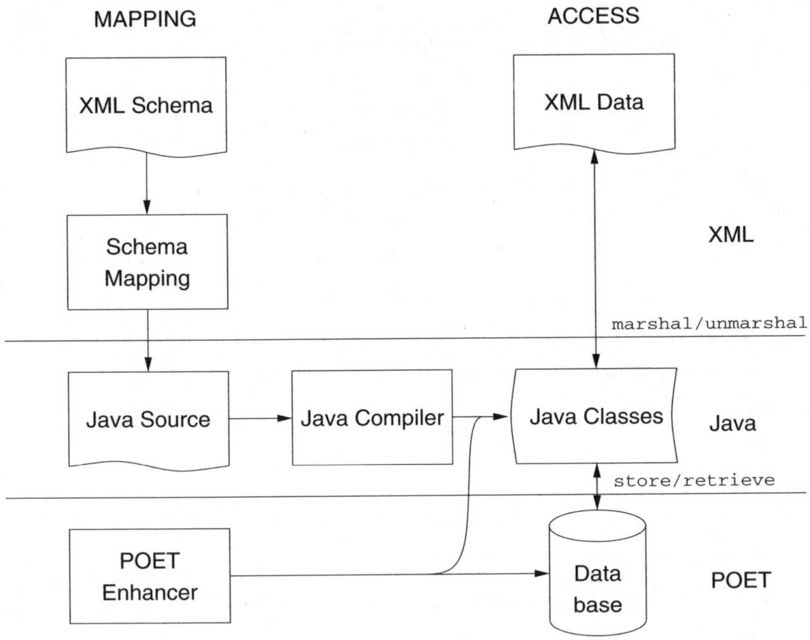

Abbildung 11.9
POET: XML-Speicherung über Java-Klassen

Der Zugriff erfolgt auf der Ebene der in Java zu erstellenden Anwendung. Die generierten Javaa-Klassen haben Methoden, um Instanzen sowohl persistent zu speichern (`store`, `retrieve`), als auch die Instanzen mit Werten aus XML-Dokumenten zu belegen oder sie als XML darzustellen (`marshal`, `unmarshal`). Für Anfragen steht neben dem ODMG Java Binding die Anfragesprache OQL zur Verfügung. Mit der neuen Produktgruppe FastObjects von POET kann ebenfalls der Java Data Objects (JDO)-Standard für persistente Java-Anwendungen eingesetzt werden.

Alternativ zur schemabasierten Abbildung gibt es einen Zugang, der DOM-Strukturen in einer POET-Datenbank persistent speichert. Diese Variante ist notwendig, wenn XML-Dokumente gespeichert werden sollen, zu denen kein Schema vorhanden ist oder bei denen sich das Schema häufig ändert. Dabei wird ein feststehendes Datenbankschema erstellt, das die Klassenstruktur des Document Object Model abbildet. In die Datenbank werden die Informationen aus dem XML-Dokument gespeichert. Anfragen können auch hier durch Einsatz von OQL gestellt werden. Diese Variante findet u.a. in einigen kommerziellen Content Management Systemen (CMS) Anwendung, die POET als Basis zur Datenverwaltung einsetzen.

Die hier beschriebenen Speicherungsmöglichkeiten für XML-Dokumente mit POET-Datenbanken fasst Tabelle 11.8 noch einmal zusammen.

Tabelle 11.8
Merkmale der XML-Speicherung mit POET

XML-Speicherung	
Modell	strukturierte Speicherung auf Basis des objektorientierten Modells, alternativ Speicherung der DOM-Informationen
Schemabeschreibung	für strukturierte Speicherung erforderlich
Art der Speicherung	fragmentiert oder vollständig
Ordnungserhaltung	bei Speicherung der DOM-Informationen gegeben
XML-Datentyp	nein
Indizierung	
Struktur, Pfade	√
Werte	√
Volltext	–
XML-Import, XML-Export	
über Java-Methoden	
Anfrage- und Manipulationsschnittstellen	
Anfragen	OQL
Volltextfunktionalität	–
Änderungsoperationen	OQL
Transformationen	–
Werkzeuge, Besonderheiten	

11.8 Content Management Suite — CMS

Die Sörman Content Management Suite (CMS) unterstützt die Speicherung, Verwaltung und Bearbeitung von SGML- und XML-Dokumenten. Die interne Speicherung basiert auf einer datenbankbasierten, objektorientierten Lösung.

CMS verwaltet die Dokumente nicht als Files, sondern als Objektstrukturen, die in der POET Object Server Suite gespeichert werden. Damit liegt diesem Tool die oben beschriebene Speicherungsvariante von POET intern zugrunde. Die Vorteile des darunter liegenden Datenbanksystems sind bei der Verwaltung der SGML- bzw. XML-Dokumente nutzbar. Die Zugriffsmöglichkeiten zur Navigation und zur Abfrage unterstützen den Mehrnutzerbetrieb.

Durch den Datenbankeinsatz können ebenfalls flexible Sperrverfahren auf der Ebene von so genannten Komponenten verwendet werden. Komponenten sind Fragmente von XML-Dokumenten. Dabei werden einzelne Teile eines Dokuments mit check-out gesperrt, und mit check-in wieder verfügbar gemacht. Das Konzept wird angewendet, wenn die Komponenten editiert werden, solange sind nur lesende Zugriffe möglich.

Über eine spezielle API ist die Navigation in der Content-Datenbank möglich, dabei ist der Zugriff auf Dokumente und deren Komponenten realisierbar. Diese Navigations-API stellt den Zugriff über datenbankinterne Baumstrukturen zur Verfügung. Weitere Funktionen der API sind Such- und Sortierfunktionen. Dabei wird eine Volltextsuche (Thesaurus, Stammwortreduktion, Soundex-Suche, Ähnlichkeitssuche, Suche nach Wörtern im gleichen Satz oder Absatz, Verbindung der Funktionen mit oder, und, nicht) unterstützt. Für diese Funktionen ist die Verity Volltext-Suchmaschine in das System integriert.

In der Content Management Suite wird ein Konzept zur Speicherung von so genannten Varianten (Versionen) verfolgt, verschiedene Ausprägungen werden gespeichert, die letzte Variante kann bearbeitet werden und auch ältere Varianten werden gespeichert. Die Variantenverwaltung ist Voraussetzung für die Wiederverwendung von Komponenten. Komponenten lassen sich in anderen Kontexten wiederverwenden, wobei dies nicht durch Kopieren und Einfügen erfolgt, sondern durch Referenzen auf die wiederzuverwendenden Komponente. Dabei existieren zwei Möglichkeiten:

- *fixed share* spezifiziert eine Referenz auf eine bestimmte Version,
- *floating share* definiert eine Referenz auf die jeweils aktuelle Version.

Weiterhin gibt es eine Nutzerverwaltung, bei der eine Rechtezuweisung erfolgt. Die Rechte können sich nicht nur auf die gesamte Datenbank beziehen, sondern auch auf jedes XML-Dokument.

In der CMS ist die Einbindung von Editoren (XMetal, FrameMaker+SGML, ADEPT, Epic) möglich. Autoren Plug-Ins versetzen Bearbeiter in die Lage, auf eine CMS-Datenbank zuzugreifen. Alle Funktionen des Content Management können direkt aus dem Editor aufgerufen werden.

Der Zugriff über das Internet Content Software Development Kit (SDK) ermöglicht die Implementierung eigener Dokumentenverwaltungssysteme und die Ankopplung bestehender Systeme.

Den einzelnen gespeicherten Objekten können spezifische Metadaten des Benutzers zugeordnet werden, sie werden als Parameter-Wert-Beziehungen dargestellt. Damit werden insbesondere Workflow-Management-Systeme unterstützt, die ihre Prozesse auf solchen Metadaten basierend initiieren und ausführen.

Die Einbindung anderer Dateiformate wie Word, PDF und Excel ist möglich, die Speicherung erfolgt als BLOB. Die Versionskontrolle sowie die Vergabe der Nutzerrechte erfolgen für die Formate analog.

Die Content Management Suite ist für Anwendungsgebiete im Bereich Verlagswesen, Publikationen, technische Dokumentationen und ähnliche Anwendungen entwickelt worden. Sie basiert auf der POET-Lösung zur Speicherung von XML-Dokumenten und stellt darauf aufbauend Methoden zur Entwicklung und Verwaltung von XML- und SGML-Komponenten bereit.

Tabelle 11.9 charakterisiert die Content Management Suite noch einmal zusammenfassend.

Tabelle 11.9
Merkmale der Content Management Suite

XML-Speicherung	
Modell	strukturierte Speicherung auf Basis des objektorientierten Modells
Schemabeschreibung	Gültigkeit, Voraussetzung für Mapping
Art der Speicherung	fragmentierte Speicherung
Ordnungserhaltung	√
XML-Datentyp	–
Indizierung	
Struktur, Pfade	√
Werte	√
Volltext	√
XML-Import, XML-Export	
über Java-Methoden	
Anfrage- und Manipulationsschnittstellen	
Anfragen	Navigations-API
Volltextfunktionalität	boolesche Suche, Phrasen, Proximity, linguistische Techniken, Stoppworte, Grundform, Stammform, Thesauri
Änderungsoperationen	Navigations-API?
Transformationen	
Werkzeuge, Besonderheiten	
Multi-User-Betrieb, Locking auf Komponentenebene, Versionsverwaltung, Rechtevergabe auf Objektebene, Einbindung von Word, Excel, PDF Editoren zur Erstellung von XML-Dokumenten und Schemata	

Man sieht an der Tabelle, dass hier sehr viele Eigenschaften unter dem Punkt Besonderheiten stehen. Das liegt daran, dass Content Management neben der erwähnten Basistechnologie des Speicherns und Anfragens von Informationen, die in der Tabelle klassifiziert wurde, noch sehr viel mehr enthält.

Weiterführende Informationen über die Content Management Suite sind unter [CMS] zu finden.

11.9 Leistungsbewertung von Systemen und Benchmarks

Benchmark

XML-Anwendungen verarbeiten im zunehmenden Maße sehr große bis riesige Kollektionen von XML-Dokumenten. Dies stellt eine Herausforderung an die Effizienz eingesetzter Speicherungsverfahren und die Performanz der Anfrageverarbeitung dar. Benchmarks stellen ein objektives Mittel zur Messung der Performanz und Effzienz eines Systems dar.

Messung der Leistungsfähigkeit

Da XML-Anwendungen sehr unterschiedliche und spezielle Anforderungen hervorbringen, kann und soll im Rahmen dieses Buches keine leistungsmäßige Bewertung der vorgstellten Systeme erfolgen. Vielmehr muss der interessierte Leser einen für sein Problem geeigneten Benchmark auswählen und den Vergleich selbst nach einer Grobauswahl möglicher Systeme vornehmen.

Zur Leistungsbewertung verschiedener Formen der Verarbeitung in Datenbanksystemen existieren bereits etablierte Benchmarks wie der TPC-C Benchmark für die Online-Transaktionsverarbeitung. Diese Benchmarks werden jedoch nicht allen Möglichkeiten einer XML-Verarbeitung gerecht. Herkömmliche Datenbanksysteme verarbeiten strukturierte Daten. Sie bieten wenig Unterstützung für semistrukturierte Dokumente und kaum Volltextfunktionalität an. Operationen auf der Dokumentstruktur, z.B. allgemeine Pfadausdrücken, werden in Anfrage selten erlaubt. Auch arbeiten Datenbanksysteme nicht mit den typischen XML-Anfragesprachen wie XQuery und gestatten nicht Transformationen etwa mit XSLT. Darum haben verschiedene Forschergruppen speziell XML-Benchmarks neu erarbeitet oder aus existierenden Datenbank-Benchmarks abgeleitet um diese für XML-Systeme typischen Eigenschaften zu evaluieren.

Will man einen geeigneten Benchmark für seine Anwendung finden, gibt es mindestens vier Kriterien, die zu untersuchen sind:

1. **Relevanz:** Der Benchmark soll die maximale Leistung des Systems und das Preis-Leistungs-Verhältnis bei der Ausführung von typischen Operationen der Anwendung bestimmen.
2. **Portabilität:** Eine Implementierung soll einfach und auf einer Vielzahl von Systemen und Architekturen erfolgen können.
3. **Skalierbarkeit:** Der Benchmark soll sowohl mit kleinen Systemen und wenig Daten als auch mit großen Systeminstallationen sowie sehr vielen Daten arbeiten können.

4. **Einfachheit:** Die gelieferten Ergebnisse sollen verständlich und einfach zu interpretieren sein.

Im Weiteren sollen darum aktuelle Benchmarks vorgestellt werden, die besonders für die Bewertung der XML-Verarbeitung von Systemen herangezogen werden können.

11.9.1 Xmark

Xmark ist ein Einzelnutzer-Benchmark, der auf einer lokalen Maschine arbeitet. Als typische XML-Anwendung wird eine Internet-Auktion modelliert.

Die verwendeten XML-Daten befinden sich zwar alle in einem einzelnen Dokument, die Dokumentgröße kann jedoch über einen Skalierungsfaktor (0,1 für 10 MByte, 1,0 für 100 MByte, 10 für 1 GByte, ...) beeinflusst werden. Das Erzeugen des XML-Dokuments erfolgt mit dem Dokumentgenerator `xmlgen`. Zum XML-Dokument wird eine DTD mitgeliefert, sie ist aber nicht zwingend für die Durchführung der Messungen notwendig.

Die Verarbeitung wird mit einer Arbeitslast von 20 XQuery-Anfragen getestet. Als Metrik wird Millisekunden pro Anfrage verwandt.

Relevant ist der Benchmark nur für Anwendungen, die ähnlich zum eingesetzten Szenario sind. Auch die Beschränkung auf den Einnutzerbetrieb kann problematisch sein, da der Systemdurchsatz und die Transaktionsunterstützung so nur ansatzweise getestet werden.

Portabilität und Übertragbarkeit auf andere Umgebungen ist durch die Verwendung von XQuery gegeben. Eine Skalierbarkeit ist einfach möglich. Durch die Beschränkung auf ein Einzeldokument, werden jedoch nicht alle denkbaren Anfragemöglichkeiten ausgeschöpft. Die Anzahl der verwendeten Anfragen genauso wie die Wahl der Anfragesprache tragen zur Einfachheit und Überschaubarkeit des Benchmark bei.

11.9.2 XOO7

Der XOO7-Benchmark basiert auf einem existierenden Benchmark (OO7), der aufgrund der Ähnlichkeiten zwischen dem objektorientierten Datenmodell und dem XML-Dokumentmodell sowie gemeinsamen Anfragekonstrukten (Pfadanfragen) gewählt wurde.

Es ist ein Einzelnutzer-Benchmark, der auf einer lokalen Maschine die Arbeit mit technischen Dokumentationen (Produktdaten) simuliert. Das ursprüngliche OO7-Schema und die zugehörigen Instanzen werden auf eine DTD und entsprechende XML-Dokumente abgebildet.

Die Daten werden mitgeliefert, müssen also nicht wie bei Xmark erst erzeugt werden. Die XML-Daten gibt es in drei Größen: 4,2 MByte, 8,4 MByte sowie 12,8 MByte.

Die Arbeitslast besteht aus den acht originalen (OO7) Anfragen und 19 weiteren XML-spezifischen Anfragen. Die Anfragen sind nur verbal beschrieben, sie müssen also erst für jedes zu testende System in die jeweils unterstützte Anfragesprache umgesetzt werden.

Der Benchmark ist auf Anwendungen, die im Einzelnutzerbetrieb laufen, ausgerichtet. Die zahlreichen Anfragen sind für objektorientierte Anwendungen im Bereich Produktdaten-Management relevant, dokumentzentrierte Anteile und entsprechende Anfragen treten dabei wenig auf.

Eine Portabilität ist durch die verbale Beschreibung der Anfragen zwangsläufig gegeben aber trotzdem mit einem gewissen Aufwand verbunden. Das Datenvolumen ist nur ein einem unteren Bereich skalierbar.

11.9.3 XMach-1

Im Gegensatz zu den beiden, zuvor vorgestellten Einzelnutzer-Benchmarks ist XMach-1 ein Mehrnutzer-Benchmark. Er simuliert eine typische Web-Anwendung unter Nutzung von XML-Daten. Der Benchmark ist skalierbar und evaluiert das gesamte, verteilte Informationssystem, bestehend aus Client, Applikations- und Datenbank-Server, und nicht nur eine lokale Speicherungskomponente.

XMach-1 unterscheidet zwischen dem zu testenden System, welches aus dem Datenbank- und Anwendungs-Server besteht, und der Anwenderseite, die aus Browsern zur Abfrage und so genannten Loader-Komponenten zur Datenmanipulation zusammengesetzt ist. Dadurch, dass sämtliche Komponenten verteilt im Netzwerk laufen können, werden typische Web-Anwendungen realistisch nachgebildet. Die Kommunikation zwischen den Komponenten erfolgt via HTTP.

Die verwendeten XML-Dokumente werden automatisch erzeugt und haben eine ungefähre Größe von 18 KByte. Zum Einsatz kommen vier verschiedene Datenbanken mit 10.000, 100.000, 1.000.000 oder 10.000.000 Dokumenten.

Die Arbeitslast besteht neben acht Anfrageoperationen auch aus drei Änderungsoperationen. Die Anfragen sind in XQuery formuliert. Als Metrik in Messungen kommt Xqps (XML Queries Per Second) zum Einsatz. Der Benchmark steht in Form eines Java-Frameworks zur Verfügung.

Der Benchmark ist für alle semistrukturierten XML-Anwendungen relevant. Eine Portabilität ist durch Java und XQuery gegeben, genauso eine Skalierbarkeit durch vier verschiedene Kollektionsgrößen. Die Einfachheit wird weiterhin durch eine überschaubare Anzahl von Anfragen erreicht. Untersuchungsergebnisse liegen zu einzelnen, anonymisierten Systemen vor. XMach-1 hat durch die verwendeten Änderungsoperationen, den Mehrnutzerbetrieb und ein verteiltes Verarbeitungsmodell eine Sonderstellung unter den betrachteten Benchmarks.

Weiterführende Literatur

Die beim Vergleich der Benchmarks benutzten Kriterien stammen von Jim Gray aus dem Datenbank-Benchmark-Handbuch [Gra93]. Dieses Buch ist gleichzeitig das Standardwerk für die Leistungsbewertung von Datenbanksystemen und Anfrageverarbeitung allgemein.

Der Xmark-Benchmark [SWK$^+$02b] wurde am CWI (Research Institute for Mathematics and Computer Science) in den Niederlanden entwickelt und wird von Albrecht Schmidt et al. in [SWK$^+$02a] vorgestellt. Die Übertragbarkeit der Modellanwendung (Internet-Auktion) wird in [SWK$^+$01] untersucht. Der im Zusammenhang mit dem Benchmark notwendige Dokumentgenerator `xmlgen` ist beim CWI [Sch02b] verfügbar. Die Untersuchungsergebnisse bezüglich Monet XML, einem Forschungsprototyp eines objektorientierten Datenbanksystems, wurden in [SWK$^+$01, KB98] ausgwertet.

Von der National University of Singapore und der Arizona State University wurde der XOO7-Benchmark entwickelt [BDL$^+$01]. Der Benchmark stellt eine Anpassung des von Michael Carey et al. entwickelten Benchmark OO7 [CDN93] dar. Die erste Version von XOO7 verfügt nur über fünf spezielle XML-Anfragen. In [NLB$^+$01] werden weitere 14 Anfragen ergänzt.

Eine vergleichende Leistungsbewertung freier XML-Stysteme kann man in [NLB$^+$02] finden. Ullas Nambiar et al. haben Lore, Kweelt, Xena und eine kommerzielle DOM-XPath-Implementierung mit dem X007-Benchmark untersucht.

Der erste, speziell für XML-Systeme entwickelte Benchmark wurde von Timo Böhme und Erhard Rahm von der Universität Leipzig in [BR01, RB02] in vorgestellt.

Der Bewertung von Information-Retrieval-Anfragen auf XML-Dokumenten widmet sich die INEX[7]-Initiative.

Eine detaillierte Übersicht zu den vorgestellten Benchmarks findet man bei Timo Böhme und Erhard Rahm in [RV02]. Vergleichende Betrachtungen stellt auch Tim Rieger in [Rie02] an.

11.10 Zusammenfassung und Ausblick

In diesem Kapitel wurde eine Vielzahl von Systemen vorgestellt, mit denen XML-Dokumente gespeichert und die Informationen angefragt werden können.

---
[7] `http://qmir.dcs.qmw.ac.uk/XMLEval.html`

Die Darstellungen der Eigenschaften und Merkmale der XML-Server sind im Kapitel weitaus kürzer als die Darstellungen zu den objektrelationalen Datenbanken. Das hat keinen wertenden Charakter, sondern liegt daran, dass hier stärkere Bezüge auf die vorherigen Kapitel des Buches bestehen. Während zum Beispiel bei objektrelationalen Datenbanken Abbildungsvorschriften zur Beschreibung, wie XML-Dokumente in Datenbanken gespeichert werden sollen, vorgestellt werden, die gegenwärtig in jedem System anders aussehen, wird bei XML-Servern als logisches Datenmodell XML verwendet, sodass die Darstellung der Systeme kompakter gehalten werden kann.

Das Kapitel kann nur eine Auswahl gegenwärtig verfügbarer Systeme und ihrer Merkmale geben. Zukünftig sind hier bei allen Systemen rasante Veränderungen und Erweiterungen zu erwarten. Neue Systeme werden hinzukommen oder vom Markt verschwinden.

Die Verabschiedung von Empfehlungen des W3Cs hat dabei Auswirkungen auf jedes der vorgestellten Systeme. Die nächste zu erwartende Empfehlung ist XQuery — es ist leicht vorstellbar (und auch schon absehbar), dass die Hersteller von XML-Datenbanken diese Sprache unterstützen werden.

Die objektrelationalen Datenbanksysteme verfolgen momentan alle einen eigenen Weg, um Daten aus einer Datenbank als XML-Dokumente auszugeben und um XML-Dokumente zu speichern und anzufragen. Auch hierfür ist eine Standardisierung zu erwarten. Es gibt eine erste Standardisierungsinitiative SQL/XML [Mel01], in der ein ANSI-Standard entwickelt werden soll, an der Vertreter aller großen Herstellerfirmen beteiligt sind. In Zukunft ist hier also eine Vereinheitlichung der Vorgehensweisen zu erwarten.

Die abschließend vorgestellten Benchmarks können eine Basis für eine anwendungspezifische Leistungsbewertung der betrachteten Systeme sein.

A Beispiel »Hotelinformationen«

Im Rahmen einer Internet-Anwendung sollen Informationen über Hotels und deren Ausstattung, zu Zimmern, Gästen und Reservierungen verwaltet werden.

A.1 Konzeptueller Entwurf im ER-Modell

Abbildung A.1 gibt den konzeptuellen Datenbankentwurf wieder. Im Entity-Relationship-Modell werden die Anwendungsobjekte (*Entities*) mit ihren Eigenschaften (*Attributen*) und den Beziehungen (*Relationships*) modelliert. Ausgezeichnete Attribute oder Schlüssel (hier mit einem Strich versehen) haben identifizierenden Charakter. Verschiedene Arten von Beziehungen (allgemeine, IST, identifizierende, funktionale) erlauben eine detaillierte Modellierung der zu speichernden Sachverhalte.

Zu Übernachtungsmöglichkeiten (`Hotel`) werden neben einer eindeutigen Bezeichnung (`Name`) und der Angabe der Art der Unterkunft (`Typ`: Hotel, Pension, Herberge, usw.) eine allgemeine Darstellung (`Telefon`, `Beschreibung` und `Foto`) und die eventuell vorhandene Klassifizierung (`Kategorie`, z.B. Fünf-Sterne-Hotel) gespeichert.

Das Hotel hat genau eine Anschrift (`Adresse`). Zu einer Anschrift (`Adresse`) gehören, neben dem Ort (`Ort`) und der Postleitzahl (`PLZ`), die Straße und Hausnummer (`Strasse` und `Hausnummer`). Nur `PLZ`, `Ort`, `Strasse` und `Hausnummer` zusammen bestimmen eindeutig eine Adresse. Manchmal sind unter der gleichen Anschrift mehrere Hotels oder Unterkünfte zu erreichen. Darum handelt es sich bei der Beziehung zwischen `Hotel` und `Adresse` um eine `1:*`-Beziehung (`befindet`).

Ein konkretes Hotel verfügt über einen oder mehrere Zimmertypen (`Zimmertyp`). Diese werden durch einen allgemeinen Namen (`Typ`), die Zahl existierender Zimmer (`Anzahl`) und weitere Details (`Preis`, `Beschreibung`, optionales `Foto`) beschrieben.

Bei dem Entity-Typ `Zimmertyp` handelt es sich um ein so genanntes schwaches Entity (engl., *Weak entity*), da es in unserem Beispiel nur im Zusammenhang mit einem Hotel existieren kann. Identifiziert wird ein Zimmertyp über die Beziehung (`verfuegt`) durch den Schlüssel des Hotels, d.h., durch den Hotelnamen (`Name`) und den jeweiligen Zimmertyp

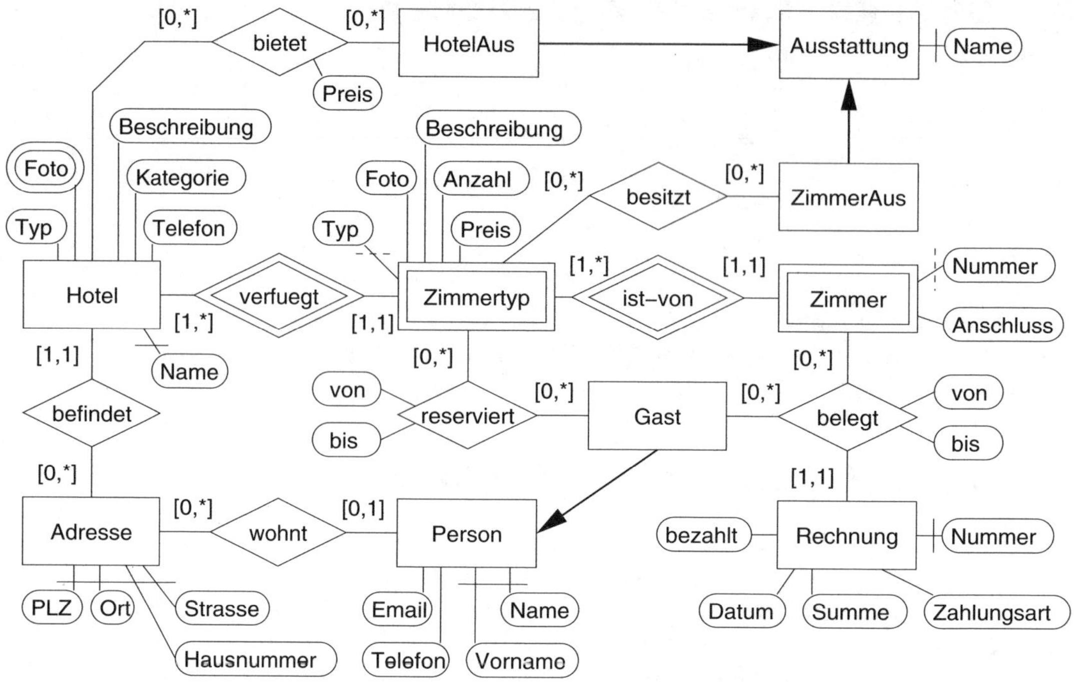

Abbildung A.1
ER-Modell Hotels

(Typ). Ähnlich wie beim Hotel wird in unserer Datenbank für jeden Zimmertyp dessen Ausstattung (ZimmerAus) erfasst.

Eine Person (Person) kann als Gast (Gast) in einem Hotel Zimmer reservieren. Da ein Gast mehrere Zimmer reservieren und ein bestimmter Zimmertyp auch im gleichen Zeitraum (von, bis) mehrfach vorbestellt sein könnte, handelt es sich hier um eine [0,*]:[0,*]-Beziehung (reserviert).

Personen, und damit auch Gäste, sollen eindeutig durch ihren Namen (Vorname, Name) identifizierbar sein. Weitere Informationen sind die Telefonnummer (Telefon) und eine Email-Adresse (Email). Zu einer Person kann eine Anschrift erfasst sein (wohnt). Sie muss aber nicht vorhanden sein ([0,*]:[0,1]-Beziehung).

Eine Reservierung erfolgt immer für einen Zimmertyp. Bei der Ankunft im Hotel und der damit verbundenen Einschreibung bekommt der Gast aber dann ein konkretes Zimmer (Zimmer) zugewiesen. Dieses ist spezifisch für ein Hotel mit einer Zimmernummer versehen (Nummer) und von einem bestimmten Typ (Beziehung ist-von zum Zimmertyp). Zimmer ist genauso wie Zimmertyp eine *Weak entity* und wird damit durch eine identifizierende Beziehung, hier ist-von, genauer bestimmt. In unserem Beispiel ergibt sich der Preis eines Zimmers aus dem Zimmertyp.

Die Beziehung zwischen dem Gast, dem belegten Zimmer und der bei der Abreise ausgestellten Rechnung (`Rechnung`) ist eine dreistellige (`belegt`). Ein Zimmer kann genauso wie der Gast mehrfach an der Beziehung teilnehmen ([0,*]). Für eine konkrete Belegung existiert jedoch genau eine Rechnung ([1,1]). Diese Rechnung (`Rechnung`) hat eine eindeutige Rechnugsnummer (`Nummer`), ein Erstellungsdatum (`Datum`), den Status (`bezahlt`) und die gewünschte Form (`Zahlungsart`) der Bezahlung.

A.2 Abbildung auf das relationale Datenbankmodell

Wenn auch die Abbildung vom Entity-Relationship-Modell auf das relationale Datenbankmodell automatisch mit den aus dem Datenbankentwurf bekannten Regeln erfolgen kann, sollen einige nicht offensichtliche Schritte, die zu dem relationalen Schema in Beispiel A.1 geführt haben, erläutert werden.

Beispiel A.1
Relationales Schema Hoteldatenbank

```
Hotel(Name, Typ, Kategorie, Telefon, Fax, Beschreibung,
    Strasse, Hausnummer, PLZ, Ort)
Hotelfoto(HName, Foto)
Zimmertyp(HName, Typ, Anzahl, Preis, Foto, Beschreibung)
Zimmer(HName, Nummer, ZTyp, Anschluss)
Ausstattung(Name)
ZimmerAus(AName)
HotelAus(AName)
Person(Name, Vorname, Telefon, Email)
Gast(PName, PVorname, Rabattstufe)
Rechnung(Nummer, Datum, Summe, Zahlungsart, bezahlt,
    HName, ZNummer, GName, GVorname, von, bis)
Adresse(Strasse, Hausnummer, PLZ, Ort)
bietet(HName, HAName, Preis)
besitzt(HName, ZTyp, ZAName)
wohnt(PName, PVorname, Strasse, Hausnummer, PLZ, Ort)
reserviert(HName, ZTyp, GName, GVorname, von, bis)
```

Generell werden erst alle Entities und anschließend die Relationships jeweils auf Relationen abgebildet. Aus den Schlüsseln der Entities werden Schlüssel der jeweiligen Relationen.

Bei IST-Beziehungen »erbt« der Untertyp den Schlüssel des Obertypen. In unserem Beispiel wird ein Gast genauso wie eine Person (Obertyp) durch Name und Vorname bestimmt. Da aber nicht alle Personen Gäste in einem Hotel sein müssen, ist die Menge der für Personen gespeicherten Namen und Vornamen eine Obermenge derjenigen bei den

Gästen. Gleiches gilt für die Zimmer- und Hotelausstattungen (Untertypen ZimmerAus, HotelAus). Sie sind jeweils eine Teilmenge aller vorkommenden Ausstattungen.

Abhängige Beziehungen werden durch Übernahme des Schlüssels in das Relationsschema des abhängigen Entity-Typs abgebildet. Das Schema für Zimmertyp erhält zusätzlich den Primärschlüssel von Hotel (Name) als Fremdschlüssel (HName). Der Primärschlüssel der Relation Zimmertyp wird aus HName und dem zusätzlichen Anteil Typ gebildet. Analog wird der Schlüssel des *Weak entity* Zimmer aus dem Primärschlüssel von Zimmertyp ({HName, ZTyp}) und der Zimmernummer (Nummer) zusammengesetzt. [1]

Am dreistellige Beziehungstyp belegt können Gäste und Zimmer mehrfach teilnehmen, eine Rechnung aber nur genau einmal. Es werden alle Schlüssel der beteiligten Entities (Gast, Zimmer, Rechnung) übernommen. Für die Beziehung ist aber der Schlüssel der Relation Rechnung (Nummer) der resultierende Schlüssel.

Da es sich hier sogar um eine zwingende Beziehung ([1,1]) handelt, können wir die Abbildung der Beziehungen belegt und Rechnung optimieren. Aus

```
Rechnung(Nummer, Datum, Summe, Zahlungsart, bezahlt)
belegt(RNummer, HName, ZNummer, GName, GVorname, von, bis)
```

erhalten wir folgendes verschmolzene Schema für die Rechnung:

```
Rechnung(Nummer, Datum, Summe, Zahlungsart,
    bezahlt, HName, ZNummer, GName, GVorname, von, bis)
```

Gleiches kann für die Relation Hotel und die Beziehung befindet erfolgen, da Hotel obligatorisch an der Beziehung teilnimmt ([1,1]). Ebenso kann Adresse entfallen, da außer dem Schlüssel keine Attribute in der Relation enthalten sind, der Schlüssel aber schon Bestandteil von wohnt ist.

```
Hotel(Name, Typ, Kategorie, Beschreibung, Telefon)
befindet(HName, Strasse, Hausnummer, PLZ, Ort)
```

werden zusammengefasst zu:

```
Hotel(Name, Typ, Kategorie, Beschreibung, Telefon,
    Strasse, Hausnummer, PLZ, Ort)
```

Da es keine weiteren Entity-Typen mit obligatorischen Teilnahmebeziehungen ([1,1]) gibt, können andere Relationsschemata nicht vereinigt werden.

[1] Eine genauere Betrachtung funktionaler Abhängigkeiten zeigt, dass zwar {HName, ZTyp, Nummer} hinlänglich, aber {HName, Nummer} schon ausreichend sind.

Das mengenwertige Attribut `Foto` des Entity-Typs `hotel` wurde gemeinsam mit dem Schlüssel `hname` in eine separate Relation `Hotelfoto` abgespalten. {`HName`, `Foto`} ist der Primärschlüssel für diese Relation.

A.3 Beispiel-Datenbank

Einige der im vorherigen Abschnitt entworfenen Relationen werden in diesem Abschnitt dargestellt.

Tabelle A.1
Relation `Hotel` *1*

Hotel	
Name	Strandhotel Dünenhaus
Typ	Hotel
Kategorie	⊥
Beschreibung	Alle Zimmer sind komfortabel, ausgestattet mit Teppichboden, Dusche, WC, Fernseher und Telefon, teilweise mit kleiner Küche. Die seeseitigen Zimmer haben zum größten Teil Balkon bzw. Terrasse und bieten Ihnen einen atemberaubenden Panoramablick über das Meer von Kap Arkona bis zur Stubbenkammer.
Telefon	(038391)4070
Strasse	Ringstraße
Hausnummer	5
PLZ	18556
Ort	Juliusruh / Rügen
Name	Ferienhof Ostseeblick
Typ	Ferienwohnung
Kategorie	⊥
Beschreibung	Der Ferienhof Ostseeblick wurde im Jahr 1996 in einmalig schöner, ruhiger Lage von Kühlungsborn neu erbaut. Zwei wunderschöne Landhäuser umgeben von Feldern, Wiesen und Wäldern bieten hervorragende Bedingungen für einen erholsamen, naturverbundenen Urlaub.
Telefon	(038293)850-0
Strasse	Wittenbecker Landweg
Hausnummer	73
PLZ	18225
Ort	Ostseebad Kühlungsborn

Tabelle A.2
Relation `Hotel 2`

Hotel	
Name	Waldschlößchen
Typ	Hotel und Restaurant
Kategorie	⊥
Beschreibung	Mit sehr viel Liebe zum Detail, Kreativität und Ausdauer machte die Inhaberin Frau Suhr aus dem Waldschloß ein Waldschlößchen. Eine Idylle im Wald. Unser Hotel Waldschlößchen verfügt über eine sehr gute Verkehrsanbindung zur Landeshauptstadt Schwerin (B321) und dem Hauptbahnhof (15 min zum Stadtzentrum).
Telefon	(03863)5430-0
Strasse	Schweriner Chaussee
Hausnummer	08
PLZ	19089
Ort	Crivitz
Name	Borchard´s Rookhus
Typ	Romantikhotel
Kategorie	⊥
Beschreibung	Unser im englischen Landhausstil eingerichtetes Familien-Romantikhotel befindet sich mitten im Müritz-Nationalpark, direkt am Ufer des Großen Labussees, umgeben von dichten Wäldern. Die englisch und italienisch eingerichteten Hotelzimmer, 38 Doppelzimmer und 7 Suiten, sind individuell und mit Liebe zum Detail gestaltet. Alle Zimmer sind mit Bad oder Dusche/WC, TV, Radio, Minibar, Telefon (ISDN), Fön, Schreibtisch, separater Sitzecke und teilweise mit Terrasse oder Balkon ausgestattet.
Telefon	(039832)500
Strasse	Am Großen Labussee
Hausnummer	12
PLZ	17255
Ort	Wesenberg

A.4 DTD, XML Schema und XML-Dokumente

Im vorherigen Abschnitt wurde ein Datenbankentwurf für Hotelinformationen entwickelt sowie einige Relationen angegeben. Hotelinformationen kann man auch in Form von XML-Dokumenten darstellen. Ausschnitte aus dieser Anwendung dienten für alle vorherigen Kapitel des

Zimmertyp

HName	Typ	Anzahl	Preis	Foto	Beschreibung
Waldschlößchen	Doppelzimmer	4	80,–	⊥	⊥
Waldschlößchen	Einzelzimmer	1	60,–	⊥	⊥
Waldschlößchen	Apartment	2	160,–	⊥	behindertengerecht
Strandhotel Dünenhaus	Doppelzimmer	20	95,–	⊥	landseitig
Strandhotel Dünenhaus	Doppelzimmer	40	115,–	⊥	seeseitig, mit Balkon oder Terasse
Strandhotel Dünenhaus	Einzelzimmer	15	60,–	⊥	landseitig
Borchard´s Rookhus	Suiten	2	140,–	⊥	⊥
Borchard´s Rookhus	Doppelzimmer	6	100,–	⊥	Südseite
Hotel Hübner	Doppelzimmer	100	135,–	⊥	Seeseite
Hotel Hübner	Einzelzimmer	30	105,–	⊥	⊥
Hotel am Leuchtturm	Doppelzimmer	12	135,–	⊥	Meerblick
Hotel am Leuchtturm	Einzelzimmer	3	110,–	⊥	Meerblick

Tabelle A.3
Relation `Zimmertyp`

Hotelfoto

HName	Foto
Waldschlößchen	`http://home.t-online.de/home/038633750/hotel.jpg`
Borchard´s Rookhus	`http://www.rookhus.de/turm.jpg`
Strandhotel Dünenhaus	`http://www.duenenhaus.im-web.de/treb1.jpg`
Strandhotel Dünenhaus	`http://www.duenenhaus.im-web.de/treb2.jpg`
Strandhotel Dünenhaus	`http://www.duenenhaus.im-web.de/treb4.jpg`
Ferienhof Ostseeblick	`http://www.ostseeblick.de/start.jpg`
Hotel am Leuchtturm	`http://www.hotel-am-leuchtturm.de/das_hotel.jpg`
Strand Hotel Hübner	`http://www.hotel-huebner.de/images/pic_luftbild.jpg`

Tabelle A.4
Relation `Hotelfoto`

Buches als Beispiel. Im Folgenden wird die Anwendung noch einmal zusammenhängend dargestellt.

Beispiel A.2 zeigt eine DTD für XML-Dokumente, die wesentliche Informationen modelliert, die zur Präsentation von Hotels im WWW benötigt werden.

Beispiel A.2
DTD für die Tourismusbeispiele im Buch

```
<!-- Hotel DTD-->
<!ELEMENT hotel (hotelname, kategorie?, adresse,
                hausbeschreibung, preise*, gastronomie*,
                konferenzraeume*, veranstaltungsraeume*,
                freizeitmoeglichkeiten*,
```

Tabelle A.5
Relation `Hotel 3`

Hotel	
Name	Strand Hotel Hübner
Typ	Hotel
Kategorie	4
Beschreibung	Direkt an der Promenade von Warnemünde befindet sich das Strand-Hotel Hübner mit Blick auf Leuchtturm, Hafeneinfahrt und Strand.
Telefon	(0381)5434-0
Strasse	Seestraße
Hausnummer	12
PLZ	18119
Ort	Rostock - Warnemünde
Name	Hotel am Leuchtturm
Typ	Hotel
Kategorie	3
Beschreibung	Herzlich willkommen im Hotel »Am Alten Strom« - mitten im Kur- und Seebad Warnemünde, direkt am romantischen Alten Strom, bieten wir Ihnen einen erholsamen Urlaub an einem der schönsten Ostseestrände Deutschlands. Verweilen Sie, bummeln Sie und erleben Sie Flaire und Charme des traditionsreichen Seebads mit seiner einmaligen Umgebung, der urwüchsigen Naturlandschaft. Lassen Sie sich von unseren kulinarischen und Freizeitangeboten verwöhnen. Das Hotel »Am Alten Strom« verfügt über 65 komfortabel ausgestattete Einzel- und Doppelzimmer, jeweils mit Dusche oder Bad, WC, Farb-TV, Telefon, teilw. Stromseite, Balkon, Minibar.
Telefon	(0381)548230
Strasse	Am Strom
Hausnummer	60
PLZ	18119
Ort	Rostock - Warnemünde

```
                  sportmoeglichkeiten*,
                  anreisebeschreibung?)>
<!ATTLIST hotel id ID #REQUIRED
                url CDATA #REQUIRED
                creation-time CDATA #IMPLIED
                autor CDATA #IMPLIED>
```

```
<!ELEMENT hotelname (#PCDATA)>
<!ELEMENT kategorie (#PCDATA)>
<!ELEMENT adresse (plz, ort, strasse, hausnummer,
                   telefon, fax?, url?, e-mail?)>
<!ELEMENT plz (#PCDATA)>
<!ELEMENT ort (#PCDATA)>
<!ELEMENT strasse (#PCDATA)>
<!ELEMENT hausnummer (#PCDATA)>
<!ELEMENT telefon (#PCDATA)>
<!ELEMENT fax (#PCDATA)>
<!ELEMENT url (#PCDATA)>
<!ELEMENT e-mail (#PCDATA)>

<!ELEMENT hausbeschreibung (#PCDATA)>

<!ELEMENT preise (#PCDATA | einzelzimmer |
  doppelzimmer | appartment)*>
<!ATTLIST preise waehrung CDATA #REQUIRED>
<!ELEMENT einzelzimmer (#PCDATA)>
<!ELEMENT doppelzimmer (#PCDATA)>
<!ELEMENT appartment (#PCDATA)>

<!ELEMENT gastronomie (#PCDATA | restaurant |
                      hotelrestaurant | bar |
                      cafe | fruehstueck )*>
<!ELEMENT restaurant (#PCDATA)>
<!ELEMENT hotelrestaurant (#PCDATA)>
<!ELEMENT bar (#PCDATA)>
<!ELEMENT cafe (#PCDATA)>
<!ELEMENT fruehstueck (#PCDATA)>

<!ELEMENT konferenzraeume (#PCDATA | anzahl |
                          personenanzahl |
                          ausstattung | service)*>

<!ELEMENT veranstaltungsraeume (#PCDATA | anzahl |
                               personenanzahl | service)*>

<!ELEMENT anzahl (#PCDATA)>
<!ELEMENT personenanzahl (#PCDATA)>
<!ELEMENT ausstattung (#PCDATA)>
<!ELEMENT service (#PCDATA)>

<!ELEMENT freizeitmoeglichkeiten (#PCDATA)>
<!ELEMENT sportmoeglichkeiten (#PCDATA)>

<!ELEMENT anreisebeschreibung (#PCDATA | bahn |
                              auto | flugzeug )*>
```

```
<!ELEMENT bahn (#PCDATA)>
<!ELEMENT auto (#PCDATA)>
<!ELEMENT flugzeug (#PCDATA)>
```

Ein XML-Dokument, das Informationen über das Hotel Hübner beinhaltet, ist in A.3 angegeben. Das XML-Dokument entspricht der DTD aus Beispiel A.2.

Beispiel A.3
XML-Dokument 1

```
<?xml version='1.0' encoding='UTF-8'?>
<!DOCTYPE hotel SYSTEM "hotel_dt.dtd">

<hotel id="id001"
       url="http://www.hotel-huebner.de"
       creation-time="03/09/2001">

  <hotelname>Strand Hotel Hübner</hotelname>
  <kategorie>4</kategorie>

  <adresse>
    <plz>18119</plz>
    <ort>Rostock - Warnemünde</ort>
    <strasse>Seestrasse</strasse>
    <hausnummer>12</hausnummer>
    <telefon>0381/5434-0</telefon>
    <fax>0381/5434-444</fax>
  </adresse>

  <hausbeschreibung>
    Direkt an der Promenade von Warnemünde befindet sich
    das Strand-Hotel Hübner mit Blick auf Leuchtturm,
    Hafeneinfahrt und Strand.
  </hausbeschreibung>

  <preise waehrung="Euro">
    <einzelzimmer>ab 105</einzelzimmer>
    <doppelzimmer>ab 135</doppelzimmer>
  </preise>

  <gastronomie>
    <restaurant>ab 11 Uhr geöffnet</restaurant>
  </gastronomie>

  <konferenzraeume>
    Unser Haus verfügt über professionell ausgestattete
    Tagungsräume und eine Konferenzsuite mit Terrasse
    und Meerblick.
    Wir unterstützen Sie gern bei der Planung und
    Durchführung von Tagungen, Seminaren, Präsentationen,
```

```
    Ausstellungen und Feierlichkeiten jeder Art.
    Dazu stehen Ihnen <anzahl>5</anzahl> Tagungsräume für
    bis zu <personenanzahl>100</personenanzahl> Personen
    mit moderner Tagungstechnik und Tageslicht zur
    Verfügung.

    <ausstattung>Mobiler PC (Win95, Word97, Excel 5,
      MS Works für Win95), Overhead-Projektor,
      Leinwand, Flipchart, Pinwand inkl. Papier,
      Dia-Projektor, TV-Gerät, Videorekorder,
      Videokamera, elektronische Schreibmaschine,
      Moderatorenkoffer, Tanzfläche, Laser Pointer
    </ausstattung>
  </konferenzraeume>

  <freizeitmoeglichkeiten>
    Wellnessbereich mit Dampfbad, Sauna, Solarium,
    Fitnessraum, Whirlpool und Sauerstoffmehrschritt-
    Anwendung nach Prof. von Ardenne sowie ein
    Kaminzimmer mit Bibliothek und Meeresblick.
  </freizeitmoeglichkeiten>

  <anreisebeschreibung>
    Sie können unser Haus auf verschiedenen Wegen
    erreichen:
    <bahn>per Bahn: 1 km ab Bahnhof Warnemünde</bahn>
    <auto>mit dem Auto: 19 km ab Autobahn A19
          Rostock - Berlin</auto>
    <flugzeug>per Flugzeug: 55 km ab Rostock-Laage,
              235 km ab Berlin-Tegel</flugzeug>
    Sie finden uns direkt an der Uferpromenade.
  </anreisebeschreibung>
</hotel>
```

Ein weiteres XML-Dokument, das der DTD aus Beispiel A.2 genügt, ist in A.4 dargestellt. Es beinhaltet Informationen über das »Hotel Am alten Strom«.

Beispiel A.4
XML-Dokument 2

```
<?xml version='1.0' encoding='UTF-8'?>
<!DOCTYPE hotel SYSTEM "hotel_dt.dtd">

<hotel id="id002" url= "www.hotel_am_alten_strom.de">

  <hotelname> Hotel Am alten Strom </hotelname>

  <adresse>
    <plz>18119</plz>
    <ort>Warnemünde</ort>
    <strasse>Am Strom</strasse>
```

```
      <hausnummer>60</hausnummer>
      <telefon>0381/548230</telefon>
      <fax>0381/54822444</fax>
    </adresse>

    <hausbeschreibung>
      Genießen Sie die Ruhe und das Leben, wo sich Tradition
      und Moderne die Hand reichen. Der Alte Strom war schon
      zu Fontanes Zeiten Warnemündes anziehendste Straße.
      Entlang der Flaniermeile "Alter Strom" findet man die
      geduckten Fischerhäuser mit ihren hölzernen Veranden,
      die das ursprüngliche Fischerdorf noch ahnen lassen.
      Hier bummelt man gern, klönt in urigen Kneipen oder
      genießt in Ruhe seinen Kaffee. In der Westmole endend
      führt der Alte Strom direkt auf einen der schönsten
      Strände der deutschen Ostseeküste. Kilometerweit
      erstreckt er sich mit seinen bis 100 Metern Breite und
      dem feinkörnigen, weißen Sand zwischen Leuchtturm und
      windzerzaustem Küstenwald von der Warnowmündung bis zur
      Rostocker Heide. Man kann die herrliche Kulisse beim
      Sonnenbad ebenso genießen wie beim Bummeln, in den
      Ostseewellen oder einfach bei Spaziergang oder
      Strandwanderung.

      Das Hotel "Am Alten Strom" verfügt über 65 komfortabel
      ausgestattete Einzel- und Doppelzimmer, jeweils mit
      Dusche oder Bad, WC, Farb-TV, Telefon, teilw. Stromseite,
      Balkon, Minibar.
    </hausbeschreibung>

    <preise waehrung="Euro">
      <einzelzimmer>ab 60,-</einzelzimmer>
      <doppelzimmer>ab 85,-</doppelzimmer>
     </preise>

     <gastronomie>
      <restaurant>
        Unser Restaurant "Cafe Am Strom" mit hauseigener
        Konditorei, Biergarten und seinen vielseitigen
        Speiseangeboten, von Fischspezialitäten, Mecklenburger
        Küche, internationalen Gerichten bis zum Fondue sorgt
        von 6.00 Uhr bis open end für Ihr leibliches Wohl.
      </restaurant>
    </gastronomie>

    <konferenzraeume>3 Seminarräume</konferenzraeume>

  </hotel>
```

Die Struktur der XML-Dokumente A.3 und A.4 kann nicht nur durch eine DTD beschrieben werden. Es ist auch möglich, durch Angabe eines XML-Schemas die Struktur explizit zu machen. Das entsprechende XML-Schema ist in Beispiel A.5 angegeben.

Beispiel A.5
XML Schema

```
<?xml version="1.0" encoding="UTF-8"?>
<xsd:schema xmlns:xsd="http://www.w3.org/2000/10/XMLSchema"
            elementFormDefault="qualified">
  <xsd:element name="anzahl" type="xsd:int"/>
    <xsd:simpleType  name="kategorie">
      <xsd:restriction base="xsd:integer">
        <xsd:minInclusive value="1"/>
        <xsd:maxInclusive value="5"/>
      </xsd:restriction>
    </xsd:simpleType>
  <xsd:simpleType  name="hausnummer">
    <xsd:restriction base="xsd:string">
       <xsd:pattern value="[1-9][0-9]+[a-z]?"/>
    </xsd:restriction>
</xsd:simpleType>

  <xsd:element name="hotel">
    <xsd:complexType>
      <xsd:sequence>
        <xsd:element name="hotelname" type="xsd:string"/>
        <xsd:element name="kategorie" type="kategorie"
                     minOccurs="0" />
        <xsd:element name="adresse">
          <xsd:complexType>
            <xsd:sequence>
              <xsd:element name="plz" type="xsd:int"/>
              <xsd:element name="ort" type="xsd:string"/>
              <xsd:element name="strasse" type="xsd:string"/>
              <xsd:element name="hausnummer"
                           type="hausnummer"/>
              <xsd:element name="telefon" type="xsd:string"/>
              <xsd:element name="fax" type="xsd:string"
                           minOccurs="0"/>
              <xsd:element name="url" type="xsd:string"
                           minOccurs="0"/>
              <xsd:element name="e-mail" type="xsd:string"
                           minOccurs="0"/>
            </xsd:sequence>
          </xsd:complexType>
        </xsd:element>
        <xsd:element name="hausbeschreibung" type="xsd:string"/>
        <xsd:element name="preise" minOccurs="0"
                     maxOccurs="unbounded">
          <xsd:complexType mixed="true">
```

```
        <xsd:choice minOccurs="0" maxOccurs="unbounded">
          <xsd:element name="einzelzimmer"
                       type="xsd:string"/>
          <xsd:element name="doppelzimmer"
                       type="xsd:string"/>
          <xsd:element name="appartment"
                       type="xsd:string"/>
        </xsd:choice>
        <xsd:attribute name="waehrung" type="xsd:string"
                       use="required"/>
      </xsd:complexType>
    </xsd:element>
    <xsd:element name="gastronomie" minOccurs="0"
                 maxOccurs="unbounded">
      <xsd:complexType mixed="true">
        <xsd:choice minOccurs="0" maxOccurs="unbounded">
          <xsd:element name="restaurant"
                       type="xsd:string"/>
          <xsd:element name="hotelrestaurant"
                       type="xsd:string"/>
          <xsd:element name="bar"
                       type="xsd:string"/>
          <xsd:element name="cafe"
                       type="xsd:string"/>
          <xsd:element name="fruehstueck"
                       type="xsd:string"/>
        </xsd:choice>
      </xsd:complexType>
    </xsd:element>
    <xsd:element name="konferenzraeume" minOccurs="0"
                 maxOccurs="unbounded">
      <xsd:complexType mixed="true">
        <xsd:choice minOccurs="0"
                    maxOccurs="unbounded">
          <xsd:element ref="anzahl"/>
          <xsd:element ref="personenanzahl"/>
          <xsd:element name="ausstattung"
                       type="xsd:string"/>
          <xsd:element ref="service"/>
        </xsd:choice>
      </xsd:complexType>
    </xsd:element>
    <xsd:element name="veranstaltungsraeume" minOccurs="0"
                 maxOccurs="unbounded">
      <xsd:complexType mixed="true">
        <xsd:choice minOccurs="0" maxOccurs="unbounded">
          <xsd:element ref="anzahl"/>
          <xsd:element ref="personenanzahl"/>
          <xsd:element ref="service"/>
```

```
          </xsd:choice>
        </xsd:complexType>
      </xsd:element>
      <xsd:element name="freizeitmoeglichkeiten" type="xsd:string"
                   minOccurs="0" maxOccurs="unbounded"/>
      <xsd:element name="sportmoeglichkeiten" type="xsd:string"
                   minOccurs="0" maxOccurs="unbounded"/>
      <xsd:element name="anreisebeschreibung" minOccurs="0">
        <xsd:complexType mixed="true">
          <xsd:choice minOccurs="0" maxOccurs="unbounded">
            <xsd:element name="bahn" type="xsd:string"/>
            <xsd:element name="auto" type="xsd:string"/>
            <xsd:element name="flugzeug"
                         type="xsd:string"/>
          </xsd:choice>
        </xsd:complexType>
      </xsd:element>
    </xsd:sequence>
    <xsd:attribute name="id" type="xsd:ID"
                   use="required"/>
    <xsd:attribute name="url" type="xsd:string"
                   use="required"/>
    <xsd:attribute name="creation-time"
                   type="xsd:string"/>
    <xsd:attribute name="autor" type="xsd:string"/>
  </xsd:complexType>
</xsd:element>
<xsd:element name="personenanzahl" type="xsd:int"/>
<xsd:element name="service" type="xsd:string"/>
</xsd:schema>
```

B Beispielanwendung »Plattenkritiken«

Im Rahmen eines Informationssystems werden Daten zu Schallplattenalben gesammelt. Neben Angaben zu den eigentlichen Datenträgern (`Album`) werden Informationen zu den bei der Einspielung (`Track`) beteiligten Musikern (`Musician`) bzw. Gruppen (`Band`) gesammelt. Weiterhin gibt es Plattenkritiken (`Review`) zu einzelnen Alben.

B.1 Konzeptueller Entwurf im ER-Modell

Die Abbildung B.1 gibt den Datenbankentwurf wieder. Im Entity-Relationship-Modell werden die Anwendungsobjekte (*Entities*) mit ihren Eigenschaften, identifizierende sind angestrichen, und den Beziehungen (*Relationships*) modelliert. Verschiedene Arten von Beziehungen (allgemeine, IST, identifizierende, funktionale) erlauben eine detaillierte Modellierung der zu speichernden Sachverhalte.

Jede Gruppe (`Band`) hat eine oder mehrere Alben (`Album`) eingespielt. Dies spiegelt die 1:n-Beziehung `has` wieder. Die Gruppe wird durch den Gruppennamen (`Name`) und das Album durch einen Titel (`Title`) identifiziert. Als weitere Informationen zum Album ist neben dem Platten-Label (`Label`) die Seriennummer (`Serial`) abgelegt. Für jedes Album gibt es eine Menge von Einspielungen bzw. Titeln (`Track`[1]), die durch die Zuordnung zum Album (`on-volume`), dem konkreten Datenträger (`Volume`) und einer fortlaufenden Nummer (`Num`) identifiziert werden.

Eine Einspielung (`Track`) hat die Spielzeit (`Time`) als weitere Eigenschaft. Da es von einem Lied (`Song`) eine Reihe von Einspielungen geben kann, ist die Beziehung zwischen `Song` und `Track` eine 1:n-Beziehung. Ein Lied wird durch seinen Titel (`Title`) gekennzeichnet. Weiterhin gibt es eine Zuordnung eines oder mehrerer Komponisten (`Composer`) und Texter (`Poet`) zu jedem Lied. Da jeder Komponist oder Texter mehr als

[1] Bei dem Entity-Typ `Track` handelt es sich um eine so genannte schwache Entity (engl. Weak entity), da sie nur im Zusammenhang mit einem Album existieren kann.

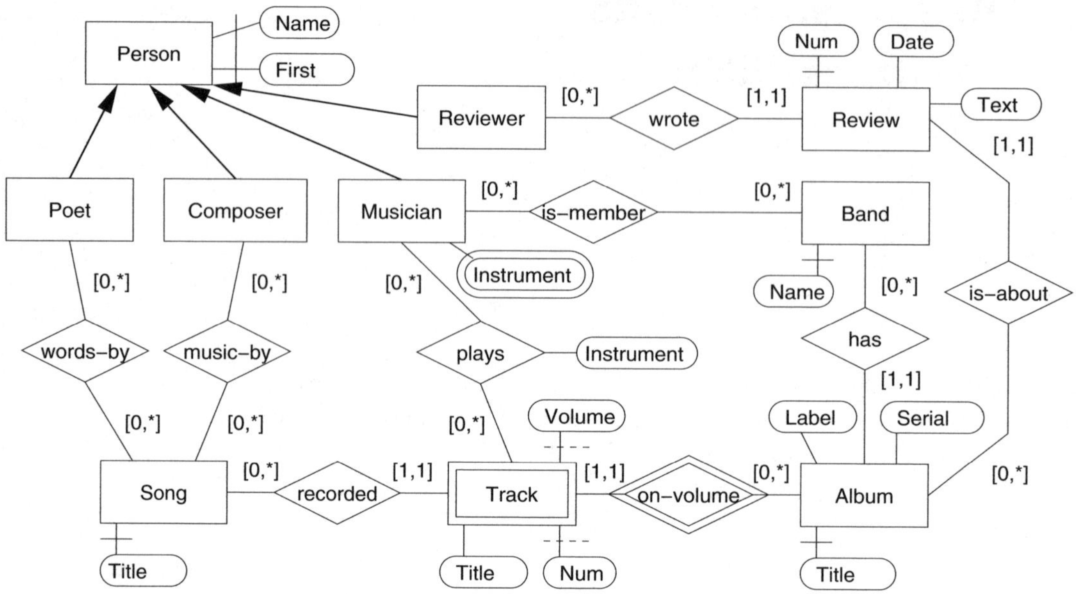

Abbildung B.1
ER-Modell Band-Infos und Plattenkritiken

ein Lied geschrieben haben kann, sind die Beziehungen `words-by` und `music-by` allgemeine n:m-Beziehungen.

Sowohl Komponisten und Texter als auch Musiker (`Musician`) und Musikkritiker (`Reviewer`) sind Personen (`Person`) und werden durch ihren vollständigen Namen (`Name`, `First`) identifiziert. Diese allgemeinen Eigenschaften von Personen werden an die *speziellen* Personentypen (Komponist, Kritiker, ...) über die IST-Beziehung vererbt und damit weitergegeben.

Musiker (`Musician`) können sowohl Mitglied einer Gruppe sein (Beziehung `is-member`), als auch ein oder mehrere Instrumente (`Instrument`) bei der Aufnahme eines Liedes spielen (Beziehung `plays`).

Ein Kritiker ist Autor einer oder mehrerer Plattenbesprechungen (`Review`), was durch die 1:n-Beziehung `wrote` ausgedrückt wird. Eine Kritik hat genau einen Autor, wird durch eine Nummer (`Num`) identifiziert und hat weiterhin ein Erstellungsdatum (`Date`) sowie den eigentlichen Text der Besprechung (`Text`). Die Plattenkritik bezieht sich auf genau ein Album (1:nBeziehung `is-about`).

B.2 DTD, XML Schema und XML-Dokumente

XML-Dokumente, die die hier beschriebenen Informationen aufnehmen, lassen sich zu einem Dokumenttyp zusammenfassen. Neben XML

Schema ist die DTD das meistverwendete Beschreibungsmittel. Im Beispiel B.1 sehen wir eine mögliche Umsetzung des Datenmodells mit den Mitteln einer Document Type Definition. Es gibt keine eindeutigen Regeln, wie diese DTD aus dem Entwurf abgeleitet werden kann. In Kapitel 7 wurden aber mögliche Vorgehensweisen ausführlich dargestellt. Hier werden nur die Konstrukte der DTD behandelt, die nicht offensichtlich sind.

Beispiel B.1
DTD *zu den Band-Infos*

```
<!-- Band info DTD, hm@ieee.org -->
<!ELEMENT band-info (band|musician|review)*>
<!ELEMENT band (#PCDATA|name|album|image|musician)*>
<!ELEMENT name (#PCDATA)>
<!ELEMENT album
  (#PCDATA|title|date|company|label|serial|player|song)*>
<!ELEMENT title (#PCDATA)>
<!ELEMENT date (#PCDATA)>
<!ELEMENT company (#PCDATA)>
<!ELEMENT label (#PCDATA)>
<!ELEMENT serial (#PCDATA)>
<!ATTLIST band id ID #REQUIRED>
<!ELEMENT player (#PCDATA|plays)*>
<!ATTLIST player musician IDREF #REQUIRED>
<!ELEMENT plays EMPTY>
<!ATTLIST plays
  instrument (guitar|bass|drums|piano|organ|vocal) #REQUIRED>
<!ELEMENT song (#PCDATA|title|player)*>
<!ATTLIST song
  num ID #REQUIRED
  duration CDATA #IMPLIED>
<!ELEMENT image (title)>
<!ATTLIST image filename ENTITY #REQUIRED>
<!ELEMENT musician (name, plays+, member, image?)>
<!ATTLIST musician id ID #REQUIRED>
<!ELEMENT member EMPTY>
<!ATTLIST member bands IDREFS #IMPLIED>
<!ELEMENT review (album, author)>
<!ELEMENT author (#PCDATA)>
```

Ein konkretes XML-Dokument muss nicht immer Informationen zu allen Aspekten, die modelliert wurden, enthalten. Darum umfasst die `band-info` DTD als Bestandteile des Wurzelelementes `band-info`, Informationen zu einer oder mehreren Gruppen (`band`), einzelnen Musikern (`musician`) und eine oder mehrere Plattenkritiken (`review`).

Neben dem Namen einer Gruppe (`name`), einem Bild (`image`) und möglichen Gruppenmitgliedern (`musician`) kann in dem Element `band` allgemein beschreibender Text zur Gruppe (`#PCDATA`) und weitere Informationen zu den veröffentlichten Platten (`album`) vorhanden sein. Da die Informationen mit dem allgemeinen Text gemischt werden können, ist hier das *Mixed Content Model* gewählt worden.

Ähnliches gilt auch für das Element `album`, das neben den Elementen, die aus den Attributen des Datenmodells stammen (`title`, `label`, `...`), die Informationen zu den einzelnen Tracks (`song`) in den Volltext einbettet. Genauso wie bei den Subelementen `musician` oder `album` des Elementes `band` wird aus der 1:n-Beziehung zwischen `Album` und `Track` die Element-Subelement-Beziehung zwischen `album` und `song`.

Da das hierarchische Modell von XML die Bindung der Weak entity `Track` an das Album gut widerspiegeln kann, wurden die Informationen über Titel und Einspielungen zum Element `song` zusammengefasst. Aus den Informationen zu den Attributen von `Track` und `on-volume` (`Time`, `Volume`, AttributNum) werden Attribute des Elementes (`song`).

Da ein Musiker Mitglied einer Band sein kann, aber auch davon unabhängig an der Einspielung einzelner Stücke mitgewirkt haben kann, taucht er zweimal in der DTD auf. Als Element `musician` und als Element `player`. Wir gehen davon aus, dass die eigentlichen Informationen zum Musiker direkt bei `musician` abgelegt werden. Das Element `Player` hingegen referenziert diese Informationen über ein Attribut `musician` vom Typ `IDREF`, das auf das Attribut `id` vom Typ `ID` des Elementes `musician` verweist.

Das vom Musiker gespielte Instrument bei der Aufnahme eines Stückes wird als Attribut `instrument` des Elementes `plays` und als Aufzählungstyp realisiert. Da ein Musiker sowohl an einzelnen Titel als auch am gesamten Album mitgewirkt haben kann, ist `player` sowohl Subelement von `song` als auch direkt von `album`.

Beispiel B.2
Plattenkritik zu Eric Claptons »Unplugged«-Album

```
<?xml version="1.0" encoding="UTF-8"?>
<!DOCTYPE band-info SYSTEM "band-info.dtd">
<band-info>
 <review>
  <album>
   <label>Reprise</label><serial>9362-45024-2</serial>
   <player musician="EC">Eric Clapton</player> sprang genau
   zur richtigen Zeit auf den <title>Unplugged</title> Zug auf.
   Das Album brachte ihm Grammys gleich dutzendfach, darunter
   für die Platte des Jahres und den Song des Jahres für
   <song num="S4">Tears In Heaven</song>, diesen
   herzzerreišenden Nachruf auf seinen verunglückten Sohn.
   Dieser Song und die überarbeitete Version des Klassikers
   <song num="S7">Layla</song> stachen am meisten hervor.
   Aber auch der Rest des Albums enthält einige akustische
   Bluesperlen, darunter <song num="S12">Malted Milk</song>,
   <song num="S14">Rollin' &amp; Tumblin'</song> und
   <song num="S2">Before You Accuse Me</song>,
   die es wert sind, entdeckt zu werden.
  </album>
```

```
  <author>Daniel Durchholz</author>
 </review>
 <musician id="EC">
  <name>Eric Clapton</name>
  <plays instrument="guitar"/>
  <member bands="Cream Blind_Faith Derek"/>
 </musician>
 <band id="Cream"> ... </band>
 <band id="Blind_Faith"> ... </band>
 <band id="Derek"> <name>Derek an the Dominos</name> ... </band>
</band-info>
```

Eine Plattenkritik zum Album »Unplugged« Eric Claptons ist in Beispiel B.2 zu sehen. Die Vorteile bei der Verwendung von XML werden deutlich, wir haben im Dokument eine Mischung aus strukturierten Anteilen und Volltextinformation durch die Verwendung des Mixed content models. Gleichzeitig ist dies ein gutes Beispiel für semistrukturierte Daten, die von klassischen Datenbanksystemen nicht gut verwaltet werden können.

C XPath 1.0-Funktionsbibliothek

Die W3C Empfehlung selbst definiert nur einen Grundstock an Funktionen in der XPath 1.0-Funktionsbibliothek, der implementiert sein muss. Empfehlungen wie XSLT oder XPointer fügen weitere Funktionen hinzu. XQuery erlaubt auf Anwendungsseite die Erstellung eigener Funktionen und somit, nutzerspezifische Erweiterungen vorzunehmen. Der minimale Satz jedoch, der in allen Implementierungen vorhanden sein sollte, umfasst Funktionen in vier Gruppen:

1. Funktionen, die über Knotenmengen operieren
2. Funktionen, die mit Zeichenketten arbeiten
3. Funktionen, die boolesche Werte liefern
4. Funktionen, die numerische Werte verarbeiten

Die Beschreibung der Funktionen erfolgt durch Angabe des Typs des Rückgabewertes, des Namens der Funktion und der Typen der Argumente. Die Parameter und Rückgabewerte der Funktionen können einem der vier Grunddatentypen von XPath entsprechen, also vom Typ *node-set*, *boolean*, *string* oder *number* sein. Manche Funktionen haben jedoch Argumente vom Typ *object*. Dies heißt nichts anderes, als dass deren Typ irgendein beliebiger der vier Grunddatentypen sein kann. Parameter, die wahlweise angegeben oder weggelassen werden können, sind in eckigen Klammern, also mit »[« und »]«, eingeschlossen.

C.1 Funktionen auf Knotenmengen

- `number last()`
  liefert die Position des letzten Elementes im aktuellen Kontext. Dies entspricht der Kontextgröße.
- `number postion()`
  gibt einen numerischen Wert zurück, der der aktuellen Kontextposition entspricht.
- `number count(`*node-set*`)`
  liefert die Zahl der Knoten in *node-set*.
- `node-set id(`*object*`)`

liefert als Knoten oder Knotenmenge den oder die referenzierten Elemente mit der gegebenen `ID`. Ist das Argument eine Knotenmenge, wird die Funktion `id` auf die Zeichenkettenwerte der Elemente der Menge angewandt und das vereinigte Ergebnis als Funktionswert zurückgegeben. Ist das Argument von einem anderen Typ, wird dessen Zeichenkettenwert ermittelt und dieser in einzelne Token zerlegt, die wiederum als Identifikatoren interpretiert werden. Es erfolgt somit eine Auflösung von `IDREF` bzw. `IDREFS`.

- `string name([`*`node-set`*`])`
  liefert den expandierten Knotennamen des ersten Elementes bezüglich der Dokumentordnung in der Knotenmenge *`node-set`*. Der expandierte Knotenname besteht aus dem lokalen Element- oder Attributnamen und dem wirksamen Namensraumpräfix. Fehlt das Knotenmengenargument, wird der expandierte Knotenname des Kontextknotens zurückgegeben.
- `string local-name([`*`node-set`*`])`
  liefert den lokalen Namensteil des expandierten Knotennamens des ersten Elementes bezüglich der Dokumentordnung in der Knotenmenge *`node-set`*. Fehlt das Knotenmengenargument, wird der lokale Namensteil des Kontextknotens zurückgegeben.
- `string namespace-uri([`*`node-set`*`])`
  liefert die Namensraumangabe des expandierten Knotennamens des ersten Elementes bezüglich der Dokumentordnung in der Knotenmenge *`node-set`*. Fehlt das Knotenmengenargument, wird die Namensraumangabe des Kontextknotens zurückgegeben.

C.2 Funktionen auf Zeichenketten

- `string string([`*`object`*`])`
  berechnet den Zeichenkettenwert, wie in Abschnitt 10.2.4 beschrieben.
- `string concat(`*`string`*`, `*`string`*`, ...)`
  verknüpft die Zeichenkettenwerte der Argumente.
- `boolean starts-with(`*`string`*`, `*`string`*`)`
  gibt den Wahrheitswert wahr (`true`) zurück, wenn die Zeichenkette des ersten Argumentes mit der Zeichenkette des zweiten Argumentes beginnt, andernfalls falsch (`false`).
- `boolean contains(`*`string`*`, `*`string`*`)`
  gibt wahr zurück, wenn das zweite Argument eine Teilzeichenkette des ersten ist, andernfalls `false`.
- `string substring-after(`*`string`*`, `*`string`*`)`

gibt die Teilzeichenkette des ersten Argumentes zurück, die *nach* dem zweiten Argument folgt. Ist das zweite Argument nicht im ersten enthalten, wird die leere Zeichenkette geliefert.

- `string substring-before(`*`string`*`, `*`string`*`)`
  gibt die Teilzeichenkette des ersten Argumentes zurück, die dem zweiten Argument *vorangeht*. Enthält das erste Argument nicht die zweite Zeichenkette, wird die leere Zeichenkette geliefert.
- `string substring(`*`string`*`, `*`number`*`[, `*`number`*`])`
  schneidet die Teilzeichenkette aus dem ersten Argument heraus, die an der angegebenen Position beginnt. Das optionale dritte Argument schneidet nur die angegebene Anzahl von Zeichen heraus. Die Position des ersten Zeichens ist 1. Numerische Werte werden mit der Funktion `round` zuvor gerundet.
- `number string-length([`*`string`*`])`
  ermittelt die Anzahl von Zeichen in *`string`*. Ohne Argument wird die Länge des Zeichenkettenwertes des Kontextknotens bestimmt.
- `string normalize-space([`*`string`*`])`
  Eine normalisierte Form einer Zeichenkette *`string`* wird erzeugt, d.h., führende und abschließende Zwischenräume (engl. Whitespace) werden entfernt und Folgen von Zwischenraumzeichen durch ein Leerzeichen ersetzt.
- `string translate(`*`string`*`, `*`string`*`, `*`string`*`)`
  ersetzt Zeichen im ersten Argument. Es werden die Zeichen aus der zweiten Zeichenkette mit den korresponierenden Zeichen aus der dritten Zeichenkette ersetzt, d.h., tritt in der ersten Zeichenkette ein Zeichen aus dem zweiten Argument auf, wird für dieses das an gleicher Position im dritten Argument befindliche Zeichen eingesetzt. Ist die Position im dritten Argument nicht vorhanden, wird das entsprechende Zeichen im ersten Argument entfernt.

C.3 Funktionen auf numerischen Werten

- `number number([`*`object`*`])`
  konvertiert das angegebene Objekt oder bei fehlendem Argument den Kontextknoten in einen numerischen Wert. Im einzelnen werden der boolesche Wert wahr in 1 und der Wert falsch in 0 gewandelt. Eine Knotenmenge wird zuerst in die Zeichenkettenrepräsentation gewandelt und dann diese in einen numerischen Wert konvertiert. Zeichenketten selbst werden in einen numerischen Wert entsprechend dem IEEE 754-Format gewandelt. Beginnt die Zeichenkette jedoch nicht mir führenden Leerzeichen, Minuszeichen und Ziffern, wird `NaN` zurückgegeben.

- `number sum(`*`node-set`*`)`
  summiert die zu Zahlen gewandelten Zeichenkettenwerte der Argumentknoten auf.
- `number ceiling(`*`number`*`)`
  liefert den kleinsten ganzzahligen Wert, der nicht kleiner als *`number`* ist.
- `number floor(`*`number`*`)`
  liefert den größten ganzzahligen Wert, der nicht größer als *`number`* ist.
- `number round(`*`number`*`)`
  liefert den ganzzahligen Wert, der am dichtesten zu *`number`* ist. Gibt es zwei solcher Werte, wird der zurückgegeben, der dichter an dem positiven unendlichen Wert liegt.

C.4 Funktionen auf booleschen Werten

- `boolean boolean(`*`object`*`)`
  berechnet den Wahrheitswert des Argumentes nach diesen Regeln. Ein Zahlenwert ist wahr, wenn er weder null noch `NaN` ist, d.h., keinen gültigen Zahlenwert darstellt. Eine Knotenmenge ist wahr, wenn sie eine nichtleere Menge darstellt. Eine Zeichenkette ist wahr, wenn die Länge nicht 0 ist.
- `boolean not(`*`boolean`*`)`
  bildet die logische Negation des angegebenen Wertes.
- `boolean false()`
  gibt den Wahrheitswert falsch oder `false` zurück.
- `boolean true()`
  gibt den Wahrheitswert wahr oder `true` zurück.
- `boolean lang(`*`string`*`)`
  ist wahr, wenn die angegebene Sprache mit der des Kontextknotens übereinstimmt. Die Sprache des Kontextknotens ergibt sich aus dem `xml:lang` Attribut des Knotens selbst oder des nächstgelegenen übergeordneten Knotens.

Literaturverzeichnis

[ABC+01] Sharon Adler, Anders Berglund, Jeff Caruso, Stephen Deach, Tony Graham, Paul Grosso, Eduardo Gutentag, Alex Milowski, Scott Parnell, Jeremy Richman, and Steve Zilles. Extensible Stylesheet Language (XSL) Version 1.0. W3C Recommendation, October 2001. `http://www.w3.org/TR/2001/REC-xsl-20011015/`.

[AMN94] Helena Ahonen, Heikki Mannila, and Erja Nikunen. Forming Grammars for Structured Documents: an Application of Grammatical Inference. In Rafael C. Carrasco and Jose Oncina, editors, *Grammatical Inference and Applications, Second International Colloquium, ICGI*, pages 153–167, 1994.

[AQM+97] Serge Abiteboul, Dallan Quass, Jason McHugh, Jennifer Widom, and Janet L. Wiener. The Lorel Query Language for Semistructured Data. *International Journal on Digital Libraries*, 1(1):68–88, 1997.

[Arn00] Arnaud Sahuguet. Kweelt, the Making-of: Mistakes Made and Lessons Learned. Technical Report MS-CIS-00-23, Department of Computer and Information Science, University of Pennsylvania, Philadelphia, PA 19104, 2000. `http://db.cis.upenn.edu/DL/kweelt-TR.pdf`.

[ASU88a] Alfred V. Aho, Ravi Sethi, and Jeffrey D. Ullman. *Compilerbau Teil 1*. Addison-Wesley Publishing Company, 1988.

[ASU88b] Alfred V. Aho, Ravi Sethi, and Jeffrey D. Ullman. *Compilerbau Teil 2*. Addison-Wesley Publishing Company, 1988.

[AYCS02] Sihem Amer-Yahia, SungRan Cho, and Divesh Srivastava. Tree Pattern Relaxation. In *8th International Conference on Extending Database Technology, EDBT, Prague, Czech Republic*, Lecture Notes in Computer Science 2287, pages 496–513, 2002.

[BBB00] Ronald Bourret, Christof Bornhövd, and Alejandro P. Buchmann. A Generic Load/ Extract Utility for Data Transfer between XML Documents and Relational Databases. In *Second International Workshop on Advanced Issues of E-Commerce and Web-based Information Systems, WECWIS'00*, 2000.

[BBC+01] Anders Berglund, Scott Boag, Don Chamberlin, Mary F. Fernandez, Michael Kay, Jonathan Robie, and Jérôme Siméon. XML Path Language (XPath) 2.0. W3C Working Draft, December 2001. `http://www.w3.org/TR/2001/WD-xpath20-20011220/`.

[BC00] Angela Bonifati and Stefano Ceri. Comparative Analysis of Five XML Query Languages. *SIGMOD Record*, 29(1):68–78, March 2000.

[BCN92] Carlo Batini, Stefano Ceri, and Shamkant B. Navathe. *Conceptual Database Design: An Entity-Relationship Approach*. The Benjamin/Cummings Publishing Company, Inc., 1992.

[BDL+01] Stéphane Bressan, Gillian Dobbie, Zoé Lacroix, Mong-Li Lee, Ying Guang Li, Ullas Nambiar, and Bimlesh Wadhwa. X007: Applying 007 Benchmark to XML Query Processing Tool. In *Proceedings of CIKM*, pages 167–174, 2001.

[Bee00] David Beech. A Snapshot of XSQL: A Query Language for XML. ANSI NCITS H2-2000-440, August 2000. `www.sql-99.org/SC32/WG3/Meetings/HEL_2000_10_Helsinki_FIN/hel031.pdf`.

[BGH00] Linda Bird, Andrew Goodchild, and Terry A. Halpin. Object Role Modelling and XML-Schema. In Alberto H. F. Laender, Stephen W. Liddle, and Veda C. Storey, editors, *Proceedings of the 19th International Conference on Conceptual Modeling, ER*, Lecture Notes in Computer Science 1920. Springer, 2000.

[BJR98] Grady Booch, Ivar Jacobson, and James Rumbaugh. *The Unified Modeling Language User Guide*. Addison-Wesley, 1998.

[BM72] R. Bayer and E. McCreight. Organization and maintenance of large ordered indexes. *Acta Informatica*, 1(3):173–189, 1972.

[BM98] Henning Behme and Stefan Mintert. *XML in der Praxis*. Addison Wesley, 1998.

[BMR99] David Beech, Ashok Mallotra, and Michael Rys. A Formal Data Model and Algebra for XML. Submission to the World Wide Web Consortium, September 1999.

[Bö00] Roland Böndgen. Developing XML Applications with Java. In *Tutorial, Net.ObjectDays*, 2000. `www.netobjectdays.org/pdf/00/slides/boendgen.pdf`.

[Bou] Ronald Bourret. XML-DBMS — Middleware for Transferring Data between XML Documents and Relational Databases. `http://www.rpbourret.com/xmldbms/index.htm`.

[BR01] Timo Böhme and Erhard Rahm. XMach-1: A Benchmark for XML Data Management. In *Proceedings of the BTW Conference*, pages 264–273, 2001.

[Bra98] Neil Bradley. *The XML companion.* Addison Wesley, 1998.

[BYRN99] Ricardo Baeza-Yates and Berthier Ribeiro-Neto. *Modern Information Retrieval.* ACM Press, New York, 1999.

[Car01] David Carlson. *Modeling XML Applications with UML: Practical e-Business Applications.* Addison-Wesley Object Technology Series, 2001.

[CCF+99] Stefano Ceri, Sara Comai, Piero Fraternali, Stefano Paraboschi, Letizia Tanca, and Ernesto Damiani. XML-GL: A Graphical Language for Querying and Restructuring XML Documents. In *SEBD*, pages 151–165, 1999.

[CCMS98] Vassilis Christophides, Sophie Cluet, Guido Moerkotte, and Jérôme Siméon. Optimizing Generalized Path Expressions Using Full Text Indexes. *Networking and Information Systems*, 1(2–3):177–194, 1998.

[CCS00] Vassilis Christophides, Sophie Cluet, and Jérôme Siméon. On Wrapping Query Languages and Efficient XML Integration. In *Proceedings of the ACM SIGMOD International Conference on Management of Data*, pages 141–152, 2000.

[CDN93] Michael J. Carey, David J. DeWitt, and Jeffrey F. Naughton. The oo7 Benchmark. In *Proceedings of SIGMOD Conference*, pages 12–21, 1993.

[CDSS98] Sophie Cluet, Claude Delobel, Jérôme Siméon, and Katarzyna Smaga. Your Mediators Need Data Conversion! In Laura M. Haas and Ashutosh Tiwary, editors, *SIGMOD 1998, Proceedings ACM SIGMOD International Conference on Management of Data, June 2-4, 1998, Seattle, Washington, USA*, pages 177–188. ACM Press, 1998.

[CF00] Thomas Courvoisier and Guntram Flach. Integration relationaler Datenstrukturen in XML-Applikationen — database to XML Servlet. In Gunter Saake and Kai-Uwe Sattler, editors, *30. GI Jahrestagung, Workshop Internet-Datenbanken*, 2000.

[CFI+00] Michael J. Carey, Daniela Florescu, Zachary G. Ives, Ying Lu, Jayavel Shanmugasundaram, Eugene J. Shekita, and Subbu N. Subramanian. XPERANTO: Publishing Object-Relational Data as XML. In *WebDB (Informal Procee-*

dings), pages 105–110, 2000.

[CFMR01] Don Chamberlin, Peter Fankhauser, Massimo Marchiori, and Jonathan Robie. XML Query Requirements. W3C Working Draft, February 2001. `http://www.w3.org/TR/2001/WD-xmlquery-req-20010215`.

[CGP00] Justin Campbell, Daniel Grossman, and Ana-Maria Popescu. Quilt2Sql — An XML Storage Schema and Query Engine for the Quilt Query Language. `citeseer.nj.nec.com/468700.html`, 2000.

[Cha98] D. Chamberlin. *A Complete Guide to DB2 Universal Database*. Morgan Kaufmann Publishers, San Francisco, CA, 1998.

[Che75] Peter P. Chen. The Enity-Relationship Model: Toward a Unified View of Data. In Douglas S. Kerr, editor, *Proceedings of the International Conference on Very Large Data Bases, September 22-24, 1975, Framingham, Massachusetts, USA*. ACM, 1975.

[Cho00] Byron Choi. A Few Tips for Good XML Design. Technical report, University of Pennsylvania, `http://db.cis.upenn.edu/\symbol{126}kkchoi/DTDI2/`, November 2000.

[CKM02] Edith Cohen, Haim Kaplan, and Tova Milo. Labeling Dynamic XML Trees. In *Proceedings of the ACM SIGMOD International Conference on Management of Data*, Madison, WI, USA, 2002.

[CMS] Sörman — Content Management Suite (cms) — The Essential Solution for XML/SGML Objects. `http://www.sorman.se/products/cms/`.

[Cov00] Robin Cover. The XML Cover Pages, 2000. `http://www.oasis-open.org/cover/xml.html`.

[CR02] Paul Cotton and Jonathan Robie. Querying XML Documents. In *20th Unicode Conference*, Washington, January 2002.

[CRF00] Don Chamberlin, Jonathan Robie, and Daniela Florescu. Quilt: An XML Query Language for Heterogeneous Data Sources. In Dan Suciu and Gottfried Vossen, editors, *Workshop on Web and Databases (WebDB)*, Dallas, TX, 2000.

[CSF00] Rainer Conrad, Dieter Scheffner, and Johann-Christoph Freytag. XML Conceptual Modelling using UML. In Alberto H. F. Laender, Stephen W. Liddle, and Veda C. Storey, editors, *Proceedings of the 19th International Conference on Conceptual Modeling, ER*, Lecture Notes in Computer Science 1920. Springer, 2000.

[CSF+01] Brian F. Cooper, Neal Sample, Michael J. Franklin, Gisli R. Hjaltason, and Moshe Shadmon. A Fast Index for Semistructured Data. In *Proceedings of the 27th VLDB Conference*, Roma, Italy, 2001.

[CTZZ02] Shu-Yao Chien, Vassilis J. Tsotras, Carlo Zaniolo, and Donghui Zhang. Efficient Complex Query Support for Multiversion XML Documents. In *Proceedings of the Engineering Database Technology (EDBT) Conference*, Prague, Czech, 2002.

[Dep86] Uwe Deppisch. S-Tree: A Dynamic Balanced Signature Index for Office Retrieval. In *Proceedings of the 9th Annual International ACM SIGIR Conference on Research and Development in Information Retrieval, Pisa, Italy*, pages 77–87, September 1986.

[DFF+98] Alin Deutsch, Mary Fernandez, Daniela Florescu, Alon Levy, and Dan Suciu. XML-QL: A Query Language for XML. In *Proceedings of the QL'98 — The Query Languages Workshop*, Boston, MA, December 1998. World Wide Web Consortium. `http://www.w3.org/TR/NOTE-xml-ql`.

[DFF+99] Alin Deutsch, Mary F. Fernandez, Daniela Florescu, Alon Y. Levy, David Maier, and Dan Suciu. Querying XML Data. *IEEE Data Engineering Bulletin*, 22(3):10–18, 1999.

[DFS99] Alin Deutsch, Mary F. Fernandez, and Dan Suciu. Storing Semistructured Data with STORED. In Alex Delis, Christos Faloutsos, and Shahram Ghandeharizadeh, editors, *Proceedings ACM SIGMOD International Conference on Management of Data, Philadephia, Pennsylvania, USA*, pages 431–442, June 1999.

[Die82] Paul F. Dietz. Maintaining Order in a Linked List. In *Proceedings of the Annual ACM Symposium on Theory of Computing (STOC)*, pages 122–127, San Francisco, CA, USA, May 1982.

[DS87] Paul F. Dietz and D. D. Sleator. Two algorithms for maintaining order in a list. In *Proceedings of the Annual ACM Symposium on Theory of Computing (STOC)*, pages 365–372, 1987.

[Eck99] Robert Eckstein. *XML Pocket Reference*. O'Reilly, 1999.

[EE03] Rainer Eckstein and Silke Eckstein. *XML Schema und RDF — Daten und Metadaten in XML und deren Modellierung*. dpunkt.verlag, 2003.

[EH00] Richard Edwards and Sian Hope. Persistent DOM: An Architecture for XML Repositories in Relational Databases. In *Intelligent Data Engineering and Automated Lear-*

ning — IDEAL, pages 416–421, 2000.

[Ett00] Christian Ettinger. Ein Java-Werkzeug zur Transformation von relationalen Datenbanken nach XML-Schema. Master's thesis, FH Wiesbaden, Fachbereich Informatik, 2000.

[Fal96] Christos Faloutsos. *Searching Multimedia Databases by Content*. The Kluwer International Series on Advances in Database Systems. Kluwer Academic Publisher Group, 1996.

[Fan01] Peter Fankhauser. XQuery Formal Semantics: State and Challenges. *SIGMOD Record*, 30(3):14–19, 2001.

[FFLS97] Mary F. Fernandez, Daniela Florescu, Alon Y. Levy, and Dan Suciu. A Query Language for a Web-Site Management System. *SIGMOD Record*, 26(3):4–11, 1997.

[FFLS00] Mary F. Fernandez, Daniela Florescu, Alon Y. Levy, and Dan Suciu. Declarative Specification of Web Sites with Strudel. *VLDB Journal*, 9(1):38–55, 2000.

[FK99] Daniela Florescu and Donald Kossmann. Storing and Querying XML Data Using an RDBMS. *Bulletin of the Technical Committee on Data Engineering*, 22(3):27–34, September 1999.

[FKM01] Thorsten Fiebig, Carl-Christian Kanne, and Guido Moerkotte. Natix — ein natives XML-DBMS. *Datenbank-Spektrum*, 1(1):5–13, 2001.

[FKM+02] Mary Fernandez, Yana Kadiyska, Atsuyuki Morishima, Dan Suciu, and Wang-Chiew Tan. SilkRoute : a framework for publishing relational data in XML, 2002. Manuscript availabe from `www.cs.washington.edu/homes/suciu`.

[FM00] Thorsten Fiebig and Guido Moerkotte. Evaluating Queries on Structure with eXtended Access Support Relations. In Dan Suciu and Gottfried Vossen, editors, *Workshop on Web and Databases (WebDB)*, pages 125–136, Dallas, TX, 2000.

[FMN01] Mary Fernández, Jonathan Marsh, and Marton Nagy. XQuery 1.0 and XPath 2.0 Data Model. W3C Working Draft, December 2001. `http://www.w3.org/TR/2001/WD-query-datamodel-20011220/`.

[FNPS79] Ronald Fagin, Jürg Nievergelt, Nicholas Pippinger, and H. Raymond Strong. Extendible Hashing — A Fast Access Method for Dynamic Files. *ACM Transactions on Database Systems*, 4:315–344, 1979.

[FO95] C. Faloutsos and D. Oard. A Survey of Information Retrieval and Filtering Methods. Technical Report UMIACS-TR-95-33, U of MD, 1995.

[Fre60] Edward Fredkin. Trie Memory. *Journal of the ACM*, 3(9):490–499, September 1960.

[FSW00] Mary F. Fernandez, Jérôme Siméon, and Philip Wadler. An Algebra for XML Query. In *FSTTCS 2000*, pages 11–45, 2000.

[FTS00] Mary Fernandez, Wang-Chiew Tan, and Dan Suciu. Silk-Route: Trading between Relations and XML. *Computer Networks*, 33(1–6):723–745, 2000. Proceedings of the 9th International World Wide Web Conference.

[GF98] David A. Grossman and Ophir Frieder. *Information Retrieval: Algorithms and Heuristics*. The Kluwer International Series in Engineering and Computer Science. Kluwer Academic Publisher Group, 1998.

[GGR+00] Minos N. Garofalakis, Aristides Gionis, Rajeev Rastogi, S. Seshadri, and Kyuseok Shim. XTRACT: A System for Extracting Document Type Descriptors from XML Documents. In Weidong Chen, Jeffrey F. Naughton, and Philip A. Bernstein, editors, *Proceedings of the International Conference on Management of Data, Dallas, Texas, USA*, pages 165–176, May 2000.

[GMHI+95] Hector Garcia-Molina, Joachim Hammer, Kelly Ireland, Yannis Papakonstantinou, Jeffrey D. Ullman, and Jennifer Widom. Integrating and Accessing Heterogeneous Information Sources in TSIMMIS. In *Proceedings of the AAAI Symposium on Information Gathering*, pages 61–64, 1995.

[GMW99] Roy Goldman, Jason McHugh, and Jennifer Widom. From Semistructured Data to XML: Migrating the Lore Data Model and Query Language. In *WebDB (Informal Proceedings)*, pages 25–30, 1999.

[Gra93] Jim Gray. *The Benchmark Handbook*. Morgan Kaufmann, San Mateo, 1993.

[Hä01] Birger Hänsel. XML-DataBlade, 2001. Studienarbeit, Universität Rostock, Fachbereich Informatik.

[Hä02] Birger Hänsel. Änderungsoperationen in XML-Anfragesprachen, 2002. Diplomarbeit, Universität Rostock, Fachbereich Informatik.

[Hal01] Terry A. Halpin. *Information Modeling and Relational Databases*. Morgan Kaufmann Publishers, 2001.

[Heu97] A. Heuer. *Objektorientierte Datenbanken: Konzepte, Modelle, Standards und Systeme*. Addison-Wesley Publishing Company, Bonn, 2 edition, 1997.

[HK99] Martin Hitz and Gerti Kappel. *UML @ Work — Von der Analyse zur Realisierung*. dpunkt.verlag, 1999.

[HM99] Gerald Huck and Ingo Macherius. GMD-IPSI XQL Engine, Version 1.0.2, August 1999. `http://xml.darmstadt.gmd.de/xql/`.

[HMF99] Gerald Huck, Ingo Macherius, and Peter Fankhauser. PDOM: Lightweight Persistency Support for the Document Object Model. In Akhmal B. Chaudhri and Jürgen Zimmermann, editors, *OOPSLA Workshop on Java and Databases: Persistence Options*, Denver, CO, 1999.

[HR99] T. Härder and E. Rahm. *Datenbanksysteme — Konzepte und Techniken der Implementierung*. Springer, Heidelberg, 1999.

[HS91] Andreas Heuer and Marc H. Scholl. Principles of Object-Oriented Query Languages. In *Proceedings of the BTW Conference*, pages 178–197, 1991.

[HS00] Andreas Heuer and Gunter Saake. *Datenbanken: Konzept und Sprachen*. MITP-Verlag, Bonn, 2000.

[HU90] John E. Hopcroft and Jeffrey D. Ullman. *Einführung in die Automatentheorie, Formale Sprachen und Komplexitätstheorie*. Addison-Wesley Publishing Company, 1990.

[ISO91] International Organisation for Standardization (ISO). *Information Technology — Software Evaluation, Quality Characteristics and Guidelines for their Use*, 1991. ISO 9126.

[Kat02] Howard Katz. An introduction to XQuery, January 2002. `http://www-106.ibm.com/developerworks/xml/library/x-xquery.html`.

[Kay01] Michael Kay. *XSLT Programmer's Reference*. Wrox Press Ltd, 2 edition, 2001.

[KB98] Martin L. Kersten and Peter A. Boncz. Monet Database, April 1998. `http://monetdb.cwi.nl/`.

[KK01] Manfred Knobloch and Matthias Kopp. *Web-Design mit XML — Webseiten erstellen mit XML, XSL und Cascading Style Sheets*. dpunkt.verlag, 2001.

[KKRSR00] Gerti Kappel, Elisabeth Kapsammer, Stefan Rausch-Schott, and Werner Retschitzegger. X-Ray — Towards Integrating XML and Relational Database Systems. In Alberto H. F. Laender, Stephen W. Liddle, and Veda C. Storey, editors, *Proceedings of the 19th International Conference on Conceptual Modeling, ER*, Lecture Notes in Computer Science 1920, pages 339–353. Springer, 2000.

[KKS92] M. Kifer, W. Kirn, and Y. Sagiv. Querying Object-Oriented Databases. In M. Stonebraker, editor, *Proceedings of the ACM SIGMOD International Conference on Management of Data*, pages 393–402, San Diego, CA, 1992.

[KL01] Carsten Kleiner and Udo W. Lipeck. Automatic Generation of XML DTDs from Conceptual Database Schemas. In *Web-Datenbanken, 31. GI Jahrestagung*, 2001.

[KL02] Carsten Kleiner and Udo W. Lipeck. Automatische Erzeugung von XML DTDs aus konzeptuellen Datenbankschemata. *Datenbankspektrum*, 1(2):14–22, 2002.

[Klo02] Sascha Klopp. Automatische Generierung von virtuellen XML-Sichten aus relationalen Datenbankschemata und Übersetzung von XQuery-Anfragen nach SQL. In *GI-Arbeitskreis Grundlagen von Informationssystemen 14. Workshop über Grundlagen von Datenbanken*, 2002.

[KM99] Carl-Christian Kanne and Guido Moerkotte. Efficient storage of XML data. Technical Report 08/99, University of Mannheim, Mannheim, Germany, 1999.

[KM00] Meike Klettke and Holger Meyer. XML and Object-Relational Databases — Enhancing Structural Mappings Based on Statistics. In *WebDB 2000*, pages 151–170, Mai 2000.

[Kow97] Gerald Kowalski. *Information Retrieval Systems: Theory and Implementation.* Number 1 in The Kluwer International Series on Information Retrieval. Kluwer Academic Publisher Group, 1997.

[KSH02] Meike Klettke, Lars Schneider, and Andreas Heuer. Metrics for XML document collections. In *Workshop on XML-Based Data Management (XMLDM) at EDBT 2002*. Springer LNCS 2490, 2002.

[Lad00] Ramnivas Laddad. XML APIs for databases, 2000. `http://www.javaworld.com/javaworld/jw-01-2000/jw-01-dbxml.html`.

[Lap98] Joe Lapp. Annotated XQL BNF. In *Proceedings of the Query Language Workshop*, Cambridge, MA, December 1998. W3C, XML Query Working Group. `http://www.w3.org/TandS/QL/QL98/pp/xql.html#AnnotatedXQLBNF`.

[Lar80] Per-Åke Larson. Linear hashing with partial expansions. In *Sixth International Conference on Very Large Data Bases, October 1–3, 1980, Montreal, Quebec, Canada, Proceedings*, pages 224–232. IEEE Computer Society Press, 1980.

[Lau01] Cornelia Laudien. Full Text Search in XML Documents, 2001. Studienarbeit, Universität Rostock, Fachbereich Informatik.

[Lit80] Witold Litwin. Linear Hashing: A new Algorithm for Files and Tables Addressing. In *ICOD*, pages 260–276, 1980.

[LM00] Andreas Laux and Lars Martin. XUpdate. XML:DB Working Draft, September 2000. `http://www.xmldb.org/`

xupdate/xupdate-wd.html.

[LM01a] Georg Lausen and Pedro José Marrón. On Processing XML in LDAP. In *Proceedings of 27th International Conference on Very Large Data Bases, VLDB*, pages 601–610, 2001.

[LM01b] Quanzhong Li and Bongki Moon. Indexing and Querying XML Data for Regular Path Expression. In *Proceedings of the International Conference on Very Large Data Bases (VLDB)*, Roma, Italy, 2001.

[LS87] Peter C. Lockemann and Joachim W. Schmidt, editors. *Datenbank-Handbuch*. Springer-Verlag, Berlin, 1987.

[LYYB96] Yong Kyu Lee, Seong-Joon Yoo, Kyoungro Yoon, and P. Bruce Berra. Index Structures for Structured Documents. In *Proceedings of the ACM International on Digital Libraries*, pages 91–99, 1996.

[LZ00] Hongjun Lu and Aoying Zhou, editors. *XML Query Languages in Practice: An Evaluation*, volume 1846 of *Lecture Notes in Computer Science*. Springer, 2000.

[MAG+97] Jason McHugh, Serge Abiteboul, Roy Goldman, Dallan Quass, and Jennifer Widom. Lore: A database management system for semistructured data. *SIGMOD Record*, 26(3):54–66, 1997.

[Mai98] David Maier. Database Desiderata for an XML Query Language. In *Proceedings of the QL'98 — The Query Languages Workshop*, Boston, MA, December 1998. World Wide Web Consortium.

[McC76] E. M. McCreight. A Space-Economical Suffix Tree Construction Algorithm. *Journal of Algorithms*, 23(2):262–272, 1976.

[MCS+02] Dan Maharry, Kurt Cagle, Rogerio Saran, Mark Fussell, Nalleli Lopez, and Chris Wilper. *Early Adopter XQuery*. Wrox Press Ltd, 2002.

[Mei00] Mathias Meier. Anfragen und XML-Datenbanken. Master's thesis, Universität Rostock, Fachbereich Informatik, 2000.

[Mel00] Jim Melton. WG3 Tutorial Presentation on 2000-10-09, 2000. ISO/IEC JTC/SC 32 — Data Management and Interchange, United States of America (ANSI).

[Mel01] Jim Melton. (ISO-ANSI Working Draft) XML-Related Specifications (SQL/XML), 2001. http://www.sqlx.org/.

[MLN00] Chuang-Hue Moh, Ee-Peng Lim, and Wee Keong Ng. DTD-Miner: A Tool for Mining DTD from XML Documents. In *Second International Workshop on Advance Issues of E-Commerce and Web-Based Information Sys-*

tems (WECWIS), pages 144–151, 2000.

[MMRW01] Ashok Malhotra, Jim Melton, Jonathan Robie, and Norman Walsh. XQuery 1.0 and XPath 2.0 Functions and Operators. W3C Working Draft, December 2001. `http://www.w3.org/TR/2001/WD-xquery-operators-20011220/`.

[Moe00] Guido Moerkotte. YAXQL: A powerful and web-aware query language supporting query reuse. Technical report, University of Mannheim, January 2000.

[Mor68] Donald R. Morrison. PATRICIA — Practical Algorithm to Retrieve Information Coded in Alphanumeric. *Journal of the ACM*, 15(4):514–534, October 1968.

[MTT99] Yannis Manolopoulos, Yannis Theodoridis, and Vassilis J. Tsotras. *Advanced Database Indexing*. Kluwer Academic Publisher, Boston, Dordrecht, London, 1999.

[MWB02] Stefan Mintert, Erik Wilde, and Henning Behme. Editoren für die Extensible Markup Language. *iX*, (8):52–59, 2002.

[Nit01] Raiko Nitzsche. Userdefined Index Types und Userdefined Search for Text Extender, 2001. Studienarbeit, Universität Rostock, Fachbereich Informatik.

[NLB+01] Ullas Nambiar, Zoé Lacroix, Stéphan Bressan, Mong-Li Lee, and Ying Guang Li. XML Benchmarks Put to the Test. In *Proceedings of the Third International Conference on Information Integration and Web-based Applications and Services (IIWAS)*, Linz, Austria, September 2001.

[NLB+02] Ullas Nambiar, Zoé Lacroix, Stéphane Bressan, Mong-Li Lee, and Ying Guang Li. Current Approaches to XML Management. *IEEE Internet Computing*, 6(4):43–51, 2002.

[OMFB02] Dan Olteanu, Holger Meuss, Tim Furche, and François Bry. XPath: Looking Forward. In *Workshop on XML-Based Data Management (XMLDM) at EDBT 2002*, Prague, March 2002.

[PH01] Leela Krishna Poola and Jayant R. Haritsa. SphinX: Schema-conscious XML Indexing. Technical Report TR-2001-04, Indian Institute of Science, Database Systems Laboratory, Bangalore, India, 2001.

[Por00] Beate Porst. Untersuchung zu Datentyperweiterungen für XML-Dokumente und ihre Anfragemethoden am Beispiel von DB2 und Informix. Master's thesis, Universität Rostock, Fachbereich Informatik, 2000.

[RB02] Erhard Rahm and Timo Böhme. XMach-1: A Multi-User Benchmark for XML Data Management. In *Proceedings of the VLDB Workshop on Efficiency and Effectiveness of XML Tools and Techniques (EEXTT2002)*, Hongkong, 2002.

[RBG02] Nicholas Routledge, Linda Bird, and Andrew Goodchild. UML and XML-Schema. In *Thirteenth Australasian Database Conference*, 2002.

[RBJ98] James Rumbaugh, Grady Booch, and Ivar Jacobson. *The Unified Modeling Language Reference Manual*. Addison-Wesley, 1998.

[RCF00] Jonathan Robie, Don Chamberlin, and Daniela Florescu. Quilt: An XML Query Language. In *XML Europe*, Paris, June 2000.

[RCF01] Jonathan Robie, Don Chamberlin, and Daniela Florescu. XQuery — The W3C XML Query Language. In *Software AG Experience Conference*, Munich, Germany, May 2001. Software AG.

[Reu01] Franka Reuter. Implementierung eines Algorithmus zur Speicherung von XML-Daten in objektrelationalen Datenbanken, 2001. Studienarbeit, Universität Rostock, Fachbereich Informatik.

[Rie02] Tim F. Rieger. Benchmarking XML Databases, October 2002. Bachelor Thesis, University of Rostock.

[RLS98] Jonathan Robie, Joe Lapp, and David Schach. XML Query Language (XQL). In *Proceedings of the Query Language Workshop*, Cambridge, MA, December 1998. W3C, XML Query Working Group. `http://www.w3c.org/TandS/QL/QL98/pp/xql.html`.

[Rob] Jonathan Robie. XQL (XML Query Language). `http://metalab.unc.edu/xql/xql-proposal.xml`.

[Rob99a] Jonathan Robie. The Design of XQL, 1999. `http://www.texcel.no/whitepapers/xql-design.html`.

[Rob99b] Jonathan Robie. XQL FAQ, 1999. `http://metalab.unc.edu/xql/`.

[Rob99c] Jonathan Robie. XQL Tutorial, 1999. `http://metalab.unc.edu/xql/xql-tutorial.html`.

[Rom01a] Christian Romberg. Effizientes Caching und Replikation von XML-Dokumenten, 2001. Studienarbeit, Universität Rostock, Fachbereich Informatik.

[Rom01b] Christian Romberg. Untersuchung zur automatischen XML-Schema-Ableitung. Master's thesis, Universität Rostock, Fachbereich Informatik, 2001.

[Ros02] Guido Rost. Implementierung von XQuery auf objektrelationalen Datenbanken. Master's thesis, Universität Rostock, Fachbereich Informatik, 2002.

[RV02] Erhard Rahm and Gottfried Vossen, editors. *Web und Datenbanken*. dpunkt.verlag, Heidelberg, 2002.

[Rys01] Michael Rys. State-of-the-Art XML Support in RDBMS: Microsoft SQL Server's XML Features. *Data Engineering Bulletin*, 24(2):3–11, 2001.

[Sah00] Arnaud Sahuguet. Everything You Ever Wanted to Know About DTDs, But Were Afraid to Ask. In *Third International Workshop WEBDB2000*, volume 1997 of *Lecture Notes in Computer Sience*, pages 171–183. Springer, May 2000.

[SAKJ+02] Divesh Srivastava, Shurug Al-Khalifa, H.V. Jagadish, Nick Koudas, Jignesh M. Patel, and Yuqing Wu. Structural Joins: A Primitive for Efficient XML Query Pattern Matching. In *Proceedings of the International Conference on Data Engineering (ICDE)*, 2002.

[SAX] Simple API for XML (SAX). `http://www.mircostar.com/XML/SAX/spec.html`.

[SC01] Dieter Scheffner and Rainer Conrad. Access Support Tree & TextArray: A Model for Physical Storage of XML Documents. In *Web-Datenbanken, 31. GI Jahrestagung*, 2001.

[Sch01] Harald Schöning. Tamino — A DBMS designed for XML. In *Proceedings of the 17th International Conference on Data Engineering, April 2-6, 2001, Heidelberg, Germany*. IEEE Computer Society, 2001.

[Sch02a] Torsten Schlieder. Schema-Driven Evaluation of Approximate Tree-Pattern Queries. In *8th International Conference on Extending Database Technology, EDBT, Prague, Czech Republic*, volume 2287 of *Lecture Notes in Computer Science*, pages 514–532, 2002.

[Sch02b] Albrecht Schmidt. The Data Generation Tool — `xmlgen`, July 2002. `http://monetdb.cwi.nl/xml/downloads.html`.

[Sch02c] Lars Schneider. Entwicklung von Metriken für XML-Dokumentkollektionen. Master's thesis, Universität Rostock, Fachbereich Informatik, 2002.

[SH99] G. Saake and A. Heuer. *Datenbanken — Implementierungstechniken*. MITP-Verlag, Bonn, 1999.

[Sha95] Keith E. Shafer. Creating DTDs via the GB-Engine and Fred, 1995. `http://www.oclc.org/fred/docs/sgml95.html`.

[SJJ98] Dongwook Shin, Hyuncheol Jang, and Honglan Jin. BUS: An Efficient Indexing and Retrieval Scheme in Structured Documents. In *Proceedings of the ACM International on Digital Libraries*, Pitsburgh, PA, USA, 1998.

[SSB+00] Jayavel Shanmugasundaram, Eugene J. Shekita, Rimon Barr, Michael J. Carey, Bruce G. Lindsay, Hamid Pirahesh, and Berthold Reinwald. Efficiently Publishing Relational Data as XML Documents. In *Proceedings of 26th International Conference on Very Large Data Bases*, pages 65–76. Morgan Kaufmann, 2000.

[STH+99] Jayaval Shanmugasundaram, Kristin Tufte, Gang He, Chun Zhang, David DeWitt, and Jeffrey Naughton. Relational Databases for Querying XML Documents: Limitations and Opportunities. In *Proceedings of the 25th VLDB Conference, Edinburgh, Scotland*, pages 302–314, 1999.

[SW00] Harald Schöning and Jürgen Wäsch. Tamino — An Internet Database System. In Carlo Zaniolo, Peter C. Lockemann, Marc H. Scholl, and Torsten Grust, editors, *7th International Conference on Extending Database Technology (EDBT), Konstanz, Germany*, Lecture Notes in Computer Science 1777, pages 383–387. Springer, 2000.

[SWK+01] Albrecht Schmidt, Florian Waas, Martin L. Kersten, Daniela Florescu, Michael J. Carey, Ioana Manolescu, and Ralph Busse. Why And How To Benchmark XML Databases. *SIGMOD Record*, 30(3):27–32, 2001.

[SWK+02a] Albrecht Schmidt, Florian Waas, Martin L. Kersten, Michael J. Carey, Ioana Manolescu, and Ralph Busse. XMark: A Benchmark for XML Data Management. In *Proceedings of the VLDB Conference*, 2002.

[SWK+02b] Albrecht Schmidt, Florian Waas, Martin L. Kersten, Daniela Florescu, Ioana Manolescu, Michael Carey, and Ralph Busse. XMark — An XML Benchmark Project, 2002. `http://monetdb.cwi.nl/xml/`.

[SYU99] Takeyuki Shimura, Masatoshi Yoshikawa, and Shunsuke Uemura. Storage and Retrieval of XML Documents Using Object-Relational Databases. In *DEXA*, pages 206–217, 1999.

[Tha97] Bernhard Thalheim. *Fundamentals of Entity-Relationship Modeling.* Springer-Verlag, Heidelberg, 1997.

[TIHW01] Igor Tatarinov, Zachary G. Ives, Alon Y. Halevy, and Daniel S. Weld. Updating XML. In *Proceedings of the ACM SIGMOD International Conference on Management of Data*, 2001.

[Tim00] Jens Timm. Speicherung von XML-Dokumenten in objekt-relationalen Datenbanken. Master's thesis, Universität Rostock, Fachbereich Informatik, 2000.

[TNM00] Eleni Tousidou, Alexandros Nanopoulos, and Yannis Manolopoulos. Improved Methods for Signature-Tree Construction. *The Computer Journal*, 43(4):301–314, 2000.

[Tur00] Volker Turau. Making legacy data accessible for XML applications, 2000. `http://www.informatik.fh-wiesbaden.de/~turau/DB2XML/index.html`.

[TW02] Anja Theobald and Gerhard Weikum. The Index-Based XXL Search Engine for Querying XML Data with Relevance Ranking. In *8th International Conference on Extending Database Technology, EDBT, Prague, Czech Republic*, volume 2287 of *Lecture Notes in Computer Science*, pages 477–495, 2002.

[Ukk95] Esko Ukkonen. On-line Construction of Suffix Trees. *Algorithmica*, 14(3):249–260, 1995.

[UML] Unified Modeling Language (UML), Version 1.4, OMG. `http://www.omg.org/technology/documents/formal/uml.htm`.

[W3Ca] About the World Wide Web Consortium. `http://www.w3.org/Consortium/`.

[W3Cb] XML software. `http://www.w3.org/XML/#software`.

[W3C97a] Adding Strong Data Typing to SGML and XML, 1997. `http://www.textuality.com/xml/typing.html`.

[W3C97b] XML representation of a relational database, 1997. `http://www.w3.org/XML/RDB.html`.

[W3C98] QL'98 — The Query Languages Workshop, December 1998. `http://www.w3.org/TandS/QL/QL98/`.

[W3C99] XML Path Language (XPath) Version 1.0. W3C Recommendation, November 1999. `http://www.w3.org/TR/1999/REC-xpath-19991116`.

[W3C00a] Document Object Model DOM, 2000. `http://www.w3.org/TR/2000/WD-DOM-Level-1-20000929/`.

[W3C00b] Document Object Model DOM level 2 specification, 2000. `http://www.w3.org/TR/2000/REC-DOM-Level-2-Core-20001113/`.

[W3C00c] Extensible Markup Language (XML) 1.0 (Second Edition). W3C Recommendation, October 2000. `http://www.w3.org/TR/2000/REC-xml-20001006`.

[W3C01a] XML Pointer Language (XPointer) Version 1.0. W3C Last Call Working Draft, January 2001. `http://www.w3.org/TR/2001/WD-xptr-20010108`.

[W3C01b] XML Schema Part 0: Primer, 2001. `http://www.w3.org/TR/xmlschema-0/`.

[W3C01c] XML Schema Part 1: Structures, 2001. `http://www.w3.org/TR/xmlschema-1/`.

[W3C01d] XML Schema Part 2: Datatypes, 2001. http://www.w3.org/TR/xmlschema-2/.

[W3C01e] XQuery 1.0: An XML Query Language. W3C Working Draft, December 2001. http://www.w3.org/TR/2001/WD-xquery-20011220.

[W3C02] Document Object Model DOM level 3 core specification, 2002. http://www.w3.org/TR/2002/WD-DOM-Level-3-Core-20020409/.

[Wad] Philip Wadler. Two semantics of XPath. note to the XSL W3C WG. http://www.research.avayalabs.com/user/wadler/topics/xml.html.

[Wad99] Philip Wadler. A formal semantics of patterns in XSLT. In *Markup Technologies*, December 1999.

[WBD+00] Kevin Williams, Michael Brundage, Patrick Dengler, Jeef Gabriel, Andy Hoskinson, Michael Kay, Thomas Maxwell, Marcelo Ochoa, Johnny Papa, and Mohan Vanmane. *Professional XML Databases.* Wrox Press, 2000.

[WMB99] Ian H. Witten, Alistair Moffat, and Timothy C. Bell. *Managing Gigabytes — Compressing and Indexing Documents and Images.* Morgan Kaufmann Publishers, Inc., San Fransisco, CA, 2 edition, 1999.

[XMLa] Rational Rose. http://www.rational.com/products/rose/index.jsp.

[XMLb] TIBCO Extensibility. http://www.extensibility.com.

[XMLc] XML Spy. http://www.xmlspy.com.

[XMLd] XML, Webseiten der iX. http://www.heise.de/ix/raven/Web/xml/.

[YASU01] Masatoshi Yoshikawa, Toshiyuki Amagasa, Takeyuki Shimura, and Shunsuke Uemura. XRel: A Path-Based Approach to Storage and Retrieval of XML Documents Using Object-Relational Databases. *ACM Transaction on Internet Technology*, 1:110–141, 2001.

[Zar02] Mathias Zarick. Konzeption einer Suchmaschine für XML-Dokumente, 2002. Studienarbeit, Universität Rostock, Fachbereich Informatik.

[Zei01] Andre Zeitz. Evolution von XML-Dokumenten, 2001. Studienarbeit, Universität Rostock, Fachbereich Informatik.

[Zim02] Gregor Zimmermann. Repräsentation von Objekt-relationalen Daten in XML, 2002. Studienarbeit, Universität Rostock, Fachbereich Informatik.

[ZMR98] Justin Zobel, Alistair Moffat, and Kotagiri Ramamohanarao. Inverted files versus signature files for text indexing. *ACM Transactions on Database Systems*, 23(4):453–490, 1998.

[ZND+01] Chun Zhang, Jeffrey F. Naughton, David J. DeWitt, Qiong Luo, and Guy M. Lohmann. On Supporting Containment Queries in Relational Database Management Systems. In *Proceedings of the ACM SIGMOD International Conference on Management of Data*, Santa Barbara, CA, USA, 2001.

Tabellenverzeichnis

Abbildungsverzeichnis

Personenregister

Stichwortverzeichnis